E-Commerce mit Amazon

E-Commerce mit Amazon

Das Praxisbuch für Markenhersteller, Vendoren und Seller

Marc Aufzug, Dominik Bors

O'REILLY®

Marc Aufzug, Dominik Bors

Lektorat: Ariane Hesse
Redaktionelle Mitarbeit: Liv Odenthal
Copy-Editing: Sibylle Feldmann, *www.richtiger-text.de*
Satz: III-satz, *www.drei-satz.de*
Herstellung: Stefanie Weidner
Umschlaggestaltung: Michael Oréal, *www.oreal.de*, unter Verwendung eines Fotos von
© iStock by Getty Images, BirdImages
Druck und Bindung: mediaprint solutions GmbH, 33100 Paderborn

Bibliografische Information der Deutschen Nationalbibliothek
Die Deutsche Nationalbibliothek verzeichnet diese Publikation in der Deutschen Nationalbibliografie; detaillierte bibliografische Daten sind im Internet über *http://dnb.d-nb.de* abrufbar.

ISBN:
Print 978-3-96009-067-0
PDF 978-3-96010-330-1
ePub 978-3-96010-331-8
mobi 978-3-96010-332-5

1. Auflage 2019

Wieblinger Weg 17
69123 Heidelberg

Dieses Buch erscheint in Kooperation mit O'Reilly Media, Inc. unter dem Imprint »O'REILLY«. O'REILLY ist ein Markenzeichen und eine eingetragene Marke von O'Reilly Media, Inc. und wird mit Einwilligung des Eigentümers verwendet.

Hinweis:
Dieses Buch wurde auf PEFC-zertifiziertem Papier aus nachhaltiger Waldwirtschaft gedruckt. Der Umwelt zuliebe verzichten wir zusätzlich auf die Einschweißfolie.

PEFC zertifiziert
Das Papier für dieses Buch stammt aus nachhaltig bewirtschafteten Wäldern und kontrollierten Quellen.
PEFC/04-31-0810 www.pefc.de

Schreiben Sie uns:
Falls Sie Anregungen, Wünsche und Kommentare haben, lassen Sie es uns wissen: kommentar@oreilly.de.

5 4 3 2 1 0

Inhalt

Vorwort . . . . **IX**

1 Der E-Commerce und die Rolle von Amazon **1**

Die E-Commerce-Landschaft – ein aktueller Überblick. 2

Amazon: der Gigant im deutschen E-Commerce. 6

Strategische Ausrichtung und Funktionsweise von Amazon. 10

Warum man eine Amazon-Strategie braucht. 16

2 Vendor vs. Seller – Welches Modell passt für wen? **19**

Amazons Kooperationsformen. 19

Seller Central: Amazon als Marktplatz 20

Vendor Central: Amazon als Händler 22

Stärken und Schwächen der Modelle im Vergleich 29

Hybridmodelle – zwischen Vendor und Seller Central 30

Seller Central inklusive Fulfillment by Amazon (FBA) . . . 31

Sonderfall für Markenhersteller: der Manufacturer-Account 32

3 Einstieg in den E-Commerce mit Amazon **35**

Einstieg als Vendor. 35

Initiale Vertragsverhandlungen 35

Einrichtung des Vendor-Central-Accounts 50

Erstellung des eigenen Produktkatalogs 53

Einstieg als Seller 55

Produktauswahl. 55

Kontoeinrichtung 60

Angebote erstellen und neue Produkte listen 63
Logistikoptionen 65
Exkurs: Das Broker-Modell 67

4 Amazon als Produktsuchmaschine 69
Die Onlineproduktsuche beginnt auf Amazon 69
Amazons Suchalgorithmus 74
Relevanzfaktoren 75
Performancefaktoren 76
Maßnahmen zur Verbesserung des organischen Rankings . . . 84

5 Produktdaten und Content 87
Aufbau und Inhalt der Produktdetailseite 88
Content-Relevanz-Analyse 94
Keyword-Recherche 100
Initiales Brainstorming 101
Major und Longtail Keywords 109
Ein produktspezifisches Keyword-Set erstellen 113
Exkurs: Sponsored Ads und Content-Optimierung 117
Erstellung des optimalen Contents 118
Amazons Anforderungen an Produktdetailseiten 119
Produktdatenfelder optimal nutzen 121
Produktbilder 136
Varianten 141
A+ Content 145
Fazit und Ausblick 150

6 Sponsored Ads 155
Relevanz und Chancen von Sponsored Ads 155
Die drei Anzeigentypen: SB, SP und PDA 157
Aufbau und Funktionsweise der Sponsored Ads 158
Sponsored Brands 160
Sponsored Products 167
Product Display Ads 172
Strategischer Einsatz von Sponsored-Ads-Kampagnen 176
Kampagnenstrategien: ein Überblick 177
Strategische Ermittlung und Auswahl von Keywords 187
Mitbewerberanalyse als Vorbereitung für offensive Kampagnen 189
Taktische Umsetzung der Kampagnenstrategien 191
Kampagnen erstellen und strukturieren 192
Recherche, Definition und Optimierung von Keywords 198

Kniffe für das Produkt-Targeting. 204
Aussteuerung und Anpassung der CPC-Gebote 205
Kontinuierliche Analyse und Optimierung 207
Zukünftige Entwicklung der Sponsored Ads 214
Amazon Stores 215
Aufbau eines Amazon Stores 216
Kniffe für den Einsatz von Amazon Stores 218

7 Amazon Demand Side Platform (DSP) 221
Media- und Display-Marketing für Fortgeschrittene 221
Funktionsweise und Aufbau der DSP. 227
Werbemittel der DSP 232
Standard Display Ads 232
Dynamic eCommerce Ads (DEAs) 241
Video Ads 247
Setup und Steuerungsmöglichkeiten 252
Targeting-Optionen. 254
Auslieferung der Werbemittel steuern. 263
Strategische Einsatzmöglichkeiten der DSP 268
DSP plus Sponsored Ads: Kunden über den gesamten
Sales Funnel erreichen 268
Weitere Kampagnenstrategien 272
DSP-Kampagnen bewerten und optimieren. 277
Analyse des Kampagnenerfolgs 277
Best-Practice-Tipps für die Optimierung. 282
Case Study Wacom: ein Praxisbeispiel für den
DSP-Einsatz 287
Fazit 291

8 Preisbasierte Kampagnen 293
Angebotstypen 294
Blitzangebote (Lightning Deals) 295
Sonderangebote (Best Deals) 298
Preisnachlässe (Price Discounts) 299
Coupons 300
Einsatzmöglichkeiten von Rabattaktionen. 303
Kombinierter Einsatz mit Amazon Advertising 305

9 Vendor-Account-Handling. 309
Funktionsbereiche von Vendor Central 315
Bestellungen 316
Artikel 325
Zahlungen 326

Werbung und Marketing ... 330
Einstellungen ... 332
Fälle eröffnen ... 332
Datenanalyse mit Amazon Retail Analytics (ARA) ... 334
ARA Basic und ARA Premium ... 335
Grundlegende Auswahlmöglichkeiten ... 337
Übersicht über zentrale ARA-Berichte ... 341
Erstellung ganzheitlicher Reportings ... 360
Full Management zentraler Einflussfaktoren ... 361
Rezensionsmanagement ... 362
Profitabilität ... 366
Verfügbarkeit ... 371
Buybox ... 374
ASIN-Duplikate ... 377
Organische Sichtbarkeit ... 378
Marketingaktivitäten der Wettbewerber ... 381
Wechselwirkungen relevanter Einflussfaktoren ... 382
Softwarelösungen ... 383
Sellics ... 384
Amalyze ... 385
Kenshoo ... 386
factor-a suite ... 387
Internationalisierung ... 389

Index ... 393

Vorwort

In der Anfangsphase von factor-a wurden wir oft gefragt, ob wir über unsere Beratung hinaus auch Lektüre zum Thema Amazon empfehlen können. Zwar konnten wir hier auf unsere kostenlosen Whitepaper zu Amazon-Strategien und Amazon Advertising verweisen, aber für einen ganzheitlichen Überblick hatten wir auch keine Lösung. Das Thema war einfach zu neu, und es gab noch kein überzeugendes Standardwerk in Sachen Amazon. Mit dieser Erkenntnis reifte bei Dominik Bors und mir der Gedanke, ein eigenes Buch zu schreiben. Wie so oft dauern die Dinge länger, als man denkt – und so vergingen vom ersten Kontakt zu unserer Lektorin bei O'Reilly bis zur Veröffentlichung ganze zwei Jahre (unglaublich!). Nun aber haben wir es geschafft und sind sehr stolz darauf, mit diesem Buch die Grundlage für eine erfolgreiche Zusammenarbeit mit Amazon legen zu können. Viel Spaß beim Lesen und vor allem viel Erfolg bei der Umsetzung!

Amazon – die Umsatzmaschine

Amazon ist in aller Munde. Mittlerweile gibt es kaum mehr jemanden, der keinen Amazon-Account besitzt, nicht Amazon Prime nutzt, auf Amazon nach den passenden Produkten sucht, während der Cyber Monday Week oder dem Prime Day auf Schnäppchenjagd geht, Prime Video schaut, seine Daten in AWS speichert oder eine Alexa im Wohnzimmer stehen hat.

Wenn 90% der Onlineshopper in Deutschland auf Amazon einkaufen und die Mehrheit aller Produktrecherchen dort beginnt, scheint diese Plattform etwas zu liefern, das man sonst in dieser Kombination nirgendwo anders bekommt. Auswahl, Verfügbarkeit, Schnelligkeit und Zuverlässigkeit sind nirgendwo besser. Marken, die auf Amazon nicht vertreten sind, finden für die Zielgruppe häufig gar nicht mehr statt. Für Hersteller stellt sich also die Frage, ob sie diese Entwicklung mitgehen oder sich davon fernhalten. Ein Dilemma: Die Strategie, sich fernzuhalten, geht nur auf, wenn alle Marken einer Kategorie es genauso handhaben. In der Realität und aufgrund des Seller/Vendor-Modells wird dies nicht eintreten. Ich stelle mich als Hersteller also schlechter, wenn ich einer der wenigen bin, die nicht auf Amazon vertreten sind, und besser, wenn ich mitspiele. Wir als factor-a stellen uns dieser Realität und helfen unseren Kunden, Amazon besser zu verstehen, die Stärken von Amazon für die eigene Marke zu nutzen und letzten Endes die zentralen Kennzahlen wie Umsatz, Marktanteil und Sichtbarkeit auf Amazon zu optimieren und zu maximieren. Wir sehen es jeden Tag – wenn man es richtig macht, ist Amazon eine wahre Umsatzmaschine!

Amazon – der Platzhirsch im E-Commerce-Marketing

Amazon sitzt auf einem riesigen Datenschatz: Niemand sonst – weder Google noch Facebook – weiß so genau Bescheid über die Kaufinteressen und das Kaufverhalten vom größten Teil der Konsumenten in der westlichen Welt. Für Werbetreibende eröffnen sich damit nie da gewesene Targeting-Möglichkeiten. Über das Search Advertising auf Amazon und das Programmatic Advertising auf und vor allem außerhalb von Amazon steht Onlinemarketern und Media-Verantwortlichen ein breites Feld neuer Werbemöglichkeiten zur Verfügung – mit einem präzisen Targeting und entsprechend geringerem Streuverlust sowie einem höheren ROI. Amazon konnte innerhalb kurzer Zeit auf Platz drei der größten Advertiser vorstoßen und weist beeindruckende Wachstumszahlen vor. Mussten wir vor zwei Jahren noch erklären, dass es Amazon Advertising überhaupt gibt und dass dies Werbetreibenden herausragende Chancen bietet, so ist das Thema mittlerweile auf oberster Ebene bei Herstellern und Marken angekommen. In jeder Marketingstrategie eines Herstellers, in globalen Media-Plänen und bei der Verteilung von Marketing- und Media-Budgets spielt Amazon nun eine Rolle. Und diese Bedeutung wächst rasant. Das Retail- oder E-Commerce-Advertising fängt gerade erst an – Begrifflichkeiten und KPIs werden definiert, Daten aus unterschiedlichen Kanälen integriert, Tools und Kampagnenstrategien optimiert – und wir von factor-a sind stolz darauf, dieses Gebiet von Anfang an mitzugestalten.

Feedback und Fragen – die Autoren kontaktieren

Natürlich freuen wir uns sehr über Fragen und Feedback jeglicher Art. Was können wir an diesem Buch besser machen? Was hat Ihnen besonders gut gefallen? Wo haben Sie eine völlig andere Meinung? Wie konnte Ihnen dieses Buch helfen, erfolgreicher auf und in der Zusammenarbeit mit Amazon zu sein?

Schreiben Sie uns gerne an: *buch@factor-a.de*.

Wenn Sie dauerhaft auf dem Laufenden bleiben möchten, folgen Sie uns auf:

- LinkedIn: *https://www.linkedin.com/company/factor-a-part-of-dept/*
- XING: *https://www.xing.com/companies/factor-apartofdept*
- Facebook: *https://www.facebook.com/pg/factoraAgency*
- Twitter: *https://twitter.com/factora_agency*
- Website: *https://www.factor-a.de/*

Danksagung

Ich möchte mich bei allen bedanken, die an der Entstehung dieses Buchs mitgewirkt haben – allen voran Liv Odenthal, die mit Professionalität, Durchhaltevermögen und großem Einsatz dieses Projekt durch alle Höhen und Tiefen vorangetrieben hat. Ohne Liv würde es dieses Buch nicht geben.

Dazu gilt ein großer Dank dem gesamten factor-a-Team (*www.factor-a.de*). Was wir in den vergangenen drei Jahren gemeinsam aufgebaut haben, ist außergewöhnlich – und sich neben diesem rasanten Wachstum auch noch die Zeit zu nehmen, fachlichen Input zu jedem der folgenden Kapitel zu geben, verdient großen Respekt. Besonders hervorzuheben und stellvertretend für deren jeweiligen Fachbereich sind an dieser Stelle Nils Zündorf (Paid Advertising), Michael Hajut (Account Management), Alexander Ortner (Business Development), Lara Müller (Content und Redaktion), Roberto Russo (Produktmanagement), Amir Samari (Operatives Consulting) und Sara Goebels (Marketing). Weiterhin möchten wir uns bei Kira Schims, Katharina Lurz, Sebastian Brückner, Timo Kosak, Dennis Kreutzer und Kimberly Maggard für ihre tatkräftige Unterstützung bedanken.

Wir sind sehr dankbar, mit euch und den mittlerweile über 120 weiteren Kollegen von factor-a zusammenarbeiten zu dürfen und jeden Tag gemeinsam mit euch einen großen Impact auf die Leistung und den Erfolg von fast 200 Herstellern und Marken auf Amazon in 10 Ländern realisieren zu können! Auch unserer neuen Heimat Dept und den 1.000 neuen Familienmitgliedern möchten wir für ein wunderbares erstes Jahr und das große Vertrauen danken.

Darüber hinaus gilt unser Dank auch all denjenigen, die uns außerhalb von factor-a unterstützt und an uns geglaubt haben. Unseren Kunden, unseren Ansprechpartnern bei Amazon, unseren Gesellschaftern und allen voran unseren Familien und Ehefrauen – Gabi Aufzug und Claudia Bors –, ohne deren Support die Erfolgsgeschichte von factor-a unmöglich gewesen wäre.

– Marc Aufzug

KAPITEL 1

Der E-Commerce und die Rolle von Amazon

In diesem Kapitel:

- Die E-Commerce-Landschaft – ein aktueller Überblick
- Amazon: der Gigant im deutschen E-Commerce
- Warum man eine Amazon-Strategie braucht

Vom kleinen Onlineshop für Bücher hat sich Amazon schon lange zum Giganten im Bereich Onlineshopping erhoben. Mehr als jede zweite Bestellung im deutschen E-Commerce wird über Amazon getätigt. Mittlerweile ist Amazon jedoch weit mehr als ein bloßer Onlinehändler, es ist für zahlreiche Innovationen im E-Commerce verantwortlich. Den Begriff »Kundenfreundlichkeit« hat das Unternehmen neu definiert. Als Produktsuchmaschine Nummer eins hat Amazon einen nicht zu unterschätzenden Einfluss darauf, wie Verbraucher heutzutage Marken entdecken und Produkte kennenlernen. Es ist die treibende Kraft, wenn es um Brand-Discovery geht. Wer sich hier nicht rechtzeitig positioniert, wird auf lange Sicht von der Bildfläche verschwinden – oder taucht gar nicht erst im Bewusstsein seiner potenziellen Kunden auf.

Händler und Hersteller sollten sich jedoch nicht blind und planlos in den Amazon-Großstadtdschungel begeben, denn er ist ein hartes Pflaster. Dieses Buch begleitet den Leser von den ersten Erkundungstouren durch das unbekannte Terrain bis hin zur Entwicklung von ausgefeilten Strategien. Das Ziel? Aus Amazon so viel wie möglich für das eigene Unternehmen herauszuholen.

Um erfolgreich mit Amazon zu arbeiten, müssen viele verschiedene Faktoren beachtet werden. Grundlegende Voraussetzung ist, den Onlineriesen und seine Funktionsweise zu verstehen sowie seine Rolle im E-Commerce einschätzen zu können.

Die E-Commerce-Landschaft – ein aktueller Überblick

Es ist kein Geheimnis, dass immer größere Marktanteile vom stationären Handel in den Onlinehandel hinüberwandern. Dies bekommen Händler und Hersteller weltweit zu spüren. Noch vor gar nicht allzu langer Zeit verzeichneten Fachgeschäfte, Einkaufszentren und Markenstores mit Abstand den meisten Umsatz. Dieser Anteil wird laufend schmaler. Im Gegenzug wächst der Gesamtumsatz im E-Commerce immer stärker und schneller.

> **Hinweis**
>
> Folgende Zahlen belegen die wachsende Bedeutung des Onlinehandels: In Deutschland liegt der Gesamtumsatz des Einzelhandels 2018 bei 525,0 Milliarden Euro. Der Anteil des B2C-E-Commerce beläuft sich dabei mit 53,4 Milliarden Euro auf über ein Zehntel des Gesamtumsatzes.[1]

Hersteller und Händler sollten daher nicht den Fehler begehen und diese Entwicklung als einen vorübergehenden Trend abstempeln. Nicht wieder aufzuholende Umsatzeinbußen können die Folge sein. Viele Akteure haben das verstanden und nutzen die Chancen, die der E-Commerce ihnen bietet.

Onlinedistributionskanäle für Hersteller und Händler

Vor den Zeiten des elektronischen Handels waren vor allem Hersteller auf Händler angewiesen, um ihre Kunden überhaupt erreichen zu können. Diese Abhängigkeit brachte oft geringe Margen und Kontrollverluste mit sich. Führten Händler beispielsweise Rabattaktionen durch oder verfolgten eine stark kundenfreundliche Preispolitik, musste der Hersteller das mittragen. Wollte er diesem Druck nicht nachgeben, drohte ihm die Auslistung. Das heißt, der Händler nahm seine Artikel aus dem Sortiment. Doch die Machtverhältnisse haben sich inzwischen verschoben.

Das Internet eröffnet für Hersteller ganz neue Vertriebsmöglichkeiten. Sie können ohne allzu hohen Arbeits- und Kostenaufwand einen Kundenstamm aufbauen und pflegen. In vielen Bereichen ist der Direktvertrieb zum Regelfall geworden. Dies gilt auch für zahlreiche große

1 Quelle: Handelsverband Deutschland (HDE) (Stand: April 2019)

Markenhersteller, die zuvor ausschließlich an Händler und nicht an Endkunden verkauft haben.

Suchen Verbraucher heute Produkte einer bestimmten Brand, gehen sie den direkten Weg über das Internet und die Website des Herstellers. Der stationäre Handel und auch Onlinehändler dienen Markenherstellern zum Teil nur noch als Zuarbeiter. Viele Verbraucher schauen sich Produkte im Ladengeschäft an, nur um sie anschließend online zu erwerben. Oder sie bestellen das erste Paket bei einem Onlinehändler und werden durch Flyer und Gutscheincodes zum Onlineshop des Herstellers geführt. Dieser sitzt in vielen Fällen nun am längeren Hebel.

Doch ganz ohne Zwischenhändler kommen selbst die großen Player nicht aus. Gerade wenn es um Umsatzsteigerung und Neukundengewinn geht, sind die Möglichkeiten eines eigenen Onlineshops beschränkt. Darüber hinaus ist ein eigener Webshop nicht für jedes Geschäftsmodell der effizienteste Vertriebsweg.

Für Unternehmen aller Segmente und Größenordnungen findet sich in der breit gefächerten E-Commerce-Landschaft ein Platz – sei es in Form eines eigenen Onlineshops, über Onlinehändler oder auf digitalen Marktplätzen:

Eigener Onlineshop

Für Hersteller ist der eigene Onlineshop das digitale Aushängeschild ihrer Marke und ein wichtiges Branding-Werkzeug. Er dient im E-Commerce analog zum stationären Handel als Flagship-Store. Der Vorteil bei diesem Distributionskanal liegt in der vollen Kontrolle über die eigenen Produkte und ihren Vertrieb. Hersteller können selbst entscheiden, wie sie ihre Artikel präsentieren und zu welchen Konditionen sie sie verkaufen.

Dies bedeutet im Umkehrschluss auch, dass beim Direktverkauf an den Endkunden sämtliche Arbeitsschritte in der Verantwortung des Herstellers liegen. Hat er zuvor noch nie unmittelbar an Endkunden verkauft, muss er entsprechende Vertriebs- und Logistikstrukturen aufbauen sowie Personal rekrutieren, das den Onlineshop betreibt und pflegt. Auch das Outsourcing dieser Aufgabenbereiche ist möglich. So oder so bedeutet ein eigener Webshop im Vergleich zu den anderen Optionen einen höheren Ressourceneinsatz. Bevor Umsätze erzielt werden, muss der Hersteller oder Händler Geld und Zeit in den Aufbau des Shops investieren. In der Regel fallen dafür die Margen je Produkt auf lange Sicht höher aus.

Verfolgt ein Unternehmen Umsatz- und Wachstumsziele mit seiner E-Commerce-Strategie, stößt es mit dem eigenen Onlineshop jedoch schnell an seine Grenzen. Oft lassen sich nicht genug Traffic und Reichweite generieren, um die Zielvorgaben zu erreichen. Selbst für Markenhersteller mit starker Brand wird es mit steigendem Wettbewerb zunehmend schwerer, sich ausschließlich mit dem eigenen Webshop sichtbar im Internet zu platzieren und die Aufmerksamkeit von potenziellen Kunden zu erlangen.

Onlinehändler

Onlinehändler kaufen Waren von Herstellern oder anderen Händlern und verkaufen sie anschließend an den Endkunden. Dies geschieht über den Onlineshop des Händlers und/oder auf Onlinemarktplätzen.

Die Zusammenarbeit mit Onlinehändlern entspricht der gewohnten Vorgehensweise von großen Markenherstellern. Sie gehen in der Regel den Weg über Handelspartner und verkaufen ihre Produkte nicht direkt an Endkunden. Onlinehändler bieten für sie folglich den Vorteil, dass sie keine neuen Vertriebsstrukturen aufbauen müssen, sondern nach gewohntem Muster vorgehen können.

Als Eigentümer der Waren ist der Onlinehändler für alle Arbeitsschritte verantwortlich, die nach der Produktlieferung an sein Lager erfolgen. Dazu gehören neben Logistik, Bestellabwicklung und Versand auch das Marketing und die Betreuung der Kunden.

Entscheidet man sich für den Verkauf an Onlinehändler, gibt man einen Großteil des Arbeitsaufwands, aber auch ein nicht unerhebliches Maß an Kontrolle ab. Schließlich haben Sie nur noch bedingt Einfluss auf den Verkaufspreis sowie die Präsentation der Produkte. Darüber hinaus fällt die Marge bei diesem E-Commerce-Modell im Schnitt am niedrigsten aus, da auch der Händler am Weiterverkauf der Ware verdienen will.

Onlinemarktplätze

Hierbei handelt es sich um virtuelle Marktplätze, auf denen Hersteller und Händler ihre Produkte anbieten können. Die Plattformen verfügen meist über eine große Produktvielfalt. Sie zeichnen sich daher oft durch eine vergleichsweise hohe Reichweite aus. Sie geben Ihnen die Möglichkeit, Ihre Waren auch ohne eigenen Onlineshop zu vertreiben. Anders als bei der Zusammenarbeit mit einem Onlinehändler erfolgt der Verkauf bei diesem Modell direkt an die Endkunden.

Es gibt sowohl Onlinemarktplätze, die auf bestimmte Produktkategorien und -nischen spezialisiert sind, als auch Handelsplätze für Produkte aus vielen unterschiedlichen Segmenten. Die größten Onlinemarktplätze in Deutschland sind mit Abstand *Amazon* und *eBay*.

Je nach Marktplatzmodell wird von den Verkäufern ein hohes Maß an Eigeninitiative gefordert. So liegt es beispielsweise in ihren Händen, die Artikel einzustellen, ihre Preise zu definieren und sie zu versenden. Dies bedeutet zwar einen höheren Arbeitsaufwand als bei der Zusammenarbeit mit einem Onlinehändler, doch dafür hat der Verkäufer auch mehr Kontrolle. Die Bestellabwicklung übernimmt in der Regel der jeweilige Marktplatzbetreiber. Darüber hinaus bieten viele Onlinemarktplätze weitere Serviceleistungen an, vom Retourenmanagement bis hin zur Übernahme der Kundenbetreuung.

Da Verkäufer die bereits vorhandene Infrastruktur der Plattform nutzen, muss weder Zeit noch Geld für deren Aufbau eingeplant werden. Sie können Produkte sofort listen und ihren Kunden anbieten. Dafür erheben die Marktplatzbetreiber Gebühren für die Nutzung der Handelsplattform. Kosten, aber auch Margen, fallen folglich meist geringer aus als bei einem eigenen Onlineshop.

Hinweis

Händler und Hersteller müssen den Richtlinien des jeweiligen Marktplatzes gerecht werden. Die Betreiber stellen teilweise recht hohe Ansprüche an die Nutzer. Davon sind insbesondere die Themen Kundenservice, Verpackung und Versand betroffen. Oft sind Sie beispielsweise dazu verpflichtet, Kundenanfragen innerhalb eines bestimmten Zeitfensters zu bearbeiten und sich bei Retouren kulant zu zeigen.

Onlinedistributionskanäle strategisch auswählen

Welche Variante man wählt, ist ein komplexer Entscheidungsprozess und hängt von zahlreichen Faktoren ab. Dazu gehören zum Beispiel die Produktkategorie, das zur Verfügung stehende Budget und die Unternehmensstrategie. Hersteller müssen sich fragen, welche Ziele sie über den Onlinehandel erreichen wollen und mit welchen Mitteln sich diese erreichen lassen.

Wenn Sie eine E-Commerce-Strategie entwickeln, sollten Sie sich bewusst sein, dass bei der Kooperation mit Onlinehändlern und -marktplätzen immer ein Abhängigkeitsverhältnis entsteht. Dieses ist je nach Modell unterschiedlich stark ausgeprägt. Je größer die Marktmacht eines Shopbetreibers ist, umso mehr Druck kann er auf seine Handelspartner ausüben – etwa indem er immer höhere Verkaufsgebühren verlangt und damit droht, Produkten ihre Sichtbarkeit auf der Website zu entziehen. Oft wird daher eine Kombination aus verschiedenen Onlinedistributionskanälen gewählt. Eine breitere Aufstellung verhindert, dass man in eine zu hohe Abhängigkeit von einem einzigen Distributionskanal gerät.

Für welchen Onlinevertriebsmix man sich auch entscheidet: An Amazon kommt heute niemand mehr vorbei. Der Handelsriese ist gleichzeitig Händler, Marktplatzbetreiber und sogar Hersteller. Im E-Commerce nimmt Amazon mit seiner laufend wachsenden Marktmacht eine Sonderstellung ein. Wer mit dem Onlinehandel Umsatz- oder Markenziele verfolgt, muss sich diese zunutze machen.

Amazon: der Gigant im deutschen E-Commerce

Im europäischen und globalen E-Commerce spielt Amazon eine immer entscheidendere Rolle. In Deutschland wächst Amazon sogar exponentiell zum gesamten Onlinehandel. So kann der Konzern seit 2009 Wachstumsraten von durchschnittlich 38,3 % vorweisen. 2017 betrug Amazons Eigenumsatz bereits über 15 Milliarden Euro: knapp ein Drittel des Gesamtumsatzes, den der deutsche Onlinehandel in diesem Jahr erzielte. Mittlerweile belegt Amazon unangefochten Platz eins der führenden Onlinehändler.

Und Amazon erwirtschaftet nicht nur eigene Umsätze. Andere Verkäufer können die Handelsplattform gegen Gebühren nutzen. Auch in diesem E-Commerce-Bereich nimmt der Onlineriese eine führende Rolle ein: Amazon Marketplace ist der größte Onlinemarktplatz Deutschlands. Mit über 15 Milliarden Euro Umsatz im Jahr 2018 macht er einen weiteren signifikanten E-Commerce-Anteil aus, der auf das Konto von Amazon geht. Der Gesamtanteil von Amazon beläuft sich demnach jetzt schon auf ca. 68 %.[2]

In den USA betrug Amazons Anteil am E-Commerce im Jahr 2017 ca. 43 %. Ein Jahr später wuchs er an auf 49 %, wobei die Anzahl der Sales insgesamt um 29 % gestiegen ist.[3] Experten gehen davon aus, dass sich Amazon in Zukunft weitere Marktanteile im Onlinehandel sichern und diese Vormachtstellung ausbauen wird.

Die beträchtlichen Umsatzanteile spiegeln sich in der Wahrnehmung der Verbraucher wider. Für einen Großteil ist Amazon der Onlineshop Nummer eins. Während man mit der Suche nach Informationen auf *Google* startet oder Kontakte auf *Facebook* pflegt, beginnt die Produktsuche wie selbstverständlich auf Amazon – selbst wenn der Konsument

2 Quelle: HDE (2018), Amazon 10k Reports (2019), FOSTEC Research (2019)

3 Quelle: Techchrunch.com (Stand: Juli 2018)

vorhat, das Produkt woanders zu erwerben. Dank der attraktiven Verkaufspreise und der extrem hohen Kundenfreundlichkeit bestellen die Verbraucher jedoch in der Regel direkt auf Amazon.

38%
der Online-Shopper beginnen Ihre Informationssuche auf Amazon
(Quelle: searchengineland.com)

84%
aller Deutschen haben einen Amazon-Account
(Quelle: PwC)

68%
des E-Commerce-Umsatzes in Deutschland laufen über Amazon
(Quelle: HDE, FOSTEC Research, Amazon 10k Reports)

Abbildung 1-1: Amazon in Zahlen (Stand: Juli 2018)

Aufgrund des hohen Marktanteils kann kein Hersteller oder Händler auf die Plattform verzichten, wenn er seinen Umsatz signifikant steigern und seine Marke bekannt machen möchte. Je nach Produktkategorie ist die Marktdurchdringung unterschiedlich stark ausgeprägt. Besonders dominant ist Amazon beispielsweise im Bücherhandel, seinem dienstältesten Geschäftsbereich. Nur wer seinen neuen Roman auf der Plattform anbietet, hat die Chance, sich einen Platz auf den Bestsellerlisten zu sichern.

Die Entwicklung des Buchsegments demonstriert den großen Einfluss, den Amazon auf den Handel hat. Es ist für zahlreiche Innovationen in diesem Bereich verantwortlich und hat die Produktkategorie regelrecht revolutioniert. Die Plattform bot Kunden bereits kurz nach der Gründung eine große Auswahl an Titeln zu attraktiven Preisen sowie Rezensionen und Bewertungen. Das kundenfreundliche Konzept überzeugte. Nach einiger Zeit startete Amazon eine groß angelegte E-Book-Offensive, entwickelte einen eigenen E-Book-Reader mit Anbindung an seinen Shop und baute eine Onlineleihbücherei auf (siehe Abbildung 1-2). Während Verbraucher Bücher früher vorwiegend im stationären Einzelhandel kauften, ist Amazon nun bereits seit vielen Jahren die erste Anlaufstelle.

Vor einiger Zeit eröffnete Amazon in den USA seine ersten physischen Buchläden, die E-Commerce und stationären Handel auf bisher einzigartige Weise verbinden. So gibt es keine fixen Preise, denn diese richten sich nach dem dynamischen Preismodell auf der Website. Prime-Nutzer erhalten selbstverständlich Rabatte. Der Aufbau der Abteilungen orientiert sich an Kriterien, die Kunden beim Onlineshopping heranziehen, wie Sternebewertungen und Anzahl der Rezensionen. Mit seinen *Amazon Bookstores* dürfte sich der Druck auf den Buchhandel weiter verstärken.

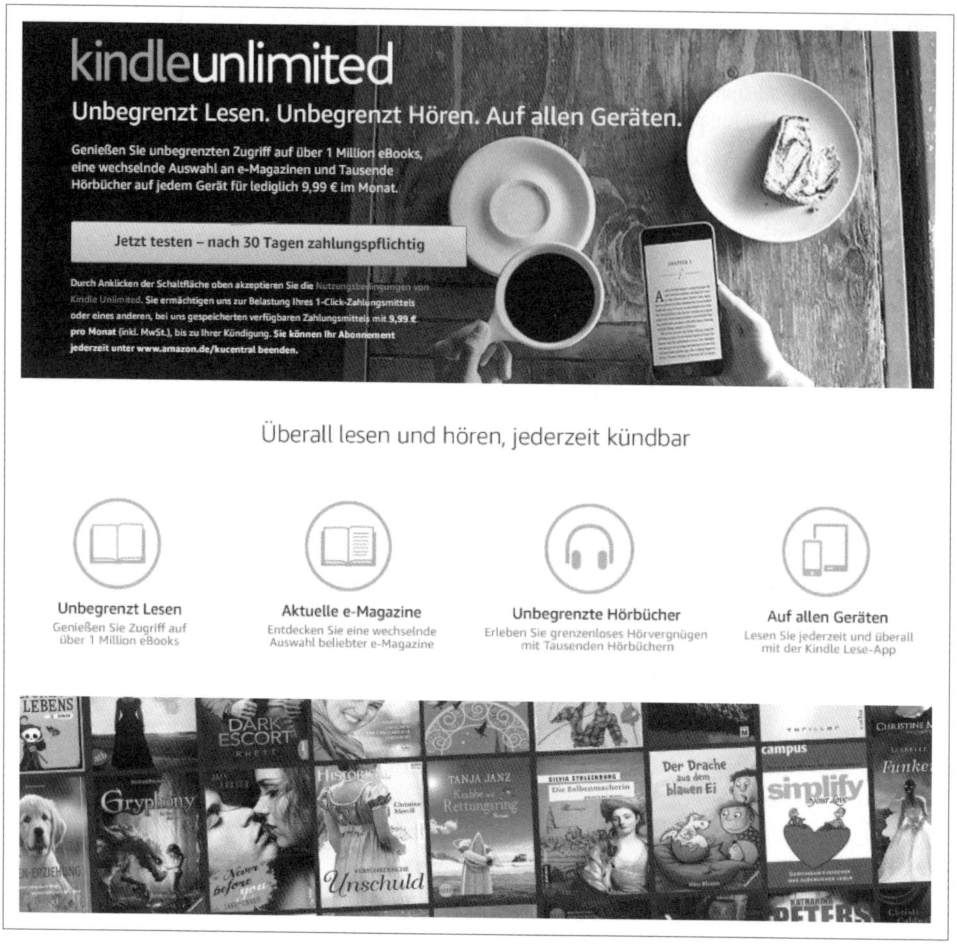

Abbildung 1-2: Kindle Unlimited ist Amazons hauseigene Onlinebibliothek. (Quelle: amazon.de)

Was 1995 als kleiner Onlineshop für Bücher begann, hat sich zu einem wahren Imperium entwickelt. Amazon expandiert in jeden Geschäftsbereich, den man sich nur vorstellen kann. Einige E-Commerce-Segmente wie zum Beispiel Consumer Electronics wurden bereits erfolgreich erobert, auf anderen befindet sich Amazon auf dem Vormarsch. Selbst im B2B-Bereich mit seinen hoch spezialisierten Gütern und Produkten hat der Onlinekoloss bereits erfolgreich Fuß gefasst. Und wie man Amazon kennt, dürfte die Eroberung nicht lange dauern.

Gleichzeitig arbeitet Amazon mit Hochdruck daran, den Onlinehandel mit Produkten des täglichen Bedarfs und Lebensmitteln aufzurollen. Eigentlich handelt es sich hierbei um das klassische Kerngeschäft des stationären Einzelhandels. Bis jetzt macht es einen vergleichsweise geringen Anteil des E-Commerce aus. Doch die Wachstumsrate steigt immer schneller an. Schon bald wird der Knoten platzen und der Lebensmittelhandel eine grundlegende Umstrukturierung erfahren. Man darf davon ausgehen, dass Amazon wieder ganz vorne mit dabei sein wird. Es zählt zu seinen Stärken, schnell neue Wege auszuprobieren – und zur Not auch wieder einzustellen, denn Angst vor dem Scheitern ist kein Bestandteil der Amazon-DNA.

Abbildung 1-3: Amazon Fresh ist bereits in einigen deutschen Städten wie Hamburg und Berlin verfügbar. (Quelle: amazon.de)

Der Lebensmittellieferdienst des Handelsriesen heißt *Amazon Fresh* (siehe Abbildung 1-3) und ist bereits in einigen deutschen Städten verfügbar. Darüber hinaus können sich Prime-Kunden über *Amazon Pantry* vielfältige Drogerieartikel und ungekühlte Lebensmittel deutschlandweit liefern lassen. In den USA wurde zudem die Supermarktkette *Whole Foods* übernommen. Amazon zeigt damit deutlich, welches Einzelhandelssegment es als Nächstes erobern möchte.

Dabei ist Amazon weit mehr als Onlinehändler und Marktplatz. So agiert der E-Commerce-Riese in immer mehr Bereichen ebenfalls als Hersteller. Wie auch im stationären Einzelhandel gängige Praxis, bietet er seine eigenen Produkte als Alternative zu den Waren der Markenhersteller an. Vor allem wenn Amazon registriert, dass sich bestimmte Artikel gut verkaufen, lässt das Äquivalent der Eigenmarke meist nicht lange auf sich warten.

Amazon deckt erfolgreich die verschiedensten Segmente ab. Zu den bekanntesten Produkten dürften die hauseigenen Tablets und E-Book-Reader gehören. Die Eigenmarke *Amazon Basics* bietet unter anderem Elektronik- und Kamerazubehör, aber auch Haushaltswaren. In den USA gibt es zudem viele weitere Eigenmarken, bei denen jedoch nicht offensichtlich ist, dass sie Kinder des Onlineriesen sind. Von Bekleidung (*Lark & Ro*) über Babyzubehör (*elements*) bis hin zu Lebensmitteln (*Happy Belly*) finden Verbraucher so ziemlich alles, was ihr Herz begehrt, aus dem Hause Amazon. Für Hersteller wandelt sich Amazon folglich immer stärker vom Distributionskanal zum direkten Wettbewerber.

Es stellt sich heute nicht mehr die Frage, ob man mit Amazon zusammenarbeitet, sondern auf welche Art und Weise. Damit wirklich jedes Unternehmen seine Produkte auf der Plattform anbieten kann, stehen verschiedene Kooperationsmodelle für Hersteller und Händler zur Verfügung. Im zweiten Kapitel dieses Buchs stellen wir sie ausführlich vor.

Strategische Ausrichtung und Funktionsweise von Amazon

Für den Verkäufer an oder auf Amazon ist ein grundlegendes Verständnis des Unternehmens elementar. Wer Strategie und Vorgehensweise von Amazon versteht, kann seine eigene Position besser einordnen, zukünftige Entwicklung antizipieren und rechtzeitig darauf reagieren.

Der Kunde steht im Mittelpunkt

Die Geschichte des heutigen Onlinegiganten begann 1994 als kleiner Onlineshop. Gründer Jeff Bezos hatte bereits damals das Potenzial des E-Commerce erkannt und verfolgt bis heute hochgesteckte Ziele. Seine Vision ist es, Amazon zum kundenfreundlichsten Unternehmen der Welt zu machen. Nicht etwa, weil er ein Philanthrop ist, sondern weil zufriedene Kunden der Dreh- und Angelpunkt seines auf Wachstum fokussierten Geschäftsmodells sind. Dies veranschaulicht Abbildung 1-4, die aus der Feder von Jeff Bezos höchstpersönlich stammen soll.

Demnach funktioniert Amazons Strategie nach folgendem Prinzip: Den Kern des Geschäftsmodells bildet kontinuierliches Wachstum. Je größer das Unternehmen wird, desto mehr Skaleneffekte bieten sich. Diese nutzt Amazon, um sie als Vorteile an die Kunden weiterzugeben. So resultieren aus der zunehmenden Größe beispielsweise geringere Kosten für Logistik und Einkauf, die es ermöglichen, Kunden besonders attraktive Verkaufspreise anzubieten.

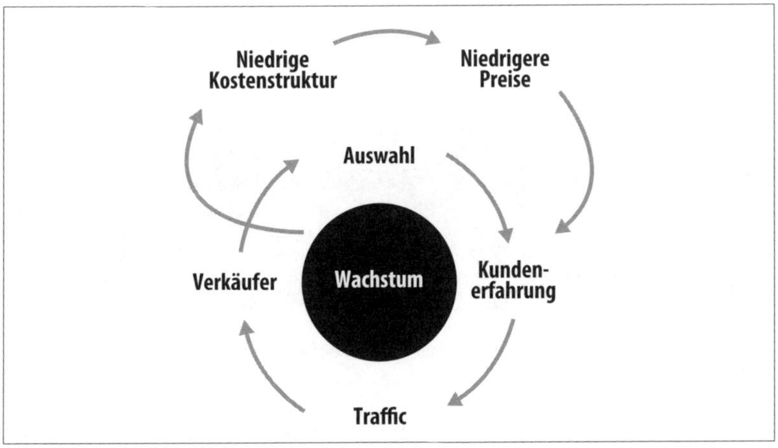

Abbildung 1-4: Skizze des Amazon-Geschäftsmodells von Jeff Bezos

Das gefällt den Konsumenten natürlich – und ebenso die Sicherheit und der Service, die Amazon bieten. Kunden vertrauen der Marke, kommen wieder, und ihre Anzahl steigt. Die steigende Reichweite lockt wiederum Hersteller und Händler an, die zur Vergrößerung der Produktauswahl beitragen. Als Folge entscheiden sich noch mehr Kunden für Amazon als Onlineshop ihrer Wahl. Amazon wächst, die Kosten und Preise können gesenkt werden, der Traffic steigt. Es entsteht eine auf Wachstum ausgerichtete Aufwärtsspirale.

Amazons Wachstum scheint unaufhaltsam, denn die Umsatzmaschine hat die Kunst perfektioniert, neue Kunden zu gewinnen und an sich zu binden. So war Amazon einer der ersten Versandhändler, die die kostenfreie Lieferung ab einem bestimmten Bestellwert einführten. Viele Wettbewerber nahmen an, dass dieses Konzept zum Scheitern verurteilt gewesen wäre, doch die Strategie ging auf. Und das mit großem Erfolg. Die attraktiven Konditionen zogen nicht nur jede Menge Kunden an, sondern vergrößerten gleichzeitig den durchschnittlichen Warenkorbwert.

Neue Standards in Sachen Kundenbindung hat Amazon ebenfalls mit der Einführung des *Prime*-Programms gesetzt. Teilnehmer zahlen jährlich einen fixen Betrag und erhalten im Gegenzug Vergünstigungen und ein umfassendes Serviceangebot. Dazu gehören die versandkostenfreie Lieferung aller Prime-fähigen Produkte und besonders schnelle Versandoptionen. Prime-Kunden haben darüber hinaus Zugang zu verschiedenen Medienangeboten, wie den Streaming-Diensten *Prime Video* und *Prime Music* sowie der Onlineleihbücherei *Prime Reading*. Diese können sie ohne zusätzliche Kosten nutzen. Auch bestimmte Programme wie *Fresh* und *Pantry* sind bisher ausschließlich Prime-Abonnenten vorbehalten. Regelmäßige Shopping-Aktionen wie *Prime Day* und *Prime Deals* bieten ihnen zudem exklusive Rabatte.

Abbildung 1-5: Amazon bindet mit seinem Prime-Programm ständig mehr Kunden an sich. (Quelle: amazon.de)

Prime-Nutzern werden laufend neue Vorteile eröffnet. Das Angebot soll so attraktiv sein, dass man es einfach nicht ausschlagen kann. Dies sorgt dafür, dass die Anzahl der Abonnenten kontinuierlich steigt und die meisten Kunden keine Augen mehr für andere Onlineshops haben. Die positive Kundenerfahrung stellt ein mächtiges Marketinginstrument dar. Es handelt sich jedoch nicht nur um eine äußerst effektive Kundenbindungsmaßnahme, auch die Umsätze, die durch die Flatrate-Gebühren erzielt werden, sollen beachtlich sein.

Wachstum statt Gewinnmaximierung

Um seinem Wachstumsanspruch gerecht zu werden, fährt Amazon eine langfristig angelegte Strategie, bei der Gewinnmaximierung keine Rolle spielt. Statt Renditen an seine Aktionäre auszuzahlen, investiert es einen Großteil seiner Umsätze kontinuierlich in das eigene Wachstum. Da dieses Wachstum nach Bezos' Geschäftsmodell aus der Kundenzufriedenheit resultiert, setzt Amazon den operativen Kapitalfluss ein, um das Einkaufserlebnis immer weiter zu optimieren. So wird die Aufwärtsspirale angetrieben.

Im Gegensatz zu vielen anderen börsennotierten Unternehmen ist es nicht das Ziel, kurzfristig Gewinn zu erwirtschaften. Dies führt schließlich nicht zur Verbesserung der Kundenerfahrung. Amazon verzeichnet daher regelmäßig Gewinneinbrüche, obwohl sich seine Einzelhandelsumsätze sprunghaft erhöhen. Das folgende Diagramm demonstriert, dass der Umsatz seit der Gründung konstant schneller steigt als der Gewinn. Die Schere klafft immer weiter auseinander.

Grund dafür ist Amazons Expansions- und Innovationsdrang. Ein immer höherer Anteil der Umsätze wird reinvestiert. Es ist nicht abzusehen, dass sich diese Entwicklung in den nächsten Jahren verlangsamen wird – im Gegenteil. Mit rasanter Geschwindigkeit erschließt Amazon neue Märkte und vergönnt dem Handel dabei keine Atempausen.

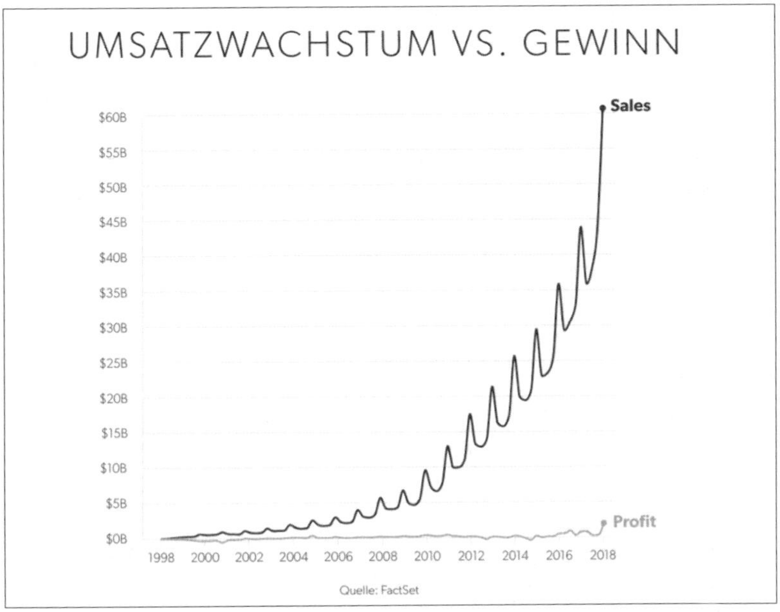

Abbildung 1-6: Entwicklung der Sales und Gewinne von Amazon seit der Gründung (Quelle: FactSet)

Es sollte nicht der Trugschluss entstehen, Amazon könnte mit seinem Geschäftsmodell keine Rendite erzielen. Genau diese Annahme vertreten viele, die Amazons System nicht verstehen. Amazon ist mittlerweile so breit aufgestellt, dass Geschäftsbereiche bereits hohe Profite erzielen, während andere noch in der Inkubationsphase stecken. Als Ganzes betrachtet ist, der Handelsriese eine effiziente Umsatzmaschine, die seit Jahren ansehnliche Renditen an seine Investoren ausschütten könnte. Jeff Bezos müsste nur den Schalter umlegen. Es ist seine bewusste Entscheidung, den Gewinn zu minimieren und Investitionskosten zu erhöhen.

Das Schlüsselwort heißt hier Langfristigkeit. Im Vergleich zu anderen Unternehmen plant Amazon sehr weit im Voraus. So sieht es für Beobachter, die vornehmlich Quartalszahlen im Blick haben, immer wieder so aus, als würden sich Investitionen nicht rentieren. Dabei kann es sich um Expansionspläne handeln, die erst in vielen Jahren ihre volle Wirkungskraft entfalten und Amazon die Dominanz auf einem neuen Geschäftsfeld sichern.

Doch was ist das Ziel? Für das Verständnis des Amazon-Ökosystems ist es wichtig, dass es anscheinend keinen klar definierten Sättigungspunkt gibt. Wachstum wird zum Selbstzweck. Diese Entwicklung wird so schnell nicht abflachen. Für Unternehmen bedeutet dies, dass ihr Geschäftsfeld das nächste sein könnte, das der Koloss vereinnahmt.

Amazon als treibende Innovationskraft im E-Commerce

Macht man sich klar, wie zukunftsorientiert Amazon denkt, scheint es nur logisch, dass ein signifikanter Anteil der Umsätze in Forschung und Entwicklung fließt. Amazon zeichnet sich durch einen geradezu unbändigen Innovationsdrang aus. Dieser wird von der Frage getrieben, wie man die Zufriedenheit und Bindung der Kunden noch weiter steigern sowie neue Marktsegmente effizient erschließen kann.

Ein Beispiel: 2015 kam *Amazon Echo* auf den Markt, ein sprachgesteuertes Audiogerät (siehe Abbildung 1-7). Es verfügt über Amazons Sprachassistentin *Alexa*, eine WLAN-Schnittstelle und Anbindung an die Amazon-Cloud. Das Smart-Device kann beispielsweise im Rahmen eines Smart-Home-Systems unterschiedliche Elektrogeräte steuern, Musikwünsche abspielen oder Informationen liefern. Alexa lernt laufend dazu und wird von Amazon mit neuen Fähigkeiten (sogenannten *Skills*) ausgestattet. Eine Funktion ist für den E-Commerce besonders wichtig und hebt ihn auf ein ganz neues Level: Alexa ist mit dem jeweiligen Amazon-Account verbunden und kann so Bestellungen im Amazon Store auslösen. Damit ersetzen die sprachgesteuerten Amazon Geräte die klassische Weboberfläche des Onlineshops.

Abbildung 1-7: Das Smart-Device Amazon Echo ist mit der Sprachassistentin Alexa ausgestattet. (Quelle: amazon.de)

Amazons digitale Assistentin ist bereits erfolgreich in zahlreiche Haushalte eingezogen und hat das Potenzial, sich tief in den Alltag der Verbraucher zu integrieren – gerade weil es sich in erster Linie nicht um ein Shopping-Device handelt. Während Alexa beim Putzen die Lieblingssongs abspielt, kann nebenbei ein neuer Badreiniger geordert werden.

Mit wachsendem Funktionsumfang wird Alexa eine immer bedeutendere Rolle im E-Commerce spielen und ihn wahrscheinlich nachhaltig verändern – nicht nur als Schnittstelle zum Onlinestore, sondern auch als effektives Marketinginstrument. So kann Amazon zum Beispiel Kunden beim Kauf beraten und aufgrund der persönlichen Shopping-Historie Produktempfehlungen geben.

Echo Look ist der Name des neuesten Smart-Device. In diesem Fall wurde Amazon Echo um eine Kamera erweitert. Alexa kann damit auch visuelle Informationen verarbeiten. Mit dem neuen Gerät nimmt Amazon zu Beginn vor allem die Modebranche noch stärker ins Visier. Es ist in der Lage, unterschiedliche Outfits zu vergleichen und zu bewerten, welches davon dem Träger oder der Trägerin am besten steht. Die Empfehlungen beruhen auf den Auswertungen von professionellen Stylisten und einem lernfähigen Algorithmus. Auch in diesem Fall kommt der E-Commerce- und Marketingaspekt natürlich nicht zu kurz, denn Alexa kann anhand der gesammelten Daten Kleidungsstücke vorschlagen, die dem Nutzer gefallen könnten. In Deutschland ist die Funktion derzeit noch nicht verfügbar.

Smart-Devices sind bei Weitem nicht das einzige Zukunftsfeld, mit dessen Erschließung Amazon sich momentan beschäftigt. Es wird zum Beispiel weiterhin an voll automatisierten Logistikzentren gearbeitet. Bereits jetzt bevölkern Amazons Lagerhallen etliche Roboter, Tendenz steigend. Ein weiteres Amazon-Kind in der Entwicklungsphase ist die Lieferung per Drohne. Ziel ist es, dass Kunden ihre Bestellung innerhalb von 30 Minuten in den Händen halten können. Einen Namen für den Service gibt es ebenfalls schon: *Prime Air*.

Breite Aufstellung entlang der gesamten Wertschöpfungskette

Die vorangegangenen Ausführungen machen bereits deutlich, dass Amazon schon lange nicht mehr als reiner Onlineshop betrachtet werden kann. Um seinen Kunden möglichst attraktive Preise und erstklassigen Service zu bieten, stellt es sich immer breiter auf. Jeder Prozess und jede Station der Wertschöpfungskette wird fortlaufend analysiert und optimiert.

Ganz nach dem Motto »Wenn etwas richtig gemacht werden soll, macht man es am besten selbst« nimmt Amazon Prozesse in die eigenen Hände. So arbeitet der Handelsriese gerade an dem Aufbau einer eigenen Schiffs- und Flugzeugflotte. In verschiedenen deutschen Städten errichtet er Paketzentren und Packstationen.

In den USA ermöglicht Amazon außerdem Kleinunternehmern, in den Logistikprozess einzusteigen. Unabhängige Lieferdienste erhalten im Rahmen der Initiative eine Starthilfe. Sie werden unter anderem mit Amazon-gebrandeten Lieferwagen und Uniformen ausgestattet sowie für die Unternehmensgründung geschult. Das Angebot könnte sich zu einer Art *Uber* für Pakete zu entwickeln. Es stellt sich sogar die Frage, ob Amazon damit bald Institutionen wie die Post ersetzen wird.

Auf diese Weise erlangt Amazon die Kontrolle über den gesamten Lieferprozess. Bestellungen können noch schneller und reibungsloser zugestellt werden.

Die aufgebauten Infrastrukturen stellt Amazon wiederum Dritten zur Verfügung. Händler, die ihre Produkte auf der Plattform verkaufen, können beispielsweise Lagerung und Versand der Waren gegen eine Gebühr von Amazon abwickeln lassen. Dank dieser Vorgehensweise generiert Amazon zusätzliche Umsätze und kann gleichzeitig die eigenen Kosten minimieren.

Hinweis

Amazon ist Plattform und wird Infrastruktur des Handels.

Ein gutes Beispiel für diese Vorgehensweise bilden ebenfalls die *Amazon Web Services* (AWS), zu denen Hosting und Datenspeicherung für Unternehmen gehören. Sie entstanden aus dem eigenen Bedarf an effizienten IT-Infrastrukturen und weltweit platzierten Rechenzentren. Mit den AWS ist Amazon so erfolgreich, dass es im Hinblick auf den Traffic der größte Cloud-Anbieter am Markt ist. Das Segment macht einen signifikanten Anteil des Amazon-Umsatzes aus.

Selbst Unternehmen, die sich nicht unmittelbar im E-Commerce bewegen, müssen folglich darauf vorbereitet sein, dass Amazon seine Hände als Nächstes nach ihrem Sektor ausstreckt. So produziert Amazon für seinen Streaming-Dienst sogar eigene Filme und Serien. Und das sehr erfolgreich: Regelmäßig erhalten diese Auszeichnungen in Form von renommierten Preisen der Filmbranche, darunter mehreren Oscars. Mit den attraktiven Inhalten bindet Amazon Prime-Kunden noch stärker an die Plattform.

Warum man eine Amazon-Strategie braucht

Eins zeigt sich nach diesem Kapitel ganz deutlich: Amazon hat sich zu einem pulsierenden Ökosystem entwickelt, das sich kontinuierlich weiter ausbreitet. Es umfasst mehrere Kreisläufe, die es punktuell miteinander verknüpft, um so das Gesamtwachstum zu fördern. Die schiere Größe Amazons birgt für Händler und Hersteller sowohl Potenziale als auch Risiken.

Sie haben Amazon als Unternehmen kennengelernt, das Skaleneffekte für sich zu nutzen weiß. Wenn Sie sich für eine Geschäftsbeziehung mit Amazon entscheiden, sollten Sie sich dessen stets bewusst sein. Insbesondere Hersteller, die ihre Produkte an Amazon verkaufen und im Amazon-Kosmos *Vendoren* genannt werden, bekommen die Verhandlungsmacht des Handelsriesen deutlich zu spüren.

> **Hinweis**
>
> Amazon nimmt innerhalb seines Ökosystems verschiedene Rollen ein. Dadurch sind die Geschäftsbeziehungen sehr dynamisch. Es tritt unter anderem gleichzeitig als Händler, Wettbewerber und Marketinganbieter auf. Die Spielregeln können sich daher schnell und ohne Vorwarnung verändern.

Das bedeutet jedoch nicht, dass man auf die Chancen verzichten sollte, die Amazon bietet. Im Gegenteil: Die Zahl der Hersteller und Händler, die sich dafür entscheiden, mit Amazon zu wachsen, statt gegen den unaufhaltsamen Handelsriesen anzukämpfen, wird immer größer. Entsprechend hoch ist der Wettbewerb auf der Plattform – und er verschärft sich zunehmend.

Der Schlüssel zum Amazon-Erfolg ist ein strategisches und planmäßiges Vorgehen. Dies erfordert spezifisches Know-how und Fähigkeiten im Umgang mit den zur Verfügung stehenden Werkzeugen. Kennzahlen müssen kontinuierlich analysiert und bewertet werden, die entsprechenden Stellschrauben müssen nachjustiert werden. Wer annimmt, er könnte »einfach mal machen««, merkt schnell, dass er zwischen seinen Wettbewerbern untergeht und/oder vollkommen abhängig von Amazon als Vertriebskanal wird. Positionieren Sie sich jedoch von Anfang an durchdacht und zielgerichtet, können Sie potenzielle Risiken auf ein Minimum reduzieren und Amazons Marktmacht für sich arbeiten lassen.

Was leistet dieses Buch, und für wen eignet es sich?

Dieses Buch soll Sie dabei unterstützen, sich einen entscheidenden Vorteil auf Amazon zu verschaffen. Wir geben Ihnen einen ausführlichen Überblick über alle relevanten Bereiche. Dies umfasst konkrete Handlungsempfehlungen auf strategischer und operativer Ebene: beginnend mit den Vertragsverhandlungen über die Erstellung von optimierten Produktdetailseiten und effektiven Marketingkampagnen bis hin zu perfekten Kennzahlen-Reportings. Sie lernen, wie Sie sich auf Amazon in den Aufmerksamkeitsbereich Ihrer Kunden rücken und dabei typische Fallstricke umgehen.

In erster Linie richtet sich dieses Buch dabei an *Vendoren*, also Händler und Hersteller, die ihre Produkte an Amazon verkaufen und somit als Lieferanten auftreten. Denen gegenüber stehen die sogenannten *Seller*. Sie nutzen Amazon als Marktplatz und verkaufen direkt an den Endkunden. Auf die spezifischen Prozesse des Seller-Programms gehen wir nicht im Detail ein.

Das Buch eignet sich sowohl für Hersteller und Händler, die bereits als Vendor auf Amazon aktiv sind, als auch für angehende Vendoren. Es setzt bereits vor dem Verkaufsstart auf Amazon an und beleuchtet die zentralen Themen der Startphase. Im Verlauf des Buchs geben wir Ihnen taktische Kniffe an die Hand, mit denen sich strategische Zielvorgaben erfolgreich umsetzen lassen. Zahlreiche Beispiele machen die zum Teil recht komplexen Mechanismen und Prozesse besser verständlich.

Die vermittelten Inhalte stellen zudem eine erste Entscheidungshilfe für Hersteller dar, wenn es um die Frage geht, ob und wie man Amazon als Vertriebskanal nutzen möchte. Entscheidungsträger bekommen einen umfassenden Überblick darüber, welche Arbeitsschritte auf Vendoren zukommen und welche Möglichkeiten sich ihnen bieten. Chancen und Risiken für das eigene Geschäftsmodell lassen sich auf diese Weise besser einschätzen.

Die Prozesse des Vendor- und des Seller-Modells unterscheiden sich in einigen Aspekten, in anderen wiederum weisen sie starke Parallelen auf – vor allem weil Sellern immer mehr Funktionen zur Verfügung stehen, die bisher Vendoren vorbehalten waren. Was für den Vendor gilt, ist daher in vielen Punkten auch für Seller von Bedeutung. Insbesondere bei den operativen Themen gibt es eine große Schnittmenge. Seller nehmen bei der Lektüre daher ebenfalls wertvolle Praxistipps mit, die sie auf ihrem Weg zum Amazon-Erfolg unterstützen.

KAPITEL 2

Vendor vs. Seller – Welches Modell passt für wen?

In diesem Kapitel:

- Amazons Kooperationsformen
- Hybridmodelle – zwischen Vendor und Seller Central

Amazon hat den Anspruch, das kundenfreundlichste Unternehmen der Welt zu sein. Dazu gehört, Kunden eine möglichst große Produktvielfalt zu bieten: Egal was Verbraucher suchen, auf Amazon sollen sie fündig werden. Damit das möglich ist, hat Amazon verschiedene Kooperationsformen für Händler und Hersteller im Programm. Die beiden Hauptsäulen sind das Vendor- und das Seller-Modell. Der grundlegende Unterschied zwischen ihnen besteht darin, dass Vendoren ihre Produkte an Amazon verkaufen, während Seller ihre Artikel selbst vertreiben und Amazon lediglich als Marktplatz oder Plattform nutzen. So soll es jedem Unternehmen ermöglicht werden, einen Platz im Amazon-Ökosystem zu finden – und vor allem, seine Waren dort anzubieten. Das Ziel von Amazon ist es, sein Wachstum auf diese Weise kontinuierlich voranzutreiben.

Amazons Kooperationsformen

Im letzten Kapitel haben wir bereits ausgeführt, dass es sich heute kein Hersteller mehr leisten kann, komplett auf die mächtige Handelsplattform zu verzichten. Entscheidet man sich dafür, seine Produkte auf oder an Amazon zu verkaufen, sollte zuvor eine Strategie für die Zusammenarbeit mit Amazon entwickelt werden. Um hier keine Fehler zu machen, gilt es, direkt zu Beginn eine grundlegende Weiche zu stellen.

Wie die jeweilige Strategie im Detail aussehen sollte, bestimmt die übergeordnete Handels-, Händler- und E-Commerce-Strategie. Im Zuge dessen muss sich der Hersteller fragen, ob er als Vendor oder Seller auftreten möchte. Um eine konkrete Entscheidungshilfe zu bieten, werden in diesem Kapitel beide Modelle vorgestellt und die wesentlichen Vor- und Nachteile erläutert.

Seller Central: Amazon als Marktplatz

Im Seller Central tritt Amazon als Marktplatz auf. Das heißt, die Händler oder Hersteller verkaufen ihre Produkte direkt an den Kunden. Sie versenden selbstständig ihre Waren an die Käufer, tragen ihre Produkte in den Amazon-Katalog ein und definieren die Verkaufspreise. Selbst wenn sich Händler für die Option *Fulfillment by Amazon* (*FBA*) entscheiden und den Versand Amazon überlassen, sind sie zu jedem Zeitpunkt Eigentümer der Waren.

Seller haben folglich ein hohes Maß an Kontrolle über ihre Produkte und ihren Warenbestand. Sie können selbst entscheiden, ob sie ihre Artikel nur über amazon.de verkaufen möchten oder auf Amazon-Marktplätzen in ganz Europa. Zudem erhalten Seller genaue Informationen darüber, welcher Shopper wann etwas bei ihnen bestellt hat. Sie stehen in direktem Kontakt zu ihren Kunden.

Folgende Verantwortungsbereiche liegen in der Hand eines Seller-Central-Teilnehmers:

- Produkt-Listings erstellen
- Waren an Kunden verschicken
- Retouren abwickeln
- Rechnungen ausstellen und Kunden betreuen
- Marketingmaßnahmen durchführen

Viele Seller nehmen den Service Fulfillment by Amazon in Anspruch. In diesem Fall übernimmt Amazon die Distribution sowie weitere Aufgaben für den Händler. Hierauf wird im Laufe des Kapitels noch genauer eingegangen.

Auch bei der Gestaltung von Produktdetailseiten haben Seller zum Teil mehrere Möglichkeiten. Bislang konnten sie lediglich die herkömmliche Produktbeschreibung nutzen, seit kurzer Zeit steht Sellern mit eigener Marke jedoch ebenfalls *Enhanced Brand Content* (*EBC*) zur Verfügung, der ihnen größeren Gestaltungspielraum bietet. So gibt es unter anderem zusätzlichen Platz für Texte und Bilder sowie FAQs. Der Anwender hat die Wahl zwischen verschiedenen Layoutvorlagen.

Die Bewerbung ihrer Produkte auf Amazon realisieren Seller bisher über sogenannte *Sponsored Products* und *Sponsored Brands* (siehe Kapitel 6). Hierbei handelt es sich um Formen des Suchmaschinenmarketings. Es ist jedoch davon auszugehen, dass ihnen in Zukunft weitere Marketingmaßnahmen wie *Product Display Ads* zugänglich gemacht werden.

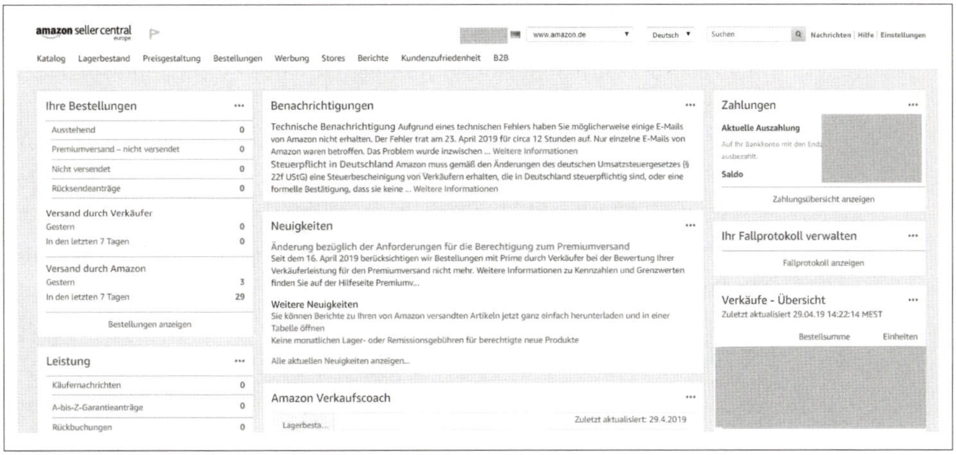

Abbildung 2-1: Beispiel für einen Seller-Central-Account (Quelle: sellercentral.amazon.de)

Teilnahmebedingungen und Konditionen

Um an dem Programm teilzunehmen, registrieren Sie sich einfach über die Plattform. Es sind keine Verhandlungen mit Amazon notwendig. Für die Nutzung von Seller Central erhebt Amazon eine monatliche Grundgebühr in Höhe von 39 Euro (Stand: März 2019). Gegen weitere Gebühren können zusätzliche Serviceangebote genutzt werden, wie beispielsweise FBA.

> **Hinweis**
>
> Amazon erhebt beim *Seller-Modell* eine *Provision* für jedes verkaufte Produkt. Die Höhe variiert je nach Produktkategorie. Für Sport- und Freizeitartikel werden zurzeit beispielsweise 15% des Gesamtverkaufspreises fällig, bei Elektronikprodukten sind es 7%. Verkaufen Sie Medienprodukte wie DVDs oder Bücher, erhebt Amazon zusätzlich eine Abschlussgebühr in Höhe von 1,01 Euro (Bücher) bzw. 0,81 Euro (alle anderen Medienprodukte und Musik).

Es ist jedoch nicht damit getan, lediglich seine Produkte auf dem Marktplatz anzubieten. Amazon stellt verschiedene Anforderungen an seine Seller. Nur wer diese erfüllt, darf ihn langfristig in Anspruch nehmen. So muss der Versand schnell und ohne Probleme vonstattengehen. Auf Kundenanfragen muss zudem zeitnah reagiert werden. Ebenso wichtig und damit verbunden sind positive Verkäuferbewertungen durch Kunden.

Vendor Central: Amazon als Händler

Im Gegensatz zum Seller-Programm agiert Amazon im Vendor Central als Händler. Der Hersteller tritt als Lieferant auf, der Amazon seine Waren verkauft. Anschließend kümmert sich der Onlineriese um Logistik, Vertrieb und Versand. Da Amazon in diesem Fall der Eigentümer der Artikel ist, legt er ebenfalls die Verkaufspreise fest.

In der Verantwortung von Amazon liegen damit auch die Abwicklung von Retouren und die Betreuung der Kunden. Vendoren treten anders als Seller zu keinem Zeitpunkt in direkten Kontakt mit ihnen. Sie können nicht einsehen, welcher Kunde welchen Artikel kauft.

Vendor-Produkte werden dementsprechend mit dem Hinweis *Verkauf und Versand durch Amazon* versehen. Sie nehmen am Prime-Programm teil und sind für die Option *Kostenlose Lieferung* freigeschaltet.

Zu weiteren absatzfördernden Maßnahmen, die (bis jetzt) nur im Rahmen von Vendor Central zugänglich sind, gehören:

- *A+ Content* (siehe Kapitel 5)
- voller Funktionsumfang der *Sponsored Ads* (siehe Kapitel 6)
- *Amazon Vine* (siehe Kapitel 9)
- Marketingmaßnahmen des Amazon-Retail-Teams, wie beispielsweise Geschenkefinder, Kaufassistent und Kategorie-Sponsoring

Was sich genau hinter dem Amazon-Vokabular verbirgt und wie Sie die unterschiedlichen Optionen am besten für Ihre Zwecke einsetzen, erklären wir ausführlich in den entsprechenden Kapiteln dieses Buchs.

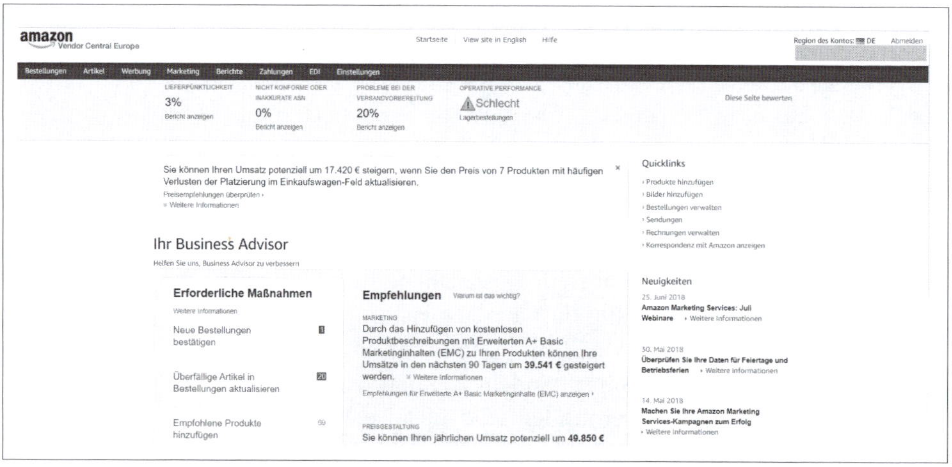

Abbildung 2-2: Beispiel für einen Vendor-Central-Account (Quelle: vendorcentral.amazon.de)

Attraktive Konditionen für große Markenhersteller

Anders als Seller müssen Vendoren in Verhandlung mit Amazon gehen, bevor sie an dem Programm teilnehmen können. Produktauswahl, Einkaufspreise und die Bedingungen der Zusammenarbeit werden von Fall zu Fall individuell verhandelt. Wer sich gut vorbereitet und eine solide Verhandlungsgrundlage schafft, kann bessere Konditionen erzielen als im Seller-Modell. Die Retourenpauschale ist oft relativ preiswert. Skonti und Boni bewegen sich in Dimensionen, die Hersteller von ihren Verhandlungen mit anderen (zum Beispiel stationären) Händlern kennen. Das gilt insbesondere für starke Marken, die Amazon unbedingt als direkte Zulieferer gewinnen möchte.

> **Warnung**
>
> Neben weiteren Konditionen ist eine *Werbekostenzuschussvereinbarung* Bestandteil von Vendor-Verträgen. Gerade hier ist Handlungsgeschick und Vorsicht geboten, da die Werbekostenzuschüsse (WKZ) schnell in die Höhe steigen und sich negativ auf die Gesamtrechnung auswirken können.

Wer qualifiziert sich als Vendor?

Vendor Central ist vornehmlich für größere Markenhersteller geeignet. In das Programm kann man daher nur einsteigen, wenn man von Amazon dazu eingeladen wird. In manchen Fällen wird dieses Angebot auch Händlern unterbreitet. Diese müssen hierzu eine gewisse Größe aufweisen und eigene Produkte im Sortiment haben.

Wie findet und akquiriert Amazon nun Kandidaten für das Vendor-Central-Programm? Stellt Amazon fest, dass durch Seller verkaufte Produkte einer bestimmten Marke ein relevantes Volumen erreichen oder die Produktkategorie großes Potenzial bietet, tritt der Handelsriese direkt an die jeweilige Marke heran. Verkauft ein aufstrebender Markenhersteller seine Produkte bereits erfolgreich als Seller auf der Plattform, kann er ebenfalls auf dem Vendor-Radar auftauchen.

Um sich als Vendor zu qualifizieren, müssen Hersteller darüber hinaus den hohen logistischen Anforderungen gerecht werden, die Amazon an sie stellt. Im Hinblick auf Lieferung und Verpackung herrschen strenge AGB.

Amazon sichert sich eine hohe Marge, indem es Distributionsprozesse kontinuierlich optimiert. Bereits feine Störungen im Betriebsablauf, die zum Beispiel aufgrund von verspäteten Warenlieferungen durch Hersteller entstehen, haben für Amazon kostspielige Folgen. In der Regel sind daher Strafzahlungen ein nicht zu unterschätzender Bestandteil der Vendor-Verträge. Hält der Hersteller Vertriebsvereinbarung nicht ein, sind zum Teil verhältnismäßig hohe Sanktionen fällig – insbesondere wenn eine bestellte Lieferung ausbleibt.

Vor- und Nachteile von Vendor Central

Der Einsatz von Vendor Central bietet Vor-, aber auch Nachteile. Im Folgenden werden beide Seiten beleuchtet, und Sie erhalten einen Überblick über die zur Verfügung stehenden Möglichkeiten.

Hauptvorteile für Hersteller

Vendor Central bietet vor allem für große Markenhersteller Vorteile, die ihre Produkte bislang noch nicht unmittelbar an Kunden verkauft haben. Es entspricht ihrer gewohnten Vorgehensweise: dem Verkauf an Händler und nicht an Endkunden.

Dies spiegelt sich auch in der Kundenwahrnehmung des Labels *Verkauf und Versand durch Amazon* wider. Da Amazon-User diesem Siegel Vertrauen schenken und in der Vergangenheit positive Erfahrungen mit dem Service von Amazon gemacht haben, erhöht es die Kaufwahrscheinlichkeit erheblich. Kunden entscheiden sich in vielen Fällen für das Prime-Produkt, wenn vergleichbare Produkte verschiedene Versandoptionen aufweisen.

Vendoren haben seit einiger Zeit die Möglichkeit, kostenlos *A+ Content* zu nutzen. Dieser erlaubt ihnen, eine umfangreiche Produktdetailseite zu erstellen, die wesentlich mehr Platz für Inhalte bietet als ein Standard-Listing. Es können beispielsweise zusätzliche Texte, Fotos und sogar Videos einfügt und individuell editiert werden. Im Vergleich zum EBC für Seller mit eigener Marke ist der Gestaltungsspielraum bei A+ Content größer. Es gibt verschiedene Module mit unterschiedlichen Funktionen, die flexibel zusammengestellt werden können.

Der zusätzliche Content erlaubt Vendoren, ihren Kunden erklärungsbedürftige Produkte besser näherzubringen. Zudem können Markenhersteller im Rahmen der Möglichkeiten Emotionen sowie Markenwerte rüberbringen und so zur Stärkung ihrer Brand beitragen. Produktseiten mit erweitertem Content haben daher das Potenzial, die Wahrscheinlichkeit eines Verkaufs zu steigern. Welche Möglichkeiten es hier im Detail gibt und wie man A+ Content bestmöglich einsetzt, erläutern wie in Kapitel 5.

Amazon gewährt Vendoren darüber hinaus umfangreichen Zugang zu zahlreichen Marketingwerkzeugen. Seller können zum Beispiel nur einen Teil der Sponsored Ads nutzen, während Vendoren das gesamte Repertoire an Anzeigetypen offensteht. Hierbei handelt es sich um verschiedene Werbeformate, die vom jeweiligen Anwender gebucht und gesteuert werden. Richtig eingesetzt, tragen sie effizient zur Umsetzung von vielfältigen Unternehmenszielen bei, sei es eine Umsatzsteigerung oder die Stärkung der eigenen Brand. Auf diese Weise können sich Hersteller einen entscheidenden Wettbewerbsvorteil sichern. Wie Sie die Sponsored Ads strategisch und taktisch einsetzen, entnehmen Sie Kapitel 6.

Wenn es beispielsweise um den Launch von neuen Produkten geht, können die Sponsored Ads ein leistungsstarkes Instrument sein – vor allem in Kombination mit den Optionen der *Amazon Demand Side Platform (DSP)*. Im Großen und Ganzen haben Seller jedoch mehr Möglichkeiten, Promotion-Aktionen in die eigenen Hände zu nehmen, da sie beispielsweise Verkaufspreise selbstständig definieren können. Die Vermarktung von Vendor-Produkten übernimmt als Eigentümer zum Teil Amazon. Über den Vendor-Manager lassen sich zusätzliche Marketingmaßnahmen buchen.

Im Zusammenhang mit Produktneueinführungen dürfte auch *Born to run* in Zukunft eine interessante Maßnahme darstellen. Das Programm wurde vor einiger Zeit in den USA ausgerollt. Im Rahmen des Programms kauft Amazon bis zu einem Warenwert von 50.000 US-Dollar von Vendoren neu gelistete Artikel. Dies ist an die Bedingung geknüpft, dass Sponsored-Ads-Kampagnen mit einem Gesamtbudget in Höhe von 10% des Warenwerts für die jeweilige ASIN (*Amazon Standard-Identifikationsnummer)* geschaltet werden. Die Mindestlaufzeit der Marketingmaßnahmen beläuft sich dabei auf 90 Tage. Zudem muss der Vendor volles Retourenrecht gewähren, falls sich die abgenommenen Artikel nicht innerhalb von zehn Wochen vollständig verkaufen lassen. Auch in Deutschland ist das Programm seit Kurzem verfügbar.

Hinweis

ASIN steht für *Amazon Standard-Identifikationsnummer*. Diese besteht meist aus einer Zahlen-Buchstaben-Kombination (z.B. B01EZADFJ8). ASINs dienen dazu, Artikel auf der Plattform eindeutig zu identifizieren. In diesem Buch wird der Begriff ebenfalls synonym für Produkte bzw. Produkt-Listings verwendet.

Der Vorteil des Programms: Hersteller müssen nicht darauf warten, dass Amazon die erste Bestellung bei ihnen aufgibt, stattdessen liegt das Produkt direkt zum Launch auf Lager. Dadurch lässt sich vermeiden, dass die ASIN potenziellen Kunden als nicht verfügbar angezeigt wird. Hierbei handelt es sich um eine der großen Herausforderungen, mit der sich Hersteller bei der Zusammenarbeit mit dem Handelsriesen konfrontiert sehen. Die Verfügbarkeit spielt eine entscheidende Rolle, wenn es darum geht, möglichst schnell Reichweite und Sichtbarkeit für ein neues Produkt-Listing zu schaffen. Dadurch steigt in der Regel der Absatz, was sich wiederum auf das Bestellverhalten von Amazon auswirkt. Nur wenn Amazon registriert, dass Kunden sich für ein Produkt interessieren und es kaufen, werden weitere Bestellungen für die ASIN bei dem Hersteller ausgelöst.

Vendoren haben darüber hinaus Zugriff auf das *Vine*-Programm. In dessen Rahmen stellt Amazon ausgewählten Produkttestern Artikel kostenfrei zur Verfügung, damit sie sie rezensieren (siehe Abbildung 2-3). Hersteller können so neue Produkte effektiv pushen.

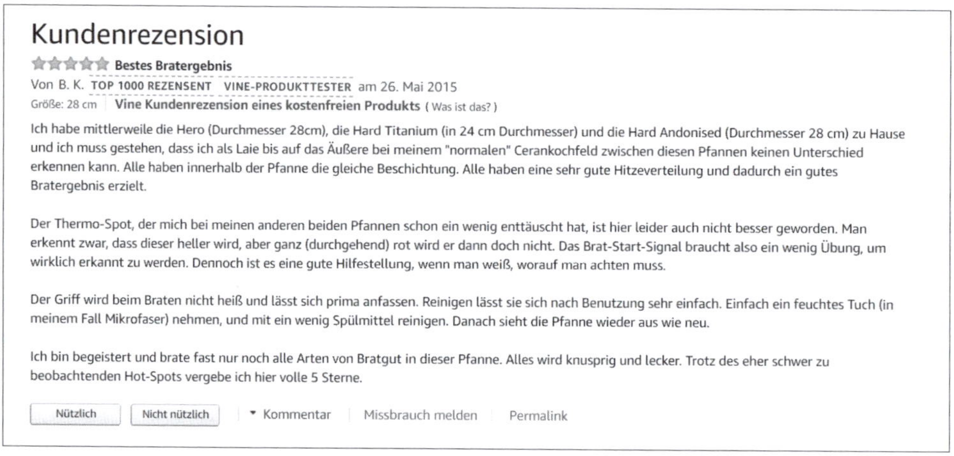

Abbildung 2-3: Vine-Kundenrezension einer Pfanne (Quelle: amazon.de)

> **Hinweis**
>
> *Amazon Vine* stellt für Vendoren einen entscheidenden Vorteil dar, denn vor einiger Zeit wurden sogenannte »anreizbasierte Rezensionen« von Amazon unterbunden. Bis zu diesem Zeitpunkt konnten Seller externe Bewertungsservices in Anspruch nehmen, um Rezensionen auf der Plattform zu erhalten.

In den USA haben Händler dafür bereits die Möglichkeit, am *Early Reviewer Program* teilzunehmen. Es unterstützt sie dabei, erste Bewertungen für neu gelistete Artikel zu generieren. Im Gegensatz zum Vine-Programm muss der Kunde das Produkt bereits erworben haben. Amazon bittet ihn erst im Nachhinein um eine Bewertung. Es stellt folglich in erster Linie einen Bewertungsanreiz dar und keinen direkten Bestellanreiz. Auch in Deutschland dürfte der Service bald für Händler zugänglich sein.

Im Vergleich zu den anderen Kooperationsformen ist das Vendor-Dasein kostspieliger, doch dafür bietet es ein deutlich höheres Absatzpotenzial – vorausgesetzt, die angebotenen Instrumente werden effizient und effektiv eingesetzt. Das ist insbesondere im Hinblick auf die Aufwärtsspirale wichtig: Durch steigende Verkaufszahlen verbessert sich das organische Ranking. Die verbesserte Sichtbarkeit generiert wiederum mehr Verkäufe.

Allerdings bringt das Programm nicht nur Vorteile gegenüber Seller Central mit sich. Seine vermeintlichen Stärken sind ebenfalls seine Schwächen – je nachdem, wie die E-Commerce- und Amazon-Strategie des Herstellers aussieht.

Hauptnachteile für Hersteller

Der größte Unterschied zwischen den beiden Grundmodellen liegt vor allem in dem Grad der Abhängigkeit. Seller werden mit einem weit höheren Arbeitsaufwand konfrontiert, doch dafür haben sie erheblich mehr Kontrolle, wenn es um Distribution und Lagerbestand sowie die Definition der Verkaufspreise geht. Sie können entscheiden, auf welchen Marktplätzen, in welcher Menge und zu welchem Preis sie ihre Artikel anbieten.

So nimmt Amazon Vendoren zwar Arbeit ab, indem der Algorithmus automatisiert wettbewerbsfähige Verkaufspreise ermittelt – wobei zahlreiche Faktoren wie beispielsweise die Preisgestaltung der Wettbewerber eine Rolle spielen –, dieser Kontrollverlust kann sich aber auch zum Nachteil entwickeln. Amazon möchte seinen Kunden möglichst attraktive Preise anbieten. Verkaufen andere Händler einen Artikel günstiger, kann es daher vorkommen, dass Amazon sie ebenfalls nach unten anpasst. Da Seller, die Produkte des Herstellers auf Amazon anbieten, über den Preis konkurrieren, senken sie ihn unter Umständen ebenfalls.

Viele Hersteller befürchten, dass dadurch eine Abwärtsspirale entsteht, die zum Verfall der Marktpreise führt. Dabei sollte man jedoch bedenken, dass Amazons Interesse generell nicht in einem minimalen Verkaufspreis liegt. Schließlich verdient der Handelsriese an der Marge. Er wird die Preissenkungen folglich nicht immer mitgehen, sodass es in der Regel nicht zu Preiserosionen kommt. Eine konsequente Preispolitik vonseiten des Herstellers trägt ebenso dazu bei, sie zu verhindern.

> **Hinweis**
>
> Amazons dynamische Preisfindung führt in der Regel nicht zum Verfall der Marktpreise, da Amazons vorrangiges Interesse nicht in einem minimalen Verkaufspreis liegt. Dieser würde schließlich den Umsatz des Handelsriesen schmälern. Preisschwankungen können Sie darüber hinaus durch eine konsistente Preisstrategie vorbeugen.

Mit Vendor Central haben Sie keine Möglichkeit, Kunden direkt zu kontaktieren. Feedback zu ihren Produkten erhalten Hersteller jedoch über die Rezensionen und den Bereich *Kundenfragen und -antworten* (siehe Abbildung 2-4). Wenn Probleme mit einer Lieferung oder einem Artikel auftreten, hat der Vendor darauf jedoch keinen Einfluss. Sollte ein Kunde unzufrieden sein, fällt die negative Erfahrung eventuell auf die Marke zurück. Da die Kundendaten aber nur Amazon vorliegen, kann der Vendor sie außerdem nicht auswerten und analysieren. Dabei würden sie ihm wertvolle Informationen zum Kaufverhalten potenzieller Kunden liefern.

Abbildung 2-4: Der Bereich Kundenfragen und -antworten auf der Produktdetailseite eines Kochtopfs (Quelle: amazon.de)

Die stärkere Abhängigkeit der Vendoren von Amazon zeigt sich besonders in weiter fortgeschrittenen Phasen der Zusammenarbeit. Zunächst scheinen die Konditionen sehr attraktiv, der Hersteller steigert sein Wachstum in kurzer Zeit signifikant und ist regelrecht euphorisch. Wenn der durch Amazon generierte Umsatz eine gewisse Größe erreicht hat, werden die Verhandlungen jedoch oft härter. Gleichzeitig verzeichnen die Hersteller meistens eine sinkende Wachstumsrate. Um das zu verhindern, bietet Amazon den Herstellern Marketingmaßnahmen gegen immer höhere Werbekostenzuschüsse an. Allerdings sind diese bisher wenig transparent, und der Erfolg der Kampagnen ist oftmals nur schwer messbar.

Es sollte jedoch nicht der Trugschluss entstehen, Seller seien völlig unabhängig von der Plattform. Brechen die Umsätze weg, die durch Amazon erzielt werden, kann es für Unternehmen schnell kritisch werden. Durch entsprechende strategische Maßnahmen lässt sich die Abhängigkeit von Amazon so niedrig wie möglich halten.

Stärken und Schwächen der Modelle im Vergleich

Die folgende Tabelle stellt die oben beschriebenen Vor- und Nachteile sowie weitere Differenzierungsmerkmale der beiden Modelle direkt gegenüber, um eine bessere Vergleichbarkeit zu bieten.

Tabelle 2-1: Vergleichende Gegenüberstellung von Seller und Vendor Central

Vor- und Nachteile	Seller Central	Vendor Central
Teilnahme und Konditionen	• Jeder kann sich selbstständig registrieren. • Keine Verhandlungen notwendig. • Produkte können sofort gelistet werden und sind umgehend online.	• Nur über eine Einladung durch Amazon möglich. • Auswahl der Produkte, Einkaufspreise und Konditionen werden individuell mit dem Hersteller verhandelt. • Teilweise werden hohe Werbekostenzuschüsse erhoben.
Vergütung	Produkte werden nach ca. 14 Tagen vergütet.	Die Vergütung kann bis zu 90 Tage in Anspruch nehmen.
Verkaufspreis	• Volle Kontrolle durch den Händler. • Um bei Produkten mit hohem Wettbewerb eine gute Sichtbarkeit zu erreichen, müssen Repricing-Tools eingesetzt werden. • Da die Preishoheit beim Seller liegt, werden Preiserosionen verhindert.	• Wird von Amazon festgelegt. • Automatisierte, dynamische Preisfindung durch Amazon, um die Preisführerschaft sicherzustellen. • Es sind Preisschwankungen und -erosionen möglich.
Abwicklung von Logistik und Kundenbestellungen	• Der Seller muss die Produkte selbst lagern, verschicken und bei Bedarf Retouren bearbeiten, es sei denn, er nutzt FBA.	• Amazon übernimmt den Versand, die Lagerung und das Retourenmanagement. • Qualifikation für Direktlieferung möglich, allerdings nicht für jeden Vendor. • Retouren werden gegen einen geringen Pauschalrabatt abgewickelt.

Tabelle 2-1: Vergleichende Gegenüberstellung von Seller und Vendor Central *(Fortsetzung)*

Vor- und Nachteile	Seller Central	Vendor Central
Kundenbeziehung	• Der Customer-Support fällt in den Verantwortungsbereich des Sellers. Dies erfordert gegebenenfalls hohen personellen Aufwand. • Seller haben direkten Kontakt zu ihren Kunden. Ihnen liegen folglich Kunden- und Kontaktdaten vor. • Der Kaufvertrag wird zwischen Seller und Kunde geschlossen.	• Amazon wickelt den gesamten Customer-Support ab. • Vendoren haben in der Regel keinen Kontakt zu den Kunden und dementsprechend keine Daten zu den Käufern. • Der Kaufvertrag wird zwischen Vendor und Amazon geschlossen. • Das Label *Verkauf und Versand durch Amazon* schafft Kundenvertrauen und erhöht die Kaufwahrscheinlichkeit.
Produkt-Listing	• Standard-Listing. • Seller mit eigener Marke können Enhanced Brand Content nutzen. • Mehr Kontrolle und Gestaltungsfreiheit.	• Möglichkeit, kostenlos A+ Content zu nutzen. • Strengere Richtlinien in Bezug auf die Gestaltung der Listings. Der hochgeladene Content kann von Amazon überschrieben werden, ohne dass der Vendor informiert wird.
Marketing-initiativen	• Seller Central bietet verschiedene Möglichkeiten, um Produkte zu bewerben. Sie sind jedoch (bis jetzt) nicht so umfassend wie in Vendor Central. • Zugang zu Sponsored Products und Sponsored Brands. • Zugang zum Early Reviewer Program (bisher nur in den USA, Stand: März 2019).	• Vendoren steht eine Vielzahl an Marketingmöglichkeiten zur Verfügung. • Zugang zum vollen Funktionsumfang der Sponsored Ads. • Zugang zum Programm Amazon Vine.
Marge	In der Regel fällt die Marge höher aus als bei Vendoren.	Meist eine niedrigere Marge als beim Seller-Programm.
Absatzpotenzial	• Nur bei FBA: Artikel, die durch Amazon ausgeliefert werden, haben eine höhere Chance, die Buybox zu besetzen.	• Artikel von Vendoren nehmen am Prime-Programm teil, einem effektiven Absatztreiber. • Artikel, die durch Amazon ausgeliefert werden, haben eine höhere Chance, die Buybox zu besetzen. • Im Allgemeinen ist das Absatzpotenzial hier höher.

Hybridmodelle – zwischen Vendor und Seller Central

Es ist prinzipiell möglich, gleichzeitig einen Vendor- und einen Seller-Central-Account zu verwenden. Ist ein Hersteller bereits Vendor und möchte zusätzlich (oder stattdessen) einen Seller-Account nutzen, kann dies bei konträren Zielen jedoch zu Missfallen beim Vendor-Manager führen. Als Folge droht unter Umständen die Sperrung des Seller-Accounts.

Immer häufiger zeigt sich allerdings, dass eine hybride Struktur sogar empfehlenswert ist – insbesondere bei niedrigmargigen Produkten. Sie erfordert eine sorgfältige Vorbereitung. Es muss beispielsweise ein internes Team aufgebaut oder eine Agentur beauftragt werden, um den Seller-Account zu managen, da Seller Central bekanntermaßen einen höheren Arbeitsaufwand bedeutet.

Im Gegenzug bietet das kombinierte Vendor-Seller-Dasein ein hohes Maß an Flexibilität. So stehen beispielsweise mehr Optionen zur Verfügung, um neue Produkte auf Amazon zu launchen. Auf der anderen Seite lauern jedoch auch Fallstricke. Es kann zum Beispiel passieren, dass Amazon den Umzug von Produkten zur Seller-Central-Seite untersagt bzw. sie für das Vendor-Programm einfordert. Besonders wenn es sich um verkaufsstarke und hochmargige Artikel handelt, möchte Amazon diese natürlich lieber auf der Vendor-Seite sehen.

Warnung

Wenn Sie über zwei Accounts verfügen, sollten Sie im Blick behalten, ob sich Sponsored-Ads-Kampagnen gegeneinander hochbieten.

Das vielfältige Programmangebot von Amazon ermöglicht es zudem, sich zwischen den teilweise recht gegensätzlichen Polen zu positionieren. Dies können Sie beispielsweise über den Service Fulfillment by Amazon realisieren.

Seller Central inklusive Fulfillment by Amazon (FBA)

Seller haben mit dem Angebot Fulfillment by Amazon die Möglichkeit, den Versand von Amazon abwickeln zu lassen. In diesem Fall schicken Sie einen Teil Ihres Warenbestands an Amazon-Versandzentren. Gegen Versand- und Lagergebühren übernimmt Amazon die restliche Logistik. Auch das Management von Customer-Support und Retouren gehört zum Serviceumfang.

Da Amazon auf diese Weise die Verfügbarkeit der Waren gewährleisten kann, qualifizieren sich FBA-Artikel für das Prime-Programm und die versandkostenfreie Lieferung. Der Verkäufer profitiert folglich von dem absatzfördernden Label *Versand durch Amazon* sowie der logistischen Infrastruktur von Amazon, ohne dass er seinen Seller-Status aufgeben muss. Er behält die Kontrolle über seine Preise und hat weiterhin direkten Kontakt zu den Kunden.

Für Unternehmen, die ihre Produkte international verkaufen möchten, ist darüber hinaus das FBA-Programm *Paneuropäischer Versand durch Amazon* interessant. Diese Option ermöglicht Sellern, ihre Artikel europaweit auf Amazon-Marktplätzen anzubieten, ohne eine eigene Logistik- und Versandinfrastruktur aufbauen zu müssen. Unternehmen können ihr Geschäft so innerhalb kürzester Zeit auf das europäische Ausland erweitern. Für diesen Service fallen keine zusätzlichen Kosten an, der Händler zahlt lediglich die FBA-Gebühren des jeweiligen Marktplatzes. Nimmt man diesen Service in Anspruch, ist natürlich eine stärkere Abhängigkeit von Amazon die Folge.

Tabelle 2-2: Übersicht: Serviceumfang und Hauptmerkmale der Amazon-Kooperationsformen

	Vendor Central	Seller Central	Seller Central + FBA
Preishoheit	Amazon	Händler/Hersteller	Händler/Hersteller
Versand durch Amazon	✓	×	✓
Verkauf durch Amazon	✓	×	×
Amazon Prime + kostenlose Lieferung möglich	✓	×	✓
Direkter Kundenkontakt	Nur über Kundenfragen auf den Produktdetailseiten möglich.	✓	✓
Retourenmanagement + Kundenservice	✓	×	✓
Sponsored Ads	✓	Sponsored Products + Sponsored Brands	Sponsored Products + Sponsored Brands
Amazon Vine	✓	×	×
Erweiterter Content	A+ Content	EBC	EBC

Sonderfall für Markenhersteller: der Manufacturer-Account

Für Markenhersteller gibt es einen speziellen Accounttyp, bei dem sie weder als Vendoren noch als Seller auftreten. Hier wird es Drittanbietern (also anderen Sellern) überlassen, die Produkte über Amazon zu verkaufen. Mit einem *Manufacturer-Account* hat der Hersteller jedoch volle Kontrolle über den Content der Produktdetailseiten. Darüber hinaus kann er verschiedene Marketingwerkzeuge nutzen.

Um einen Manufacturer-Zugang zu bekommen, müssen Hersteller ihn bei Amazon anfragen, denn er ist kein Bestandteil des Standardprogramms. Die Konditionen für den Account werden individuell verhandelt. Voraussetzung ist, dass ein gewisses Budget in Marketingmaßnahmen auf Amazon investiert wird.

Diese Variante ist für Marken sinnvoll, bei denen die Präsentation ihrer Produkte aufgrund der strategischen Ausrichtung eine besonders wichtige Rolle spielt und die ihre Artikel nicht an oder über Amazon verkaufen möchten. Dazu gehören zum Beispiel Luxusmarken mit einem selektiven Distributionsmodell.

Die richtige Wahl für das eigene Geschäftsmodell

Welches Modell nun die richtige Wahl für das eigene Unternehmen ist, lässt sich nicht pauschal beantworten. Sie ist so individuell wie der Markenhersteller und hängt von vielen verschiedenen Faktoren ab. Je nach strategischer Ausrichtung, Produktart und -kategorie können sie stark variieren. Generell lautet die Kernfrage auch hier: Wo kann ich für mein Geschäftsmodell das meiste herausholen?

Hinweis

Unserer Erfahrung nach empfiehlt sich für Markenhersteller, die im großen Stil über Amazon verkaufen möchten, in der Regel das Vendor-Programm.

Folgenden Aspekt sollte man bei der Entscheidung ebenfalls berücksichtigen: An der Tabelle erkennt man, dass die Grenzen zwischen den Modellen zum Teil sehr durchlässig sind. Diese Entwicklung wird sich in Zukunft weiter fortsetzen, denn Amazon macht Drittanbietern immer mehr Serviceangebote zugänglich (siehe Sponsored Ads, Amazon Enhanced Brand Conten (EBC) und Fulfillment By Amazon (FBA)). Dadurch verschärft sich der Wettbewerb auf der Plattform erheblich.

Hatten Markenhersteller früher noch die Chance, sich durch ihren Vendor-Status von Wettbewerbern abzusetzen, wird dies nun immer komplexer und arbeitsintensiver. Know-how und Handwerk sind daher wichtiger denn je, um einigermaßen sicher durch die Weiten Amazons zu navigieren und nicht unterzugehen. Ziel dieses Buchs ist es, Vendoren genau dabei zu unterstützen.

KAPITEL 3

Einstieg in den E-Commerce mit Amazon

In diesem Kapitel:

- Einstieg als Vendor
- Einstieg als Seller
- Exkurs: Das Broker-Modell

Nachdem man sich für eine Kooperationsform entschieden hat, geht es an die Vorbereitungen für den Verkaufsstart. In diesem Kapitel beleuchten wir zentrale Themen, die sowohl das Vendor- als auch das Seller-Modell betreffen. Dazu gehören zum Beispiel die Inbetriebnahme des Accounts und die Anlage neuer Artikel. Im Fokus stehen Vendor-spezifische Schwerpunkte wie die initialen Verhandlungen mit Amazon.

Einstieg als Vendor

Ist Ihre Wahl auf das Vendor-Programm gefallen, besteht der nächste Schritt in Verhandlungen mit Amazon. Bereits hier lauern zahlreiche Fallstricke, die in weiteren Phasen schnell zu Problemen führen können. Dies liegt unter anderem an Amazons komplexen und dynamischen Vertragswerken. Häufig unterschätzen angehende Vendoren die möglichen Folgen verschiedener Elemente. Kleingedrucktes und Verhandlungsspielräume werden oft vernachlässigt. Sorgfältige Vorbereitung und Verhandlungsgeschick sind daher das A und O, um die bestmöglichen Konditionen zu erzielen.

Initiale Vertragsverhandlungen

Die initialen Vertragsverhandlungen sind ein entscheidender Faktor für nachhaltiges Wachstum auf Amazon. Im Folgenden stellen wir Ihnen die wichtigsten Parameter des Vertragswerks vor und zeigen auf, welche Auswirkungen sie auf die spätere Handelsbeziehung zu Amazon haben können. Darüber hinaus erklären wir Ihnen, was Sie bei Verhandlungen mit Ihrem Vendor-Manager beachten sollten.

> **Hinweis**
> Je mehr man in den initialen Vertragsverhandlungen richtig macht, desto weniger Schwierigkeiten hat man später, zum Beispiel durch Ausgleichszahlungen und Rechnungsabzüge. Viele Vertragselemente lassen sich im Nachhinein nur schwer entfernen oder neu verhandeln.

Amazons Vertragswerk setzt sich aus verschiedenen Bestandteilen zusammen. Hierzu zählen die allgemeinen Geschäftsbedingungen, die Anlieferrichtlinien (*Vendor Manual*) sowie Konditionsvereinbarungen (*Frontend-&-Backend-Konditionen*).

Der Umfang der Schriftstücke kann stark variieren. Während die einen zum Teil nur zwei Seiten lang sind, handelt es sich bei anderen um regelrechte Handbücher. Wie der Name schon erahnen lässt, ist dies zum Beispiel beim Vendor Manual der Fall – einem der wichtigsten Dokumente für die Belieferung von Amazon. Die enthaltenen Richtlinien zu erfassen und verstehen, ist vor allem vor dem Hintergrund wichtig, dass sich ihre Nichteinhaltung über das Jahr zu einem erheblichen Kostenfaktor entwickeln kann. Doch dazu später mehr.

Die Backend-Konditionen bestehen wiederum aus diversen Bausteinen. Sie betreffen verschiedene Bereiche, beispielsweise die *Retouren* und den *Werbekostenzuschuss* (WKZ). Pro Posten fordert Amazon von Vendoren einen prozentualen Anteil des Umsatzes oder festgesetzte Beträge ein.

Wie die meisten Vertragsbestandteile kann auch der Konditionsmix modifiziert werden. Welche Elemente sich in welchem Ausmaß verhandeln lassen, kommt allerdings auf den jeweiligen Ansprechpartner, die Produktkategorie und die Position der eigenen Marke an sowie auf das Umsatzpotenzial. Im Folgenden erhalten Sie nützliche Informationen für eine erfolgreiche Verhandlung. Übergeordnetes Ziel ist hierbei eine Win-win-Situation zwischen Vendor und Amazon.

Verstehen Sie Ihren Vendor-Manager

Jede Amazon-Strategie sollte einen langfristigen Ansatz in Bezug auf Verhandlungen und Vereinbarungen mit Amazon verfolgen. Der Handelsriese ist eher bereit, einen Partner zu fördern und in die Zusammenarbeit zu investieren, wenn dieser sowohl Amazon als auch Kunden einen Mehrwert bieten kann. Vendoren müssen daher ihre Verkäuferleistung im Auge behalten und in engem Kontakt mit ihrem Vendor-Manager stehen. Das Verständnis des Vendor-Managers ist für eine gute Beziehung unerlässlich.

> **Praxistipp**
>
> Um eine gute Beziehung zu Amazon zu pflegen, zusammenzuwachsen und das Risiko des *Cross-Border Sourcing* zu verringern, bedarf es sorgfältig vorbereiteter Verhandlungen mit Ihrem Vendor-Manager (siehe hierzu auch Kapitel 9).

Natürlich ist es die Aufgabe eines Amazon-Vendor-Managers, Amazon den größtmöglichen Vorteil zu verschaffen. Sie können hierbei je nach Produktkategorie und Ländermarktplatz unterschiedliche interne Ziele verfolgen. Zu den gemeinsamen Verhandlungszielen gehören:

- Retail-Profitabilität
- Stärkung der Lieferfähigkeit
- Business des Vendors auf Amazon skalieren
- Kategoriewachstum
- Monetisierung der Onsite-Werbung

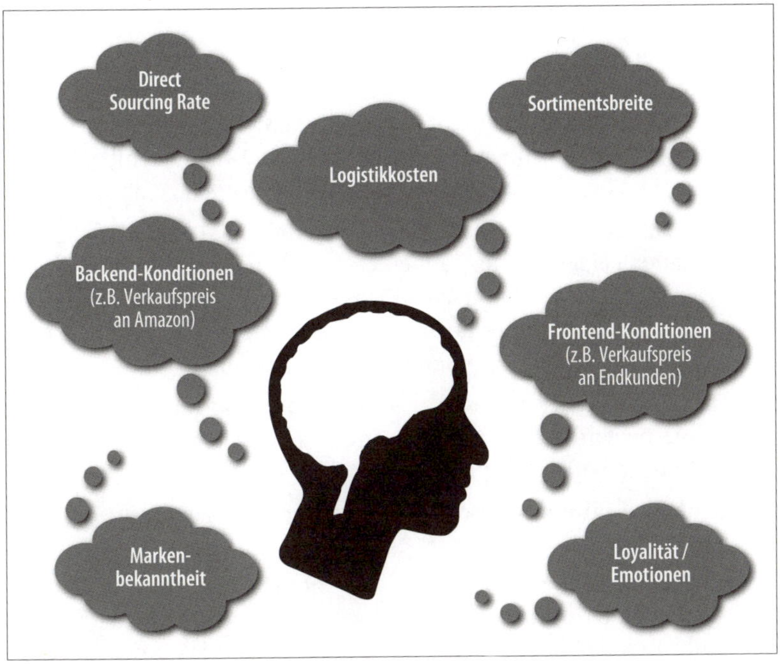

Abbildung 3-1: Amazon-Vendor-Manager zeichnen sich in der Regel aus durch eine starke Orientierung an Zahlen, Fakten und Kundenerfahrungen. (Quelle: FOSTEC/Adrian Hotz)

In erster Linie sind Vendor-Manager Experten für Zahlen, Daten und Fakten sowie die Customer Experience. Marken, Produkte und Industriestandards rücken im Zuge der kennzahlengetriebenen Denkweise als Argumentationsbasis in den Hintergrund. Um nachhaltige Win-win-Situationen zu ermitteln, benötigen Vendoren daher ein starkes Account-Management mit abgestimmten Geschäftszielen und Zugang zu relevanten Datenquellen (siehe hierzu auch das Kapitel 9, »Vendor-Account-Handling«).

Herausforderungen für Vendor-Manager

Vendor-Manager können auf bestimmte Geschäftsbereiche nur einen beschränkten Einfluss ausüben. Ihre Herausforderungen zu verstehen, hilft Vendoren dabei, gegenseitig vorteilhafte Ergebnisse zu erzielen. Im Folgenden zeigen wir daher einige der elementaren Herausforderungen auf und erklären, welche Folgen sich daraus für Vendoren ergeben:

- **Automatisierung von Prozessen**

  Amazon möchte so viele Prozesse wie möglich automatisieren. Algorithmen bilden daher das Herzstück vieler Geschäftsprozesse. Die Folge: Es wird für Vendor-Manager und andere Abteilungen zunehmend schwerer, in Prozesse einzugreifen und manuelle Anpassungen vorzunehmen.

  Nehmen wir beispielsweise Amazons *Supply Chain Management*. Aufgrund der hohen Komplexität der Dateninfrastruktur wird es höchstwahrscheinlich nicht mehr für manuelle Eingriffe offen sein – selbst wenn das über einen gewissen Zeitraum zu Fehlbeständen führt. Das System soll lernen, Unregelmäßigkeiten zu antizipieren.

  So frustrierend es auch sein mag: Wenn Vendor-Manager behaupten, sie hätten keinen Einfluss auf einen Prozess oder eine Entscheidung, sagen sie mit hoher Wahrscheinlichkeit die Wahrheit. Dennoch sind in vielen Fällen immer noch Ausnahmen möglich – vorausgesetzt, Amazon hat einen Grund dafür, sie zuzulassen.

  Da der Handelsriese intern das Ziel »Hands off the wheel« vorantreibt, bedeutet dies zudem weniger persönlichen Support und mehr Automatisierung.

- **Zahlenverhältnis von Vendoren und Vendor-Managern**

  Die Zahl der Marken und Hersteller im Vendor-Programm hat sich in den letzten Jahren deutlich erhöht. Die Anzahl der Vendor-Manager blieb demgegenüber jedoch stabil oder ging sogar zurück. Aufgrund der begrenzten Ressourcen haben sie nun Schwierigkeiten, alle bestehenden Vendoren gleichermaßen zu betreuen. Sie legen deshalb den Fokus häufig auf Vendoren, die neu, strategisch wichtig oder besonders groß sind, oder auf solche, die für die Betreuung zahlen (SVS).

- **Vendor-Support**
  Man kann davon ausgehen, dass die Vendor-Management-Ressourcen in den nächsten Jahren weiter reduziert werden. Viele Vendor-Manager wechseln momentan zu Amazon Advertising oder anderen Schwerpunktbereichen. Dadurch bleiben noch weniger Vendor-Manager für eine wachsende Anzahl von Vendoren übrig. Für Hersteller bedeutet dies mehr eigenständiges Fallmanagement über den *Vendor-Support*. Dieser entwickelt sich zum zentralen Kontaktpunkt bei Problemen und Administrationsanfragen (siehe hierzu auch in Kapitel 9, »Vendor-Account-Handling« den Abschnitt »Fünf goldene Regeln für das Fallmanagement«).
- **Self-Service**
  In Anbetracht der oben beschriebenen Punkte ist es für Vendor-Manager fast unmöglich, den anfallenden Workload ohne die aktive Unterstützung der Lieferanten zu bewältigen. Vendor-Manager müssen daher so viele Supportfunktionen wie möglich an Vendoren delegieren. Folglich werden laufend neue Self-Service-Lösungen eingeführt.

Verhandlungsschwerpunkte eines Vendor-Managers

Deckungsbeitrag (*Profit Contribution*)

Amazon berechnet auf Grundlage aller Faktoren, die die Profitabilität beeinflussen, für jeden Vendor den Deckungsbeitrag. Hierbei handelt es sich für den Handelsriesen um eine Bottom-Line-Berechnung. Sie berücksichtigt alle relevanten Daten und stellt aus Sicht von Amazon die wichtigste Kennzahl zur Bewertung der Vendor-Performance dar.

Verkaufspreise (*Product Costs*)

Ein weiteres bedeutendes Verhandlungselement für den Vendor-Manager ist die Preisgestaltung der Produkte. Sie nimmt maßgeblichen Einfluss auf den Absatz über die Plattform und die Profitabilität für Amazon.

Wie im ersten Kapitel erläutert, versteht Amazon wettbewerbsfähige Preise als Schlüsselelement seines Geschäftsmodells. Niedrigere Preise verbessern demnach das Kundenerlebnis und fördern so das Wachstum der Plattform.

Aufgrund dessen sollten Vendoren die Zusammenarbeit mit Preisen beginnen, die einen gewissen Margenspielraum beinhalten. Im Laufe der Zeit können sie dann auf ein niedrigeres Preislevel heruntergehen und Rabatten zustimmen.

Hinweis

Endkundenpreise berechnet Amazon vollautomatisch auf Grundlage von Preisabgleich und Kosten-Plus-Kalkulation. Amazon-Preise sind daher der Marktpreisspiegel innerhalb des kundenrelevanten Wettbewerbs.

Zentrale Konditionsbestandteile

Zu den weiteren zentralen Verhandlungsthemen gehören verschiedene Konditionen und Bedingungen, die sich nach einer Art Baukastenprinzip zusammensetzen. Hierzu zählen Dinge wie Boni, Skonti und Retourenvereinbarungen, aber auch Kosten für einzelne Marketingmaßnahmen. Entgegen der weitverbreiteten Annahme sind sie nicht in Stein gemeißelt. Sie lassen sich in gewissem Rahmen anpassen, sodass sie allen beteiligten Parteien Vorteile bieten.

Zahlungsbedingungen

Hinsichtlich der Zahlungsbedingungen verfolgen Amazon und Vendoren unterschiedliche Absichten. Ziel des Vendor-Managers ist es, möglichst lange Zahlungsziele zu erreichen, während Lieferanten kurze Zahlungsziele bevorzugen.

Um kürzere Zahlungsfristen zu vereinbaren, verlangt Amazon häufig Skonto. Der Rabatt kann zwischen 1 und 3 % liegen. Verhandelbare Zahlungszeiträume bewegen sich dabei zwischen 30 und 60 Tagen. In der Regel startet Amazon so in die Verhandlung: 60 Tage 3 % Skonto, 90 Tage netto. Möglich ist zum Beispiel: 30 bis 45 Tage 3 % Skonto, 60 Tage netto.

Beachten Sie in diesem Zusammenhang, dass das Datum der Rechnungstellung das Zahlungsziel beeinflusst. Darüber hinaus sollten die Zahlungsbedingungen im Business Case berücksichtigt werden.

Retouren

Ein Punkt, der vielen Herstellern Sorgen bereitet, sind Retouren. Um sie einzudämmen, können Sie mit Amazon abstimmen, welche Arten von Retouren an Sie zurückgeschickt werden dürfen. Hierbei ist es wichtig, alle möglichen Gründe für Rücksendungen von Amazon dokumentieren zu lassen und die entsprechenden Definitionen einzufordern. Zu den gängigsten Retourengründen gehören:

- *Right of Return* (*RoR*): Waren, die von Kunden retourniert wurden.
- *Dead on Arrival* (*DoA*): Waren, die beschädigt im Amazon-Lager eingetroffen sind.
- Unbeschädigter Überbestand.

Meist fordert Amazon von Vendoren ein 100%iges Retourenrecht. Allerdings lassen sich Retourenkonditionen durchaus anpassen. So sind zum Beispiel folgende Vereinbarungen möglich:

- 100% – X % (X = interne Kosten für Prüfung, Bearbeitung, Neuverpackung etc.)
- maximal X % des jährlichen oder vierteljährlichen Sell-ins darf retourniert werden
- Retourenpauschale (*Return Allowance*)

Statt Amazon die Kosten für retournierte und beschädigte Artikel jeweils in Rechnung stellen zu lassen, können Hersteller versuchen, eine Retourenpauschale zu vereinbaren. In diesem Fall behält Amazon einen bestimmten prozentualen Anteil des Umsatzes ein. Der Handelsriese verzichtet im Gegenzug auf Rücksendungen. Eine solche Verhinderungsstrategie kann jedoch dazu führen, dass B-Ware in den Verkauf oder zu Verwertern fließt, wodurch ein Preisrückgang möglich ist.

Werbekostenzuschuss

Amazon berechnet Vendoren in der Regel einen Werbekostenzuschuss. Dessen Höhe beträgt standardmäßig 10% der Kosten der verkauften Produkte (*Costs of Goods Sold, COGS*). Davon fließt meist die Hälfte (5%) in »automatisiertes Marketing«. Darüber hinaus können zusätzliche Marketingpakete gebucht werden, wie beispielsweise Platzierungen auf Themenseiten.

Sie sollten jedoch bedenken, dass es bislang schwer war, Reportings zu den entsprechenden Maßnahmen und Marketingaktivitäten zu erhalten. Ihr Erfolg ist daher kaum messbar. In jedem Fall sollten Sie vereinbarte Platzierungen stets live prüfen.

> **Praxistipp**
> Es empfiehlt sich, das Budget vom Amazon-Retail-Bereich (also des Werbekostenzuschusses, WKZ) hin zu den effizientesten Kanälen des Amazon Advertising zu verschieben.

Wenn es um die Frage geht, ob dieses Umverteilen möglich ist, konnten in der Vergangenheit unterschiedliche Verhandlungsmuster beobachtet werden. Während einige Vendor-Manager auf den WKZ bestehen, lassen andere eine Re-Allokation zu. Die Aussagen variieren je nach Produktgruppe und den Zielen, die der einzelne Vendor-Manager verfolgt. Oft wenden sich zudem Vertreter des Amazon Advertising direkt an die Lieferanten – unabhängig von den Verhandlungen. Die jeweiligen Ansprechpartner können Sie auf Anfrage bei der Umverteilung der Kosten unterstützen.

Eine weitere Möglichkeit, den geforderten WKZ effektiver zu nutzen, besteht in der Integration von verschiedenen Leistungen. Er kann zum Beispiel mit einer Vine-Flatrate, der Teilnahme am Programm Subscribe & Save und dem Zugriff auf ARA Premium verknüpft werden.

Volumenbonus (Volume Incentive Rebate, VIR)

Ein weiterer Bestandteil des Vertragswerks sind in der Regel Bonuszahlungen, die der Vendor an Amazon leisten soll. Hierbei handelt es sich meist um einen Prozentsatz der COGS. Normalerweise beinhalten VIR-Vereinbarungen mehrere Verkaufsstufen mit steigenden Provisionssätzen. Ein Beispiel für ein solches Staffelbonusmodell ist: 1% ab 250.000 Euro, 2% ab 500.000 Euro, 4% ab 1 Million Euro.

Im Großteil der Fälle sammelt Amazon VIR-Zahlungen über das ganze Jahr hinweg ein. Nach Ablauf des Geschäftsjahres müssen abhängig vom erreichten Umsatzziel und der entsprechenden VIR-Rate angemessene Ausgleichszahlungen geleistet oder zurückgefordert werden.

Auch bei Boni kann sich ein gewisser Verhandlungsspielraum anbieten. So können Sie beispielsweise wie beim WKZ Gegenleistungen für Boni vereinbaren oder die Zahlung an Bedingungen knüpfen. Denkbar wäre beispielsweise ein Wachstumsbonus (z.B. 1% auf den Mehrumsatz im nächsten Geschäftsjahr) oder Boni auf bestimmte Unterkategorien sowie Sortimente.

Anlieferrichtlinien (Vendor Manual)

Im Vendor Manual finden Sie sämtliche Vorgaben für die Belieferung von Amazon – von der richtigen Verpackung der Waren bis hin zur Anlieferung vor Ort am Amazon-Lager. Dementsprechend handelt es sich um ein extrem umfangreiches Dokument, das zudem laufend Anpassungen unterliegt. Sie sollten daher immer nur explizit der aktuell vorliegenden Version zustimmen.

Eigenmächtige Abweichungen von den Richtlinien können schnell ins Geld gehen, wie im nachfolgenden Abschnitt noch erläutert wird. Vor diesem Hintergrund ist es besonders wichtig, sämtliche Inhalte des Vendor Manual zu erfassen und zu verstehen. Vendoren sollten in diesem Zusammenhang immer schriftlich mit Amazon kommunizieren, um Ausgleichszahlungen zu vermeiden bzw. um widersprechen zu können.

Ausgleichszahlungen (Chargebacks)

Amazon ist bekannt dafür, Vendoren nach Möglichkeit zusätzliche Betriebskosten zu berechnen. Diese Gebühren bezeichnet man als *Chargebacks*. Sie betreffen verschiedene Bereiche und werden fällig, wenn sich Vendoren nicht richtlinienkonform verhalten. Das Ziel der Ausgleichszahlungen ist es, die maximale Effizienz des Wareneingangs in Amazon-Fulfillment-Centern sicherzustellen.

Chargebacks resultieren meist aus Versand- und Verpackungsfehlern und führen aufgrund vermeidbarer Ursachen zu einem Umsatzverlust. Sie reichen von technischen Problemen bei der Übertragung elektronischer Daten bis hin zu fehlenden Barcodes oder unsachgemäßen Verpackungsmaterialien.

Tabelle 3-1: Amazon unterscheidet verschiedene Typen und Ursachen für Strafzahlungen. Der Katalog der Verstöße, für die man belangt werden kann, und die entsprechenden Strafgebühren ändern sich allerdings laufend.

Chargeback-Typ	Beispiele für mögliche Ursachen	Kostenbeispiele
Probleme mit Bestellungen (*Purchase Order, PO*)	• unbestätigte PO, Lieferung zu vieler Einheiten (*Überlieferung*) • mangelnde Lieferpünktlichkeit (< 90 %) • Rechnungen in Papierform	• 0,60 Euro pro Einheit • 3 bis 9 % des Warenwerts • 5 Euro pro Rechnung
Probleme mit der Versandvorbereitung	• mangelhafte bzw. nicht konforme Verpackung (fehlende Luftpolsterfolie, Folienbeutel, falsches Verpackungsmaterial etc.) • fehlender, falscher oder nicht lesbarer Barcode	• 0,40 bis 0,60 Euro pro Einheit • 0,30 Euro pro Einheit
Probleme mit der Anlieferung	• No-Show (Lieferant ist nicht erschienen), Annahmeverweigerung • Nichteinhalten des Lieferzeitfensters, verspätete Buchung von Importlieferungen • verspätete Übermittlung von Importunterlagen	• 290 Euro • 3 % des Warenwerts • 50 bis 150 Euro pro Dokumentensatz und Tag Verspätung
Probleme bei der Warenvereinnahmung	• nicht konforme oder fehlende Information zum Kartoninhalt • Versandvorabmitteilung (*Advanced Shipping Notification, ASN*) zu spät oder nicht übermittelt, ASN inakkurat oder nicht-konform	• 0,06 Euro pro Einheit • 0,30 Euro pro ungültig vereinnahmte Einheit
Probleme bei der Direktbelieferung (*Direct Fulfillment*)	Nichterfüllung oder Stornierung von Bestellungen	10 Euro pro Fall

In vielen Fällen liegt der Fehler jedoch gar nicht bei den Vendoren, sondern ist aufseiten Amazons entstanden. Allerdings kann es äußerst zeitaufwendig sein, gegen jede ungerechtfertigt erhobene Ausgleichszahlung Widerspruch einzulegen. Statt alles im Kleinen zu lösen, stellt eventuell die Vereinbarung einer *Damage Allowance* (*DA*) den effizienteren Weg dar. Bei dieser Alternative fallen generell keine Chargebacks an, dafür zahlt der Vendor eine Pauschale. Sie bewegt sich in der Regel zwischen 1 und 1,5 % des Umsatzes.

> **Warnung**
> Amazon erhebt Ausgleichszahlungen, wenn die bestätigte Warenmenge von der tatsächlich verbuchten Artikelanzahl im Fulfillment Center abweicht. Chargebacks aufgrund von Fehlmengen sind im Allgemeinen nicht in der Damage Allowance inkludiert.

Services

Amazon bietet gegen Zahlungen verschiedene Serviceleistungen an, die Bestandteil der initialen Vertragsverhandlungen sowie des Jahresgesprächs sein können. Hierzu gehören folgende Services:

- **Product Setup Service (PSS)**: Service für den initialen Upload von Produkten inklusive Bildern, Varianten etc. Hierzu müssen Sie alle erforderlichen Daten in elektronischer Form (Excel, PDF, Website etc.) zur Verfügung zu stellen.
- **Premium Catalog/Content Services (PCS)**: Services zur Katalog- und Content-Optimierung. Sie umfassen unter anderem den Upload neuer Produkte sowie die monatliche Kataloganalyse und -bereinigung.
- **Strategic/Amazon Vendor Services (SVS/AVS)**: Ihnen wird ein Amazon-Mitarbeiter zugeordnet, der entweder in Voll- oder Teilzeit für Sie arbeiten soll. Zu seinen Aufgabenbereichen zählen beispielsweise Analysen zu Traffic und Lieferverfügbarkeit sowie das Management von Produktneueinführungen.

Die Kosten der Leistungen hängen von der Produktkategorie und dem Verhandlungsergebnis ab. Bestimmte Leistungen sind darüber hinaus nur für Vendoren einer bestimmten Klassifizierung verfügbar. Amazon klassifiziert Vendoren anhand von diversen internen KPIs, wie zum Beispiel Umsatz, Profitabilität, Logistikleistung und Stärke der Marke. Mögliche Klassifizierungen sind *Basic*, *Silber*, *Gold* und *Platin*. Die Einstufung des sogenannten *Level of Service* (*LoS*) erfolgt einmal im Jahr und wird bei den Verhandlungen als Werkzeug verwendet.

Bei Kooperationsvereinbarungen wie den angebotenen Services sollten Sie generell immer die folgenden Punkte beachten:

- Wägen Sie die Kosten gegen den Nutzen der jeweiligen Services sorgfältig ab.
- Fordern Sie detaillierte Dokumentationen und Trackings der Leistungen.
- Berücksichtigen Sie die Lock-in-Effekte: Haben Sie erst mal einen Service vereinbart, ist es schwierig, später die Kündigung des Angebots auszuhandeln.

Tipps zu Vertragsverhandlungen mit Amazon

Wie oben erläutert, lassen sich diverse Konditionen anpassen. Sie sollten Backend-Konditionen hierbei stets im Konvolut verhandeln und Ihrem Vendor-Manager Alternativen anbieten. Möchten Sie das geforderte Budget für einen Bereich senken, können Sie gleichzeitig aufzeigen, dass Sie es in einem anderen Bereich erhöhen. Natürlich wird der Vendor-Manager eine Verteilung bevorzugen, die seine persönliche Zielerreichung begünstigt. Aber auch hier ist festzustellen, dass mehr und mehr die Gesamtrechnung betrachtet wird.

Wichtig ist, Ihrem Vendor-Manager klarzumachen, dass der Erlös für Amazon genauso hoch bleibt oder sogar steigt. Durch die Modifikation des Konditionsmix sollte im Idealfall eine Win-win-Situation entstehen, sodass Ihr Vendor-Manager eher geneigt ist, dem Budget-Shift zuzustimmen.

> **Warnung**
>
> Die Optimierung der Backend-Konditionen erfordert Erfahrung, da sich diese stark auf die Gesamtmarge auswirken. Werden sie falsch ausgerichtet, hat das unter Umständen fatale Folgen für die eigene Profitabilität sowie die von Amazon. Konditionsgefüge inklusive der Einkaufspreise von Amazon, die den Handelsriesen schlechter als den Wettbewerb stellen, können dazu führen, dass Amazon bestimmte Waren nicht mehr von einem Hersteller bezieht. Es ist daher immer sinnvoll, sich bereits vor der ersten Verhandlung fachspezifisch beraten zu lassen.

Häufig unterschätzen angehende Vendoren den Einfluss von Amazons Preisgestaltung auf die Verhandlungen der Konditionen. Amazon ist bekanntermaßen ein Preis-Follower. Die Verkaufspreise auf der Plattform werden folglich bis zu einer gewissen Grenze automatisiert angeglichen. Dadurch sinkt oder steigt die Marge für den Handelsriesen.

Für die Berechnung der eigenen Gewinnmarge zieht Amazon nicht nur den Einkaufspreis, sondern auch das Konditionsgefüge heran. Herrscht über die verschiedenen Vertriebskanäle ein starker Preisdruck, wird es für Hersteller schwieriger, den Margenanforderungen von Amazon über die nachgelagerten Konditionen gerecht zu werden. Ebenso wichtig wie der Konditionsmix ist daher auch eine konsequente Preispolitik seitens des Herstellers.

Um hierbei einem beliebten Fehlschluss vorzubeugen: Es ist nicht Amazons Ziel, einfach immer der preisgünstigste Anbieter zu sein. Vielmehr muss das Gesamtpaket für den Nutzer besser sein als irgendwo anders. Sobald Amazon feststellt, dass der Kunde bereit ist, dank Prime und genereller Zuverlässigkeit im Service einen höheren Preis durchzusetzen, wird Amazon dies in seine Preissetzung einbeziehen.

Mögliche Trade-offs identifizieren

Amazon hat in der Regel eine starke Verhandlungsposition. Vendoren werden daher oft mit dem Druck konfrontiert, bestimmte Bedingungen zu akzeptieren. Um in Verhandlungen ein Gefühl der Gleichberechtigung zu bewahren, können Sie verschiedene Gegenleistungen als Trade-off aushandeln, wie zum Beispiel:

- **ARA Premium**: Das Reporting-Tool bietet eine Vielzahl an Berichten und Analysen, die über das Angebot von ARA Basic hinaus wertvolle Daten generieren. Insbesondere für die Betrachtung von Vergangenheitsdaten spielt es eine essenzielle Rolle.
- **Auto-Mailings:** Die Newsletter bewerben bestimmte Produkte und werden an Kunden ausgeliefert, die Interesse an der Produktkategorie oder an ASINs (Amazon Standard Identification Numbers) des Anbieters gezeigt haben.
- **Vine Flatrate:** Das Programm ermöglicht Vendoren, schnell Bewertungen für neue Produkte zu erhalten, indem es zertifizierte Produkttester und Verkäufer miteinander verbindet.
- **Services:** Es ist möglich, mehr SVS- oder AVS-Support sowie weitere Dienstleistungen, die Amazon anbieten kann, auszuhandeln.
- **Top Search Banner:** Diese Funktion platziert das Produkt des Verkäufers oben auf der Amazon-Suchergebnisseite und bietet dem Vendor zusätzliche Sichtbarkeit.
- **Brand Editorials & Hero Products:** Anbieter können die Platzierung auf Kampagnen- oder Kategorie-Landingpages anfordern, um auf bestimmte ASINs aufmerksam zu machen.
- **Logo Farm Placements**: Die Platzierung der Marke auf den Kategorie-Landingpages kann Vendoren ebenfalls helfen, Sichtbarkeit und Markenbekanntheit zu stärken.

Abbildung 3-2: Beispiel für eine Amazon-Kampagnenseite zum Thema Beauty-Trends (Quelle: amazon.de)

Abbildung 3-3: Eingebundene Markenlogos als Referenzen auf einer Amazon-Landingpage zur Kategorie Beauty (Quelle: amazon.de)

Generell gilt: Akzeptieren Sie Forderungen seitens Amazon nicht vorschnell und ohne kritische Betrachtung. Bittet Ihr Vendor-Manager zum Beispiel um eine Erhöhung der Kooperationsvereinbarungen, sollten Sie stets das »Warum« diskutieren und sich erkundigen, welche Vorteile Sie im Gegenzug erhalten. Durch kontinuierliches Hinterfragen können Lieferanten demonstrieren, dass Vendor-Manager mehr Leistungen und Vorteile anbieten müssen, wenn sie Forderungen stellen. Bleiben Sie hartnäckig, falls Sie keine stichhaltige Begründung erhalten.

Hope for the Best and Prepare for the Worst

Selbst wenn Sie in Ihren Augen beiderseitig faire Vereinbarungen oder Lösungen vorbereiten, müssen Sie davon ausgehen, dass Amazon den definierten Bedingungen nicht zustimmt. Es empfiehlt sich daher, im Vorfeld Best- und Worst-Case-Szenarien für die Verhandlung zu definieren. Um diese zu erstellen, sollten Vendoren zu verstehen versuchen, welche Ziele Amazon verfolgt. Weitere Optionen in der Hinterhand zu halten, verschafft Vendoren einen strategischen Vorteil. Flexibilität ist in Bezug auf die Verhandlungen ein kritischer Erfolgsfaktor.

Stimmen Sie Vereinbarungen trotz allem erst zu, wenn Sie sich mit dem Ergebnis wohlfühlen. Vendoren sollten sich darüber im Klaren sein, dass Amazon nicht davon ausgeht, dass sie mit seinem ersten Angebot einverstanden sind. Sie können darauf bestehen, dass zuerst alle Fragen und Probleme geklärt werden oder ein angemessener Ausgleich gefunden wird. Es ist vollkommen in Ordnung, Verhandlungssitzungen mit einem offenen Ende abzuschließen und die Nachbereitung per E-Mail oder telefonisch vorzunehmen.

Holen Sie es sich schwarz auf weiß

Aufgrund der hohen Fluktuation der Vendor-Manager ist es empfehlenswert, alle Diskussionspunkte und Vereinbarungen schriftlich festzuhalten. Stellt Amazon kein Verhandlungsprotokoll zur Verfügung, können Vendoren Amazon ein Transkript zusenden und um eine offizielle Bestätigung durch den Vendor-Manager bitten.

> **Praxistipp**
>
> Lassen Sie einen Side Letter aufsetzen, in dem Regelungen, die vom Hauptvertragswerk abweichen, schriftlich fixiert werden.

Zu den schriftlich zu fixierenden Punkten gehört unter anderem, dass Sie sich explizit nur mit den vorliegenden Versionen von AGBs, Anlieferrichtlinien etc. einverstanden erklären. Alle nachträglichen Änderungen sollten Sie zustimmungspflichtig machen.

Dies ist vor allem vor dem Hintergrund wichtig, dass Lieferanten über neue Konditionen und Vertragsbedingungen teilweise lediglich über automatisierte Mailings informiert werden. Reagieren Vendoren innerhalb eines bestimmten Zeitraums nicht auf die Ankündigung, geht Amazon davon aus, dass sie die Änderungen annehmen, und setzt sie um.

Nach der Verhandlung ist vor der Verhandlung

Wer denkt, mit den initialen Verhandlungen wäre es getan, der irrt. Abhängig von der Größe und der Bedeutung eines Vendors verlangt Amazon regelmäßige Treffen und Verhandlungen. Die meisten Marken setzen sich mindestens einmal im Jahr mit dem Onlineriesen zusammen. Neben dieser jährlichen Überprüfung kann Amazon über das gesamte Geschäftsjahr hinweg zusätzliche Meetings beantragen, um bestimmte Themen zu diskutieren. Inhalte und Intensität der Verhandlungen können abhängig von diversen Faktoren stark variieren.

Insbesondere das *Jahresgespräch* bereitet Herstellern im Laufe der Zusammenarbeit häufig Bauchschmerzen. Nach einer erfolgreichen »Onboarding-Phase« und ersten zufriedenstellenden Geschäftsergebnissen wendet sich Amazon an Vendoren, um über die weitere Geschäftsbeziehung und -entwicklung zu verhandeln. Im Zuge dessen verlangt Amazon normalerweise bessere Einkaufspreise für Produkte, vorteilhaftere Konditionen und höhere Marketinginvestitionen.

> **Praxistipp**
>
> Ebenso wie die Verhandlungen zum Verkaufsstart bedürfen auch die Jahresgespräche einer äußerst peniblen Vorbereitung. In diesem Zusammenhang ist es unverzichtbar, relevante KPIs kontinuierlich zu erfassen und genau zu dokumentieren – sowie die eigene Lieferantenperformance im Blick zu behalten.

Amazon ist bekanntermaßen ein Daten-Powerhouse. Dementsprechend basiert fast jede Entscheidung ausschließlich auf Basis von Daten und Algorithmen. Ihr Vendor-Manager wird sich mit einem umfassenden Datensatz an den Verhandlungstisch begeben, der tiefe Einblicke in Kategoriepotenziale, die Produktperformance, Kundenwünsche, Marketingmöglichkeiten und vieles mehr bietet. Diese Daten ermöglichen ihm, das persönliche Urteilsvermögen durch harte Fakten und datenbasierte Entscheidungen zu ersetzen. Um die Verhandlungen auf Augenhöhe zu halten, müssen sich Vendoren entsprechend vorbereiten.

Sie sollten Ihre internen und externen Verkaufs- und Marketingdaten kennen sowie möglichst viele Zahlen und Statistiken vorbereiten. Externe Daten und sorgfältig ausgearbeitete Berichte unterstützen Sie dabei, die Argumente Ihres Vendor-Managers zu entkräften. Vereinbarungen, die von Amazon im vergangenen Jahr nicht eingehalten wurden, sollten hervorgehoben und zur Aushandlung einer Entschädigung herangezogen werden. Behalten Sie dabei stets im Hinterkopf, dass Amazon trotz noch so guter Vorbereitung immer ein Ass aus dem Ärmel zaubern kann.

Internationale Ausrichtung von Vendor-Verträgen

Für Vendoren, die international agieren, ist die länderübergreifende Ausrichtung der Verträge von großer Bedeutung. Amazon sieht PAN-EU als eine Sourcing-Region an und wird Vorteile, die durch unterschiedliche Konditionen pro Land entstehen, für sich nutzen. Ist zum Beispiel die Marge in Frankreich aufgrund des länderspezifischen Konditionsgefüges für Amazon höher, importiert der Handelsriese die jeweiligen Produkte wahrscheinlich von dort und bietet sie auf Amazon.de an, anstatt sie beim deutschen Unternehmenszweig des Herstellers zu ordern. Unterschiedliche Verpackungen und Sprachen spielen bei der Beschaffung von Produkten nur eine untergeordnete Rolle für Amazon.

Es empfiehlt sich folglich nicht, Verhandlungen auf Länderebene zu führen. Um internationale Amazon-Verträge zu harmonisieren, sollten Sie stattdessen zentrale Verhandlungen für alle Country-Marktplätze anstreben, auf denen Sie aktiv sind.

Es kann jedoch sein, dass Amazon dies aufgrund unterschiedlicher regionaler Ziele und Produktkategorien sowie der internen Aufstellung nicht zulässt. In dem Fall sollten Sie versuchen, die Diskrepanzen so gering wie möglich zu halten und die Vendor-Manager der verschiedenen Länder dazu zu bewegen, miteinander zu kommunizieren. Verweisen Sie auf Ihre eigene interne Strategie und führen Sie aus, dass es Ihnen dadurch nicht möglich ist, bestimmte Vereinbarungen zu akzeptieren.

Einrichtung des Vendor-Central-Accounts

Haben Sie die Verhandlungen hinter sich gebracht, geht es an die Einrichtung Ihres Vendor-Central-Accounts. Die Plattform ist Ihr Cockpit für die Zusammenarbeit mit Amazon und stellt den Dreh- und Angelpunkt für sämtliche Geschäftsaktivitäten dar.

In diesem Kapitel erklären wir Ihnen, was Sie bei der initialen Konfiguration beachten sollten, damit der Verkaufsstart so reibungslos wie möglich ablaufen kann. Den vollen Funktionsumfang von Vendor Central lernen Sie in Kapitel 9 kennen.

Erforderliche Angaben

Um den Vendor-Central-Account in Betrieb zu nehmen, müssen Sie zunächst diverse Informationen hinterlegen. Sie finden die benötigten Angaben im Register *Einstellungen* in der Navigationsleiste:

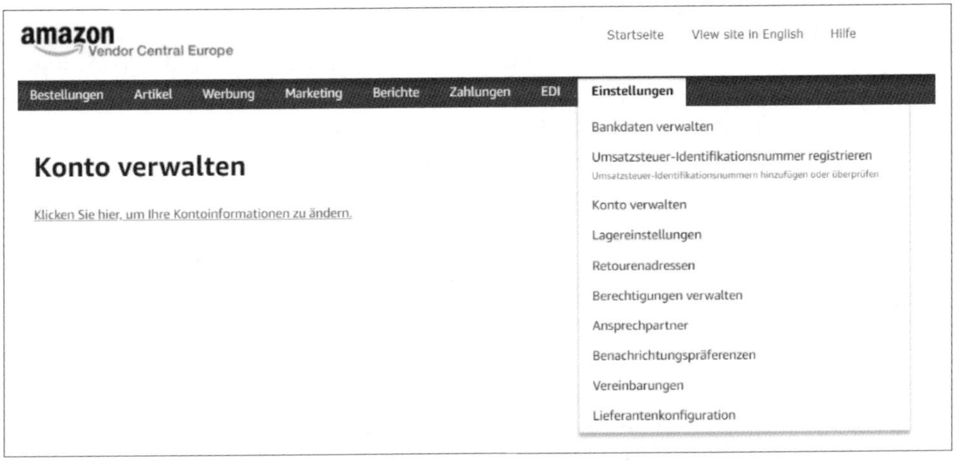

Abbildung 3-4: Über Einstellungen können Vendoren verschiedene Bereiche ihres Accounts verwalten. (Quelle: vendorcentral.amazon.de)

Stellen Sie folglich sicher, dass Sie alle erforderlichen Informationen vorliegen haben. Sollten Sie zu einem späteren Zeitpunkt Änderungen vornehmen müssen, weil Ihr Unternehmen beispielsweise umgezogen ist oder Ansprechpartner gewechselt haben, können Sie die Angaben in diesem Bereich von Vendor Central ebenfalls anpassen. Wichtig ist, dass alle Informationen stets aktuell sind. Ansonsten kann es zum Beispiel passieren, dass Retouren und Zahlungen nicht ihr Ziel erreichen, sondern im Nirwana landen.

Folgende Daten müssen bzw. sollten beim Account-Setup hinterlegt werden:

- die vollständige Geschäftsadresse
- Bankdaten, damit Amazon Zahlungen elektronisch an den Vendor übermitteln kann
- Steuerinformationen
- Lageradressen, insbesondere wenn Vendoren für die Direktbelieferung qualifiziert und registriert sind
- Rücksendeadressen für die verschiedenen Retourenarten
- Ansprechpartner für die verschiedenen Geschäftsbereiche innerhalb des Unternehmens sowie ihre E-Mail-Adressen

Verfügen Vendoren über mehrere Vendor-Codes, sollten sie zudem darauf achten, dass die Informationen den richtigen Händlercodes zugeordnet sind.

Ansprechpartner und Berechtigungen zuweisen

Für die unterschiedlichen Geschäftsbereiche müssen Vendoren unternehmensinterne Ansprechpartner angeben. Auf diese Weise erhalten die jeweiligen Mitarbeiter für ihren Bereich relevante E-Mails, und Amazon-Mitarbeiter wissen, wen sie zu den verschiedenen Themen ansprechen müssen.

Unter *Benachrichtigungspräferenzen* können Sie darüber hinaus definieren, welche Personen zu welchen Ereignissen informiert werden sollen, wie beispielsweise zu Anfragen für Mengenkäufe oder Marketingmöglichkeiten.

Die verantwortlichen Personen brauchen außerdem Zugriff auf die entsprechenden Bereiche von Vendor Central. Um die benötigten Funktionen nutzen zu können, müssen Sie Mitarbeiter über die Plattform einladen und ihnen die Berechtigung hierzu erteilen.

Tabelle 3-2: Auch die Liste der Ansprechpartner und die entsprechenden Zugriffsberechtigungen auf Vendor Central gilt es laufend aktuell zu halten und zu pflegen.

Rolle	Verantwortungsbereich/Beschreibung
Hauptkontakt	Hauptansprechpartner für Amazon innerhalb des Unternehmens.
Vertrieb	Erhält Benachrichtigungen zu POs (*Purchase Orders*).
Kundenservice	Für Probleme zuständig, die im Zusammenhang mit dem Amazon-Kundenservice auftauchen.
Retouren	Verantwortlich für Rücksendungen durch Amazon.
Marketing/PR	Ansprechpartner für Marketing- und PR-Themen.
Lager	Ansprechpartner für physische Warenlieferungen an Amazon.
Bestellungen verwalten	Erhält ebenso wie der Vertriebsansprechpartner Benachrichtigungen zu POs.
Geschäftsführung	Ansprechpartner in der Geschäftsleitung, für den der Hauptansprechpartner des Vendor-Accounts arbeitet.
Zahlungsavis	Verantwortlich für Zahlungen von Amazon an den Vendor.
Kreditorenbuchhaltung	Verantwortlich für fällige Zahlungen des Vendors an Amazon.
Katalog (optional)	Für die Pflege und die Qualität des Produktkatalogs zuständig.
Compliance (optional)	Empfängt Benachrichtigungen zu Richtlinienverstößen und damit verbundenen Ausgleichszahlungen.
Hersteller im Ausland (optional)	Vendoren, die direkt an Amazon importieren, müssen Adresse und Kontaktinformationen des Produktionsstandorts im Ausland angeben.
EDI-Kontakt (optional)	Technische Ansprechpartner für die Einrichtung, Verwaltung und bei Problemen mit dem elektronischen Datenaustausch (*Electronic Data Interchange, EDI*).

Die Tabelle verdeutlicht bereits, dass mit der Teilnahme am Vendor-Programm zahlreiche Aufgaben verknüpft sind. Hersteller sollten sich daher bereits vor dem Verkaufsstart Gedanken über das personelle Setup innerhalb ihres Unternehmens machen. Es gilt, Aufgaben und Verantwortungsbereiche zu verteilen sowie bei Bedarf neue Stellen zu schaffen und besetzen. Angehende Vendoren sollten dabei nicht den Fehler begehen, den zusätzlichen Workload zu unterschätzen, der bei der Zusammenarbeit mit Amazon auf sie zukommt (siehe hierzu auch Abschnitt »Exkurs: Das richtige Mindset für Hersteller« auf Seite 311).

Nach der Lektüre dieses Buchs werden Sie ein Gefühl dafür entwickelt haben, welche Aufgabenbereiche von Lieferanten abgedeckt werden müssen. Aufgrund des hohen Arbeitsaufwands bei großen Sortimenten lagern Vendoren häufig das komplette Management ihres Amazon-Geschäfts oder Teilbereiche aus.

Erstellung des eigenen Produktkatalogs

Nach der Einrichtung des Accounts besteht eine der ersten Maßnahmen darin, den eigenen Produktkatalog zu erstellen und gegebenenfalls noch nicht gelistete Produkte hochzuladen. In diesem Abschnitt erklären wir Ihnen, welche Möglichkeiten es gibt und was Sie bei der Neuanlage von Produkten beachten sollten.

Gelistete Produkte zum eigenen Katalog hinzufügen

Als Hersteller ist die Wahrscheinlichkeit hoch, dass schon eine Vielzahl der eigenen Produkte auf der Plattform gelistet ist, da entweder Seller und/oder Amazon sie dort bereits verkaufen. Sind Sie als Vendor Eigentümer der Marke, müssen Sie diese Listings nun Ihrem persönlichen Amazon-Katalog hinzufügen, damit Sie beispielsweise den Content der Produktdetailseiten bearbeiten können.

Hinweis

Im Gegensatz zu anderen Marktplätzen wie beispielsweise eBay gibt es bei Amazon für jedes Produkt nur eine einzige Detailseite. Die verschiedenen Anbieter heften sich mit ihrem Angebot an diese Seite an (Stichwort Buybox, siehe auch Kapitel 9). Dadurch soll die Übersichtlichkeit und damit die Kundenzufriedenheit gewährleistet werden. Um Produktseiten bearbeiten zu können, benötigen Sie die Hoheit über den Content.

Lieferanten bzw. Vendoren stehen zwei Optionen zur Verfügung: Sie können sich einen oder mehrere Artikel entweder direkt im Vendor-

Central-Interface zuordnen oder über Excel-Sheets. Hierzu laden sich Vendoren vorkonfigurierte Tabellen herunter, tragen EANs sowie weitere erforderliche Informationen ein und laden sie wieder hoch. Im Zuge dessen können sie gleichzeitig den Content anpassen. In der Regel findet die Optimierung des Contents jedoch nachträglich statt. Auch für diesen Fall gibt es spezielle Excel-Sheets. Alle Informationen zu Content und Keywords erhalten Sie in Kapitel 5, »Produktdaten und Content«.

Neue Produkte hochladen

Ist noch keine ASIN für ein Produkt vorhanden, müssen Sie sie neu anlegen. Hier können Sie ebenfalls wieder den Weg über den Browser und Vendor Central oder Excel-Sheets gehen. Gerade bei umfangreicheren Sortimenten empfiehlt sich die Nutzung von Excel-Tabellen.

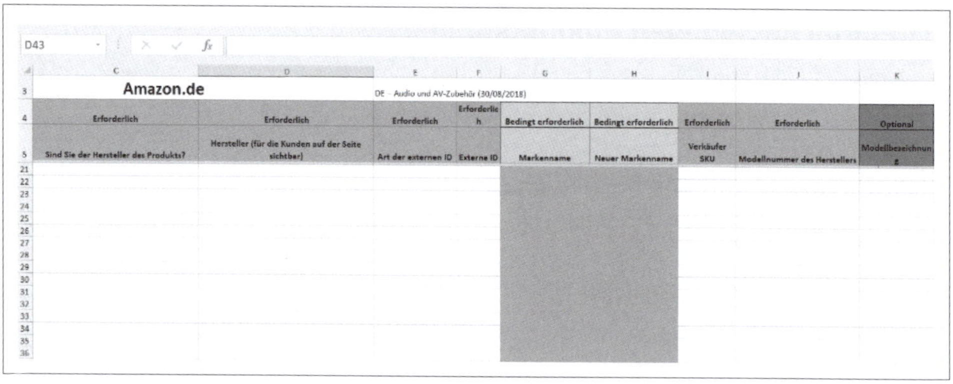

Abbildung 3-5: New Item Setup Sheet für die Produktkategorie Audio- und AV-Zubehör (Quelle: vendorcentral.amazon.de)

Bei der Neuanlage über das sogenannte *New Item Setup Sheet* gehen *(NIS)* Sie folgendermaßen vor:

- Wählen Sie die passende Produktkategorie aus und laden Sie die generierte Excel-Vorlage herunter.
- Aktivieren Sie die Makros. Sie helfen Ihnen dabei, das Dokument korrekt auszufüllen, indem sie vor dem Schließen auf Fehler hinweisen.
- Je nach Produktkategorie müssen bzw. können unterschiedliche Daten hinterlegt werden. Pflichtfelder sind beispielsweise in Orange gekennzeichnet, optionale Felder in Grün (siehe Abbildung 3-5). Es erscheinen zwar nicht alle Informationen auf der Produktdetailseite, dennoch ist es sehr wichtig, sie so vollständig wie möglich zu hinterlegen. Einige der Angaben nehmen Einfluss auf die Sichtbarkeit des Artikels, da sie sich zum Beispiel auf die Auffind-

barkeit innerhalb der Filterfunktion auswirken. Diesen Punkt führen wir später noch genauer aus.

- Laden Sie das ausgefüllte Sheet wieder hoch. Amazon prüft die gemachten Angaben und schaltet die Produkte anschließend live. Wie lange das dauert, kann unterschiedlich ausfallen. Informationen zum Status Ihres Uploads finden Sie in Vendor Central unter *Artikel/Hochgeladene Produkte anzeigen*. Hier sehen Sie gegebenenfalls auch, dass die Anlage aufgrund fehlerhafter Daten abgelehnt wurde. Nehmen Sie in diesem Fall entsprechende Korrekturen vor und laden Sie das Sheet erneut hoch.

Sobald die Artikel gelistet sind, sollten Sie in jedem Fall prüfen, ob die ursprünglich hochgeladenen Inhalte und Daten tatsächlich dem Live Content entsprechen. Dieser Prozess kann teilweise mehrere Wochen dauern und insbesondere bei großen Sortimenten über mehrere Länder sehr komplex werden.

Einstieg als Seller

Da beim Seller-Programm alle Konditionen standardisiert und bereits festgelegt sind, können und müssen Seller grundsätzlich nicht mit Amazon verhandeln. Bei Seller Central handelt es sich um einen reinen Self-Service. Auch wenn der Fokus daher auf anderen Schwerpunkten liegt, sollte der Verkaufsstart ebenso gründlich durchdacht werden wie im Vendor-Programm.

Auf den nächsten Seiten werden wir gemeinsam mit Ihnen verschiedene Aspekte betrachten, auf die Sie im Vorfeld Ihre Aufmerksamkeit richten sollten. Dazu zählen strategische Themen wie die Auswahl der Produkte und der logistischen Optionen, aber auch praktische Bereiche wie die Einrichtung des Accounts und die Erstellung von Angeboten.

Produktauswahl

Für kleine Hersteller oder Private-Label-Anbieter, die ihre eigenen Produkte auf der Plattform exklusiv anbieten, stellt der Seller-Account den gängigen Weg dar. Es geht beim Seller-Dasein also nicht immer nur um Produkte, die bereits auf Amazon vertreten sind, sondern in ganz vielen Fällen auch um Erstanlagen.

Verfügen Seller noch nicht über eine Produktpalette bzw. eine Marke, stehen sie zunächst vor der Frage, welche Waren sie überhaupt anbieten möchten. Auch Händler, die bereits auf zahlreiche Produkte zurückgreifen können, müssen entscheiden, welche Artikel aus ihrem Sortiment sich tatsächlich für den Verkaufsstart auf Amazon eignen.

Bei der Produktauswahl spielen verschiedene Faktoren eine Rolle. Die folgenden Punkte können Ihnen als Orientierungshilfe dienen:

Verbotene Artikel und Beschränkungen

Diverse Produkte dürfen nicht auf Amazon verkauft werden. Dies kann unterschiedliche Gründe haben, wie beispielsweise Vorgaben des Gesetzgebers, Urheberrechtsverletzungen oder auch ein gewisses Gefährdungspotenzial. Darüber hinaus gibt es Artikel, die aufgrund von Amazonspezifischen Richtlinien vom Verkauf ausgeschlossen sind. Neben Produkten mit rassistischen sowie gewaltverherrlichenden Inhalten und bestimmten Feuerwerksklassen ist beispielsweise ebenfalls der Verkauf von Foie gras und Froschschenkeln auf der Plattform untersagt. Aktuelle Informationen zu den Verkaufsrichtlinien und unzulässigen Produkten finden Sie im Hilfebereich Ihres Seller Central[1].

Seller müssen zudem für einige Produktkategorien und Produkte erst freigeschaltet werden, bevor sie sie auf Amazon anbieten können.[2] Dies betrifft unter anderem die Segmente Uhren, Schmuck und Spielzeug (Weihnachtsgeschäft). Für die Zulassung müssen Anbieter je nach Kategorie diverse Anforderungen erfüllen, etwa die Teilnahme am Seller-Programm *Professionell*.

Wenn Sie Fulfillment by Amazon (FBA) in Anspruch nehmen möchten, sollten Sie sich außerdem mit den Beschränkungen für den Versand durch Amazon vertraut machen.[3] So eignen sich gekühlte oder tiefgefrorene Produkte, Schmuck im Wert von über 500 Euro und Lebensmittel mit einem Ablaufdatum von weniger als 70 Tagen zum Beispiel nicht für das FBA-Programm.

Angebot und Nachfrage

Eine entscheidende Rolle für die Produktauswahl spielt die Nachfrage- und Wettbewerbssituation auf der Plattform. Einige Produkte verkaufen sich auf Amazon besser als andere.

Eine hohe Nachfrage geht in der Regel mit einem hohen Wettbewerb einher, da sie zahlreiche Händler und Hersteller anlockt. Dies erhöht den Preisdruck und macht es schwerer, sich unter der Masse an Listings sichtbar zu positionieren. In stark umkämpften Segmenten können sich daher meist nur große Player behaupten. Kleinere Anbieter sollten sich dagegen auf »nischigere« Produkte fokussieren. Im Idealfall gelingt es

---

1 *https://sellercentral-europe.amazon.com/gp/help/201743940*
https://sellercentral.amazon.com/gp/help/200164330

2 *https://sellercentral.amazon.com/gp/help/200333160*

3 *https://sellercentral-europe.amazon.com/gp/help/201730840*

Ihnen, besonders attraktive Marktnischen aufzudecken und sich dort mit angemessenem Aufwand nach oben zu arbeiten.

Wichtig ist, sich bereits vor dem Verkaufsstart mit dem eigenen Markt vertraut zu machen und die Marktsituation auf Amazon zu analysieren. Um das Potenzial von Produkten zu evaluieren, können Anbieter unter anderem folgende Punkte heranziehen:

- Verkaufsränge (Sales Rank) von vergleichbaren Produkten
- Suchvolumina für passende Keywords
- Position vergleichbarer Produkte in den Suchergebnissen zu entsprechenden Keywords
- Anzahl der ausgespielten Produkt-Listings in der jeweiligen Produktkategorie bzw. zu entsprechenden Keywords
- Anzahl der Anbieter für vergleichbare Artikel bzw. das gleiche Produkt
- Niveau der Verkaufspreise

Für eine aussagekräftige Analyse ist es wichtig, verschiedene Werte und Kennzahlen über einen längeren Zeitraum sowie im Zusammenhang zu betrachten. So können Indikatoren für die Nachfrage, wie Verkaufsränge und Suchvolumina, starken Schwankungen unterliegen, die aus Marketingaktionen oder saisonalen Effekten resultieren. Grillgeräte verkaufen sich beispielsweise in den Sommermonaten deutlich besser als in der Winterzeit. Zieht man lediglich Momentaufnahmen heran, führt das unter Umständen zu kostspieligen Fehlschlüssen oder auch Lieferengpässen.

Praxistipp

Kostenfreie Tools wie *Keepa*[4] oder *camelcamelcamel*[5] können Sie bei der Analyse unterstützen, indem sie unter anderem die zeitliche Entwicklung von Verkaufsrängen und Preisen einzelner ASINs ausgeben.

Darüber hinaus handelt es sich bei Indikatoren wie dem Amazon Sales Rank um relative Werte, die nicht isoliert betrachtet werden dürfen. Der Verkaufsrang gibt an, wie häufig sich ein Produkt im Vergleich zu anderen Artikeln in derselben Kategorie momentan verkauft. Je niedriger die Platzierung, umso besser verkauft es sich. Der Wert sagt für sich allein also nichts über die absoluten Absatzzahlen aus. So kann es sein, dass ein Produkt im Ranking abfällt, obwohl die Absatzzahlen gleich

4 *keepa.com*
5 *de.camelcamelcamel.com*

geblieben oder sogar gestiegen sind. Andere Produkte der Kategorie verkaufen zu diesem Zeitpunkt einfach schlichtweg mehr Einheiten.

Preis und Profitabilität

Zeichnet sich ein Produkt nicht durch ein unschlagbares Alleinstellungsmerkmal aus, hat der Verkaufspreis in der Regel maßgeblichen Einfluss auf die Performance. Oder anders ausgedrückt: Verkaufspreise müssen auf Amazon marktfähig sein. Je größer der Preisunterschied zu vergleichbaren Produkten nach oben ausfällt, umso schwieriger wird es, sich gegen die Konkurrenz durchzusetzen. Vor Verkaufsstart sollten sich Seller daher sehr genau mit dem herrschenden Preisniveau beschäftigen.

Insbesondere wenn Sie einen Artikel nicht exklusiv anbieten und sich mit Ihrem Angebot an ein vorhandenes Listing anheften, ist der Verkaufspreis ein äußerst wichtiger Faktor. In diesem Fall konkurrieren Sie mit anderen Anbietern um die heiß begehrte *Buybox*. Nur ein schwindend geringer Anteil der User schaut sich tatsächlich sämtliche Angebote zu einem Produkt an (siehe Abbildung 3-6). Die meisten Verkäufe erfolgen mit Abstand direkt über das Einkaufswagenfeld. Ein Algorithmus ermittelt automatisch, welcher Anbieter den Zuschlag erhält. Hierzu spielt der Preis neben anderen Faktoren wie beispielsweise Prime-Fähigkeit und Lieferzeit eine essenzielle Rolle (siehe hierzu auch Kapitel 9).

Dieser Umstand erhöht den Preisdruck zusätzlich und kann zu Abwärtsspiralen bei der Preisgestaltung führen. Viele Seller greifen ebenso wie Amazon zur automatisierten Preisanpassung, um wettbewerbsfähig zu bleiben und die Buybox zu besetzen.

In Bezug auf die Produktauswahl sollten Seller daher zuvor sorgfältig prüfen, ob sie die Artikel zu marktfähigen Verkaufspreisen anbieten und gleichzeitig Gewinn einfahren können. Oftmals handelt es sich um eine Gratwanderung zwischen Marge und Minusgeschäft. Folgende Faktoren gilt es unter anderem bei der Berechnung des Deckungsbeitrags zu berücksichtigen:

- Beschaffungskosten
- Kosten für Verpackung und Versandvorbereitung
- Amazons Marktplatzgebühren[6]
- FBA-Gebühren oder Kosten für Direktversand, Lagerung und Abwicklung von Retouren
- Kosten für Marketingmaßnahmen

---

6 Aktuelle Informationen zu Gebühren und Verkaufsprovisionen finden Sie im Seller Central unter *https://sellercentral-europe.amazon.com/gp/help/200336920*.

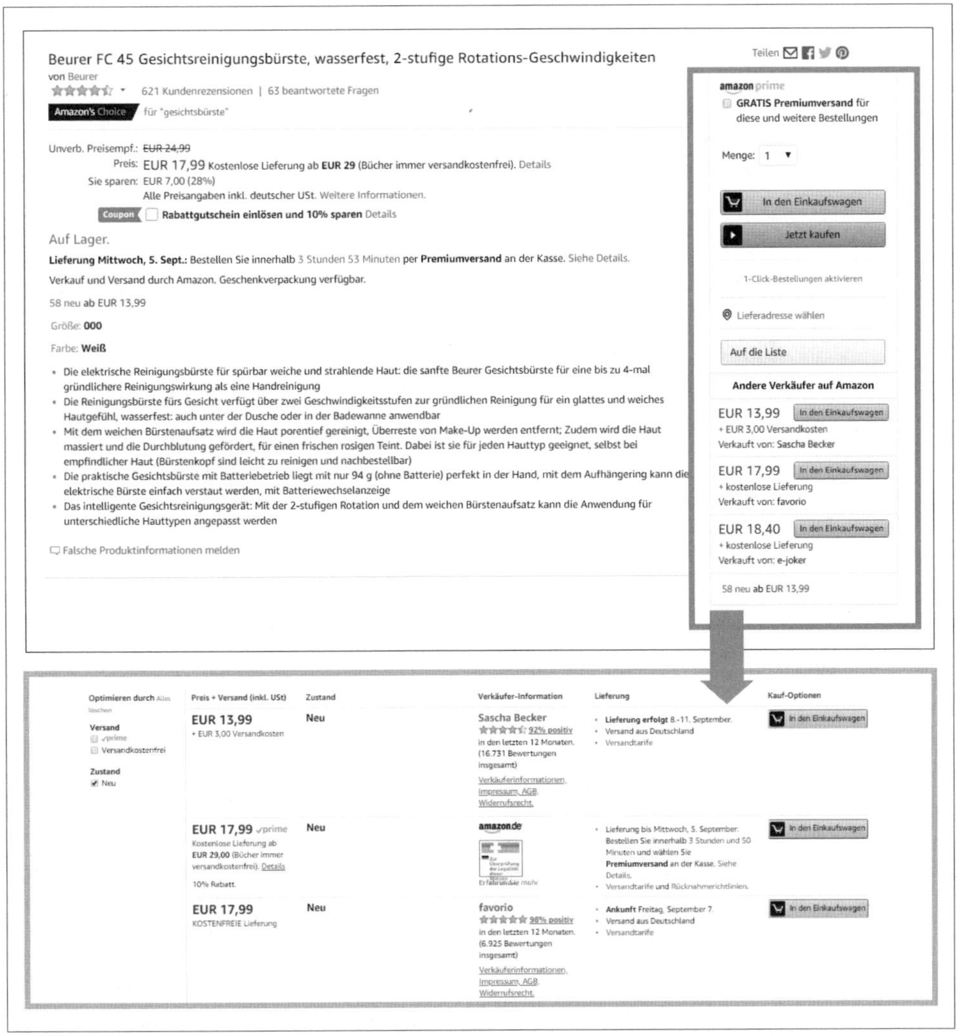

Abbildung 3-6: Beispiel für eine Buybox auf einer Produktdetailseite (oben) und die Seite mit sämtlichen Angeboten zu dem Produkt (unten). Die meisten User kaufen allerdings über den Button »In den Einkaufswagen« in der Buybox. In diesem Beispiel gibt es 58 Anbieter, die das gleiche Produkt verkaufen. (Quelle: amazon.de)

- Kosten für Produkte, die beschädigt im Amazon-Lager eintreffen oder als nicht geeignet für den Verkauf angesehen werden (FBA), erfahrungsgemäß in der Regel knapp 1 bis 2 % der gesendeten Artikel
- Abzüge für Retouren, die nicht wieder in den Verkauf aufgenommen werden können
- und andere mehr

Ebenso wie Vendoren sollten auch Seller bei der Kalkulation zudem einen gewissen Margenspielraum einplanen, damit sie Preissenkungen mitgehen können, ohne Verluste zu verzeichnen.

Kontoeinrichtung

Um Ihre Produkte auf Amazons Marktplatz anbieten zu können, müssen Sie sich zunächst als Seller registrieren. Hierbei werden Sie zu Beginn mit der Frage konfrontiert, welchen Tarif Sie nutzen möchten.

Die Wahl des passenden Seller-Tarifs

Amazon bietet zwei unterschiedliche Seller-Programme an: *Professionell* und *Einzelanbieter*. Die Hauptunterschiede zwischen ihnen betreffen die Preisgestaltung sowie die zur Verfügung stehenden Verkaufsmöglichkeiten und Funktionalitäten.[7]

Als Einzelanbieter bleibt Ihnen der Zugriff auf zahlreiche Werkzeuge verwehrt, die Sie benötigen, um Ihr Business auf Amazon zu skalieren und nachhaltig zu gestalten. Dazu gehören beispielsweise Bulk-Uploads sowie der Zugang zu Marketingangeboten, diversen Reportings und APIs. In vielen Kategorien mit Zulassungsbeschränkung (Schmuck, alkoholische Getränke etc.) dürfen darüber hinaus prinzipiell nur Anbieter mit Professionell-Account verkaufen.

Der professionelle Account schlägt mit 39 Euro pro Monat zu Buche. Beim Basiskonto entfallen die monatlichen Kosten zwar, doch dafür müssen Sie eine Verkaufsgebühr in Höhe von 0,99 Euro pro verkauften Artikel zahlen. Die kategoriespezifische Verkaufsprovision wird in beiden Fällen erhoben.

Die aufgeführten Punkte zeigen bereits, dass das professionelle Anbieterkonto auf Hersteller und Händler mit einem größeren Produktportfolio ausgerichtet ist, während sich die Basisvariante in der Regel nur für Anbieter lohnt, die weniger als 40 Artikel pro Monat verkaufen. Für die meisten Leser dürfte daher ausschließlich der Professionell-Tarif interessant sein.

Erforderliche Informationen und Einstellungen

Für die initiale Einrichtung Ihres Seller-Central-Accounts brauchen Sie diverse Daten. Zu den grundsätzlichen Informationen gehören Angaben zum Unternehmen, wie der Unternehmenstyp und die Handelsre-

---

7 Einen aktuellen Vergleich der Seller-Tarife finden Sie unter *https://sellercentral.amazon.de/gp/help/64491?language=de_DE&ref=ag_64491_cont_200399460*.

gisternummer (falls vorhanden), sowie Ihre Kontaktdaten. Amazon benötigt weiterhin eine Zahlungsart (Lastschrift oder Kreditkarte), um bei Bedarf Zahlungen von Ihnen einziehen zu können, die sich beispielsweise durch Gebühren, Rücksendungen oder Amazon Advertising ergeben.

Im Prinzip ist der Seller-Account nun aufgesetzt. Für einen optimalen Verkaufsstart sollten darüber hinaus wichtige Informationen vollständig eingepflegt sowie die wesentlichen Einstellungen vorgenommen werden. Ebenso wie beim Vendor Central können Sie sich hierfür am Register *Einstellungen* entlangarbeiten.

Unter dem Punkt *Informationen zum Verkäuferkonto* können sich Seller zum Beispiel für verschiedene Programme anmelden. Auf diesem Weg erfolgt unter anderem die Registrierung für *FBA*, *Amazon Advertising* und *Amazon Business*.

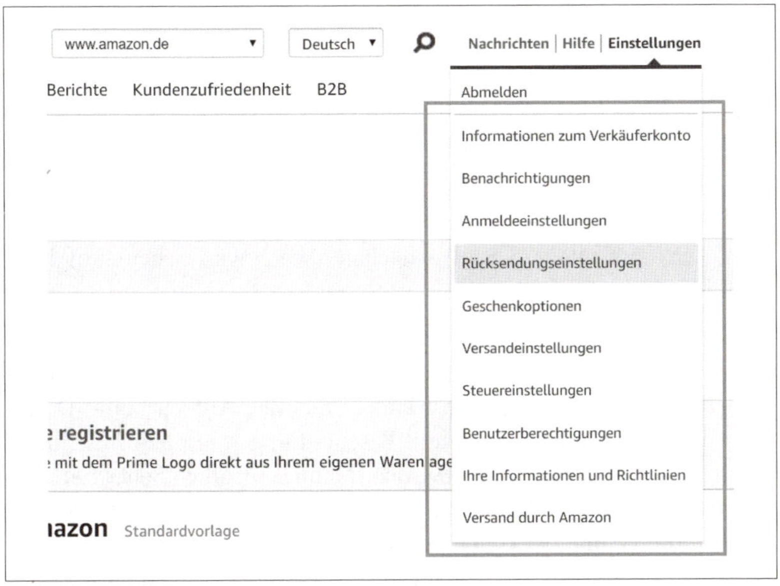

Abbildung 3-7: Vergewissern Sie sich, dass alle Hebel unter Einstellungen zum Verkaufsstart richtig justiert sind. (Quelle: sellercentral.amazon.de)

Darüber hinaus lassen sich unter *Einstellungen* weitere Prozesse justieren, die Einfluss auf die Performance des Anbieters und der Produkte nehmen können. So können Seller beispielsweise einstellen, wie mit Rücksendungen durch Kunden umgegangen werden soll, sowie Versandeinstellungen und -tarife festlegen: Möchten Sie, dass automatisch alle Retouren genehmigt werden, oder die Fälle individuell prüfen? Wer kümmert sich um das Rücksendeetikett und die Frankierung? Wie lange dauert und was kostet der Versand? Welche Adresstypen können beliefert werden? Bieten Sie eine Geschenkverpackung an? Je nachdem, ob Seller mit Eigenversand oder Versand durch Amazon arbeiten, sind bereits Voreinstellungen hinterlegt, die nicht geändert werden können.

> **Hinweis**
>
> Seller sind gemäß den Amazon-Richtlinien dazu verpflichtet, Kunden Retouren- und Versandkonditionen anzubieten, die genauso attraktiv sein sollten, als würden die Prozesse durch Amazon abgewickelt werden – vorausgesetzt, sie nutzen kein FBA.

Die Möglichkeit, zusätzlich benutzerdefinierte Inhalte zu hinterlegen, sollten Seller nicht vernachlässigen. Hier bietet sich Raum, um Ihre Prozesse für Versand, Retouren und Erstattungen präzise und verständlich zu erläutern. Kunden können die hinterlegten Informationen auf der Händlerseite einsehen und erhalten so alle relevanten Informationen für eine fundierte Kaufentscheidung. Dies kann das Vertrauen in den jeweiligen Anbieter stärken.

Markenregistrierung (optional)

Amazon bietet Sellern mit eigener Marke die Möglichkeit, ihre Marke bei Amazon registrieren zu lassen.[8] Nach der Einrichtung des eigentlichen Accounts bildet dies den nächsten wichtigen Schritt auf Ihrer Agenda.

Mit der Markenregistrierung sind verschiedene Vorteile verbunden. Zum einen erlangen die Inhaber auf diese Weise die Kontrolle über die Inhalte ihrer Produktdetailseiten, auch wenn es mehrere Anbieter gibt. Datenfelder wie Titel, Bullet Points und Beschreibungen können nicht mehr durch andere Seller verändert werden. Natürlich sollten Seller mit eigener Marke ebenso wie Vendoren regelmäßig prüfen, ob auch der richtige Content online und der Upload fehlerfrei erfolgt ist.

Die Registrierung bietet darüber hinaus verschiedene Maßnahmen, die dem Schutz der Marke dienen. Dazu gehören eine text- und bildbasierte Suchfunktion sowie automatisierte Schutzmechanismen. Auf diese Weise soll es erleichtert werden, Produkte, die der eigenen Brand zuzuordnen sind, auf der Plattform zu identifizieren und bei Bedarf gegen Plagiate vorzugehen. Werden Sie selbst mit Plagiatsvorwürfen konfrontiert, können Sie diese durch die Amazon-Markenregistrierung schneller und einfacher widerlegen.

---

8 Die Markenregistrierung können Sie unter folgendem Link durchführen: *https://brandservices.amazon.de/*.

Praxistipp

Nur Seller mit Markenregistrierung können *Sponsored Brands* schalten und *Amazon Stores* erstellen. Sie erhalten also erst Zugang zu einem Großteil der verfügbaren Marketingmöglichkeiten, wenn sie sich registrieren.

Voraussetzung für die Markenregistrierung ist, dass Sie über eine Marke verfügen, die in dem jeweiligen Land ordnungsgemäß registriert und aktiv ist. Dies bedeutet für den deutschen Marktplatz beispielsweise, dass Produktverpackungen und Produkte mit Ihrer Wort- und/ oder Bildmarke versehen sind.

Angebote erstellen und neue Produkte listen

Möchten Sie Waren verkaufen, die nicht aus der Eigenproduktion stammen, ist die Wahrscheinlichkeit hoch, dass bereits eine Produktseite und damit eine ASIN für die Artikel vorhanden sind. Um das zu überprüfen, können Sie unter *Lagerbestand/Produkt hinzufügen* zum Beispiel nach dem Namen, der EAN oder der ASIN des Produkts suchen. Wird der Artikel auf der Plattform angeboten, sollte er in den Suchergebnissen erscheinen.

Abbildung 3-8: Um ein bereits gelistetes Produkt auf dem Marktplatz anzubieten, müssen Seller verschiedene Informationen hinterlegen. (Quelle: sellercentral.amazon.de)

Seller können das entsprechende Produkt auswählen, um sich mit ihrem Angebot an die bestehende Produktseite zu heften. Hierzu hinterlegen

Sie einfach die erforderlichen Informationen zu Preis, Zustand und Versandart. Möchten Sie die Waren selbst an die Kunden schicken, benötigt Amazon zusätzlich Mengenangaben.

Liegen die Schreibrechte nicht bei Ihnen, haben Sie keinen direkten Einfluss auf den Content der Detailseite. Das heißt, Sie können die angezeigten Produktinformationen zu diesem Zeitpunkt nicht editieren. Allerdings haben Seller die Chance, im Nachhinein ihren eigenen Content zu hinterlegen. Dies heißt jedoch noch lange nicht, dass er auch online geht.

Ein lernfähiger Algorithmus entscheidet, welche Elemente von welchem Seller ausgespielt werden – vorausgesetzt, die Content-Hoheit liegt nicht bei dem Markeninhaber. Ziel ist es, den Kunden die bestmöglichen Informationen zu dem jeweiligen Artikel zu liefern. So kann es passieren, dass von einem Anbieter zum Beispiel der hinterlegte Titel erscheint, während die Produktbeschreibung von einem anderen Seller stammt.

Eine neue Produktseite erstellen

Wenn für das Produkt noch keine ASIN existiert, müssen Sie darüber hinaus eine Produktdetailseite anlegen, auf der Sie Ihre Waren bestmöglich präsentieren sollten. Auf der einen Seite bedeutet das zwar mehr Arbeitsaufwand, aber dafür haben Sie im Rahmen der Möglichkeiten auch freie Hand, den Content nach Ihren Vorstellungen zu gestalten.

Der Content-Erstellungsprozess von Vendoren und Sellern unterscheidet sich lediglich in Feinheiten, daher bietet Kapitel 5, »Produktdaten und Content«, auch Sellern wertvolle Insights und Optimierungstipps.

Wie in Vendor Central kann der initiale Upload von Artikeln entweder direkt über das Interface von Seller Central erfolgen oder über den Upload von Excel-Sheets (*Lagerbestandsdateien*). Da das Anlegen von neuen Produkten also im Prinzip nach dem gleichen Schema erfolgt (siehe »Neue Produkte hochladen« weiter vorn in diesem Kapitel), gehen wir an dieser Stelle nicht noch einmal auf die erforderlichen Schritte ein.

> **Hinweis**
>
> Wenn es mehrere Anbieter zu einem Produkt gibt, konkurrieren Sie mit diesen um das Einkaufswagenfeld. Bieten Sie ein Produkt stattdessen exklusiv an, besetzen Sie es automatisch.

Logistikoptionen

Eine weitere essenzielle Frage, die es vor dem Verkaufsstart zu klären gilt, ist die der Logistik. Sellern bieten sich hier verschiedene Optionen zur Auswahl. Welche Variante die passende für das eigene Geschäftsmodell ist, hängt von verschiedenen Faktoren ab.

Versand durch Amazon

In vielen Fällen fällt die Wahl auf den Service *Fulfillment by Amazon (FBA)*. Das Programm und seine Vorteile wurden bereits im letzten Kapitel ausführlich erläutert. Wie der Name schon sagt, erfolgen Versand und Lagerung der Artikel durch Amazon. Hauptgründe für die Entscheidung liegen häufig in der Prime-Kennzeichnung und der Möglichkeit, Amazons Infrastruktur nutzen zu können, statt eine eigene aufbauen zu müssen.

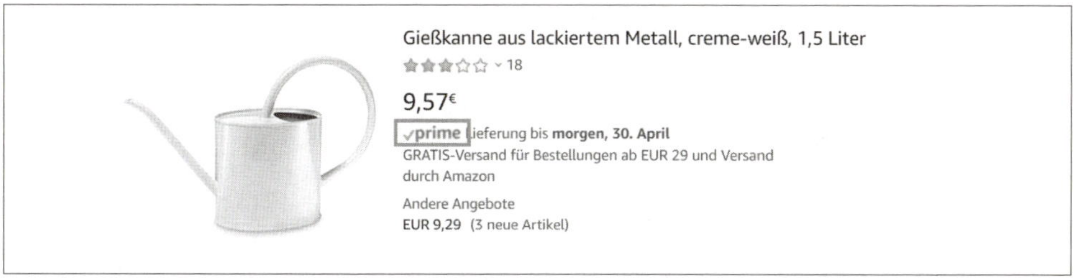

Abbildung 3-9: Prime-fähiges Produkt in den Suchergebnissen (Quelle: amazon.de)

Auch wenn das Programm eine entscheidende Rolle für die Wettbewerbsfähigkeit spielt, lohnt sich der Service noch lange nicht für jedes Produkt. Amazon lässt sich seine Dienstleistungen natürlich bezahlen. Die Kosten für die Teilnahme am FBA-Programm werden von verschiedenen Faktoren bestimmt.[9] Sie setzen sich aus Versand- und Lagergebühren zusammen.

Bei den *Versandgebühren* handelt es sich um eine Pauschale, die pro verschickte Einheit erhoben wird. Ihre Höhe variiert je nach Größe, Gewicht, Lagerort und Produktart. Die *Lagergebühr* fällt monatlich an und wird pro Kubikmeter berechnet. Derzeit beträgt sie 26 Euro, in der Vorweihnachtszeit 36 Euro (Stand: April 2019). Wie schnell man seine Waren abverkauft, nimmt folglich ebenfalls Einfluss auf die Höhe der Kosten.

Alle diese Punkt sollten bei der Berechnung des Deckungsbeitrags und der Gewinnmarge berücksichtigt werden. Insbesondere Produkte mit

9 Hier finden Sie eine umfassende Leistungs- und Gebührenübersicht zum Thema FBA: *https://services.amazon.de/programme/versand-durch-amazon/preisgestaltung.html*.

großen Dimensionen und/oder hohem Gewicht lassen sich oft kostengünstiger im Direktversand abwickeln.

Darüber hinaus ist FBA mit diversen Anforderungen und Richtlinien[10] verbunden, denen Seller gerecht werden müssen. Vor der ersten Lieferung an ein Amazon-Fulfillment-Center sollten Sie sich mit ihnen vertraut machen.

Auch die eigene Logistiksoftware gilt es in die Planung mit einzubeziehen: Lässt sie sich überhaupt mit Amazons Logistik verknüpfen? Oder muss sie erst noch modifiziert werden? Dies würde zum Beispiel einen weiteren Kostenfaktor bedeuten.

Versand durch Seller

Verschickt der Verkäufer seine Waren selbst, bezeichnet man dies auch als *Fulfillment by Merchant (FBM)*. Seller, die sich für diese Option entscheiden, müssen zwar unter Umständen auf das Prime-Logo verzichten, dafür bieten sich bei dieser Variante andere Vorteile.

So ist es zum Beispiel möglich, gebrandete Verpackungsmaterialien und Werbebeilagen zu verwenden. Sie können zudem freier über Ihren Warenbestand verfügen, da er nicht gebunden in einem Amazon-Lager liegt.

Generell ist hier natürlich auch die Frage entscheidend, ob man überhaupt in der Lage ist, den Eigenversand abzubilden. Schließlich bedeutet er nicht nur einen erheblichen Arbeitsaufwand, sondern fließt auch in die Bewertung der Verkäuferleistung mit ein. Erhalten Kunden ihre Bestellung beispielsweise zu spät, fällt sie ab.

Verkäuferleistung und Lieferzeit werden außerdem als Einflussfaktoren für die Belegung der Buybox herangezogen. Können Sie Amazons hohen Anforderungen in Sachen Kundenfreundlichkeit nicht gerecht werden, kann es sogar passieren, dass der Handelsriese den Account komplett dichtmacht.

Praxistipp

Seller können auf Produktebene entscheiden, ob ein Artikel über *FBA* oder *Direktversand* abgewickelt wird. Kleine, leichte Waren aus dem eigenen Sortiment lassen sich so mitsamt allen Vorteilen über den Versand durch Amazon abbilden, während man die Logistik von sperrigen oder auch langsam drehenden Produkten selbst abwickelt, um FBA-Gebühren einzusparen.

10 *https://sellercentral-europe.amazon.com/gp/help/201030350*

Eigenversand inklusive Prime

Anbieter, die ihre Kunden direkt beliefern, haben die Chance, sich für *Seller Fulfilled Prime* (*SFP*) zu qualifizieren. Wem das gelingt, der profitiert von sämtlichen FBA-Vorteilen, ohne seine Waren an Amazon-Lager schicken oder FBA-Gebühren entrichten zu müssen. So erhalten teilnehmende Produkte zum Beispiel ein Prime-Logo. Der Buybox-Algorithmus soll sie außerdem genauso wie FBA-Artikel behandeln.

Voraussetzung für die Teilnahme an SPF ist eine konstant ausgezeichnete Verkäuferleistung und der Durchlauf einer Testphase. In dieser müssen Sie Kunden alle Vorzüge gewährleisten, die sie durch das reguläre Prime-Programm erhalten. Die Anforderungen sind folglich hoch. Sobald der Test erfolgreich abgeschlossen wurde, erscheint die Prime-Kennzeichnung auf den entsprechenden Seller-Produkten.[11]

Exkurs: Das Broker-Modell

Für Markenhersteller, die aus verschiedenen Gründen weder als Vendor direkt an Amazon verkaufen noch als Seller auf dem Marktplatz agieren möchten, gibt es eine alternative Lösung: das sogenannte *Broker-Modell*. In diesem Fall stellen spezielle Dienstleister Herstellern und Händlern ihre Seller-Accounts zur Verfügung und wickeln den Verkauf der Produkte auf dem Marktplatz für sie ab. Es handelt sich also um eine Art Kommissionsgeschäft.

Die Zwischenschaltung von Brokern bietet Marken und Herstellern verschiedene Vorteile und Lösungsansätze:

- Hersteller können Konditionen, wie Verkaufspreise und Sortiment, selbst festlegen. Beim Vendor-Programm ist das nicht bzw. unter Umständen nur indirekt möglich.
- Treten Markenhersteller unmittelbar als Seller auf, führt dies eventuell zu Kanalkonflikten mit ihren bestehenden Händlern. Durch das Broker-Modell können Hersteller verhindern, in direkte Konkurrenz mit ihnen zu treten.
- Profitabilitätsprobleme und Verhandlungsdruck im Rahmen des Vendor-Programms können durch die Zusammenarbeit mit einem Broker umgangen werden. So lässt sich verhindern, dass Amazon seine Bestellungen einstellt oder Produkte sogar auslistet.
- Ein Großteil des Arbeitsaufwands, der im Seller-Modell entsteht, wird auf die Broker umgelegt.

11 Alle Informationen zu SPF finden Sie unter *https://sellercentral-europe.amazon.com/gp/help/5WSKCRELRRMM58E*.

Natürlich kann es auch bei dieser Vorgehensweise immer passieren, dass Amazon Seller-Accounts sperrt. Allerdings verfügen Broker in der Regel über mehrere Accounts, sodass das Risiko, seine Produkte nicht mehr auf der Plattform anbieten zu können, relativ gering ausfällt.

Entscheidet man sich für die Broker-Variante, sollte berücksichtigen werden, dass man einen Teil seiner Marge an die Dienstleister abtritt. Hersteller sind darüber hinaus in einem gewissen Maße von ihrer Arbeitsqualität abhängig.

Oft empfiehlt sich auch eine Hybridform, das heißt eine Kombination aus Broker- und Vendor-Modell. Insbesondere für Vendoren, deren Margen sich nahe an der unteren Profitabilitätsgrenze von Amazon bewegen, kann diese Mischform einen sinnvollen Lösungsansatz darstellen. Wie bereits weiter oben erläutert, droht immer wieder die Gefahr, dass Amazon Produkte als unprofitabel einstuft und nicht mehr bei dem jeweiligen Hersteller ordert. Amazon-intern werden diese Artikel mit dem Status *CRaP* (*Can't Realize any Profit*) gekennzeichnet. ASINs, die auf besagter Liste landen, können so über den Broker statt über das Vendor-Programm auf dem Marktplatz verkauft werden.

KAPITEL 4

Amazon als Produktsuchmaschine

In diesem Kapitel:

- Die Onlineproduktsuche beginnt auf Amazon
- Amazons Suchalgorithmus
- Maßnahmen zur Verbesserung des organischen Rankings

Sie haben Amazon bereits in einer Vielzahl von Rollen kennengelernt, unter anderem als Händler, Hersteller und Marktplatz. Die schiere Masse an Produkten auf der Plattform bringt es mit sich, dass der Handelsriese ebenfalls als Suchmaschinenbetreiber agiert. A9 ist der Name der hauseigenen Suchtechnologie.

Dieses Kapitel vermittelt Ihnen den nicht zu unterschätzenden Stellenwert, den Amazon als Produktsuchmaschine für den E-Commerce hat, und welche Konsequenzen sich für Markenhersteller daraus ergeben. Im Anschluss erhalten Sie einen Überblick über die Funktionsweise des A9-Suchalgorithmus sowie seine wichtigsten Ranking-Faktoren.

Die Onlineproduktsuche beginnt auf Amazon

In den Köpfen der meisten Menschen taucht wahrscheinlich Googles bunter Schriftzug auf, wenn sie nach einer Suchmaschine gefragt werden. Spezifiziert man die Frage jedoch und möchte wissen, wo sie online nach Produkten suchen, die sie kaufen möchten, wird die Antwort vieler Verbraucher Amazon lauten. Es handelt sich um die weltweit beliebteste Produktsuchmaschine (siehe Abbildung 4-1). Das dürfte kaum überraschen. Viele Leser werden diese Tatsache aus eigener Erfahrung bestätigen können.

Hinweis

Man unterscheidet bei Suchanfragen verschiedene Motivationen. *Informationale* Suchen dienen dazu, beispielsweise Fragen zu beantworten, Probleme zu lösen oder Annahmen zu belegen, es wird also nach bestimmten Informationen gesucht. Bei *transaktionalen* Suchen steht die Durchführung einer Aktion im Vordergrund, zum Beispiel der Kauf eines Produkts.

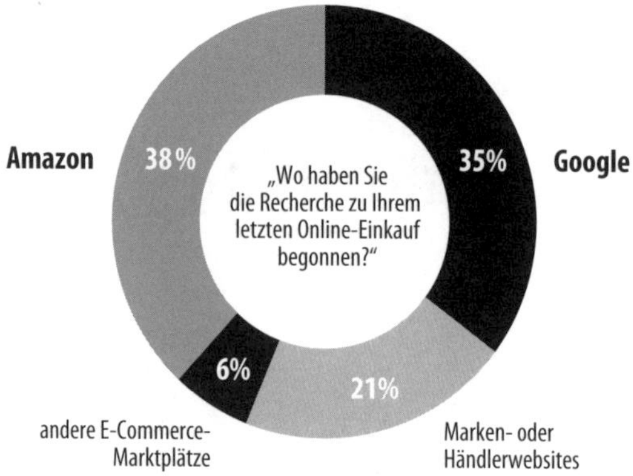

Abbildung 4-1: Amazon ist Produktsuchmaschine Nummer eins (Quelle: searchengineland.com/factor-a – part of Dept[1])

Zwar verzeichnet Google insgesamt mehr Suchanfragen, doch wenn es um Produkte geht, hat Amazon die Nase vorn. Ein Großteil der User mit Kaufabsicht startet seine Produktrecherche auf Amazon und bestellt das gewünschte Produkt mit großer Wahrscheinlichkeit auch über den Handelsriesen. Dafür sorgen attraktive Konditionen und die bereits vielfach beschriebene Kundenfreundlichkeit.

Und es nutzen nicht nur User die Plattform, die den Artikel dort erwerben möchten. Auch als generelle Informationsquelle zu Produkten gewinnt sie laufend an Bedeutung (siehe Abbildung 4-2). Verbraucher recherchieren auf Amazon, um den gewünschten Artikel anschließend im stationären Einzelhandel zu erwerben. Sie vergleichen im Vorfeld unterschiedliche Produkte, Preise und Bewertungen.

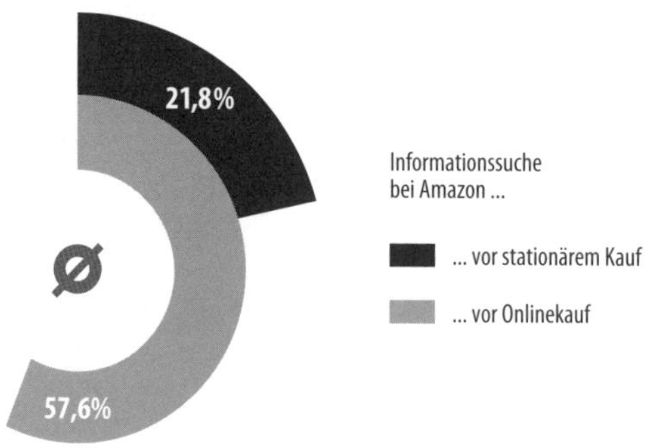

Abbildung 4-2: Jeder Fünfte hat sich vor dem stationären Kauf bei Amazon informiert. Vor dem Onlinekauf sind dies 57,6%. (Quelle: ECC Köln, Cross-Channel – Quo Vadis?, 2017)

1 *https://searchengineland.com/survey-amazon-beats-google-starting-point-product-search-252980*

Folgen für Hersteller und Händler

Welche Folgen hat Amazons bedeutende Rolle als Produktsuchmaschine nun für Hersteller? Zum einen ist es für sie allein deshalb relevant, um ihre Produkte auf der Plattform anzubieten. Wer im Netz für potenzielle Kunden sichtbar sein möchte, sollte sich Amazons Einfluss zunutze machen.

Produktsuchen wandern zunehmend von Google zu Amazon. Auch Hersteller und Händler mit eigenen Webshops, die in den Suchergebnissen von Google hoch ranken, werden es daher in Zukunft schwerer haben, kaufwillige Zielgruppen über die Generalisten unter den Suchmaschinen zu erreichen.

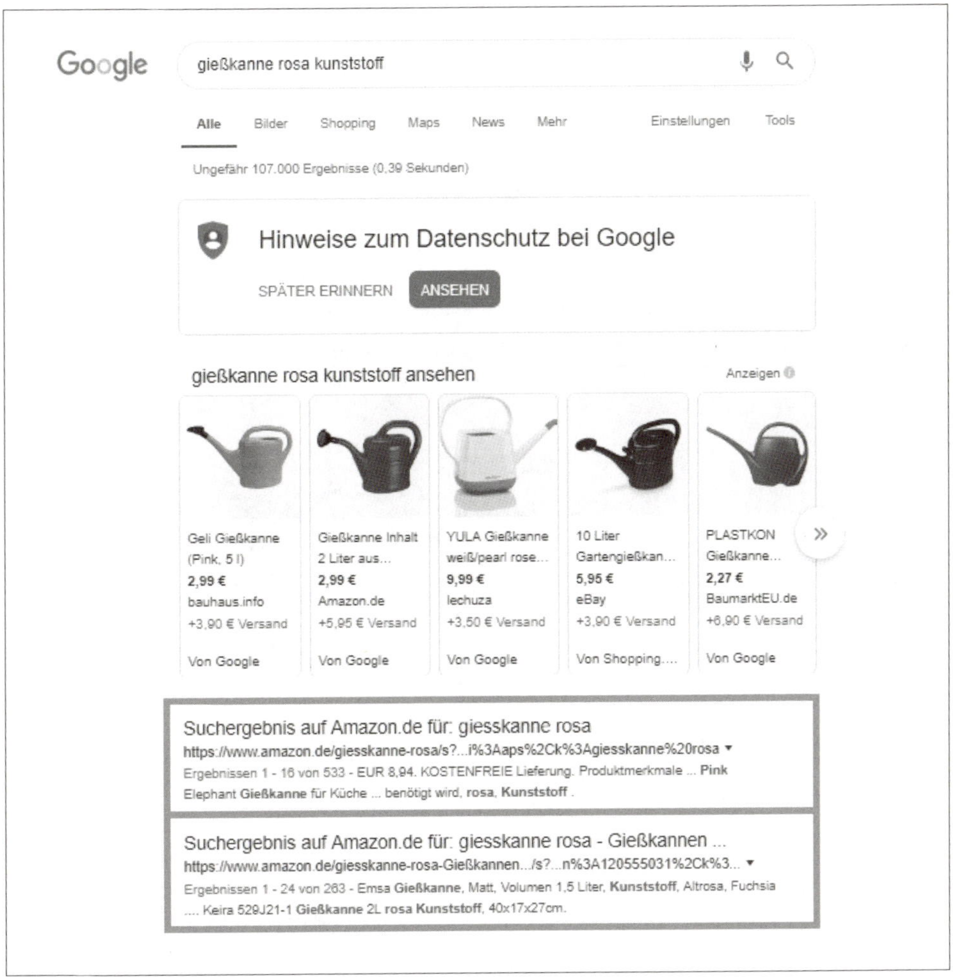

Abbildung 4-3: Amazon belegt bei transaktionalen Suchanfragen über Google meist prominente Platzierungen in den organischen Suchergebnissen. (Quelle: google.de)

Darüber hinaus landen Amazons Produktdetail- und Suchergebnisseiten häufig unter den ersten organischen Suchtreffern in Google (siehe Abbildung 4-3). Von diesem nicht zu unterschätzenden »Nebeneffekt« profitieren Anbieter, die ihren Amazon-Content optimieren. Er kann zusätzliche Reichweite und Sichtbarkeit verschaffen, die sich wiederum positiv auf den Gesamtumsatz auswirken können.

Zum anderen gilt es, möglichst weit oben in den Suchergebnislisten auf Amazon zu erscheinen. User neigen in der Regel nicht dazu, sich tief in das Dickicht der Suchtreffer zu begeben – vor allem dann nicht, wenn sie bereits auf der ersten Seite ein passendes Produkt finden. Artikel, die auf den hinteren Seiten der Ergebnisse rangieren, haben daher so gut wie keine Chance, von potenziellen Kunden entdeckt zu werden. Dementsprechend schlecht fallen die Conversion Rate und damit die Umsatzzahlen aus.

> **Hinweis**
>
> Wie hoch ein Produkt zu relevanten Suchbegriffen (*Keywords*) in den Ergebnissen platziert wird, hat maßgeblichen Einfluss auf seinen Absatz.

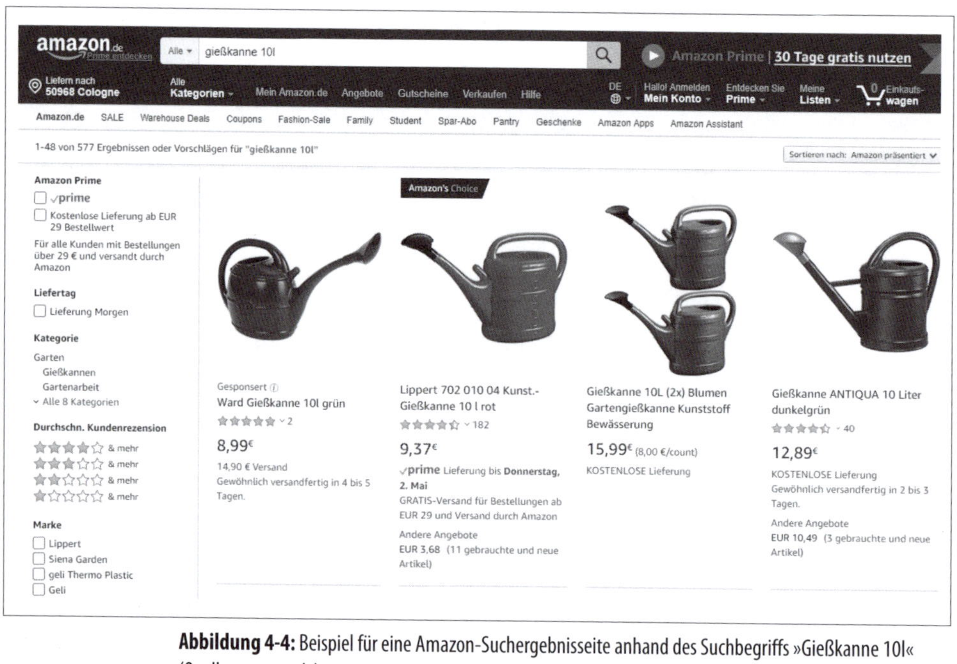

Abbildung 4-4: Beispiel für eine Amazon-Suchergebnisseite anhand des Suchbegriffs »Gießkanne 10l« (Quelle: amazon.de)

Hersteller und Händler stehen folglich vor der Herausforderung, ihre Produkte unter Millionen von Einträgen für relevante Keywords sichtbar zu machen.

Es gibt verschiedene Maßnahmen, um das organische Ranking auf Amazon zu verbessern. Man bezeichnet dies analog zu *Google-SEO* als *Amazon-SEO* (*Search Engine Optimization*). Die meisten Leser haben sich wahrscheinlich im Zusammenhang mit Google schon mit dem Thema Suchmaschinenoptimierung beschäftigt. Beide Suchmaschinenbetreiber bieten zudem Suchmaschinenmarketing in Form von bezahlten Suchergebnissen an, die ebenfalls die Sichtbarkeit erhöhen und optimiert werden können.

Amazons Ziele für die Ausspielung bestimmter Produkte

Von der Komplexität her ähnelt Amazons Suchmaschine der von Google. Ihnen liegen jedoch unterschiedliche Voraussetzungen und Geschäftsmodelle zugrunde. Google liefert Usern Ergebnisse, die am ehesten ihre Fragen beantworten. Bei Amazon steht die Frage im Fokus, was ein Kunde am ehesten kaufen möchte. Schließlich geht man hier bereits von einer Kaufabsicht aus.

Um die unterschiedlichen Ausrichtungen der Suchmaschinen zu verstehen, lohnt sich ein Blick auf ihre Geschäftskonzepte. Google generiert in erster Linie Umsatz, indem der Suchmaschinenbetreiber Werbeflächen in der Umgebung von relevanten Suchergebnissen verkauft. Finden User möglichst schnell die gewünschten Informationen, wählen sie aufgrund der positiven Erfahrung erneut Google als erste Anlaufstelle für ihre Recherchen. Je mehr Traffic auf diese Weise generiert wird, umso attraktiver werden die angebotenen Werbeflächen für Marketingtreibende.

Amazons Geschäftsmodell wurde im ersten Kapitel bereits ausführlich erläutert. Entscheidende Schlüsselwörter lauten bekanntermaßen Langfristigkeit und Kundenfreundlichkeit. Dies scheint sich ebenfalls in der Ausspielung und Anordnung bestimmter Produkte in den Suchergebnissen widerzuspiegeln.

Die Vermutung liegt nahe, dass nicht zwangsläufig die Produkte oben in den Suchergebnissen erscheinen, an denen Amazon kurzfristig am meisten verdient, sondern die auf lange Sicht zum (Umsatz-)Wachstum beitragen. Gemäß diesem Modell dienen Kaufwahrscheinlichkeit und Kundenzufriedenheit als entscheidende Einflussfaktoren für die Platzierung der Artikel. Das beruht auf der Annahme, dass ein Kunde, der mit seinem Einkaufserlebnis voll und ganz zufrieden ist, Amazon dauerhaft zur Shopping-Plattform seines Vertrauens macht.

Wichtiger Bestandteil einer positiven Shoppingerfahrung ist, dass die Produktsuche frustfrei abläuft. Das heißt: User finden schnell Artikel, die passgenau ihren Wünschen bzw. Bedürfnissen entsprechen und durch attraktive Konditionen überzeugen. Oder einfacher ausgedrückt: Wann sind User mit Kaufabsicht glücklich? Wenn sie ohne Umwege und Probleme ihr Wunschprodukt erwerben.

Hinweis

Indizien weisen darauf hin, dass Amazons Suchalgorithmus Produkte prominent platziert, die eine hohe Kaufwahrscheinlichkeit aufweisen und deren Erwerb Kunden rundum zufriedenstellt. Der oben beschriebenen Hypothese zufolge soll so die Wahrscheinlichkeit von weiteren Einkäufen auf der Plattform erhöht werden.

Die unterschiedlichen Ausrichtungen der Suchmaschinenbetreiber haben maßgeblichen Einfluss auf die Funktionsweise der jeweiligen Suchtechnologie. Amazons Algorithmus bewertet anhand diverser Faktoren, welche Produkte die höchste Kaufwahrscheinlichkeit aufweisen und gleichzeitig am ehesten zu einer langfristigen Kundenzufriedenheit führen.

Amazons Suchalgorithmus

Um Optimierungsmaßnahmen zur Verbesserung des organischen Rankings zielgerichtet umsetzen zu können, ist es wichtig, die Funktionsweise von Amazons Suchtechnologie zu verstehen. Im Folgenden erklären wir Ihnen daher die grundlegenden Funktionsprinzipien des Algorithmus und stellen Ihnen die wichtigsten Ranking-Faktoren vor.

Nach passenden Produkten filtern

Im ersten Schritt filtert der Algorithmus alle Produkte, die inhaltlich zur Anfrage des Kunden passen. In den organischen Suchergebnissen erscheinen in der Regel Produkte, die mit den jeweiligen Suchbegriffen und -kriterien übereinstimmen. Das heißt im Umkehrschluss: Kann der Algorithmus die vom Kunden verwendeten Suchwörter (*Keywords*) nicht in den Produktdaten des Listings finden, wird es unter Umständen nicht angezeigt.

> **Hinweis**
>
> Je nach Kategorie müssen zusätzliche Kriterien[2] erfüllt werden, damit ASINs für die Ausspielung in den Suchergebnissen infrage kommen. So muss in den meisten Fällen ein Hauptbild hinterlegt werden.

Produkte anhand von Ranking-Faktoren sortieren

Wie genau der Algorithmus die infrage kommenden Artikel sortiert, ist ein gut gehütetes Geheimnis. Tests und Erfahrungswerte lassen jedoch Rückschlüsse auf mögliche Einflussfaktoren zu. Sie sind eher als Anhaltspunkte zu verstehen, da definitive Aussagen zur Funktionsweise nicht getroffen werden können. Es muss zudem betont werden, dass es sich hierbei lediglich um eine Momentaufnahme handelt und die Vorstellung keinen Anspruch auf Vollständigkeit erhebt.

> **Warnung**
>
> Amazon entwickelt seinen Suchalgorithmus laufend weiter. Die Anpassung von Ranking-Faktoren und deren Gewichtung kann dazu führen, dass SEO-Maßnahmen, die bisher funktionierten, ihre Wirkung verlieren. Starke Schwankungen im Ranking können ein Indikator hierfür sein.

Generell stehen folgende Fragen für die Anordnung der Produkte im Vordergrund:

- Wie relevant ist das Produkt für die Suchanfrage?
- Wie hoch ist die Wahrscheinlichkeit eines Kaufs?

Um das zu evaluieren, analysiert der Algorithmus unterschiedliche Parameter. Diese lassen sich in Relevanz- und Performancefaktoren unterteilen, wobei die Übergänge fließend sind.

Relevanzfaktoren

Um zu bewerten, wie gut ein Artikel inhaltlich zu einer Suchanfrage passt, zieht der Algorithmus die *Produktdatenfelder* heran. Dazu gehören beispielsweise Titel, Attribute und Produktbeschreibung. Wie bereits erläutert, sollten die Wörter der Anfrage generell irgendwo auf der Produktdetailseite enthalten sein, um die Wahrscheinlichkeit einer Ausspielung zu erhöhen.

2 *https://www.amazon.de/gp/help/customer/display.html/ref=help_search_1-1?ie=UTF8&nodeId=201244410&qid=1424357107&sr=1-1*

Für das Ranking wertet der Algorithmus die Position des Keywords auf der Produktdetailseite aus. So haben beispielsweise Detailseiten eine höhere Chance auf eine prominente Platzierung, wenn die jeweiligen Suchbegriffe im Titel oder in den Produktattributen (*Bullet Points*) auftauchen und nicht erst in der Produktbeschreibung.

Darüber hinaus gibt es sogenannte *Backend-Keywords*. Sie erscheinen zwar nicht auf der Produktdetailseite, sind jedoch von großer Bedeutung für die Auffindbarkeit Ihrer Produkte. Sie kennen solche Meta-Keywords vielleicht schon aus dem Bereich der Google-Suchmaschinenoptimierung. Dort haben sie bereits seit geraumer Zeit keinen Effekt mehr. Bei Amazon sieht das bislang jedoch anders aus. Sie sollten sie daher auf jeden Fall verwenden.

Praxistipp

Sind User innerhalb einer Kategorie unterwegs, werden bei Suchanfragen nur Artikel ausgespielt, die eben jener Kategorie zugeordnet sind. Sie sollten Produkte daher spezifisch zuweisen, damit diese User Ihre Produkte finden können.

Amazon bietet seinen Usern die Möglichkeit, verschiedene Filteroptionen zu nutzen. So können sie nicht nur in bestimmten Kategorien suchen, sondern zum Beispiel auch gezielt nach Produktmerkmalen wie Farben, Größen oder Materialien. Auch wenn diese Informationen für die Bewertung der Relevanz nur eine untergeordnete Rolle spielen, sollten sie vollständig hinterlegt werden. Aktivieren User den Filter, werden ihnen ansonsten passende Artikel eventuell nicht oder weit hinten in den Ergebnissen angezeigt.

Performancefaktoren

Maßgeblich für die Anordnung der Produkte in den Suchergebnissen ist ihre Performance. Bringen sie nicht die erforderliche Leistung, landen sie trotz passenden Keywords auf den hinteren Seiten der Ergebnislisten. Schließlich ist es die Aufgabe des Algorithmus, Usern Produkte zu präsentieren, die sie mit hoher Wahrscheinlichkeit kaufen, und so gleichzeitig ihre Zufriedenheit zu gewährleisten. Zur Bewertung der Performance zieht Amazons Suchtechnologie verschiedene Indikatoren heran.

Bestsellerrang

Ein wichtiger Performancefaktor ist momentan der Absatz eines Produkts. Er fällt beim Ranking unter anderem in Form des sogenannten *Bestsellerrangs* ins Gewicht. Der Bestsellerrang (auch *Verkaufsrang* genannt) gibt an, wie gut sich ein Artikel in Relation zu vergleichbaren Produkten verkauft. Je niedriger dieser Rang ausfällt, umso höher ist die Wahrscheinlichkeit, ein gutes Ranking zu erzielen.

Der Bestsellerrang berechnet sich anhand der Stückzahl, die über einen definierten Zeitraum verkauft wurde, und wird laut Amazon stündlich aktualisiert. Welche Rolle der Faktor Zeit für die Berechnung des Verkaufsrangs spielt, ist nicht im Detail bekannt. Beobachtungen ergeben allerdings, dass Verkäufe umso stärker gewichtet werden, je näher sie am aktuellen Zeitpunkt liegen.

Abbildung 4-5: Bestsellerrangliste der Unterkategorie »Gießkannen« (Quelle: amazon.de)

Jede Haupt- und jede Unterkategorie verfügt über eine eigene Bestsellerliste. Eine ASIN kann daher in unterschiedlichen Kategorien unterschiedliche Platzierungen erzielen. Nehmen wir als Beispiel den Blumensprüher:

Zusätzliche Produktinformationen

ASIN	B004P1IL1U
Produktgewicht inkl. Verpackung	118 g
Modellnummer	508653
Im Angebot von Amazon.de seit	23. Februar 2011
Durchschnittliche Kundenbewertung	127 Kundenrezensionen
Amazon Bestseller-Rang	Nr. 90 in Garten (Siehe Top 100 in Garten) Nr. 1 in Gießkannen Nr. 6 in Sprüher für Pflanzenschutz & Schädlingsbekämpfung

Abbildung 4-6: Informationen zu Amazon-Bestsellerrängen auf der Produktdetailseite eines Blumensprühers (Quelle: amazon.de)

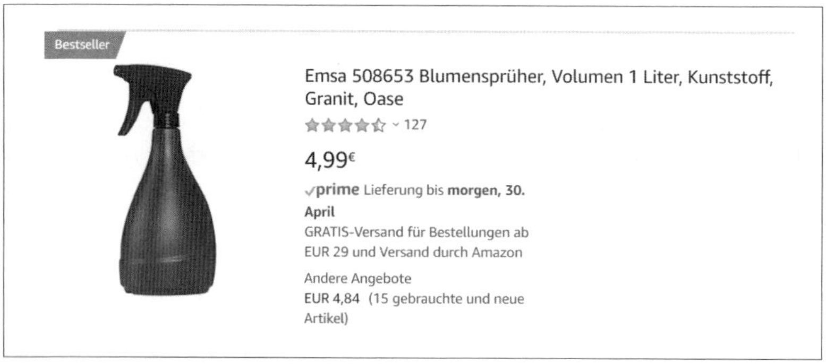

Abbildung 4-7: ASIN mit Bestseller-Badge in den organischen Suchtreffern (Quelle: amazon.de)

In der Oberkategorie *Garten* belegt er Platz 90, in der Unterkategorie *Gießkannen* dagegen Platz 1. Das heißt, die ASIN verkauft sich zahlenmäßig von allen Produkten, die dieser Unterkategorie zugeordnet sind, derzeit am besten. In den Suchergebnissen erkennt man das anhand des begehrten Bestseller-Badge (siehe Abbildung 4-7).

Praxistipp

In kleineren Kategorien sind Produkte wettbewerbsfähiger und haben eine größere Chance auf Sichtbarkeit und das Bestseller-Badge. Sie sollten Ihre ASIN also nicht nur der passenden Oberkategorie zuordnen, sondern ebenfalls spezifischen Unterkategorien, die zu Ihrer Ware passen.

Da für den Bestellerrang vor allem aktuelle Absatzzahlen relevant sind, haben auch neue Produkte und Artikel mit bisher geringeren Absatzzahlen die Chance, Wettbewerber innerhalb kurzer Zeit zu überholen. Durch absatzfördernde Maßnahmen kann ihr Verkaufsrang und damit ihr organisches Ranking verbessert werden. Hierbei spielt natürlich eine entscheidende Rolle, wie stark der Wettbewerb innerhalb der jeweiligen Produktkategorie ist.

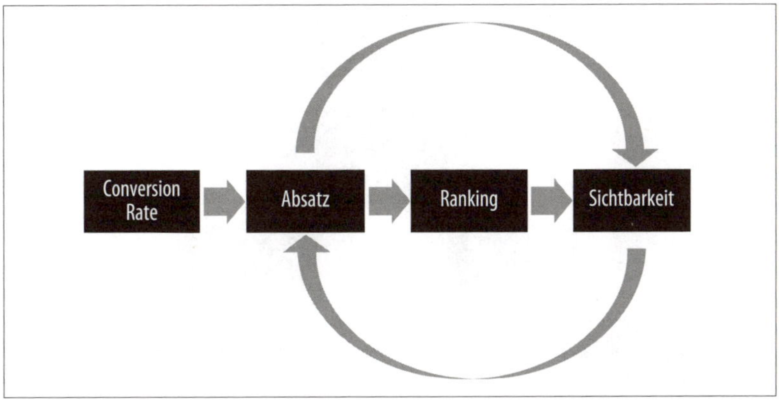

Abbildung 4-8: Wechselwirkung zwischen Absatz und Ranking in den organischen Suchergebnissen (Quelle: factor-a – part of Dept)

Aus dem Bestsellerrang als Ranking-Faktor resultiert eine Art Aufwärtsspirale: Je besser die Absatzzahlen eines Produkts sind, desto höher fällt seine Position in den Bestsellerranglisten und damit in den organischen Suchergebnissen aus. Eine prominente Platzierung unter den Suchtreffern hat wiederum positiven Einfluss auf den Abverkauf.

Conversion Rate

Eng verbunden mit dem Absatz ist die *Conversion Rate*. Sie gibt das Verhältnis der getätigten Bestellungen zur Anzahl der Seitenbesuche wider. Der Algorithmus schaut sich also an, ob User den angeklickten Artikel bestellen oder wieder abspringen. Gemessen wird die Conversion Rate hierbei vor dem Hintergrund der verwendeten Suchbegriffe. So ermittelt die Suchtechnologie, wie erfolgreich ein Produkt für die spezifischen Suchanfragen der User performt, und rankt es entsprechend.

Es empfiehlt sich daher, Produktdatenfelder wie Bullet Points und Produktbeschreibung Conversion-optimiert auf die definierten Keywords abzustimmen. Insbesondere wenn es um allgemeinere Suchanfragen geht, sollte dem User klar werden, dass das angeklickte Produkt seine Bedürfnisse (am besten) erfüllt. Hier ein Beispiel: Soll eine Sonnencreme für »Sonnencreme Sport« ranken, wird auf der Detailseite herausgestellt, warum sich das jeweilige Produkt aufgrund seiner hohen Schweißresistenz ideal für sportliche Aktivitäten eignet. Soll es außerdem für »Sonnencreme empfindliche Haut« gefunden werden, hebt man hervor, dass es sich um einen speziellen Sonnenschutz für Allergiker handelt – vorausgesetzt natürlich, dies ist der Fall.

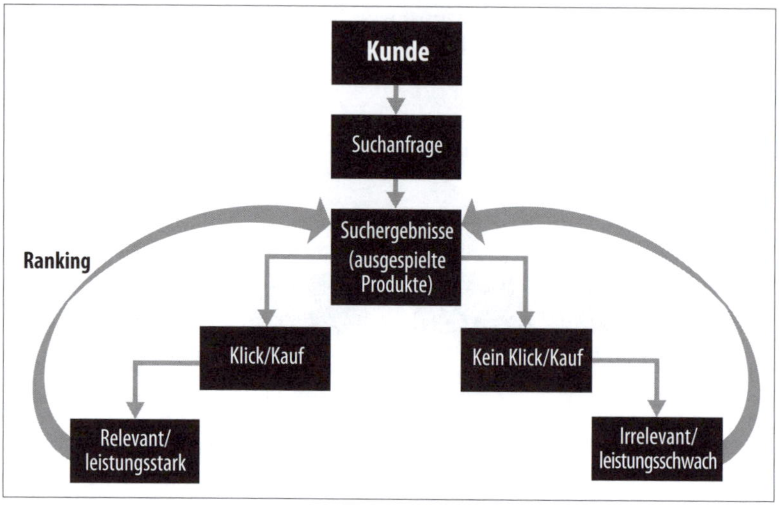

Abbildung 4-9: Vereinfachte Darstellung der Auswirkung von Conversion und Click Through Rate auf die Bewertung des Algorithmus (Quelle: factor-a – part of Dept)

> **Warnung**
>
> Bei der Optimierung von Produktdetailseiten im Hinblick auf Keywords (Relevanzfaktor) sollten Sie darauf achten, nicht nur wahllos Suchbegriffe aneinanderzureihen. Ein Produkt, dessen Detailseite vor Keyword-Spamming nur so strotzt, anstatt die Vorteile des Artikels herauszustellen, wird nur die wenigsten Besucher zum Kauf animieren. Titel, Bullet Points und Produktbeschreibung sollten Usern informativen Mehrwert bieten und sie im Idealfall zum Kauf bewegen. Wird das nicht beachtet, kann die vermeintliche Optimierungsmaßnahme zu einer verringerten Conversion Rate führen und sich somit negativ statt positiv auf das organische Ranking auswirken.

Click Through Rate

Amazons Algorithmus schaut sich nicht nur das Verhältnis von Seitenbesuchen und Verkäufen an, sondern analysiert auch die Klickzahlen: Wie oft wird ein Produkt in den Suchergebnissen angezeigt, und wie oft wird es davon angeklickt? Das Verhältnis von Klickanzahl zu Anzahl der Ausspielungen bezeichnet man als *Click Through Rate* (*CTR*).

Es gibt Anhaltspunkte dafür, dass die CTR sowohl als Relevanz- als auch als Performancefaktor fungiert. Der Algorithmus scheint die Klickrate in Bezug auf spezifische Keywords zu bewerten und auf diese Weise die Relevanz des Produkts für eben jene Suchbegriffe zu ermitteln. Zur Bewertung der Performance kann die allgemeine CTR über diverse Suchanfragen hinweg mit einfließen.

Die vorgestellten Ranking-Faktoren zeigen bereits, dass das Verhalten der User die Anordnung der Suchergebnisse beeinflussen kann. Neben der CTR registriert Amazon zum Beispiel, wie lange Verbraucher auf einer Produktseite bleiben. Verlassen Kunden Detailseiten innerhalb kurzer Zeit, passen die Artikel anscheinend nicht zu ihrer Suchanfrage. Eine längere Verweildauer sowie eine geringe Absprungrate weisen dagegen auf Interesse an dem Produkt und damit auf eine höhere Kaufwahrscheinlichkeit hin.

Keyword-Historie

Betrachtet man die Click Through Rate und die Conversion Rate als Einflussfaktoren, ergibt sich daraus folgende Konsequenz: Amazon rankt Produkte unter anderem anhand der historischen Daten, die es zu den beiden beschriebenen Einflussfaktoren gesammelt hat. Nach der Optimierung einer ASIN in Bezug auf Content und Keywords sollten Sie ihr folglich eine gewisse Zeit einräumen, um eine Keyword-Historie aufzubauen und so ihr Ranking zu verbessern.

Man sollte sich zudem bewusst sein, dass Ranking-Positionen erst einmal einbrechen können, wenn Änderungen an Keyword-Sets und -Platzierungen vorgenommen werden. Der Ranking-Algorithmus muss eventuell erst eine fundierte Datenbasis für die Ausspielung aufbauen. Daher ist es auch nicht ratsam, Keywords in allzu kurzen Zeitabständen auszutauschen – auch wenn Änderungen generell schneller greifen als bei anderen Suchmaschinen wie zum Beispiel Google.

Retourenquote

Selbst wenn sich Click Through und Conversion Rate eines Produkts gut entwickeln, kann es passieren, dass das Ranking eines Produkts abfällt. Ein Grund hierfür kann die Retourenquote des Artikels sein. Bestellen zwar viele Verbraucher das Produkt, schickt ein hoher Anteil es nach Erhalt aber wieder zurück, wirkt sich dies gegebenenfalls negativ auf die Platzierung der ASIN in den Suchergebnissen aus. Kundenbewertungen auf Produktdetailseiten liefern Ihnen ebenfalls Hinweise zu möglichen Problemen in Bezug auf die Waren. Um das Ranking zu verbessern, sollten zunächst die Ursachen für die Retouren ermittelt und behoben werden. Sie können von einer unzureichenden Verpackung über die Produktqualität bis hin zu Anwendungsfehlern reichen.

Kundenrezensionen

Die Bewertungen anderer Kunden spielen für viele Verbraucher eine entscheidende Rolle im Kaufentscheidungsprozess. Kundenrezensionen können das Ranking einer ASIN daher sowohl direkt als auch indirekt beeinflussen. Je mehr positive Bewertungen sie im Vergleich zu ähnlichen Produkten hat, umso größer ist ihre Chance auf eine hohe Platzierung in den organischen Suchergebnissen. Artikel mit keinen oder einer großen Anzahl an negativen Bewertungen haben es dagegen schwer, auf den oberen Plätzen in den Ergebnislisten zu landen.

Hierbei fallen auch Aktualität und Bewertungen der Rezensionen ins Gewicht. ASINs, die über eine höhere Anzahl an positiven Rezensionen verfügen, die neueren Datums sind und/oder von Usern als hilfreich eingestuft wurden, können daher höher ranken als Artikel, die insgesamt mehr positive Rezensionen vorweisen.

> **Warnung**
>
> Wenn Sie das Ranking Ihrer Artikel über Kundenrezensionen verbessern möchten, müssen Sie Amazons strenge Richtlinien[3] berücksichtigen. So sind »anreizbasierte« Bewertungen beispielsweise untersagt.

Es besteht die Möglichkeit, auf kritische Kommentare zu reagieren und so ihre möglicherweise negativen Auswirkungen auf die Conversion Rate abzuschwächen. Im Idealfall gelingt es Ihnen, den Kunden dazu zu bewegen, die negative Bewertung in eine positive umzuwandeln und auf diese Weise das Ranking zu stärken. Vendoren können zudem das Vine-Programm in Anspruch nehmen, um neue Rezensionen zu generieren.

Verfügbarkeit

Artikel, die zum Zeitpunkt der Suche nicht verfügbar sind, ranken verständlicherweise nicht besonders hoch. Gibt es eine Vielzahl an ähnlichen Produkten mit Verfügbarkeit, wird das Listing unter Umständen überhaupt nicht in den Suchergebnissen angezeigt. Darüber hinaus ist nicht sichergestellt, dass der jeweilige Artikel seine Ranking-Position behält, sobald er wieder auf Lager ist. Im Gegenteil: Mangelnde Verfügbarkeit kann zu massiven Ranking-Verlusten führen. Eine sorgfältige Planung der Lagerbestände ist daher eine der wichtigsten Grundlagen für die Auffindbarkeit Ihrer ASINs.

Produktdarstellung und -konditionen

Es gibt eine Vielzahl an Faktoren, die Einfluss auf die Performance nehmen können und auf diese Weise indirekt auf das Ranking einwir-

3 *https://www.amazon.de/gp/help/customer/display.html?nodeId=201929730, https://www.amazon.de/gp/help/customer/display.html/ref=hp_left_v4_sib?ie=UTF8&nodeId=202094170*

ken. An diesen Stellschrauben können Sie drehen, um Performancefaktoren zu optimieren. Bei manchen von ihnen ist zudem nicht ganz klar, ob der Algorithmus sie auch als direkte Kriterien für die Anordnung der Suchergebnisse heranzieht.

Dazu gehören beispielsweise *Produktbilder*. Die Wahrscheinlichkeit ist hoch, dass ASINs mit vielen hochwertigen Bildern bessere Platzierungen in den Ergebnislisten erzielen. Es kann sich generell positiv auf das Ranking auswirken, wenn sie möglichst viele Punkte der Amazon Styling Guides umsetzen. Dabei handelt es um kategoriespezifische Vorgaben zur Gestaltung der Produktdetailseite. Sie umfassen neben den Produktbildern unter anderem Titel, Bullet Points und Beschreibungen. Ziel der Styling Guides ist es, Kunden bestmögliche Vergleichbarkeit sowie hohen Informationsgehalt zu bieten und so das Shopping-Erlebnis zu verbessern.

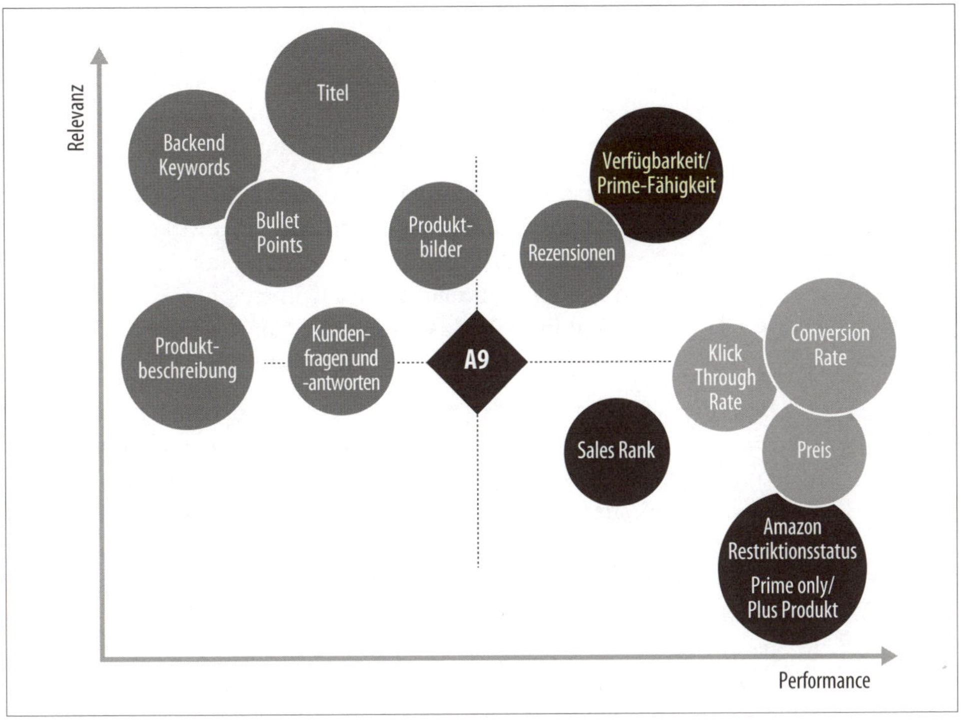

Abbildung 4-10: Vereinfachte Darstellung von Amazons Suchalgorithmus und möglichen Einflussfaktoren auf das Ranking zu spezifischen Keywords (Quelle: factor-a – part of Dept)

Gleichzeitig wirkt sich eine attraktive Präsentation der Produkte natürlich positiv auf die CTR sowie die Conversion Rate und damit den Absatz aus. Ebenso können Preisgestaltung und Lieferkonditionen in das Ranking mit einfließen. So genießen Artikel, deren Versand von

Amazon abgewickelt wird, beispielsweise einen Vorteil bei der Platzierung, da diese Versandoption von den Kunden meist bevorzugt wird. Im ersten Kapitel haben Sie bereits erfahren, dass es sich um einen effektiven Absatztreiber handelt.

Maßnahmen zur Verbesserung des organischen Rankings

Wie geht man nun vor, um die Auffindbarkeit der eigenen Produkte in den organischen Suchergebnissen zu verbessern? Die Erläuterung der Faktoren zeigt bereits, dass es verschiedene Hebel und Stellschrauben gibt.

Relevanzfaktoren betreffen vor allem den Einsatz von Keywords auf den Produktdetailseiten. Händler und Hersteller können direkten Einfluss auf die Relevanz ihrer ASINs nehmen, indem sie ihren Content entsprechend anpassen und pflegen. Dazu gehört unter anderem die Recherche und Aufnahme von relevanten Keywords. Die Content-Optimierung stellt die unverzichtbare Grundlage für alle weiteren On- und Offpage-Maßnahmen zur Verbesserung des Rankings dar.

Anders sieht es bei den Performancefaktoren aus. Auf Bestsellerrang, Conversion Rate und CTR kann nur indirekt eingewirkt werden. Wie bereits erläutert, gelingt dies über Darstellung und Konditionen der Produkte. Wie Sie bei der Optimierung des Contents im Detail vorgehen, um die Sichtbarkeit Ihrer Produkte sowie die Conversion Rate zu verbessern, erklären wir Ihnen in Kapitel 5, »Produktdaten und Content«.

Bei Bedarf können Sie auf weitere Werkzeuge zurückgreifen, um Performancefaktoren zu optimieren. Zum einen ist es möglich, den Absatz kurzfristig über Preisnachlässe und absatzfördernde Maßnahmen wie Coupons zu steigern. Eine weitere Möglichkeit ist die Schaltung von Marketingkampagnen über Sponsored Ads und/oder die Amazon Demand Side Platform. Indem Sie Sichtbarkeit und Reichweite der ASINs erhöhen, generieren Sie mehr Traffic und Verkäufe. Die Marketingmaßnahmen steigern so nicht nur den Umsatz, sondern zahlen ebenfalls in das organische Ranking ein. Auf diese Weise können Sie – insbesondere bei Produktneueinführungen – die beschriebene Aufwärtsspirale in Gang setzen bzw. antreiben. Hierauf gehen wir in den Kapiteln 6 bis 8 zu möglichen Marketing-Maßnahmen noch genauer ein.

Von der Optimierung von Synergieeffekten profitieren

Es ist generell wichtig, zu beachten, dass sich die unterschiedlichen Ranking-Faktoren und Optimierungsmaßnahmen gegenseitig bedingen.

Sie sollten sie also nicht isoliert voneinander betrachten, sondern vorhandenes Synergiepotenzial nutzen.

Hier ein Beispiel: Optimieren Sie den Content einer ASIN auf relevante Keywords, wird das wahrscheinlich Einfluss auf die Conversion Rate haben und sich damit automatisch auf die Absatzzahlen und den Bestsellerrang auswirken. Dieser Effekt kann sowohl positiv als auch negativ ausfallen. Ein Beispiel für Letzteres ist die oben bereits beschriebene »Überoptimierung«: Versuchen Sie, zugunsten der Relevanz zu viele Keywords auf der Produktseite unterzubringen, geht dies schnell zulasten der Lesbarkeit und des Informationswerts. Darunter leidet in der Regel die Conversion Rate. Gestalten Sie den Content dagegen zusätzlich mit Blick auf die Conversion Rate, wird sich die Optimierungsmaßnahme im Idealfall automatisch positiv auf den Absatz und damit den Bestsellerrang auswirken.

Ressourceneinsatz evaluieren

Optimierungsmaßnahmen greifen auf Amazon in der Regel schneller als auf Google. Hier gehen zum Teil Monate ins Land, bis sich Veränderungen im Ranking zeigen. Aber auch im Fall von Amazon kommt es auf die Produktkategorie und die ausgewählten Keywords an, ob sich umgesetzte SEO-Maßnahmen als wirksam erweisen. In hart umkämpften Produktumfeldern wie dem Elektronikbereich ist beispielsweise ein vergleichsweise hoher Ressourceneinsatz gefragt, um Wettbewerber zu überholen.

Gerade bei zeit- und kostenintensiven Instrumenten wie den Sponsored Ads und der DSP sollten Sie sorgfältig abwägen, ob Sie sie zur Steigerung des organischen Rankings einsetzen möchten. Es spielt unter anderem die Frage eine Rolle, ob sich die aufgebrachten Ressourcen rentieren. Oder anders ausgedrückt: Lässt sich der Umsatz durch eine höhere Platzierung in den Suchergebnissen signifikant steigern?

Im Gegensatz zu Google kann man den Erfolg von Optimierungsmaßnahmen auf Amazon viel direkter messen. Dort spielt die Ranking-Position eine entscheidende Rolle für die Bewertung. Dies hängt vor allem damit zusammen, dass der *Return on Investment* (*ROI*) – also der Gewinn im Verhältnis zum aufgebrachten Kapital – nur schwer über die Plattform erhoben werden kann. Im Fall von Amazon sieht das anders aus, denn hier liegen konkrete Umsatzzahlen vor. Sie stellen die mit Abstand wichtigste Kennzahl dar.

Hersteller und Händler sollten daher nicht den Fehler begehen, sich auf bestimmte Ranking-Positionen zu versteifen. Es kann durchaus sein, dass es keine signifikanten Auswirkungen auf den Umsatz hat, ob eine ASIN nun Platz zwei oder vier in den organischen Suchergebnissen erzielt. Wichtig ist vor allem, dass sie zu relevanten Keywords ordentlich rankt und nicht auf den hinteren Platzierungen untergeht.

Darüber hinaus sollten Sie sich bewusst sein, dass die Anordnung der Suchergebnisse auf Amazon starken Schwankungen unterworfen sein kann. Algorithmus-Updates, Wandel im Verhalten und den Vorlieben der User sowie neue Wettbewerber können zu veränderten Spielregeln und Bedingungen führen. Die Arbeit ist folglich nicht damit getan, Produkte kurzfristig auf Top-Platzierungen zu pushen. Im Gegenteil: Eine langfristige Optimierung des Rankings erfordert kontinuierliche Überwachung, Analyse und Pflege.

KAPITEL 5

Produktdaten und Content

In diesem Kapitel:

- Aufbau und Inhalt der Produktdetailseite
- Content-Relevanz-Analyse
- Keyword-Recherche
- Erstellung des optimalen Contents
- A+ Content
- Fazit und Ausblick

Quantitativ und qualitativ optimale Produktdaten sind essenziell für den Erfolg auf Amazon. Für Hersteller und Marken ist zum einen die visuelle Darstellung der Marke und der einzelnen Produkte wichtig, aus Performancegesichtspunkten zählt jedoch vor allem die Sichtbarkeit innerhalb der Suchergebnisse.

Im letzten Kapitel haben Sie erfahren, welche Einflussfaktoren auf die Sichtbarkeit bestehen. Auf den folgenden Seiten erklären wir Ihnen, wie Sie sie positiv für sich nutzen können. Darüber hinaus zeigen wir auf, wie die Conversion Rate erhöht werden kann und was es bei der Erstellung der einzelnen Content-Elemente wie Titel (Title), Bullet Points, Keywords, Beschreibung, Bildern oder A+ Content zu beachten gilt.

Amazon-SEO: Herausforderungen für Hersteller und Händler

Die Optimierung der Produkt-Listings stellt Hersteller und Händler vor eine besondere Herausforderung. Sie resultiert aus dem beschränkten Raum, der für die Präsentation des Produkts zur Verfügung steht. Für jede ASIN gibt es lediglich eine Landingpage, die auf der einen Seite für möglichst viele Keywords sichtbar sein muss und auf der anderen Seite Conversion-optimiert aufbereitet werden sollte.

Hier kristallisiert sich ein entscheidender Unterschied zwischen *Amazon-SEO* und *Google-SEO* heraus. Ein eigener Webauftritt, zum Beispiel in Form eines Onlineshops, erlaubt es, theoretisch für jedes Keyword eine Unterseite bzw. Landingpage zu erstellen, die für dieses rankt. Im Fall von Listings auf Amazon müssen alle relevanten Suchbegriffe, zu denen ein Produkt ranken soll, auf einer einzigen Seite platziert werden. Gleichzeitig darf die Conversion nicht darunter leiden. Es gilt,

Kunden durch eine attraktive Gestaltung der Detailseite und informativen Mehrwert zum Kauf zu bewegen.

Die Kunst besteht bei Amazon-SEO folglich darin, die Balance zwischen Conversion-Nähe und Sichtbarkeitshausaufgaben zu finden. Dies erfordert Know-how, Erfahrung und eine analytische Vorgehensweise. Der Prozess, in dessen Verlauf der optimale Content erstellt wird, umfasst eine sorgfältige *Content-Relevanz-Analyse* sowie die Erstellung eines zielgerichteten *Keyword-Sets*. In diesem Kapitel erklären wir Ihnen Schritt für Schritt, wie Sie dabei vorgehen sollten. Das Ziel ist, Ihre Produkte auffindbar zu machen sowie potenziellen Kunden als relevant und attraktiv zu präsentieren.

Aufbau und Inhalt der Produktdetailseite

Zum besseren Verständnis erklären wir im Vorfeld die unterschiedlichen Elemente, aus denen sich eine reguläre Produktdetailseite zusammensetzt. Im Zuge dessen ist es wichtig, zu betonen, dass sie nicht mit dem eigentlichen Angebot gleichzusetzen ist.

Das gleiche Produkt kann bekanntermaßen von verschiedenen Händlern sowie Amazon selbst angeboten werden. Möchte ein Seller beispielsweise einen Artikel verkaufen, der bereits über eine ASIN und damit über ein Listing verfügt, erstellt er lediglich ein Angebot. Dieses wird an die jeweilige Produktdetailseite angeheftet. Ist noch kein Katalogeintrag vorhanden, muss er zusätzlich eine Produktdetailseite erstellen. Der initiale Upload neuer Artikel erfolgt in der Regel über kategoriespezifische *New Item Setup Sheets*. Sollen nur die Inhalte der Produktdetailseiten aktualisiert werden, nutzen Sie entsprechende *Content Upload Sheets*.

Eine reguläre Produktdetailseite setzt sich im Wesentlichen aus den folgenden Elementen zusammen:

1. Bilder
2. Titel (Title)
3. Preis und Verfügbarkeit
4. Varianten
5. Bullet Points
6. Buybox
7. Produktempfehlungen
8. Produktinformationen
9. Produktbeschreibung
10. Kundenfragen und -antworten
11. Kundenrezensionen

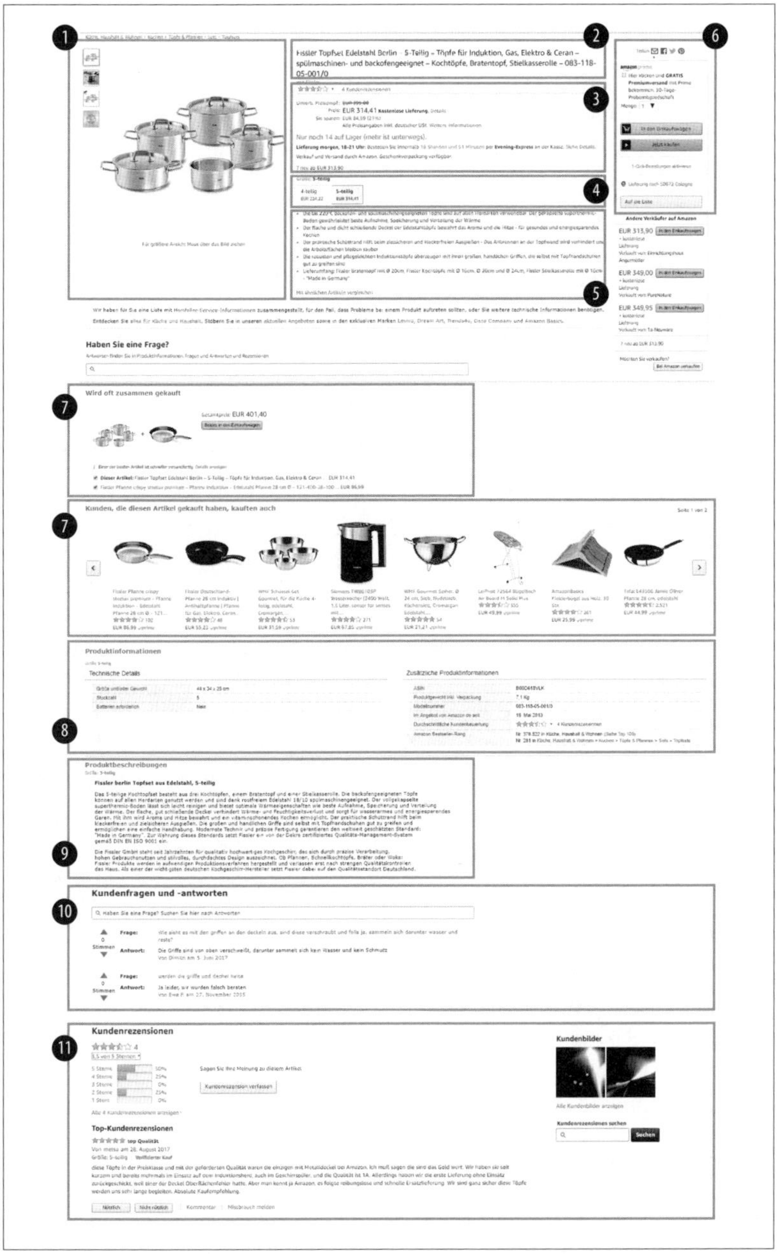

Abbildung 5-1: Elemente einer Produktdetailseite am Beispiel eines Topfsets (Quelle: amazon.de)

Nicht alle Felder können von Vendoren und Sellern unmittelbar editiert werden. Dazu gehören beispielsweise die Produktempfehlungen (❼) und eventuell eingeblendete Werbeanzeigen. Daneben gibt es Elemente, auf die Sie indirekt Einfluss nehmen können, wie die Buybox (❻) oder Kundenbeiträge (❿, ⓫).

> **Praxistipp**
>
> Fragen und Bewertungen von Kunden auf Produktdetailseiten bieten Vendoren die Möglichkeit, mit ihren Kunden in Kontakt zu treten. Sie können zum Beispiel auf kritische Beiträge reagieren und sie so ins rechte Licht rücken.

Nur die folgenden Felder lassen sich von Herstellern und Händlern direkt bearbeiten: Bilder (❶), Titel (❷), Varianten (❹), Bullet Points (❺), Produktinformationen (❽) und die Produktbeschreibung (❾). Was genau Sie bei der Bearbeitung der einzelnen Content-Felder beachten sollten und wie Sie sie optimal einsetzen, erklären wir Ihnen im Unterkapitel »Erstellung des optimalen Content« weiter hinten in diesem Kapitel.

Im Gegensatz zu Vendoren haben Seller zudem direkten Einfluss auf den Preis und die Verfügbarkeit (❸). Im Bereich der Buybox-Optimierung stehen ihnen somit mehr Hebel zur Verfügung, die sie beeinflussen können.

Bei der Buybox handelt es sich um den Kasten mit dem Einkaufswagen-Button rechts oben auf Produktdetailseiten. Gibt es mehrere Anbieter, die die gleiche ASIN über die Plattform verkaufen, wählt Amazons Algorithmus einen Verkäufer aus, der direkt mit dem Einkaufswagen-Feld verknüpft wird. Dies geschieht anhand verschiedener Faktoren, wie des Preises, der Versanddauer und der Händlerbewertung. Weitere Anbieter sind unterhalb der Buybox zu finden.

> **Hinweis**
>
> Die meisten Käufe werden mit großem Abstand über die Buybox getätigt, daher ist es sowohl für Seller als auch für Vendoren wichtig, sie zu gewinnen. Entsprechende Maßnahmen lernen Sie in Kapitel 9, »Vendor-Account-Handling« kennen.

Ausspielung in den Suchergebnissen

Bei der Gestaltung der Produktdetailseite sollten Sie immer beachten, dass sie Einfluss darauf hat, wie der jeweilige Artikel in den Suchergebnissen angezeigt wird. Da die meisten Amazon-User die Suchfunktion verwenden, ist das für die Optimierung ein wichtiger Faktor. Die Listings in den Suchtreffern sind in vielen Fällen das Erste, was potenzielle Kunden von Ihrem Produkt zu Gesicht bekommen. Bereits hier gilt es, ihr Interesse zu gewinnen und die Relevanz der eigenen ASIN für die Suchanfrage herauszustellen, damit sie überhaupt auf das Listing klicken.

Amazon spielt Suchergebnisse auf unterschiedliche Arten aus, etwa als Liste oder als Kacheln. Wesentliche Elemente der Produktdetailseite, die in den Treffern angezeigt werden, sind Hauptbild (❶), Titel (❷), Sternebewertungen der Kunden (❸) sowie Preis und Lieferkonditionen (❹):

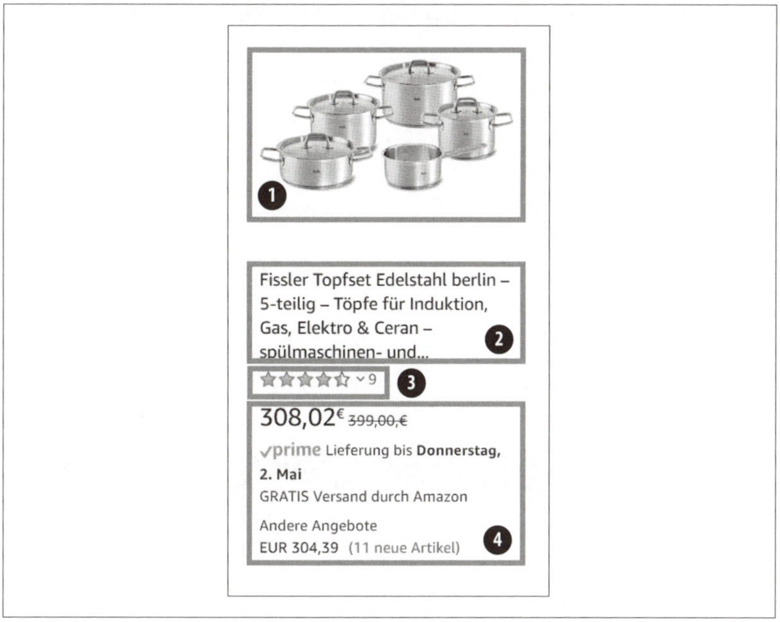

Abbildung 5-2: Ausspielung einer ASIN in den organischen Suchergebnissen am Beispiel eines Topfsets (Quelle: amazon.de)

Produktdetailseite und Suchergebnisse in der mobilen Ansicht

Bisher haben Sie nur die Desktopansicht der Webversion kennengelernt. Ein weiterer Aspekt, der nicht außer Acht gelassen werden darf, ist die mobile Ansicht der Detailseite sowie der Suchergebnisse. Schließlich gewinnt Mobile Commerce zunehmend an Bedeutung. Trotzdem werden die mobilen Varianten der Produktseiten bei der Optimierung häufig nicht bedacht.

Amazon-User können neben der Desktopversion die mobile Webversion oder die *Amazon Shopping App* nutzen. Die Produktdetailseiten setzen sich hier ebenfalls aus den oben beschriebenen Elementen zusammen. Sie unterscheiden sich allerdings im Aufbau (siehe Abbildung 5-3).

Einen wesentlichen Unterschied stellen beispielsweise die Bullet Points dar. In den mobilen Versionen erscheinen sie nicht unmittelbar im Sichtfeld der User, wenn sie auf ein Produkt klicken. Erst wenn weiter nach unten gescrollt wird, werden sie sichtbar. Sie liegen zudem viel näher an der Produktbeschreibung. Den Content nicht allzu redundant zu gestalten, gewinnt vor diesem Hintergrund noch mehr an Bedeutung.

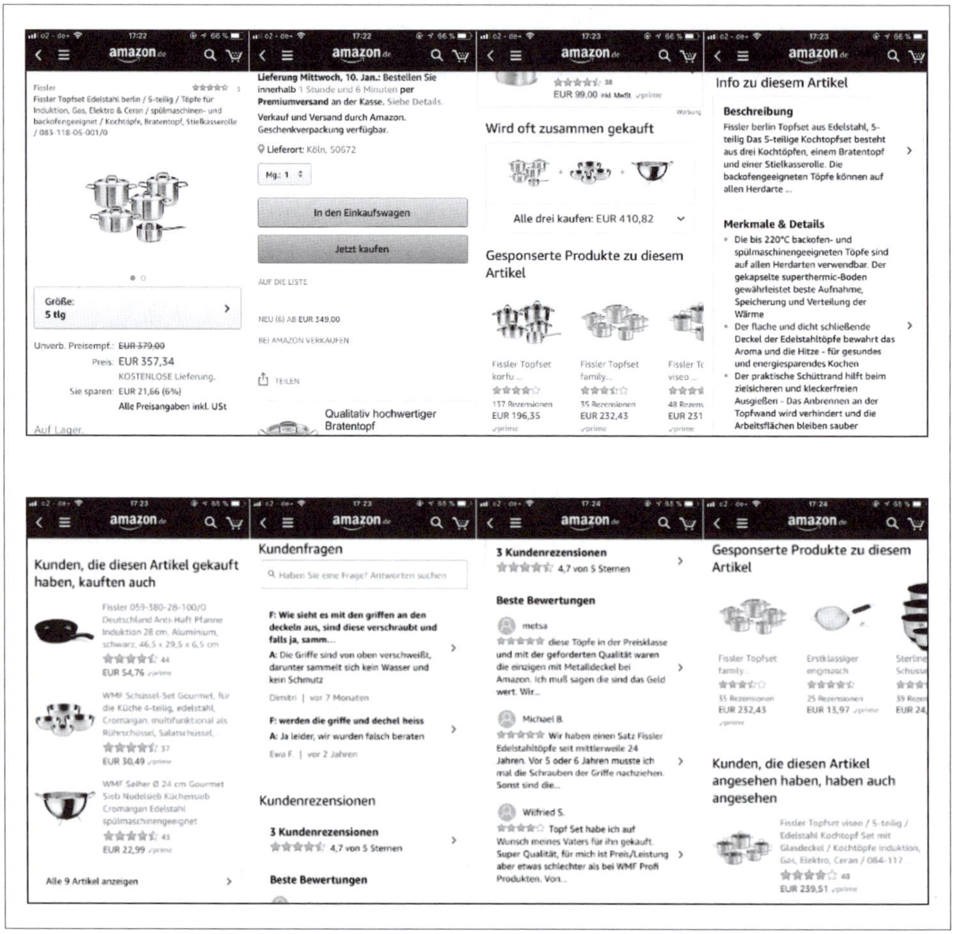

Abbildung 5-3: Produktdetailseite eines Topfsets in der Amazon Shopping App (Quelle: Amazon Shopping App)

Auch bei den Suchergebnissen sind die angezeigten Elemente weitestgehend die gleichen wie bei der Desktopversion (siehe Abbildung 5-4). Allerdings werden die Titel je nach Bildschirmgröße des mobilen Endgeräts stark gekürzt. Dies sollte man bei der Content-Optimierung im Blick behalten. Auf die Besonderheiten der SEO bei Amazon Mobile gehen wir im Laufe des Kapitels immer wieder ein.

Abbildung 5-4: Organische Suchergebnisse in der Amazon Shopping App (Quelle: Amazon Shopping App)

Wer besitzt die Schreibrechte?

Sind Sie der einzige Anbieter, der ein bestimmtes Produkt auf Amazon verkauft, besitzen Sie in der Regel die Hoheit über den Content. Anders sieht es aus, wenn mehrere Seller das gleiche Produkt anbieten. In diesem Fall kann jeder Händler zwar Content hochladen, doch Amazons Algorithmus entscheidet, ob bzw. welche Elemente ausgespielt werden.

Vendoren haben die Möglichkeit, sich über ihren Vendor Manager die Schreibrechte für ASINs zu sichern, und erlangen so die Kontrolle über den Content. Ist bereits Content für eine ASIN vorhanden, kann er von dem jeweiligen Markenhersteller überschrieben werden. Diese Option steht ebenso Sellern offen, sofern sie Eigentümer der entsprechenden Marke sind und ihre Marke bei Amazon registrieren lassen.

Content-Relevanz-Analyse

Bevor es an die Erstellung des eigentlichen Contents geht, muss einiges an Vorarbeit geleistet werden. Der erste Schritt besteht in einer umfassenden Content-Relevanz-Analyse. So bezeichnen wir den Prozess, in dessen Verlauf das Verhalten und die Meinung der Kunden analysiert wird, um den Content Conversion-optimiert gestalten zu können. Folgende Fragen stehen hierbei im Fokus:

- Was gefällt Kunden an den eigenen Produkten bzw. vergleichbaren Produkten der Wettbewerber?
- Welche Kritikpunkte äußern Käufer?
- Welche Produkteigenschaften sind für Kunden besonders wichtig?
- Welche Informationen benötigen User, um den Kauf abzuschließen?

Ziel ist es, ein umfangreiches Verständnis für das Kaufverhalten der Amazon-User zu entwickeln. Es gilt vor allem herauszufinden, welche Informationen die Kaufentscheidung im Hinblick auf das spezifische Produkt positiv beeinflussen.

Die Kunst liegt hierbei darin, von der Herstellerperspektive in die Kundensichtt zu wechseln. Es geht weniger darum, welche Stärken der Hersteller in seinem Produkt sieht und hervorheben möchte. Vielmehr liegt das Hauptaugenmerk auf Informationen und Eigenschaften, die für Kunden tatsächlich interessant und relevant sind.

> **Hinweis**
>
> Im Gegensatz zu markeneigenen Onlineshops und Websites bietet eine reguläre Amazon-Produktdetailseite weit weniger Platz, um Informationen zu transportieren. Daher ist es besonders wichtig, die aus Kundensicht relevanten Merkmale eines Produkts zu erfassen, zu priorisieren und prominent in den Content zu integrieren.

Falls noch nicht vorhanden, verschafft man sich zunächst ein umfassendes Bild von dem spezifischen Produkt: Welche Eigenschaften weist es auf? Was ist sein (vermeintliches) Alleinstellungsmerkmal? Dies erfolgt beispielsweise über Informationen des Herstellers und/oder per Internetrecherche. Im Anschluss geht es an die Analyse des Kundenverhaltens. Diese geschieht anhand verschiedener Quellen.

Kundenrezensionen analysieren

Kundenrezensionen stellen eine äußerst wertvolle Quelle für die Meinung von Käufern dar. Soll eine ASIN optimiert werden, die bereits online ist, schauen Sie sich als Erstes die Bewertungen zu Ihrem eigenen Produkt an. Dies gibt Ihnen Aufschlüsse über dessen derzeitigen Stärken und Schwächen. Im zweiten Schritt werden Kundenrezensionen zu Produkten von Wettbewerbern und Artikeln analysiert, die innerhalb der jeweiligen Produktkategorie über einen hohen Bestsellerrang verfügen. Wird das Produkt neu eingestellt, überspringen Sie den ersten Schritt.

Die Rezensionen werden einer Art qualitativen Inhaltsanalyse unterzogen. Das heißt, es wird überprüft, welche Punkte von Kunden häufig positiv hervorgehoben werden und auch auf das eigene Produkt zutreffen. Äußern sich User beispielsweise vermehrt über das hochwertige Material oder die ansprechende Farbe, können diese Informationen wichtige Anhaltspunkte für die Content-Erstellung bieten.

Dazu ein Beispiel: Ein Hersteller möchte Content für einen Hartschalenrollkoffer erstellen. Er analysiert dementsprechend Rezensionen zu seinem eigenen Artikel und Konkurrenzprodukten:

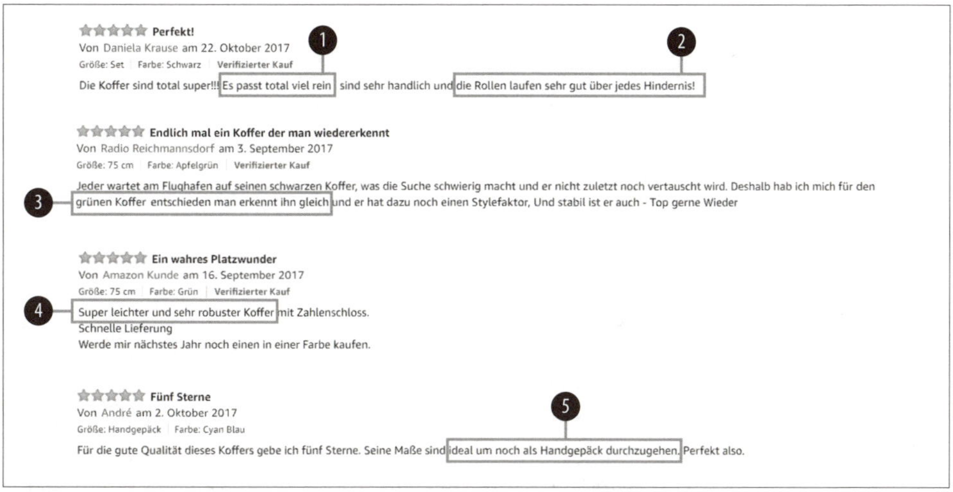

Abbildung 5-5: Positive Kundenrezensionen zu Trolleys, die sich innerhalb der eigenen Produktkategorie aktuell am besten verkaufen (Quelle: amazon.de)

1. Stauraum
2. leichtläufige Rollen
3. auffällige Farbe
4. leicht und robust
5. als Handgepäck geeignet

Die Analyse des Herstellers ergibt, dass die oben aufgeführten Punkte häufig in den Bewertungen zu finden sind. Sie scheinen für Kunden beim Kauf eines Reisekoffers folglich eine wichtige Rolle zu spielen und sollten daher in den Content übernommen werden – vorausgesetzt natürlich, der Trolley des Herstellers wird diesen Anforderungen gerecht.

> **Praxistipp**
>
> Anhand positiver Kundenrezensionen zu Wettbewerberprodukten mit hohen Bestsellerrängen können Sie erkennen, welche Produkteigenschaften relevant für die Kaufentscheidung der User sind.

Ebenso aufschlussreich sind negative Kundenrezensionen. Sie liefern zusätzliche Hinweise darauf, welche Produkteigenschaften von Kunden als wichtig eingestuft werden. Punkte, die Kunden an den Produkten Ihrer Wettbewerber bemängeln, können Sie zudem für sich nutzen, indem Sie ihnen über den Content die entsprechenden Stärken Ihres Produkts entgegenstellen.

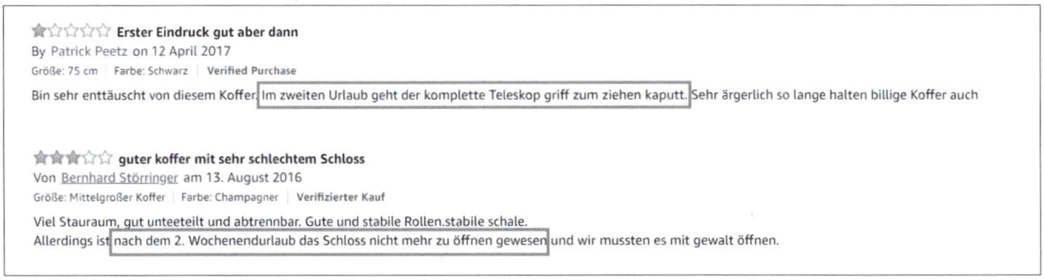

Abbildung 5-6: Kritische Kundenrezensionen zu Reisekoffern, die hohe Bestsellerränge belegen (Quelle: amazon.de)

So weisen die kritischen Rezensionen zu Bestsellern in der Kategorie *Koffer & Trolleys* darauf hin, dass Kunden mit Handhabung und Qualität der Teleskopstange sowie des Schlosses unzufrieden sind (siehe Abbildung 5-6). Verfügt der eigene Hartschalenkoffer über ein besonders sicheres und anwenderfreundliches Schloss oder eine Teleskopstange mit innovativer, hochwertiger Ausziehmechanik, sollte man diese Informationen prominent auf der Produktdetailseite platzieren. Auf diese Weise grenzt sich das Produkt gezielt von den Wettbewerberartikeln ab. Im Idealfall ziehen aufgrund dessen potenzielle Kunden den eigenen Artikel vor.

Die Analyse von negativen Kommentaren zeigt Ihnen zudem, an welchen Stellen Kunden oft Probleme haben. Auf diese können Sie gezielt im Content eingehen. Kritische Rezensionen, die hinterlassen werden, weil Produkte nicht wie gewünscht funktionieren, sind teilweise auf Anwendungsfehler des Verbrauchers zurückzuführen. Der Hersteller könnte in der Produktbeschreibung zum Beispiel erklären, wie ein sogenanntes TSA-Schloss[1] funktioniert, wozu es dient und was man beim Öffnen und Schließen beachten muss. Potenzielle Kunden erkennen auf diese Weise den Vorteil und haben im Idealfall keine Probleme mit der Handhabung.

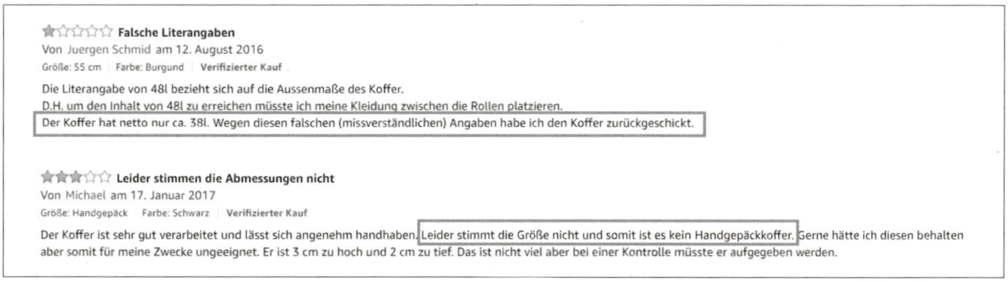

Abbildung 5-7: Beispiel für kritische Rezensionen aufgrund fehlerhafter Informationen (Quelle: amazon.de)

Darüber hinaus resultiert ein Teil der schlechten Rezensionen aus fehlenden oder falschen Informationen. Bewertungen zu Koffern zeigen beispielsweise, dass Kunden die bestellte Ware retournieren, da die angegebenen Maße von den realen Abmessungen abweichen (siehe Abbildung 5-7). Aufgrund dessen eignet sich der Trolley nicht mehr als Handgepäck für einen Teil der Airlines. Für die entsprechenden Kunden ist dies ein essenzielles Kaufargument. Das heißt für die Content-Erstellung: Präzise Größenangaben sowie die Eignung als Handgepäck sind wichtige Faktoren für potenzielle Käufer und gehören daher unbedingt in den Content.

> **Praxistipp**
>
> Negativen Rezensionen lässt sich vorbeugen, indem bereits im Content präzise Hinweise zu Qualität, Abmessungen und Lieferumfang sowie zur sachgerechten Verwendung gegeben werden.

Warum ist es wichtig, Rezensionen zu Wettbewerberprodukten und Bestsellern bei der Content-Relevanz-Analyse zu berücksichtigen? Auch wenn die eigene ASIN bereits über einige Bewertungen verfügt, lohnt sich der prüfende Blick auf die Konkurrenz. Erstens können so Abgrenzungsmerkmale aufgedeckt werden, wie oben bereits erläutert. Zweitens soll der optimierte Content möglichst viele User ansprechen und

---

1 Ein TSA-Schloss empfiehlt sich bei Reisen in die USA. Es kann bei Sicherheitskontrollen von der Transportation Security Administration mit einem Generalschlüssel geöffnet und muss daher nicht aufgebrochen werden.

zum Kauf bewegen. Zieht man nur die eigenen Bewertungen zur Analyse heran, beschränkt man den Radius auf Kunden, die sich bereits für eben jenen Artikel entschieden haben.

Kundenfragen und -antworten prüfen

Eine weitere wertvolle Quelle für die Content-Relevanz-Analyse sind die Kundenfragen und -antworten im unteren Bereich der Produktdetailseite. Sie geben Aufschluss darüber, welche Informationen potenzielle Kunden für einen Kaufabschluss benötigen. Auch in diesem Fall werden sowohl die eigenen ASINs als auch die Produkte der Wettbewerber sowie Bestseller unter die Lupe genommen.

Abbildung 5-8: Häufig gestellte Kundenfragen und -antworten zu verschiedenen Reisekoffern (Quelle: amazon.de)

User, die einen Reisekoffer kaufen möchten, stellen beispielsweise oft Fragen zu folgenden Punkten:

1. Maße
2. Funktionsweise des TSA-Schlosses
3. Garantieleistungen und -laufzeit
4. Material der Rollen

Entsprechende Hinweise und Angaben sind folglich als wichtig für den Kunden einzustufen und sollten bei der Content-Erstellung berücksichtigt werden. So lässt sich verhindern, dass überhaupt Fragen auftauchen, wodurch die Wahrscheinlichkeit eines Kaufs steigt.

Viele Fragen betreffen zudem einen Punkt, der bereits in den Bewertungen angeklungen ist. Einem Teil der User scheint nicht klar zu sein, wie genau ein TSA-Schloss funktioniert. Hier besteht folglich Erklärungsbedarf, der über den Content abgedeckt werden sollte. Es handelt sich zwar nicht zwingend um Informationen, die für die Kaufentscheidung erforderlich sind, doch sie tragen dazu bei, dass Kunden nach dem Erhalt der Ware nicht frustriert sind und eine negative Rezension verfassen. Wissen Käufer bereits im Vorfeld, dass kein Schlüssel benötigt und mitgeliefert wird, entstehen im Nachhinein diesbezüglich keine Fragen.

Praxistipp

Kunden gelangen eher zu einer positiven Kaufentscheidung, wenn die Produktdetailseite alle ihre Fragen beantwortet. Mögliche Fragen können durch die Analyse des Bereichs *Kundenfragen und -antworten* ermittelt werden.

Kundenfragen auf den eigenen Detailseiten zeigen zudem auf, wo die Produktdarstellung Lücken in Bezug auf Conversion-relevante Informationen enthält. Sie sollten folglich unbedingt noch in den Content aufgenommen werden. Ist das bereits geschehen, sind sie möglicherweise nicht prominent genug platziert. In dem Fall kann es sich lohnen, sie sowohl in die Produktbeschreibung als auch in die Bullet Points zu integrieren.

Externe Quellen heranziehen

Werden auf Amazon noch keine vergleichbaren Produkte angeboten oder gibt es nur wenige Kundenbewertungen, können und sollten Sie externe Quellen in die Content-Relevanz-Analyse einbeziehen. Diese Vorgehensweise ist zudem empfehlenswert, wenn man nach den oben genannten Schritten das Gefühl hat, das Produkt aus Kundensicht noch nicht vollkommen erfasst zu haben.

Hinweis

Die Optimierung des Contents wirkt sich umso erfolgreicher auf die Conversion Rate aus, je gründlicher potenzielle Kunden im Vorfeld analysiert wurden.

Themenspezifische Foren, Blogs und Vlogs können wertvolle Insights liefern. Dies gilt ebenso für Kundenkommentare zu ähnlichen Produkten in anderen Onlineshops und Marktplätzen. Generell eignen sich alle Plattformen, auf denen User zu Wort kommen, die den Artikel oder vergleichbare Produkte bereits erworben haben oder Kaufinteresse zeigen. Der Hersteller des Hartschalen-Trolleys könnte sich zum Beispiel in Reiseforen darüber informieren, welche Modelle User empfehlen und was die Gründe dafür sind.

Wird die Content-Relevanz-Analyse sorgfältig durchgeführt, sollte sich ein möglichst genaues Bild der potenziellen Kunden ergeben. Die gewonnenen Erkenntnisse fließen in die Erstellung des Contents mit ein. Sie können einen nicht zu unterschätzenden Effekt auf die Kaufentscheidung der User haben.

Nicht nur im Hinblick auf die Optimierung der Amazon-Detailseiten bieten sich Chancen für Hersteller, wenn sie Stärken und Schwächen in der Kundenwahrnehmung berücksichtigen. So stellt die Content-Relevanz-Analyse ebenfalls einen hervorragenden Feedback-Kanal für das Produktmanagement dar. Hersteller erhalten über Kundenbewertungen eine ehrliche Einschätzung ihrer Produkte. Die Analyse kann so Schwachstellen und Optimierungspotenziale aufdecken. Darüber hinaus erweitert die Analyse das Wissen über den Markt, indem auch Kundenmeinungen zu Wettbewerberprodukten mit einbezogen werden. Welche Erwartungen stellen (potenzielle) Käufer beispielsweise an vergleichbare Artikel? Auf Basis solcher Informationen können Produkte verbessert werden. Dies trägt im Idealfall langfristig zur Kundenzufriedenheit und damit zur Umsatzsteigerung bei.

Keyword-Recherche

Im letzten Kapitel haben Sie gelernt, dass in den Suchergebnissen vorzugsweise Produkt-Listings angezeigt werden, auf deren Seite irgendwo die Wörter der Suchanfrage auftauchen. Relevante Keywords zu ermitteln, auszuwählen und in den Content einzupflegen, gehört daher zu den grundlegenden Schritten jeder Amazon-Suchmaschinenoptimierung.

Voraussetzung für ein leistungsstarkes Keyword-Set ist, dass bei der Erstellung systematisch und zielgerichtet vorgegangen wird. Vergessen Sie beispielsweise wichtige Suchbegriffe, ist dies gleichbedeutend mit verlorenem Umsatz, denn kaufbereite Kunden können Ihre Artikel möglicherweise gar nicht erst finden.

Man könnte jetzt schnell zu dem Schluss kommen, dass die Lösung darin bestünde, die Produktdetailseite zugunsten der Sichtbarkeit mit möglichst vielen Suchbegriffen nur so zu pflastern. Doch so einfach ist es leider nicht, denn eine solche Vorgehensweise stellt bekanntermaßen einen wahren Conversion-Killer dar. Anstatt den Umsatz zu fördern, wirkt sie der Optimierung entgegen.

Der Raum für die Platzierung von Keywords auf Amazon-Produktseiten ist wie oben beschrieben recht limitiert. Vor diesem Hintergrund wird es noch wichtiger, genau die Keywords herauszufiltern, die gleichzeitig eine große Reichweite implizieren und eine hohe Conversion-Wahrscheinlichkeit für das jeweilige Produkt aufweisen. Insbesondere der zweite Faktor spielt für die Amazon-SEO eine äußerst bedeutende Rolle.

Hinweis

Bei der Recherche steht die Frage im Vordergrund, welche Suchbegriffe potenzielle Kunden tatsächlich während der Produktsuche verwenden. Es ist nicht in erster Linie ausschlaggebend, welche Begrifflichkeiten der Hersteller für die Beschreibung seiner Produkte nutzt.

Das Ziel der Keyword-Recherche besteht darin, mit den ermittelten Keywords möglichst vielen relevanten Suchanfragen zu entsprechen und durch ihre Aufnahme in den Content von Amazons Suchalgorithmus weit oben in den Ergebnislisten platziert zu werden.

In den folgenden Abschnitten erklären wir Ihnen, wie Sie bei der Recherche möglicher Suchbegriffe vorgehen und anschließend ein passendes Keyword-Set erstellen.

Initiales Brainstorming

Der erste Schritt der Keyword-Recherche besteht darin, sämtliche Suchbegriffe zusammenzutragen, die für das Produkt infrage kommen. In diesem Stadium lautet das Motto: Es gibt keine falschen Keywords. Es darf und sollte also möglichst breit an das Thema herangegangen werden.

Meist startet man mit einem klassischen Brainstorming: Wie würden Sie selbst nach dem jeweiligen Produkt suchen? Welche Begrifflichkeiten verwenden Ihre Zielgruppe bzw. potenzielle Kunden? Insbesondere die zweite Fragestellung sollte bei der Recherche immer im Vordergrund stehen. Schließlich gilt es, durch die Optimierung eben jene User zu erreichen.

Je nach demografischen Gegebenheiten suchen User mit unterschiedlichen Begriffen nach dem gleichen Produkt. Spielen wir den Prozess der

Keyword-Findung anhand eines Beispielprodukts durch: eine hautstraffende Bodylotion mit Kokosduft. Während die einen »Bodylotion« in das Suchfeld eingeben, verwenden andere User beispielsweise »Körperlotion« oder »Feuchtigkeitspflege«.

> **Praxistipp**
>
> Erste Ideen für Synonyme sind Ihnen wahrscheinlich bereits im Rahmen der Content-Relevanz-Analyse begegnet. In den Amazon-Rezensionen sowie in den Fragen und Antworten finden sich Begriffe, die Kunden und interessierte User für Ihre oder vergleichbare Produkte verwenden. Sie können daher eine wertvolle Quelle für Synonyme darstellen.

Inspirationen für mögliche Keywords liefern Ihnen unter anderem:

- Websites, die Synonyme sammeln, wie *woxikon.de* und *openthesaurus.de*,
- Onlineshops, die Ihre oder vergleichbare Artikel anbieten,
- Vergleichsplattformen wie *Stiftung Warentest* und *chip.de*, auf denen sich Kunden über Produkte informieren, sowie
- fachspezifische Foren, Blogs und Vlogs.

Im Fall unserer Bodylotion könnte es sich zum Beispiel lohnen, Beauty-Blogs und -Vlogs zu durchforsten, um ein Gefühl für den Ton der Zielgruppe zu bekommen. Welche Ausdrücke benutzen zum Beispiel Influencer auf YouTube, wenn sie von dem Produkt sprechen? Beziehen sie sich auf einen »Moisturizer«, wandert der Begriff in den Keyword-Pool. Gerade englische Begriffe oder Variationen kommen bei der Recherche häufig zu kurz, obwohl sie insbesondere bei jüngeren Zielgruppen zum alltäglichen Sprachgebrauch gehören.

Neue Perspektiven einnehmen

In dieser Phase der Recherche ist Kreativität und Weitsicht gefragt, um den Keyword-Radius zu erweitern. Folgende Fragen können Sie dabei unterstützen:

- Mit welcher Intention/Motivation suchen User Ihr Produkt?
- Für welche Probleme stellt Ihr Produkt die Lösung dar?
- Welche Ziele können Kunden mit Ihrem Produkt erreichen?

Gerade bei erklärungsbedürftigen Produkten lohnt es sich, verschiedene Perspektiven einzunehmen. Hier ein Beispiel: Ein Hersteller bietet ein spezielles Tablet für Grafiker auf Amazon an. Bisher ist das Gerät nur dieser Berufsgruppe bekannt und wird ausschließlich von ihr bestellt. Die entsprechenden Nutzer suchen gezielt nach dem Namen des Modells.

Nun möchte der Hersteller seine Zielgruppe erweitern. User, die auf der Suche nach einem herkömmlichen Tablet sind, werden mit dem Gerät allerdings nichts anfangen können und daher nicht konvertieren. Es würde folglich wenig Sinn ergeben, bei der Optimierung in Richtung generischer Suchbegriffe wie »Tablet 10 Zoll« zu gehen. Stattdessen nimmt der Hersteller unter anderem Hobbykünstler ins Visier, indem er gezielt Keywords wie »Comics zeichnen«, »Anime zeichnen« und »Architektur zeichnen« aufnimmt. Hier ist die Conversion-Wahrscheinlichkeit für sein Tablet wesentlich höher.

> **Hinweis**
>
> Je erklärungsbedürftiger und/oder nischiger ein Produkt ist, umso breiter kann und sollte man an die Keyword-Recherche herangehen.

In manchen Fällen kann das Anwendungsziel als Suchbegriff sogar deutlich mehr Sales generieren als die Produktkategorie. Ein gutes Beispiel hierfür ist Antischuppenshampoo. Wir konnten beobachten, dass »Anti Schuppen« für diese Produkte erfolgreicher performte als »Shampoo« selbst. Für unsere Bodylotion kommen dementsprechend Keywords wie »straffe Haut« und »glatte Haut« infrage.

Auch Probleme, die durch das gesuchte Produkt behoben werden sollen, können effektive Keywords sein. Dies klingt beim Beispiel des Antischuppenshampoos bereits an. Denkbare Suchbegriffe für unsere Lotion wären folglich »Cellulite«, »schlaffe Haut« oder auch »trockene Haut«.

Eine weitere Möglichkeit ist, spezifische Inhaltsstoffe in den Keyword-Pool aufzunehmen, insbesondere wenn diese der Zielgruppe bekannt sind und bewusst nachgefragt werden. In unserem Beispiel stellt unter anderem »Kokosöl« ein passendes Keyword dar. Voraussetzung ist natürlich immer, dass die beschriebenen Eigenschaften und Anwendungszwecke auf das zu optimierende Produkt zutreffen. In der Regel ist ansonsten eine niedrige Conversion Rate die Folge.

Umgekehrt kann es auch sinnvoll sein, durch Keywords gezielt auf das Fehlen von bestimmten Bestandteilen hinzuweisen. So gibt es beispielsweise Verbrauchergruppen, die gezielt nach Pflegeprodukten »ohne Parfüm« oder »ohne Parabene« suchen.

Je nach Produktgruppe empfehlen sich zudem saisonale Keywords wie »Muttertag«, »Halloween« oder auch »Weihnachtsgeschenk«. Im Gegensatz zu Google werden Anpassungen im Content von Amazons

Suchalgorithmus wesentlich schneller berücksichtigt. Daher können saisonale Suchbegriffe auch kurzfristig eingefügt werden. Sie müssen nicht bereits Monate vorher damit beginnen, auf die jeweiligen Keywords hin zu optimieren.

Von Wettbewerber-ASINs inspirieren lassen

Handelt es sich bei der zu optimierenden Produktdetailseite um eine bereits gelistete ASIN, sollten Sie prüfen, zu welchen Keywords sie schon rankt. Ebenso lohnt sich ein Blick auf die ASINs direkter Wettbewerber.

Es gibt verschiedene Softwarelösungen, die über entsprechende Funktionen verfügen. Dazu gehört unter anderem die factor-a suite. Sie ermittelt, zu welchen Suchbegriffen eine ASIN angezeigt wird, welche Ranking-Position sie belegt und wie viele weitere Produkte der Algorithmus zu dem jeweiligen Keyword ausspielt.

Analysieren Sie auf diese Weise ASINs Ihrer Wettbewerber bzw. vergleichbare Produkte, erhalten Sie eine lange Liste an Keyword-Ideen. Suchbegriffe, die auch für Ihre Produkte relevant sind, können Sie in Ihre Keyword-Sammlung übertragen. Darüber hinaus erhalten Sie erste Informationen dazu, wie stark der Wettbewerb um verschiedene Keywords ist.

Google Keyword-Planer

Ein weiteres Hilfsmittel für die Keyword-Recherche ist der *Google Keyword-Planer*[2]. Es handelt sich hierbei um ein Tool, das für die Erstellung von *Google Ads*-Anzeigen entwickelt wurde. Voraussetzung für die Nutzung ist daher, dass Sie über einen aktiven Google Ads-Account verfügen.

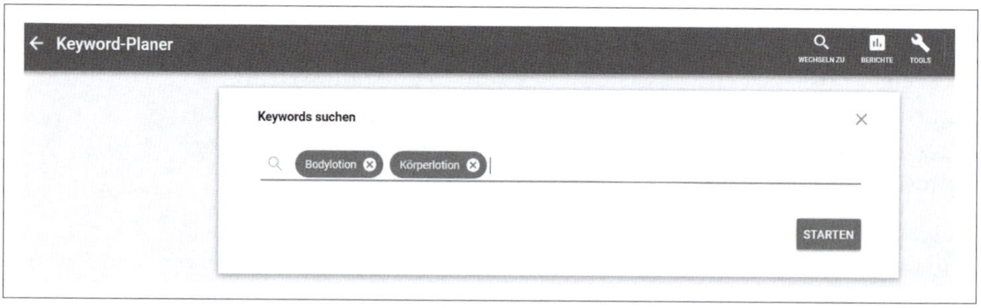

Abbildung 5-9: Der Google Keyword-Planer kann Sie bei der Erstellung eines leistungsstarken Keyword-Sets unterstützen. (Quelle: ads.google.de)

2 *https://ads.google.com/intl/de_de/home/tools/keyword-planner/*

Der Keyword-Planer bietet verschiedene Möglichkeiten der Keyword-Recherche. Sie können beispielsweise bereits ermittelte Suchbegriffe hinterlegen oder eine Website angeben. Auf dieser Basis generiert er verwandte Keywords, nach denen Google-User in der Vergangenheit gesucht haben (siehe Abbildung 5-10).

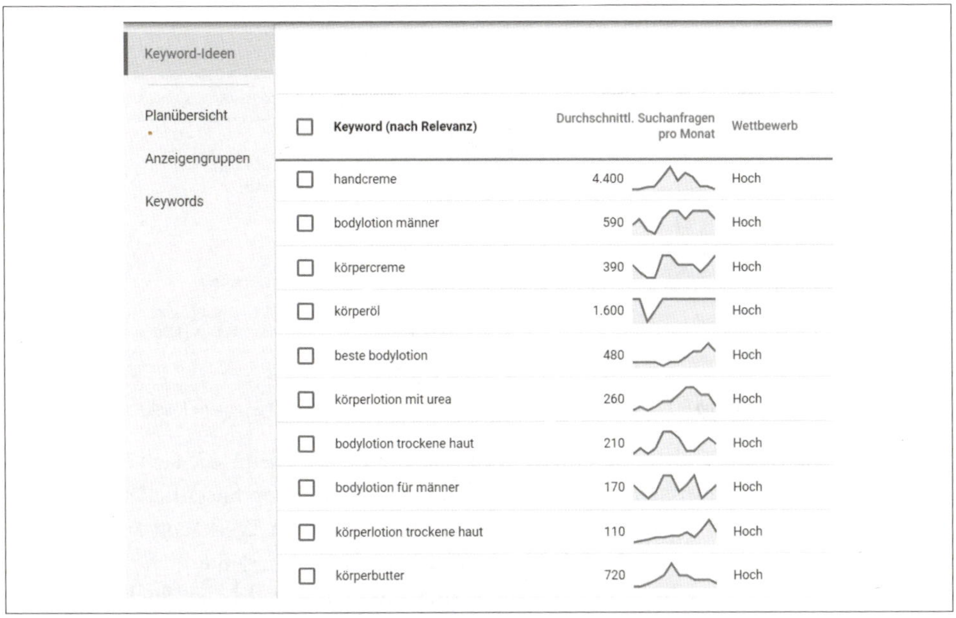

Abbildung 5-10: Vorschläge für verwandte Suchbegriffe der Keywords »Bodylotion« und »Körperlotion« (Quelle: ads.google.com)

Das Tool liefert zudem Hinweise darauf, wie häufig die jeweiligen Suchbegriffe monatlich verwendet werden und wie hoch der Wettbewerb um die Keywords ist. Diese Informationen sind wichtige Indikatoren für die Erstellung eines Keywords-Sets. Hierauf gehen wir im Laufe des Kapitels noch genauer ein.

Schreibvarianten und typische Fehler berücksichtigen

Es ist nicht ganz klar, inwieweit Amazons Suchalgorithmus Abweichungen von der Suchanfrage automatisch berücksichtigt. Bislang scheint er lediglich Plural- und Singularformen zu erkennen. Bei der Erstellung des Keyword-Pools sollten daher unterschiedliche Schreibweisen und typische Schreibfehler aufgeführt werden. Klassische Beispiele für Wörter mit Schreibvarianten sind zum Beispiel »Joghurt/Jogurt«, »Ski/Schi« und »Kalzium/Calcium«.

Beliebte Rechtschreibfehler korrigiert der Algorithmus zum Teil automatisch und liefert die entsprechenden Treffer aus. Suchen User zum

Beispiel nach »Labtop«, werden ihnen trotzdem die Suchergebnisse zur Anfrage »Laptop« angezeigt (siehe Abbildung 5-11).

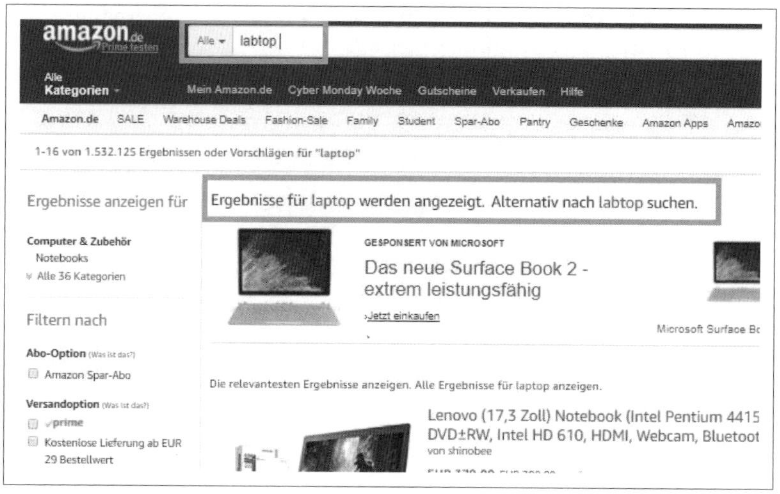

Abbildung 5-11: Amazons Auto-Korrektur am Beispiel des Suchbegriffs »Labtop« (Quelle: amazon.de)

Dies muss jedoch nicht zwangsläufig der Fall sein, wie sich am Beispiel des Inbusschlüssels zeigt. Oft verwenden User fälschlicherweise den Begriff »Imbusschlüssel«, wenn sie nach dem Werkzeug suchen. Obwohl nur ein Buchstabe abweicht, werden unterschiedliche Suchtreffer ausgespielt. Dies zeigt sich auch an der Anzahl der Suchergebnisse (siehe Abbildung 5-12). Es kann folglich Sinn ergeben, die falsch geschriebene Variante ebenfalls bei der Content-Optimierung zu berücksichtigen, da Produkte sonst eventuell nicht in den Suchtreffern zu »Imbusschlüssel« erscheinen.

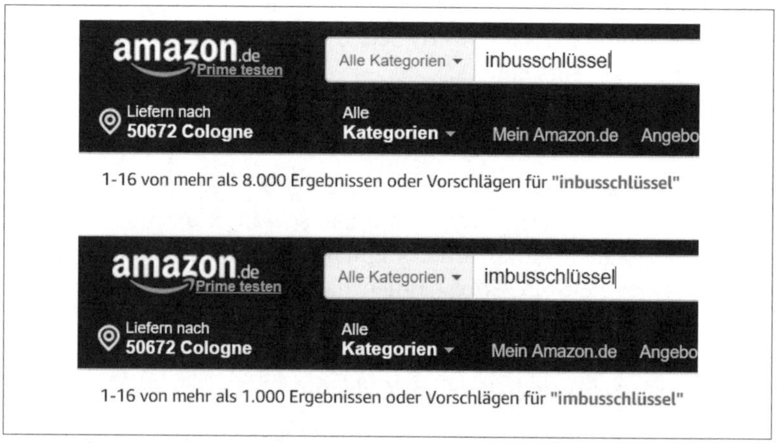

Abbildung 5-12: »Inbusschlüssel« und die fehlerhafte Variante »Imbusschlüssel« werden von Amazons Algorithmus jeweils als eigenständige Suchbegriffe behandelt. (Quelle: amazon.de)

Auch Komposita können von dieser Problematik betroffen sein. Schauen wir uns unser Beispiel an, gehören sowohl »Bodylotion« als auch »Body Lotion« und »Body-Lotion« in den Keyword-Pool. Der Algorithmus scheint die Suchanfragen »Bodylotion« und »Body Lotion« unterschiedlich zu behandeln, denn sie generieren nicht die gleichen Ergebnislisten (siehe Abbildung 5-13). Allerdings ist das nicht bei jeder Wortzusammensetzung der Fall. Es gibt durchaus Fälle, in denen unterschiedliche Schreibweisen die gleiche Suchtrefferliste generieren.

Abbildung 5-13: Die Schreibvarianten »Body Lotion« und »Bodylotion« erzeugen unterschiedliche Suchergebnislisten. (Quelle: amazon.de)

Auch wenn es in den Longtail-Bereich geht, zeigen sich Unterschiede (siehe Abbildung 5-14). Als *Longtail Keywords* werden Suchanfragen bezeichnet, die Produkte spezifischer beschreiben. Hierauf gehen wir auf den nächsten Seiten im Detail ein.

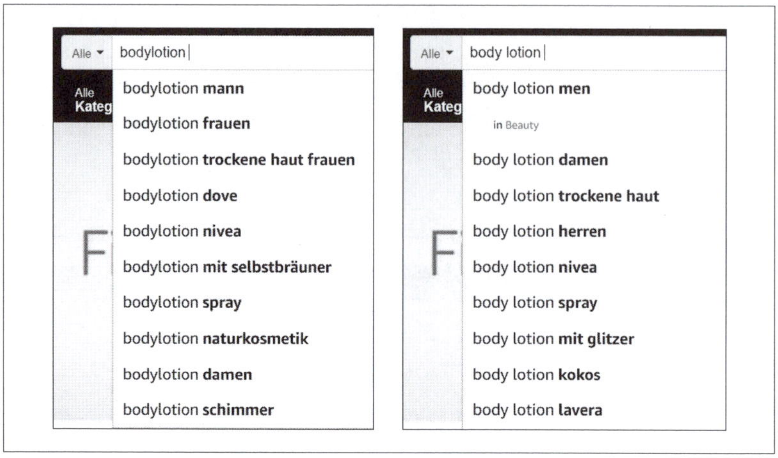

Abbildung 5-14: Auto-Suggest-Ergebnisse für die Keywords »Bodylotion« und »Body Lotion« (Quelle: amazon.de)

Wie Abbildung 5-14 zeigt, erzeugt die Auto-Vervollständigung für beide Schreibweisen andere Vorschläge. Dies ist ein wichtiger Faktor für die weitere Keyword-Recherche.

Um zu prüfen, welche Auswirkungen verschiedene Schreibweisen eines Keywords auf die Ausspielung der Artikel haben, geben Sie sie einfach in das Suchfeld ein und vergleichen die Vorschläge sowie die Ergebnisse. Indem Sie verschiedene Versionen durchtesten, bekommen Sie zudem ein Gefühl dafür, welche Variante am besten zu Ihrem Produkt passt.

Die beschriebenen Punkte können nicht nur auf allgemeine Suchbegriffe zutreffen, sondern ebenso auf Markennamen. Für die Varianten »L'Oréal«, »L'Oreal« und »Loreal« gibt Amazon derzeit drei unterschiedliche Trefferlisten aus. Noch variantenreicher wird nach Brands wie beispielsweise »Black + Decker« gesucht:

- Bleck & Decker
- Black + Decker
- Bleck + Decker
- Black and Decker
- etc.

Allerdings werden abweichende Schreibformen gerade in diesem Zusammenhang häufig vernachlässigt. Auch wenn man als Hersteller verständlicherweise nicht gern sieht, wenn der eigene Markenname von

Kunden nicht eins zu eins wiedergegeben wird, verschenkt man dadurch kostbare Sichtbarkeit

> **Praxistipp**
>
> Keywords, die typische Rechtschreibfehler enthalten, und Schreibvarianten der Keywords können Sie bei Bedarf in den Backend-Keywords hinterlegen. User bekommen sie dort nicht zu Gesicht, und sie werden trotzdem vom Suchalgorithmus registriert.

Halten wir fest: Es kann aus verschiedenen Gründen sinnvoll sein, die beschriebenen Varianten in die Keyword-Liste aufzunehmen.

Zum einen kann es sich positiv auf das Ranking der ASIN auswirken, wenn die Schreibweise der verwendeten Keywords eins zu eins der Suchanfrage entspricht. Dies bedeutet, Produkt-Listings mit »Body Lotion Frauen« werden für diesen Suchbegriff unter Umständen als relevanter eingestuft als Detailseiten, die nur »Bodylotion Frauen« enthalten. Welchen Einfluss der Übereinstimmungsgrad von Schreibvarianten genau auf die Anordnung hat, lässt sich allerdings nicht mit Sicherheit sagen, denn Amazon modifiziert seinen Algorithmus in regelmäßigen Zeitabständen.

Darüber hinaus ist es möglich, dass ein Produkt gar nicht erst in den Suchergebnissen ausgespielt wird, wenn die jeweilige Variante nicht im Produkt-Listing hinterlegt ist (siehe Beispiel »Imbusschlüssel« vs. »Inbusschlüssel«).

Drittens ist die Berücksichtigung von Schreibvarianten und -fehlern vor dem Hintergrund wichtig, dass sie unterschiedliche Vorschläge für Longtail Keywords generieren können. Nimmt man sie nicht in die Sammlung mit auf, verpasst man unter Umständen Suchbegriffe, die sich als effiziente Umsatzbringer erweisen.

Major und Longtail Keywords

Zum besseren Verständnis der folgenden Abschnitte gehen wir hier zunächst auf verschiedene Arten von Keywords ein, bevor wir den Prozess der Keyword-Recherche weiter erläutern.

Den Terminus *Major Keyword* nutzen wir, um generische Suchbegriffe und -phrasen zu beschreiben. Sie werden auch *Short Tail* oder *Short Head Keywords* genannt. Solche Keywords sind zum Beispiel »Bodylotion«, »Feuchtigkeitspflege« und »Body Milk«. Sie verfügen in vielen

Fällen über ein großes Suchvolumen und sind hart umkämpft. Ausnahmen können insbesondere starke Nischenprodukte bilden.

Longtail Keywords sind dagegen spezifischer. Die suchenden User haben bereits eine genaue Vorstellung von dem Produkt, das sie erwerben möchten. Beispiele hierfür sind »Körpercreme trockene Haut« und »Bodylotion Cellulite Koffein«.

> **Hinweis**
>
> Die Anzahl der Wörter sagt erst einmal nichts darüber aus, ob es sich bei Suchbegriffen um Major oder Longtail Keywords handelt. Obwohl »Body Lotion« aus zwei Wörtern besteht, handelt es sich um ein Major Keyword, da die Phrase eine generische Suchanfrage beschreibt.

Im Vergleich zu Major Keywords ist das Suchvolumen von Longtail Keywords meistens geringer. So gibt es beispielsweise im Schnitt deutlich weniger Suchanfragen für »Body Lotion Kokos« als für »Body Lotion«.

Generische Suchbegriffe passen häufig auf eine Vielzahl an Produkten. Dies bringt eine stärkere Konkurrenzsituation mit sich als bei Longtail Keywords. Der Wettbewerb ist im Longtail-Bereich in der Regel niedriger. Dadurch erhöhen sich die Chancen, die eigenen Produkte für potenzielle Kunden sichtbar zu machen.

Ein weiterer Vorteil von Longtail Keywords ist, dass sie im Schnitt eine höhere Conversion-Wahrscheinlichkeit aufweisen. Spezifische Suchanfragen deuten auf eine stärkere Kaufabsicht hin als generische Keywords. Die User befinden sich bereits tiefer im Sales Funnel.

Je nach Produkt und Kategorie kann es sich daher als effizienter erweisen, den Fokus bei der Optimierung auf Longtail Keywords zu legen. Sie bieten eine gute Möglichkeit, um sich von Artikeln Ihrer Wettbewerber abzugrenzen. Dies gilt im Prinzip zwar für alle Suchmaschinen, doch gerade im Fall von Amazon ist es besonders wichtig. Schließlich gilt es, kaufwillige Kunden auf einem Marktplatz mit unzähligen Produkten zu erreichen.

> **Hinweis**
>
> Je spezifischer ein Longtail Keyword ist, desto geringer ist in der Regel seine Reichweite. Die Conversion-Wahrscheinlichkeit ist dafür höher, da User im Idealfall genau die Produkte finden, nach denen sie gesucht haben.

In der bisher beschriebenen Phase der Keyword-Recherche geht es darum, eine umfassende Sammlung an Major Keywords zusammenzustellen, die einen möglichst breiten Kundenstamm anspricht. Wie viele Suchbegriffe die Liste enthält, kommt auf das jeweilige Produkt an. Mindestens 20 sind jedoch empfehlenswert. Im Allgemeinen gilt: je mehr, desto besser. Im nächsten Schritt werden anhand dieser Oberbegriffe mögliche Longtail Keywords ermittelt.

Longtail Keywords mithilfe von Auto Suggest ermitteln

Wie finden Sie nun passende Longtail Keywords für Ihre Produkte? Ein nicht zu unterschätzendes Werkzeug ist die Auto-Vervollständigung von Amazon, auch *Auto Suggest* genannt. Diese Funktion dürften die meisten Leser aus eigener Erfahrung kennen und bereits unzählige Male genutzt haben.

Geben User einen Suchbegriff in die Suchmaske ein, schlägt der Algorithmus ihnen passende Ergänzungen vor. So soll der Suchprozess möglichst bequem gestaltet werden. Bei diesen Vorschlägen handelt es sich um Kombinationen, die häufig gesucht werden. Sie können also wertvolle Keywords für Ihr Set darstellen – vorausgesetzt, die jeweiligen Eigenschaften treffen auf Ihr Produkt zu.

Der Oberbegriff »Body Lotion« generiert unter anderem Ergänzungen wie »Damen«, »Herren« und »trockene Haut« (siehe Abbildung 5-14). Geben Sie diese ebenfalls in das Suchfeld ein, erhalten Sie Ideen für Keywords, die noch spezifischer sind. Im Fall von »Body Lotion Damen« lauten die Vorschläge beispielsweise »straffend« und »parfümiert«. Darüber hinaus werden verschiedene Marken ergänzt.

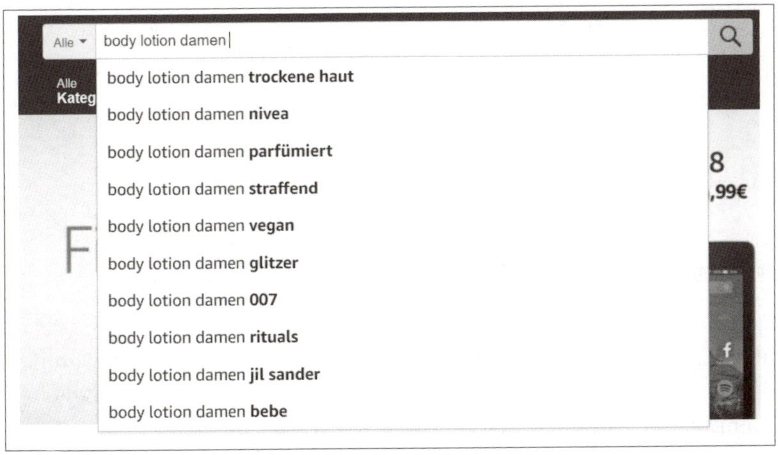

Abbildung 5-15: Auto-Suggest-Ergebnisse für Longtail Keywords zum Oberbegriff »Body Lotion Damen« (Quelle: amazon.de)

Warum sollte Amazons Auto Suggest innerhalb der Keyword-Recherche nun unbedingt berücksichtigt werden? Wie oben bereits ausgeführt, lassen sich so Conversion-starke Longtail Keywords identifizieren. Es handelt sich um die relevantesten Begriffe und Phrasen, die von vielen Usern während ihrer Suche tatsächlich verwendet wurden. Darüber hinaus unterstützt die Auto-Suggest-Funktion, dass User nach genau diesen Kombinationen suchen. Folglich ist es wichtig, passende Longtails im Produkt-Listing abzubilden.

Warnung

Wenn für einen Suchbegriff oder eine Kombination keine weiteren Ergänzungen angezeigt werden, heißt das nicht, dass das Keyword bzw. die Keyword-Phrase irrelevant ist oder kein Suchvolumen besitzt. Dies ist unserer Erfahrung nach ein beliebter Fehlschluss, der zur Vernachlässigung von wichtigen Keywords führen kann. Das eingegebene Keyword ist in diesem Fall lediglich so spezifisch, dass es keiner weiteren Ergänzung bedarf.

Auch Google verfügt bekanntermaßen über eine Auto-Suggest-Funktion. Gehen Sie hier genauso vor, erhalten Sie weitere Keyword-Vorschläge für Ihr Set (siehe Abbildung 5-16). Darüber hinaus kann der oben beschriebene Google Keyword-Planer Ideen für mögliche Longtail Keywords liefern.

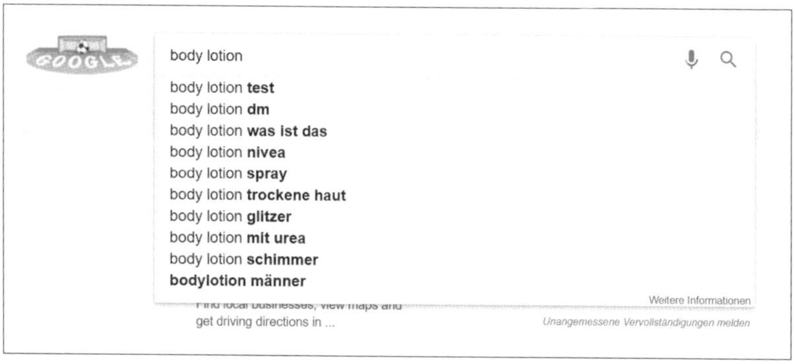

Abbildung 5-16: Googles Auto Suggest für den Suchbegriff »Bodylotion« (Quelle: google.de)

Sämtliche Vorschläge manuell abzufragen und in die Keyword-Liste zu übertragen, kostet Zeit und personelle Ressourcen. Optimierer greifen daher auf spezielle Tools zurück, die automatisiert alle möglichen Kombinationen zu definierten Major Keywords abrufen.

Gehen Sie wie bisher beschrieben vor, entsteht eine sehr lange Liste an Keyword-Vorschlägen. Wenn Sie mit größeren Produktgruppen arbeiten, ist es sinnvoll, zunächst alle Keywords in der Sammlung zu behalten. Tilgen Sie lediglich Dopplungen und Suchbegriffe, die nicht in die jeweilige Produktkategorie passen. Hier ein Beispiel: Der Suchbegriff »Eisen Werkzeug« wird entfernt, wenn man »Eisen« in Bezug auf Nahrungsergänzungsmittel meint.

Auf diese Weise erhalten Sie einen umfassenden Keyword-Pool für die jeweilige Produktgruppe, in unserem Fall ganz allgemein zu Bodylotions. Bei der Erstellung der ASIN-spezifischen Keyword-Sets können Sie diesen nutzen und durch weitere Filterung sowie Ergänzungen genau auf den jeweiligen Artikel anpassen. Man spart wertvolle Zeit, da man nicht für jeden Artikel die Recherche bei null beginnen muss.

Ein produktspezifisches Keyword-Set erstellen

Streichen Sie als Erstes alle Keyword-Vorschläge aus dem Pool, bis nur noch Suchbegriffe übrig bleiben, die tatsächlich für das jeweilige Produkt relevant sind. In unserer Sammlung tauchen beispielsweise »Bodylotion mit Glitzer« und »Body Lotion Männer« auf, die jetzt entfernt werden. Ziel dieser Phase ist es, relevante Longtail Keywords zu ermitteln, die ein gewisses Suchvolumen aufweisen und sich für das Produkt-Listing eignen.

Die Listings bieten bekanntermaßen nicht besonders viel Raum für die Verarbeitung von Keywords. Daher müssen sie sorgfältig runtergefiltert und zielführend priorisiert werden. Die Qualität von Keywords lässt sich anhand von verschiedenen Faktoren bewerten:

- Suchvolumen
- Wettbewerb
- Conversion-Wahrscheinlichkeit

Das *Suchvolumen* gibt an, wie häufig die jeweiligen Suchbegriffe in der Vergangenheit verwendet wurden. Es beschreibt also die potenzielle Reichweite eines Keywords. Leider gibt Amazon im Gegensatz zu Google kaum Informationen hierzu aus.

Hier sind Seller mit *Amazon Brand Analytics* und Vendoren im Vorteil, die über *Amazon Retail Analytics (ARA) Premium* verfügen. Das Amazon-eigene Reporting-Tool gibt in Form eines Rankings Keywords aus, die in einem definierten Zeitraum am häufigsten gesucht wurden. Diese Liste können Sie sich ebenfalls für bestimmte Kategorien anzeigen lassen. Darüber hinaus ermittelt es, welche ASIN zu dem jeweiligen Suchbegriff am meisten angeklickt wurde. Obwohl Anwender keine absoluten Zahlen zum Suchvolumen erhalten, handelt sich um äußerst wertvolle Daten. Allerdings lässt sich in »Rohform« nur schwer mit ihnen arbeiten.

Hinweis

ARA Premium verschafft Vendoren einen umfangreichen Einblick in Amazon-eigene Daten. Entscheidenden Mehrwert erlangt das Tool in Kombination mit der factor-a suite. Unsere Amazon-spezifische Softwarelösung bietet Klarheit, Analysen und Problemlösungen. So stellt der kombinierte Einsatz beispielsweise die beste Lösung dar, um die Qualität von Keywords zu evaluieren.

Daneben gibt es weitere Möglichkeiten, Hinweise auf die Größe des Suchvolumens zu erhalten. Auch hier kommt wieder die Auto-Suggest-Funktion ins Spiel. Wie bereits oben erläutert, wertet sie vergangene Suchanfragen aus. Die Anordnung der Vorschläge kann daher als Indikator herangezogen werden.

Hierbei müssen Sie beachten, dass es sich bei der Ranking-Position um einen relativen Wert handelt. Ein Beispiel: Es kann sein, dass »Body Lotion Sommer« ein höheres Suchvolumen als »Body Lotion Kokos« hat, obwohl die zweite Kombination auf Platz eins rankt und die erste auf Platz sechs (siehe Abbildung 5-17). Schließlich handelt es sich um Auto-Suggest-Listen zu unterschiedlichen Anfangsbuchstaben. Besonders wertvoll für die Evaluierung ist daher die »erste« Auto-Suggest-Liste, die Ergänzungen generiert, ohne dass weitere Buchstaben eingegeben werden (siehe Abbildung 5-14).

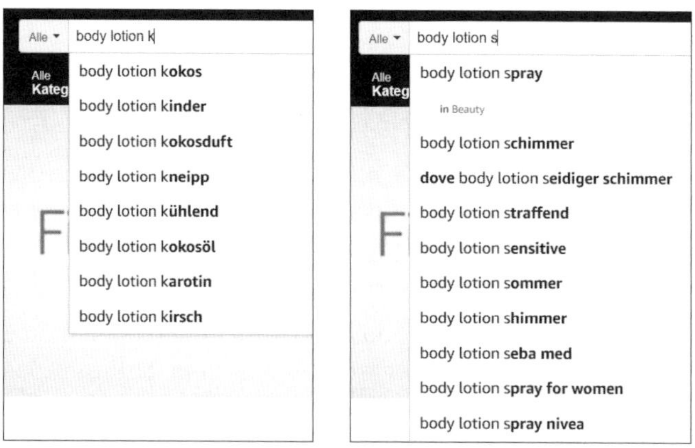

Abbildung 5-17: Auto-Suggest-Listen zu Keyword-Kombinationen, die mit »K« und »S« beginnen. Die Anordnung der Vorschläge liefert einen Hinweis auf ihr Suchvolumen. (Quelle: amazon.de)

Der Google Keyword-Planer ist ein nützliches Hilfsmittel, um Ranking-Positionen zu relativieren, denn er gibt konkrete Zahlen zu dem monatlichen Suchvolumen der Keywords aus. Natürlich muss man berücksichtigen, dass es sich um Suchanfragen handelt, die über Google und nicht über Amazon abgerufen wurden. Sie können in Kombination mit Amazons Auto Suggest dennoch einen Hinweis darauf liefern, wie hoch Relevanz und Reichweite eines Keywords sind.

Möchten Sie also wissen, ob tendenziell häufiger nach »Body Lotion Kokos« oder »Body Lotion Sommer« gesucht wird, können Sie das monatliche Suchvolumen der beiden Kombinationen vergleichen. Wie Abbildung 5-18 zeigt, scheinen tatsächlich mehr User die erste Variante einzugeben.

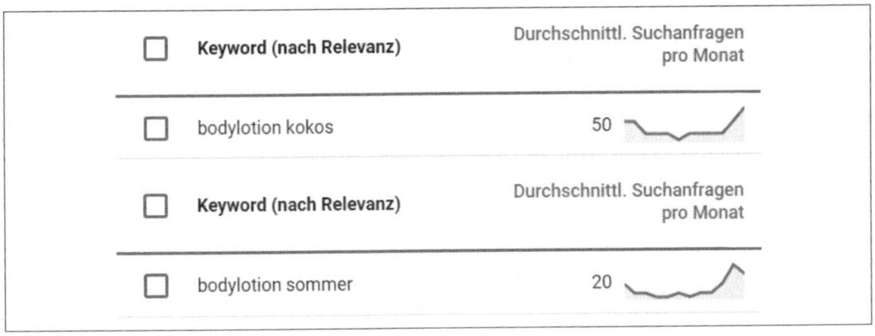

Abbildung 5-18: Der Google Keyword-Planer gibt Informationen zum monatlichen Suchvolumen hinterlegter Keywords aus. (Quelle: ads.google.com)

Für die Qualität eines Keywords spielt ebenfalls der Wettbewerb eine entscheidende Rolle. Um ihn zu beurteilen, schaut man sich an, wie viele Listings bereits zu dem Suchbegriff ranken bzw. wie viele Marken unter den Top-100-Platzierungen vertreten sind.

Generische Suchanfragen wie »Bodylotion« zeichnen sich in der Regel durch einen hohen Wettbewerb aus. Longtail Keywords geben meist deutlich weniger Suchtreffer aus (siehe Abbildung 5-19). Während »Bodylotion« mehr als 8.000 Treffer erzielt, ranken zu »Bodylotion Kokos« nur ca. 100 ASINs. Unser Beispielprodukt hat hier eine größere Chance, sich gegen die Artikel der Wettbewerber durchzusetzen und weit oben in den Suchergebnissen zu erscheinen. Als wahre Umsatztreiber können sich Suchbegriffe erweisen, die sich durch hohes Suchvolumen und geringen Wettbewerb auszeichnen.

Der Faktor *Conversion-Wahrscheinlichkeit* spielt bei der Auswahl von Amazon-Keywords eine besonders wichtige Rolle. Übergeordnetes Ziel der Optimierungsmaßnahmen ist schließlich die Umsatzsteigerung. Dies gelingt nur, wenn der Kunde eine zufriedenstellende Antwort auf seine Suchanfrage bekommt. Eine solche Optimierung steigert auch das Nutzererlebnis und somit die Kundenzufriedenheit.

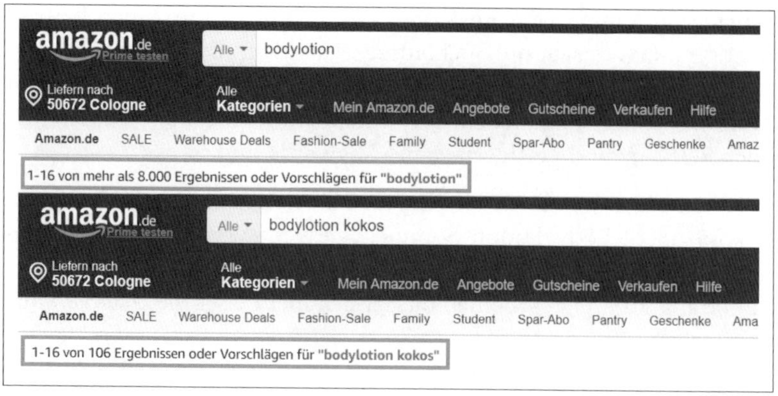

Abbildung 5-19: Der Vergleich der Suchergebnisse zeigt, dass der Wettbewerb um »Bodylotion« höher ist als um »Bodylotion Kokos«. (Quelle: amazon.de)

Es gilt also User zu erreichen, die mit hoher Wahrscheinlichkeit in den Kauf übergehen. Daher sollten Keywords priorisiert werden, die möglichst relevant für das spezifische Produkt sind und es präzise beschreiben. Zudem werden so Streuverluste verringert und die Conversion Rate für eben jene Suchbegriffe optimiert. Dies wirkt sich – wie im letzten Kapitel beschrieben – positiv auf das organische Ranking aus. »Bodylotion straffend« und »Bodylotion Kokos« sind beispielsweise Auto-Suggest-Ergebnisse, die sehr gut zu unserem Produkt passen.

Praxistipp

Anhand der Suchbegriffe, die Amazons Auto Suggest ausgibt, können Sie erkennen, auf welche Eigenschaften User ihren Fokus bei der Produktrecherche legen. Je nach Produkt suchen sie beispielsweise gezielt nach Marken, Farben oder Materialien. Dies kann Sie bei der Gewichtung von Longtail Keywords unterstützen.

Unter Berücksichtigung der oben angeführten Kriterien filtern Sie Ihre gesammelten Keywords, und zwar so weit, bis Sie grob die maximale Zeichenanzahl erreicht haben, die Sie für Keywords im Content und die Backend-Keywords verwenden können. Da die Zeichenanzahl laufend angepasst wird, informieren Sie sich am besten zuvor über die aktuellen Vorgaben.

Ein effizientes, leistungsstarkes Keyword-Set bildet ein optimales Spektrum an relevanten Suchanfragen ab. Möglichst viele von ihnen sollten in den Content eingepflegt werden, um potenzielle Kunden zu erreichen und inhaltlich abzuholen. Wie bereits mehrfach betont, darf die Quantität hierbei nicht zulasten der Qualität gehen. Worauf Sie bei der

Erstellung des optimalen Contents achten sollten, erklären wir Ihnen im Abschnitt »Erstellung des optimalen Content«.

Exkurs: Sponsored Ads und Content-Optimierung

Sponsored Ads bieten Vendoren und Sellern die Möglichkeit, selbstständig Suchmaschinen- und Display-Marketing zu betreiben. Im Abschnitt »Relevanz und Chancen von Sponsored Ads« in Kapitel 6 erklären wir Ihnen die Sponsored Ads ausführlich. Da sie jedoch untrennbar mit der Content-Optimierung verknüpft sind, werfen wir hier bereits einen ersten Blick auf sie und stellen kurz nützliche Werkzeuge sowie mögliche Wechselwirkungen vor.

Suchmaschinenmarketing gehört zu den Schwerpunkten der Sponsored Ads. Sie verfügen über verschiedene Funktionen, die Sie für die Keyword-Recherche nutzen können:

- Ähnlich wie beim Google Keyword-Planer werden Keywords vorgeschlagen, die zu der jeweiligen ASIN passen.
- In der Advertising Console erhalten Sie im Fall von Sponsored Brands (SB) Hinweise auf das Suchvolumen von Keywords. Dies erfolgt in Form von Traffic-Angaben wie *Hoch, Mittel* und *Niedrig*.
- Der Anzeigentyp *Sponsored Product* (SP) kann automatisiert ausgespielt werden. Das heißt, Amazon entscheidet, zu welchen Suchanfragen die Ads erscheinen. Sie können diese Suchbegriffe in Ihr Keyword-Set übertragen und bei der Optimierung des Contents berücksichtigen.
- Sponsored-Ads-Kampagnen können Aufschluss darüber geben, welche Keywords für eine ASIN gut performen. Im Hinblick auf die Content-Optimierung ist der Hauptindikator eine hohe Conversion Rate. Es kann sich lohnen, entsprechende Suchbegriffe prominenter auf der Produktdetailseite zu platzieren bzw. sie einzupflegen, falls sie dort noch nicht vorhanden sind.

Der Vorteil bei dem Weg über die Sponsored Ads ist, dass die Informationen und Daten nicht aus externen Quellen stammen, sondern über die Plattform erhoben werden. Sie sind daher aussagekräftiger als Suchvolumina, die der Google Keyword-Planer ausgibt.

Umgekehrt profitieren Sponsored-Ads-Kampagnen von der Optimierung der Produktdetailseiten und der geleisteten Vorarbeit:

- Sie können für die Schaltung von Sponsored-Ads-Kampagnen Suchbegriffe aus Ihrem bereits erstellten Keyword-Set verwenden. Zuvor muss bewertet werden, ob sie sich für die jeweilige Kampagnenstrategie eignen.

- Top-optimierte Listings sind eine wichtige Voraussetzung für den Erfolg sämtlicher Marketingmaßnahmen. Landen potenzielle Kunden auf einer unattraktiven Produktdetailseite, sinkt die Wahrscheinlichkeit einer Conversion. Das investierte Budget wird verschwendet.
- Die Click Through Rate hat großen Einfluss darauf, ob und wie oft Ads ausgespielt werden. Der Produkttitel sollte daher ansprechend und informativ sein.

Im Fall der Sponsored Ads können Keywords unterschiedliche strategische Ausrichtungen haben. So gibt es über die allgemeinen Suchbegriffe hinaus sogenannte *offensive* und *defensive Keywords*.

Offensive Keywords enthalten Markennamen von Wettbewerbern. Sie werden bei den Sponsored Ads eingesetzt, um User abzufangen, die sich für Produkte dieser Hersteller interessieren. Bei der Content-Optimierung sollten Sie unbedingt auf solche Keywords verzichten, da dies ansonsten von Amazon sanktioniert werden kann. Sie dürfen weder auf der Produktdetailseite selbst noch in den Backend-Keywords auftauchen. Keywords, die Ihren eigenen Markennamen enthalten, dürfen Sie im Content natürlich verwenden. Im Rahmen der Sponsored Ads bezeichnet man sie als defensive Keywords, weil sie dem Schutz der eigenen Marke dienen.

Ob eigene markenbezogene Keywords in den Content aufgenommen werden sollten, hängt von verschiedenen Faktoren ab und muss von Fall zu Fall individuell beurteilt werden. Es kommt unter anderem darauf an, ob Kunden gezielt nach dem Markennamen suchen und wie stark die Marke ist. Spielt die Marke als Produkteigenschaft nur eine untergeordnete Rolle für die Suchenden, sollte der knappe Platz nicht an markenbezogene Suchbegriffe verschwendet werden.

Halten wir fest: Marketingmaßnahmen und Content-Optimierung sollten generell Hand in Hand gehen und nicht als voneinander isolierte Werkzeuge betrachtet werden. Nur so lässt sich das gebotene Potenzial voll und ganz ausschöpfen sowie langfristig das Ranking der ASINs in den organischen Suchergebnissen verbessern.

Erstellung des optimalen Contents

Nach der Content-Relevanz-Analyse und der Erstellung des Keyword-Sets erfolgt die Optimierung des eigentlichen Contents. Sie orientiert sich an den zuvor durchgeführten Schritten. Die Kunst besteht hierbei darin, sie zielführend zu vereinen. Ziel ist es, potenziellen Kunden alle

Informationen zur Verfügung zu stellen, die sie für einen positiven Kaufabschluss benötigen, und gleichzeitig die Auffindbarkeit der Produkte zu gewährleisten. In diesem Unterkapitel erklären wir Ihnen, was es bei der Gestaltung der einzelnen Elemente zu beachten gilt.

Amazons Anforderungen an Produktdetailseiten

Um seinen Usern Vergleichbarkeit und Übersichtlichkeit zu bieten, stellt Amazon verschiedene Anforderungen an die Gestaltung der Produktdetailseiten. Die Vorgaben unterscheiden sich je nach Produktkategorie und werden unter anderem in den sogenannten *Amazon Style Guides* festgehalten (siehe Abbildung 5-20). Hier finden sich beispielsweise Richtlinien zu Länge und Inhalt der Textelemente sowie Anforderungen an Produktbilder.

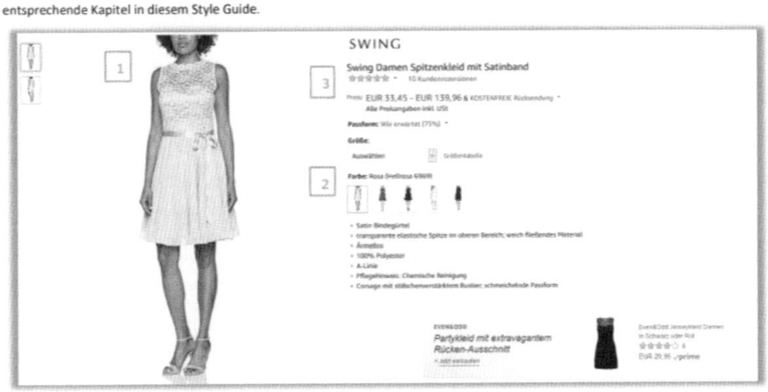

amazon.de

KATEGORIE STYLE GUIDE
Bekleidung & Accessoires
März 2018

Ihr Verkaufserfolg bei Amazon.de hängt entscheidend von der Qualität der hinterlegten Produktinformationen ab. Produkte, die in einem konsistenten Format mit präzisen und detaillierten Produktinformationen angelegt sind, werden von Kunden leichter gefunden und können deren Kaufentscheidung positiv beeinflussen. Bitte beachten Sie, dass die Nichteinhaltung der Qualitätsrichtlinien von Amazon zu einer Ausblendung der Artikel aus den Ergebnissen der Such- und Stöberfunktion der Amazon-Webseite, oder zum Entzug Ihrer Verkaufsberechtigung in dieser Kategorie führen kann. Für weiterführende Informationen hierzu überprüfen Sie bitte das entsprechende Kapitel in diesem Style Guide.

Das obige Beispiel steht exemplarisch für eine konforme Produktpräsentation auf www.amazon.de. Im folgenden Abschnitt finden Sie die Hauptanforderungen, um eine ähnliche konforme Darstellung für Ihre Produkte zu erreichen.

1 Produktbilder müssen eine Mindestgröße von 1000 Pixeln an der längsten Seite aufweisen (um die Zoom-Funktion zu aktivieren), einen klaren, weißen Hintergrund haben, nur das zum Verkauf angebotene Produkt zeigen, nur eine Frontansicht zeigen, ein Verhältnis von 3:4 (Breite:Höhe) haben, das Produkt muss mindestens 85% der Bildfläche bedecken und eine wahre Präsentation des Produkts (keine Zeichnungen) ohne Graphiken und extra Text zeigen. Jede Farbvariation erfordert ein Bild, für den Großteil der Produkttypen sollte das Produkt von einem Model getragen werden (außer Accessories, transparenter Bekleidung und Kinderbekleidung). Bilder sollten im Format .jpg, .png, .tif oder .gif gespeichert werden. **Weitere Informationen finden Sie im Style Guide Bekleidung auf den Seiten 3 bis 5 und ab Seite 14.**

2 Alle Varianten eines Produktes müssen unter einer Parent-ASIN erstellt werden. Im obigen Beispiel gibt es ein Drop-Down Menü mit Größen und drei Farben. Kunden können somit leicht alle verfügbaren Größen und Farben finden und auswählen, ohne die Produktdetailseite verlassen zu müssen. Da jeder Seitenaufruf einer Variante innerhalb der Parent-ASINs gezählt

Abbildung 5-20: Auszug aus dem Amazon Style Guide für die Kategorie »Bekleidung« (Quelle: sellercentral.amazon.de)

Seller können Amazon Style Guides in Seller Central herunterladen. Für Vendoren ist es dagegen schwieriger, an sie heranzukommen. Trotzdem sollen – und zum Teil müssen – die dort beschriebenen Vorgaben von ihnen eingehalten werden. Ansonsten kann es passieren, dass Produkte nicht (mehr) angezeigt werden. Hinweise auf kategoriespezifische Richtlinien erhalten Vendoren anhand der Upload Sheets. Die Excel-Dateien zeigen beispielsweise an, wenn Textelemente zu lang sind oder unerlaubterweise Sonderzeichen enthalten.

Praxistipp

New Item Setup Sheets (*NIS*) verwenden Vendoren, wenn sie Produkte online stellen möchten. Content Upload Sheets dienen dazu, Content nachträglich zu aktualisieren. Im Gegensatz zu NIS Sheets sind Content Sheets meist weniger restriktiv. Hier können zum Beispiel auch Texte mit einer höheren Anzahl an Zeichen hochgeladen werden.

Da das Shopping-Erlebnis der User für Amazon oberste Priorität besitzt, werden Abweichungen von den Vorgaben nicht zwingend sanktioniert. Ist die Seite trotzdem kundenfreundlich gestaltet, stellt dies letztlich auch für Amazon einen Vorteil dar. Die Anleitungen der Style Guides können allerdings eine nützliche Orientierungshilfe bei der Optimierung bieten. Schließlich hat Amazon großes Interesse an kundenorientierten und Conversion-starken Produktseiten.

Im Großen und Ganzen weisen die Style Guides für die verschiedenen Produktarten große Übereinstimmungen auf. So ist es beispielsweise nicht erlaubt, im Titel Wörter nur in Großbuchstaben zu schreiben oder angebotsspezifische Details wie »versandkostenfrei« zu verwenden (siehe Abbildung 5-21). Auf diese kategorieübergreifenden Richtlinien gehen wir noch ein, wenn wir im Folgenden die optimale Gestaltung der verschiedenen Content-Elemente beschreiben.

Je nach Produktkategorie können zudem spezifische Anforderungen vorliegen. In den Titel von Beautyprodukten sollte zum Beispiel das Nettovolumen des Produkts aufgenommen werden. Im Bereich Fashion herrschen besonders strenge Regeln im Hinblick auf die Produktbilder. Der entsprechende Style Guide definiert genau, wie ein Kleidungsstück an einem Model präsentiert werden muss. Handelt es sich um eine Hose, darf sie beispielsweise nicht mit einem bauchfreien Oberteil kombiniert werden.

Auch von Land zu Land können sich die Style Guides unterscheiden. Darüber hinaus nimmt Amazon laufend Anpassungen vor. Informieren

Sie sich daher am besten vor der Optimierung über die aktuellen Gestaltungsrichtlinien.

Halten Sie die **Titel prägnant, informativ und präzise** nach der von Amazon empfohlenen Syntax:

Richtig

- ✓ Je kürzer, desto besser: Beschränken Sie sich auf jene Merkmale, die nötig sind, um das Produkt von anderen zu unterscheiden, max. 80 Zeichen.
- ✓ Verwenden Sie eine korrekte Groß- und Kleinschreibung (keine Versalien). Schreiben Sie also z. B. „Nivea".
- ✓ Geben Sie die Marke oder den Hersteller nach deutscher Rechtschreibung an.
- ✓ Verfassen Sie Produkttitel (außer bei Eigennamen) immer in deutscher Sprache.
- ✓ Wenn Sie ein Bündel von Produkten anbieten, geben Sie die Anzahl der Produkte im Titel an.
- ✓ Format bei Milliliter- oder Grammangaben: „Zahl – Leerzeichen – Einheit", z. B. 50 ml; Kürzen Sie Einheiten mit den gängigen Abkürzungen: Milliliter = ml, Gramm = g, Liter = l, Milligramm = mg.
- ✓ Setzen Sie vor und nach "/" ein Leerzeichen.
- ✓ Fügen Sie das Gewicht / Volumen eines Artikels in den Titel ein.

Falsch

- × Nur Klein- bzw. Großbuchstaben (z. B. NIVEA oder nivea) & Zahlenworte.
- × Keine Abkürzungen. Schreiben Sie „Wimperntusche" und nicht „Wimpernt.".
- × Angaben wie Preis, Versand, Firmendaten oder auch zeitbezogene Angaben wie „Angebot nur für kurze Zeit" oder „Hit des Jahres" gehören nicht in den Titel.
- × Benutzen von Symbolen, wie z. B.: !, ?, *, €, „"
- × Verwendung von HTML-Tags oder Sonderzeichen, die nicht auf einer Standardtastatur vorhanden sind (z. B.®, ©, ™)
- × Verwenden Sie nie "|" (Pipe) oder (Hash).
- × Subjektive oder auf Werbeaktionen bezogene Kommentare wie z. B. „Sonderangebot", „Bestseller", „Versandkostenfrei" usw.
- × Verwenden Sie nicht Ihren Verkäufernamen für Marken oder Hersteller, es sei denn Ihr Verkäufername ist die entsprechende Handelsmarke

Das **Format der Titel** auf Amazon in den **Kategorien „Drogerie & Körperpflege"** und **„Elektrogeräte für Schönheit, Massage und Gesundheit & Produkte aus dem Sanitätshaus"** ist wie folgt:

„Drogerie & Körperpflege":
[Marke] + [Produktname] + [Einzelartikel pro Verpackungseinheit] "x" [Nettovolumen des Produktes (in g oder ml)]
Beispiele:
Somat Spülmaschinen-Tabs 1er Pack (1 x 90 Tabs)
Kneipp Pflegendes Massageöl Ylang-Ylang 1er Pack (1 x 100 ml)

„Elektrogeräte für Schönheit, Massage und Gesundheit & Produkte aus dem Sanitätshaus":
[Marke] + [Modellnummer] + [Modellname] + [Produktbezeichnung] + [Kurzbeschreibung]
Beispiel:
Philips HP8232/00 Ionen-Haartrockner, 2200 Watt, weiß
Oral-B Vitality Precision Clean elektrische Zahnbürste (mit Timer)

Abbildung 5-21: Vorgaben zur Gestaltung des Titels von Körperpflegeartikeln aus einem Amazon Style Guide (Quelle: sellercentral.amazon.de)

Warnung

Generell lässt sich beobachten, dass die Vorgaben zunehmend strenger werden und Amazon sie stärker durchsetzt. Vor diesem Hintergrund wird es immer wichtiger, sie einzuhalten, da ansonsten schwerwiegende Sichtbarkeitsverluste die Folge sein können.

Produktdatenfelder optimal nutzen

Die bisherigen Ausführungen zeigen, dass der Gestaltungsspielraum relativ eingeschränkt ist. Umso wichtiger ist es, die zur Verfügung stehenden Produktdatenfelder so gut wie möglich auszunutzen – sowohl im Hinblick auf die Relevanz als auch auf die Conversion. Wie im letzten Kapitel erläutert, haben diese Faktoren entscheidenden Einfluss auf die Platzierungen in den organischen Suchergebnissen und damit auf die Sichtbarkeit und den Umsatz Ihrer Produkte. Auf den folgenden Seiten erklären wir Ihnen Schritt für Schritt, wie Sie dabei vorgehen.

Titel

Der Produkttitel gehört zu den wichtigsten Elementen der Detailseite. Er erscheint in den Suchtrefferlisten und informiert die User darüber, um was für ein Produkt es sich handelt. Neben den Bildern hat er somit maßgeblichen Einfluss darauf, ob potenzielle Kunden einen Artikel anklicken. Anhand des Titels entscheiden sie, ob das Produkt für sie relevant ist. Er wirkt sich folglich auf die Click Through Rate aus, die als Performance- und Relevanzfaktor wiederum in das Ranking der Suchergebnisse einfließt.

> **Praxistipp**
>
> Keywords im Titel scheint Amazons Suchalgorithmus stark zu gewichten. Nach Möglichkeit sollten hier priorisierte Suchbegriffe eingebunden werden – ohne dass dies zulasten der CTR oder der Conversion geht.

Amazons Vorgaben bzw. Empfehlungen zu Länge und Aufbau unterscheiden sich je nach Produktkategorie. Im Allgemeinen darf der Titel zurzeit 200 Byte nicht überschreiten, wobei Amazon eine Länge von 120 Byte empfiehlt. Der Trend geht zudem generell zu kürzeren Titeln. Inhaltlich können Sie sich an folgendem Modell orientieren:

Marke + Produktbezeichnung (Keyword) + Produktname + Feature + Feature + Menge/Anzahl

Ist keine Marke vorhanden oder der Hersteller (noch) unbekannt, empfiehlt es sich, das Keyword an erster Stelle zu platzieren. User können sich auf diese Weise besser orientieren und werden eher auf den Artikel aufmerksam.

> **Praxistipp**
>
> Überzeugen Sie potenzielle Kunden mit einer kurzen auf den Punkt gebrachten Beschreibung Ihres Produkts im Titel. Sie sollten auf den ersten Blick erkennen können, um was es sich handelt und dass es relevant für ihre Bedürfnisse ist.

Im Idealfall sollte sich der eigene Titel durch seinen Inhalt und die verwendeten Keywords von den ASINs der Wettbewerber absetzen, um eine hohe Reichweite zu erzielen und Aufmerksamkeit zu generieren. Die Content-Relevanz-Analyse und die Kategorisierung der Keywords unterstützen Sie bei der Erstellung. So können Sie ermitteln, ob Kunden in Bezug auf die jeweilige Produktart im Titel zum Beispiel verstärkt auf Maße, Inhaltsstoffe oder Materialien achten. Eigenschaften, die sich als besonders relevant erweisen, sollten unbedingt in das Produktfeld aufgenommen werden.

Es lässt sich immer wieder beobachten, dass die verschiedenen Produktmerkmale und Suchbegriffe im Titel wahllos hintereinander aufgeführt werden. Dies kann zulasten der CTR gehen und schnell unprofessionell auf potenzielle Kunden wirken. Achten Sie auf eine ordentliche, sinnvolle Strukturierung, um einen angenehmen Lesefluss und Vertrauen in Ihre Marke sowie Ihr Produkt zu schaffen. Hier ein Beispiel für einen optimierten Produkttitel:

Abbildung 5-22: Beispiel eines optimierten Titels: User erhalten auf den ersten Blick sauber strukturierte Informationen zu Material, Verwendungsmöglichkeiten und Bestandteilen des Topfsets. Darüber hinaus werden mehrere Major und Longtail Keywords abgedeckt, wie »Topfset Edelstahl« und »Kochtöpfe Induktion«. (Quelle: amazon.de)

Oft wird der Fehler begangen, den Titel nicht informativ genug zu gestalten und leistungsstarke Suchbegriffe zu vernachlässigen. Allerdings sollte ein Vermeiden dieses Fehlers auch nicht ins Gegenteil umschlagen: Ein (mit Keywords) überladener Titel wirkt wenig ansprechend und vertrauensvoll. Er kann User davon abhalten, einen Artikel anzuklicken. Hier zwei Beispiele für optimierungsbedürftige Produkttitel:

Abbildung 5-23: Beispiel für einen Titel mit Optimierungspotenzial: Er enthält neben Marke und Artikelnummer lediglich das Keyword »Kochtopf-Set«. Informationen zu spezifischen Produktmerkmalen und Anwendungsmöglichkeiten fehlen gänzlich. Dies kann sich nicht nur negativ auf die Platzierung in den Suchergebnissen zu bestimmten Anfragen auswirken. User erkennen auch nicht die Relevanz, die der Artikel möglicherweise für sie hat, und entscheiden sich für einen anderen Artikel. (Quelle: amazon.de)

Abbildung 5-24: Dieser Produkttitel besteht fast ausschließlich aus einer unstrukturierten Aneinanderreihung von Major Keywords und weist kaum Informationsgehalt auf. Kunden empfinden das in der Regel als wenig ansprechend und klicken wahrscheinlich nicht darauf. Zudem wird die ASIN zu bestimmten Longtail Keywords wie beispielsweise »Topfset Induktion« unter Umständen nicht sichtbar in den Suchtreffern platziert, und so wird wertvolles Potenzial verschenkt. (Quelle: amazon.de)

Amazons Richtlinien für den Produkttitel:

- Die maximale Länge beträgt 200 Byte. Je nach Produktkategorie herrschen Sonderregeln.
- Achten Sie auf korrekte Groß- und Kleinschreibungen. Auch Markennamen sollten nicht in Versalien verfasst werden.
- Sonderzeichen und Symbole sind im Allgemeinen nicht erlaubt. Dazu gehören beispielsweise: €, !, * und ®.
- Verwenden Sie keine angebots- oder marketingbezogene Angaben wie »versandkostenfrei«, »Bestseller« oder den Preis.
- Nutzen Sie Ziffern statt ausgeschriebener Zahlwörter, zum Beispiel »3« statt »drei«.
- Verfassen Sie den Titel für die deutsche Plattform in deutscher Sprache.

Amazon Mobile-SEO: Bei der Erstellung sollten Sie bedenken, dass der Titel in den Suchergebnissen der mobilen Ansicht abgeschnitten wird. In der Regel werden nur um die 80 Zeichen angezeigt. Hierbei spielt eine Rolle, wie viel Byte die einzelnen Zeichen aufweisen. Informationen, die für die Kaufentscheidung der Kunden besonders relevant sind, sollten daher möglichst in den sichtbaren Bereich integriert werden.

Bullet Points

In der Desktopversion befinden sich die Bullet Points (auch Highlights oder Attribute genannt) auf der Produktseite in unmittelbarer Nähe zum Produktbild und der Buybox. Rufen User eine Produktseite auf, liegen sie in der Regel direkt im sichtbaren Bereich, ohne dass man weiter runterscrollen muss. Bullet Points sollten daher unbedingt genutzt werden, um Kunden von dem jeweiligen Produkt zu überzeugen. Darüber hinaus empfiehlt sich die Integration von wichtigen Keywords in dieses Produktfeld. Allerdings sind Bullet Points nicht in jeder Produktkategorie verfügbar. Medienprodukte wie DVDs und Tonträger weisen zum Beispiel keine auf.

> **Hinweis**
>
> Seller haben die Möglichkeit, bis zu fünf Bullet Points anzugeben. Im Fall von Vendoren und je nach Kategorie können es auch mehr sein. Mit Blick auf die Übersichtlichkeit empfehlen wir Ihnen jedoch, sich auf fünf Attribute zu beschränken.

Pro Bullet Point sind maximal 200 Byte erlaubt. Wir empfehlen eine Länge von ca. 170 Byte, da die Punkte ansonsten zu überladen wirken und sich trotzdem alle relevanten Infos unterbringen lassen. Sie sollten den gebotenen Raum nutzen, um potenzielle Kunden mit allen für den Kaufabschluss notwendigen Informationen zu versorgen und gleichzeitig das Interesse der User zu wecken. Hierfür können Sie sich grob an folgendem Aufbau orientieren:

- Bullet Point 1: stärkstes Kaufargument
- Bullet Point 2: Beschreibung der Produkteigenschaften
- Bullet Point 3: Beschreibung der Produkteigenschaften
- Bullet Point 4: Besonderheiten des Produkts/Anwendung
- Bullet Point 5: Lieferumfang

Inhaltlich kommen die Ergebnisse der Content-Relevanz-Analyse sowie der Keyword-Recherche zum Tragen. Es gilt die Balance zu finden zwischen den Informationen, die der Hersteller als wichtig erachtet, und denen, die für die Konvertierung in den Kauf tatsächlich entscheidend sind.

Der erste Punkt sollte stets das schlagende Kaufargument für Ihr Produkt enthalten – und zwar aus Sicht des Kunden. Erlangen Sie so seine Aufmerksamkeit und stuft er das Produkt aufgrund dessen als relevant für sich ein, wird er mit großer Wahrscheinlichkeit weiterlesen. In Punkt zwei und drei können anschließend Produkteigenschaften aufgeführt werden, die dieses Argument untermauern und User zum Kaufabschluss leiten. Bullet Point fünf eignet sich, um auf den Lieferumfang einzugehen und so Verwirrung bei den Kunden zu vermeiden. Gestalten Sie die Inhalte der Attribute grundsätzlich leicht verständlich und unkompliziert. Hier ein Beispiel für optimierte Bullet Points anhand des bereits bekannten Topfsets von Fissler:

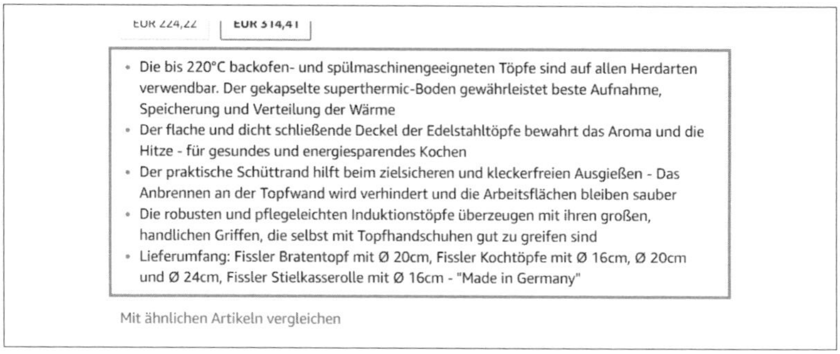

Abbildung 5-25: Positives Beispiel für die Verwendung von Bullet Points am Beispiel eines Topfsets (Quelle: amazon.de)

Werden Bullet Points nicht genutzt oder voll ausgeschöpft, verschwendet man wertvolles Potenzial im Hinblick auf Auffindbarkeit und Conversion Rate – so auch im folgenden Fall:

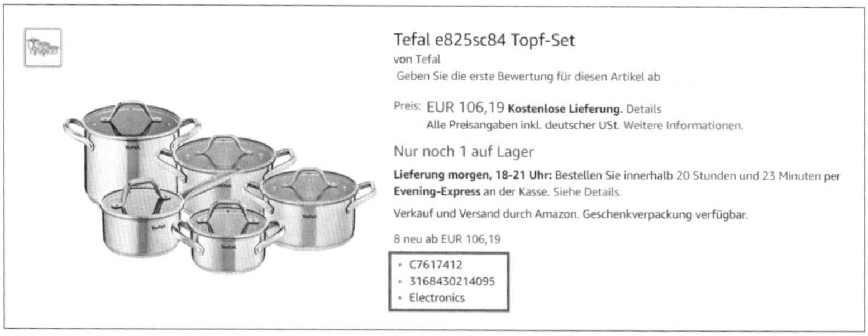

Abbildung 5-26: Attribute mit Optimierungspotenzial zu einem Topfset: Statt beispielsweise auf Material, Maße und Vorteile der Töpfe einzugehen, liegt hier so gut wie kein Informationsgehalt vor. Kunden fehlen essenzielle Angaben, die sie für die Konvertierung in den Kauf benötigen. Dies wirkt sich in der Regel negativ auf Conversion Rate und Ranking der ASIN aus. (Quelle: amazon.de)

Amazons Richtlinien für die Bullet Points:

Im Prinzip gelten die gleichen Vorgaben wie bei der Gestaltung des Titels. Verwenden Sie korrekte Groß- und Kleinschreibung und verzichten Sie auf Sonderzeichen oder angebotsspezifische Kommentare. Darüber hinaus gilt:

- Jeder Punkt sollte mit einem Großbuchstaben begonnen werden.
- Zahlenangaben erfolgen anders als beim Titel als ausgeschriebene Zahlwörter, zum Beispiel »drei« statt »3«.
- Verzichten Sie am Ende auf Satzzeichen wie Punkte oder Fragezeichen. Ausrufezeichen sind je nach Aussage möglich.

Details / Produktmerkmale („BulletPoints")

Sie können bis zu 5 Aufzählungspunkte eingeben, um die Hauptmerkmale des Produkts herauszustellen. Sie machen damit in knapper, eingängiger Form auf die Vorteile eines Produkts aufmerksam. Jeder Aufzählungspunkt sollte höchstens 15 Wörter enthalten.

Dies kann zum Beispiel so aussehen:

- 2-teilige Bettwäsche-Garnitur (Kopfkissenbezug 80 x 80 cm, Bettbezug 135 x200 cm)
- Material: 100 % Baumwolle (Biber)
- Normalwaschgang bei 60 ° C
- Farbe: weiß
- Öko-Tex Standard 100

Abbildung 5-27: Auszug aus dem Amazon Style Guide für die Kategorie »Küche, Haus & Garten/Wohnen und Lifestyle« (Quelle: sellercentral.amazon.de)

Gemäß den Amazon Style Guides dienen die Bullet Points zur kurzen und knappen Darstellung der wesentlichen Produkteigenschaften (siehe Abbildung 5-27). Dies bedeutet für die inhaltliche Gestaltung der Attribute: Halten Sie die Verkaufsargumentation sachlich und präzise. Überschwängliche Formulierungen und Adjektive sind mit Vorsicht zu genießen. Vereinen Sie stattdessen Fakten mit verkaufsfördernden Formulierungen, um die Vorteile Ihrer Ware herauszustellen (siehe Abbildung 5-25). Positiv konnotierte Wörter wie »robust« und »hochwertig« schaffen Vertrauen in das Produkt. Wählen Sie den Mittelweg, profitieren letztendlich Kunden, Anbieter und Amazon von dem Produktfeld: User durch den Informationsgehalt, Vendoren, Seller und Amazon durch die höhere Wahrscheinlichkeit eines Sales. Darüber hinaus lassen sich so zugunsten der Auffindbarkeit weitere Keywords abdecken. Unser Positivbeispiel rankt über die Bullet Points unter anderem zu »Induktionstöpfe« und »Edelstahltöpfe«, während das in dem Negativbeispiel (siehe Abbildung 5-26) nicht der Fall ist.

Amazon Mobile-SEO: In der Amazon Shopping App und auf der mobilen Amazon-Website gibt es in Bezug auf die Bullet Points entscheidende Unterschiede zur Desktopversion. Zum einen befinden sie sich weiter unten auf der Seite und damit nicht direkt im Sichtfeld der User, wenn sie eine Produktseite öffnen. Auch erscheinen sie direkt unter der Produktbeschreibung (siehe Abbildung 5-28). Vor diesem Hintergrund ist es noch wichtiger, dass sich Bullet Points und Produktbeschreibung sinnvoll ergänzen. Verwenden Sie genau die gleichen Informationen, wirkt das nicht nur redundant, sondern verschwendet zudem Platz, der für kaufentscheidende Angaben genutzt werden könnte.

Abbildung 5-28: Ausspielung der Bullet Points in der Amazon Shopping App am Beispiel eines Topfsets von Fissler. (Quelle: Amazon Shopping App)

Produktbeschreibung

Das Feld *Produktbeschreibung* wird von Anbietern oft stiefmütterlich behandelt. Es befindet sich im unteren Abschnitt der Detailseite. Vieles deutet zudem darauf hin, dass Amazons Suchalgorithmus dort platzierte Suchbegriffe weniger stark gewichtet als beispielsweise Keywords, die im Titel und in den Bullet Points hinterlegt sind. Dennoch sollten Sie die Produktbeschreibung nicht vernachlässigen – Sie verschenken ansonsten zusätzliches Potenzial im Hinblick auf Sichtbarkeit und Conversions.

Die Produktbeschreibung bietet Ihnen Raum, Eigenschaften und Vorteile zu erläutern, für die in den Attributen kein Platz mehr vorhanden war. Ihre Länge sollte 2.000 Byte (inklusive HTML-Formatierung) nicht überschreiten. Im Rahmen dessen können Sie zum Beispiel auf verschiedene Anwendungsgebiete oder Inhaltsstoffe eingehen. Auch ein kurzer Text über die Marke bzw. den Hersteller kommt bei Kunden in der Regel gut an. Ergibt die Content-Relevanz-Analyse, dass Kunden mit der Handhabung des Artikels häufig Probleme haben, können Sie in der Beschreibung das korrekte Handling erklären. So beugen Sie Reklamationen und negativen Rezensionen vor, die auf Anwendungsfehler zurückzuführen sind.

Gestalterisch verfügen Sie generell über einen größeren Spielraum als bei den Attributen. Laut den Amazon Styling Guides soll hier das Verkaufsgespräch mit den Kunden stattfinden. Sie dürfen also gern im Sinne der Verkaufsförderung emotional und animierend formulieren. Es gilt, potenzielle Kunden durch informativen Mehrwert noch einmal von Ihrer Ware zu überzeugen und emotional abzuholen.

Hier ein Positiv- und ein Negativbeispiel für Produktbeschreibungen:

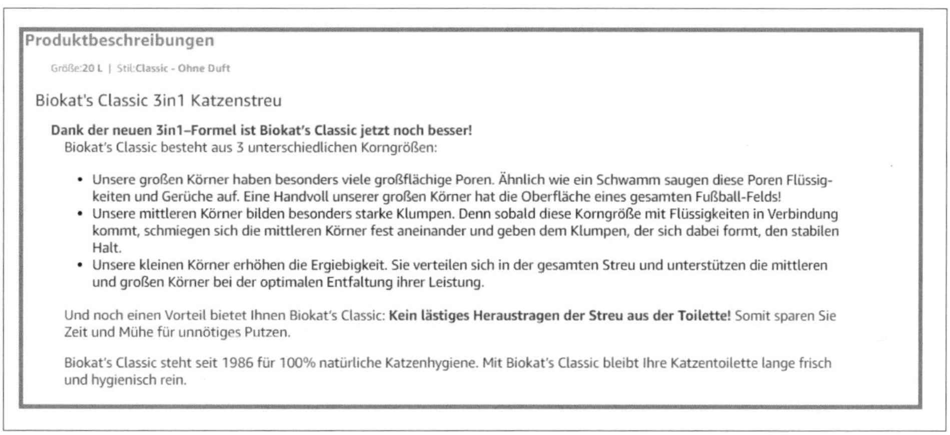
Produktbeschreibungen

Größe:20 L | Stil:Classic - Ohne Duft

Biokat's Classic 3in1 Katzenstreu

Dank der neuen 3in1-Formel ist Biokat's Classic jetzt noch besser!
Biokat's Classic besteht aus 3 unterschiedlichen Korngrößen:

- Unsere großen Körner haben besonders viele großflächige Poren. Ähnlich wie ein Schwamm saugen diese Poren Flüssigkeiten und Gerüche auf. Eine Handvoll unserer großen Körner hat die Oberfläche eines gesamten Fußball-Felds!
- Unsere mittleren Körner bilden besonders starke Klumpen. Denn sobald diese Korngröße mit Flüssigkeiten in Verbindung kommt, schmiegen sich die mittleren Körner fest aneinander und geben dem Klumpen, der sich dabei formt, den stabilen Halt.
- Unsere kleinen Körner erhöhen die Ergiebigkeit. Sie verteilen sich in der gesamten Streu und unterstützen die mittleren und großen Körner bei der optimalen Entfaltung ihrer Leistung.

Und noch einen Vorteil bietet Ihnen Biokat's Classic: **Kein lästiges Heraustragen der Streu aus der Toilette!** Somit sparen Sie Zeit und Mühe für unnötiges Putzen.

Biokat's Classic steht seit 1986 für 100% natürliche Katzenhygiene. Mit Biokat's Classic bleibt Ihre Katzentoilette lange frisch und hygienisch rein.

Abbildung 5-29: Positives Beispiel für die Nutzung der Produktbeschreibung anhand von Katzenstreu: Potenziellen Käufern werden anschaulich die Funktionsweise und die spezifischen Stärken der Klumpstreu vermittelt. (Quelle: amazon.de)

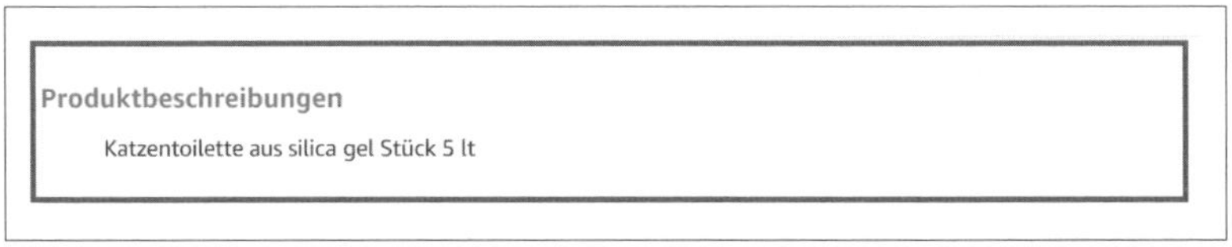

Abbildung 5-30: Warum es sich bei dieser Produktbeschreibung zu Katzenstreu um ein negatives Beispiel für ihre Nutzung handelt, dürfte sofort ins Auge fallen. Sie enthält lediglich Informationen zu Liefermenge und Inhaltsstoffen, die zudem nicht besonders leserfreundlich aufbereitet sind. (Quelle: amazon.de)

Praxistipp

Mit einer HTML-Formatierung verleihen Sie Ihrer Produktbeschreibung eine übersichtliche Struktur und verbesserte Lesbarkeit. Sie erlaubt Ihnen zum Beispiel, Absätze, Aufzählungen und Überschriften einzufügen (siehe Abbildung 5-29).

Amazon Mobile-SEO: Im Gegensatz zu der Desktopversion erscheint die Produktbeschreibung in den mobilen Varianten noch vor den Bullet Points (siehe Abbildung 5-31).

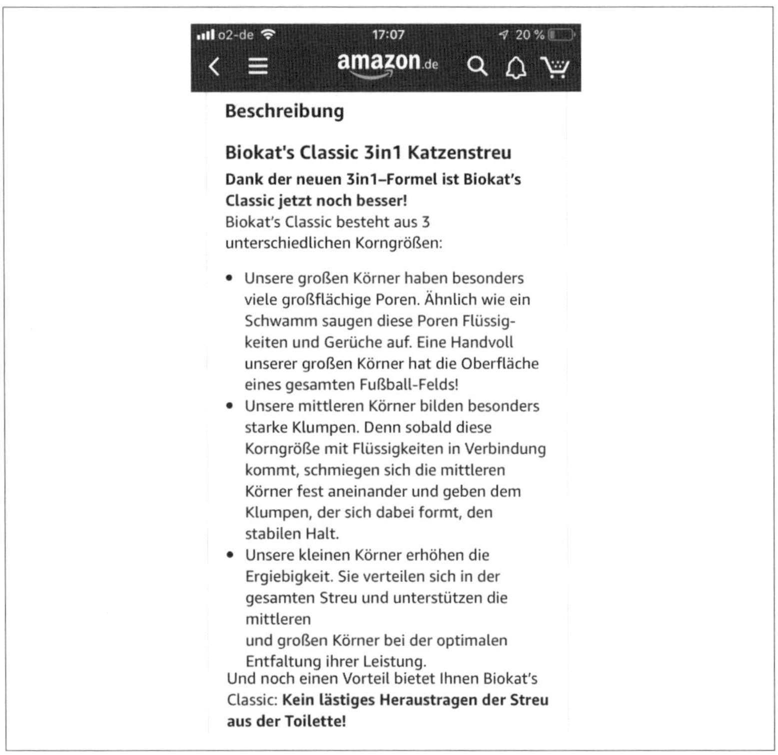

Abbildung 5-31: Ausspielung der Produktbeschreibung in der Amazon Shopping App am Beispiel von Katzenstreu. (Quelle: Amazon Shopping App)

Strukturierte Produktdaten

Die strukturierten Produktdaten setzen sich aus spezifischen Produktmerkmalen zusammen. Dazu gehören beispielsweise Farbe, Material, Zielgruppe und Größe. Welche Eigenschaften hinterlegt werden können, unterscheidet sich von Kategorie zu Kategorie. Diese Datenfelder sind vor allem für die Filterfunktion relevant und wirken daher eher im Hintergrund. Teilweise zeigt Amazon sie für Kunden sichtbar auf der Produktseite unter den Informationen an:

Produktinformationen

Größe: **20 L** | Stil: **Classic Fresh - Mit Duft**

Technische Details

Tierart	Katzen
Artikelgewicht	19,6 Kg
Produktabmessungen	21 x 31 x 54 cm
Modellnummer	613451
Größe	20 L
Volumen	20 Liter
Mehrfachpackung	1
Besondere Merkmale	Hygienisch
Benötigt Batterien	Nein
Batterien enthalten?	Nein

Abbildung 5-32: Strukturierte Produktdaten auf der Detailseite von Katzenstreu (Quelle: amazon.de)

Sie sollten die strukturierten Produktdaten so vollständig wie möglich ausfüllen. Ansonsten kann es sein, dass Ihre Artikel nicht bzw. weiter hinten ausgespielt werden, wenn User nach bestimmten Produkteigenschaften suchen, sei es über Longtail Keywords oder Filteroptionen (siehe Abbildung 5-33). Hier ein Beispiel: Ein Hersteller möchte Futter mit Rind für ältere Katzen verkaufen und hinterlegt kaum Detailinformationen. Er gibt in den strukturierten Daten weder die Geschmacksrichtung an noch, für welche Altersstufe sich seine Tiernahrung eignet. Suchen nun potenzielle Kunden beispielsweise nach »Katzenfutter Senior Rind«, zieht der Algorithmus für die Ausspielung eventuell Produkte vor, die diese Informationen nicht nur im Content aufweisen, sondern auch in den strukturierten Daten. Im Fall der Filterfunktion ist der Einfluss noch größer. Legen potenzielle Kunden dort fest, dass ihnen nur Tierfutter angezeigt werden soll, das diesen Eigenschaften entspricht, taucht das Katzenfutter des Herstellers unter Umständen überhaupt nicht in den ausgespielten Ergebnissen auf.

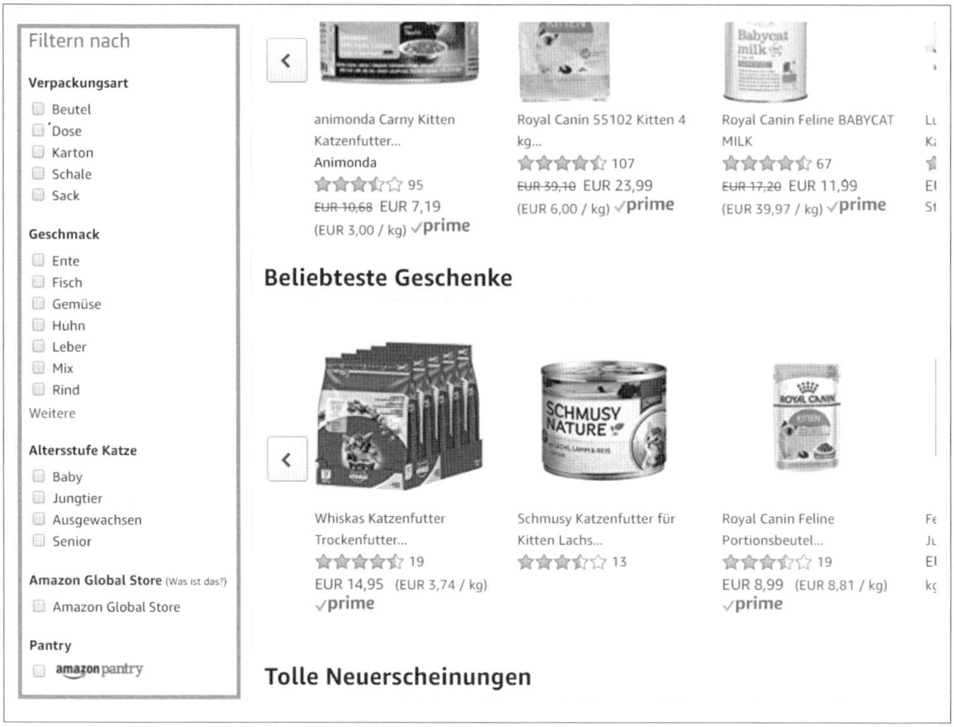

Abbildung 5-33: Filtermöglichkeiten am Beispiel der Kategorie »Katzenfutter« (Quelle: amazon.de)

Die strukturierten Produktdaten haben folglich großen Einfluss auf Relevanz und Auffindbarkeit der ASINs. Vendoren hinterlegen sie am besten direkt beim initialen Upload in dem entsprechenden NIS Sheet, denn sie lassen sich nicht über die Content Sheets aktualisieren. Für nachträgliche Änderungen müssen sie den Weg über den Amazon-Support gehen.

Keyword-Platzierung

Wie bereits mehrfach betont, scheint der Titel (*Title*) von allen Produktdatenfeldern den größten Einfluss zu besitzen. Dementsprechend sollte er die wichtigsten Keywords des Sets enthalten. Weitere suchvolumenstarke Suchbegriffe werden anschließend in den Bullet Points und den Backend-Keywords untergebracht. Momentan gehen wir davon aus, dass es bei der Gewichtung dieser Felder als Relevanzfaktor keine signifikanten Unterschiede (mehr) gibt. Da die Produktbeschreibung als Relevanzfaktor nur eine untergeordnete Rolle spielt, muss man hier nicht gezielt auf die Platzierung von Suchbegriffen achten. Sie fließen meist während der Erstellung ganz natürlich in den Text ein.

Backend-Keywords

Neben dem Content können Suchbegriffe in Form von sogenannten *Backend-Keywords* hinterlegt werden. Keywords, die Sie nicht im Titel oder in den Bullet Points unterbringen konnten, lassen sich hier platzieren. Die maximale Byte-Anzahl beträgt derzeit für Vendoren 255 Byte und für Seller 249 Byte.

Wie der Name schon erahnen lässt, sind Backend-Keywords für den Kunden nicht sichtbar. Hier können Sie folglich Begriffe »verstecken«, die nicht auf Ihrer Detailseite erscheinen sollen. Aber Achtung: Markennamen von Wettbewerbern dürfen nicht verwendet werden – selbst dann nicht, wenn es sich um Eigennamen handelt, die sich im allgemeinen Sprachgebrauch als gängige Synonyme für ganze Produktgruppen etabliert haben. Beispiele für sogenannte Marken-Deonyme sind »Tempo«, »Tupperdose« und »Fön«.

Auch sollten Sie von Suchbegriffen absehen, die zwar reichweitenstark sind, allerdings nichts mit Ihrem Produkt zu tun haben. Anbieter wenden diese Taktik immer wieder an, um künstlich Sichtbarkeit zu erzeugen. Diese Vorgehensweise beeinträchtigt allerdings das Einkaufserlebnis der User und wird von Amazon daher nicht gern gesehen. Suchen sie zum Beispiel nach »Waschmaschine« und ihnen werden Töpfe angezeigt, ist das sehr irreführend. Darüber hinaus wird das Produkt zu der Suchanfrage kaum konvertieren, was sich wiederum negativ auf das Gesamt-Ranking auswirken kann. So wird also nur Platz für weitere relevante Keywords verschwendet.

Man kann davon ausgehen, dass die Bedeutung der Backend-Keywords in nächster Zeit abnehmen wird. Ihnen droht folglich ein ähnliches Schicksal wie das der Meta-Keywords bei Google, die schon seit langer Zeit keinen Einfluss mehr auf die organischen Suchergebnisse ausüben. Grund für diese Entwicklung ist der oben beschriebene Missbrauch von hinterlegten Suchbegriffen. Generell ist das Thema Amazon-SEO sehr dynamisch. Der Suchalgorithmus A9 wird laufend optimiert, wodurch sich auch Gewichtung und Vorgaben der Produktdatenfelder verändern können.

Kniffe für den Einsatz von Keywords

- **Wiederholungen:** Es reicht aus, wenn Sie jedes Keyword einmal platzieren. Wiederholungen nehmen wertvollen Platz in Anspruch. Die Keyword-Dichte scheint im Gegensatz zur Google-SEO keine Rolle zu spielen.
- **Überflüssige Zeichen:** Verzichten Sie in den Backend-Keywords auf überflüssige Verbindungswörter, wie beispielsweise »für«,

»und«, »oder«. Auch Kommata können weggelassen werden. Vendoren trennen Suchbegriffe mit einem Semikolon, Seller mit einem Leerzeichen.

- **Bindestriche:** Sie können Bindestriche nutzen, um bei Komposita mehrere Schreibweisen gleichzeitig abzudecken und so ein größeres Suchvolumen zu generieren. Hinterlegt ein Hersteller beispielsweise den Begriff »Topf-Set«, wird die ASIN für folgende Suchanfragen ausgespielt: »Topf-Set«, »Topfset«, »Topf Set«, »Topf« und »Set«.
- **Wortvarianten:** Plural- und Singularformen müssen in der Regel nicht separat aufgeführt werden, da der Suchalgorithmus sie automatisch erkennt. Dies gilt ebenfalls für gängige Rechtschreibfehler, vorausgesetzt, sie wurden bereits von der Suchtechnologie registriert. Falls nicht, ist es sinnvoll, sie in den Backend-Keywords zu hinterlegen.

Strategien für den Umgang mit Keywords

Bis vor Kurzem gab es Hinweise darauf, dass der Übereinstimmungsgrad von Suchanfrage und hinterlegten Keywords ein möglicher Relevanzfaktor ist. Gemäß dieser Annahme kann die Relevanz einer ASIN verstärkt werden, wenn die Begriffe der Suchanfrage eins zu eins in den Produktdatenfeldern zu finden sind. Unseren Erkenntnissen nach spielt der *Exact Match* zurzeit allerdings kaum noch eine Rolle. Aus der Bedeutung, die dem Exact Match beigemessen wird, sowie dem verfügbaren Platz ergeben sich unterschiedliche Strategieansätze für die Platzierung von Suchbegriffen auf der Detailseite und in den Backend-Keywords.

Zum einen können Sie versuchen, in Titel, Bullet Points, Backend-Keywords und Produktbeschreibung möglichst viele Keywords als Exact Match abzubilden. Eine solche Vorgehensweise beruht auf der Prämisse, dass Reihenfolge und Abstand der verwendeten Begriffe für die Bewertung der Relevanz eine Rolle spielen. Sie führt dazu, dass sich Wörter mehrfach wiederholen, und benötigt daher viel Platz.

Aufgrund der stark limitierten Zeichenanzahl ist es allerdings kaum möglich, alle ermittelten Suchbegriffe als Exact Match zu platzieren. Damit das jeweilige Produkt zu möglichst vielen Suchanfragen auffindbar ist, erweist sich eine andere Herangehensweise als effektiver. Bei dieser Variante führen Sie möglichst viele unterschiedliche Major Keywords und Longtail-Ergänzungen einmalig im Content und in den Backend-Keywords auf (siehe Tabelle 5-1, rechts). Es werden also alle Wörter aus dem Keyword-Set getilgt, die mehrfach auftauchen. Zwar ist die Methode aufwendiger als die erste Strategie, doch die Arbeit lohnt sich. Sie erzeugen so eine größere Reichweite, als wenn Sie sich auf wenige Longtail Keywords in der Exact-Match-Variante fokussieren. Füllte ein Händler oder Hersteller den begrenzten Raum ausschließlich mit Longtail Keywords zum Oberbegriff »Topfset«, würde sein Produkt unter Umständen zu »Kochgeschirr«-Anfragen von potenziellen Kunden nicht gefunden. Er verschenkt wertvolle Reichweite zugunsten des Exact Match.

Hier ein vergleichendes Beispiel für die beiden Strategien:

Tabelle 5-1: Es gibt verschiedene Wege, Keywords möglichst effektiv zu nutzen. Variante 1 (links) empfiehlt sich für eine hohe Maximalanzahl an Zeichen, Variante 2 (rechts) bei einer vergleichsweise geringen Zeichenanzahl (Quelle: factor-a – part of Dept)

Variante 1	Variante 2
Topfset Edelstahl	Topf-Set
Topfset Farbig	Kochgeschirr
Topfset Induktion	Stielkasserolle
(...)	Bratentopf
Töpfe Antihaft	Edelstahl
Töpfe Klein	Antihaft
Töpfe Induktionsherd	Klein
(...)	Beschichtet
Topf Induktion 16 cm	Farbig
Topf Induktion 18 cm	Induktion
Topf Induktion 10 Liter	16 cm
(...)	18
Kochgeschirr Beschichtet	10 Liter
Kochgeschirr Edelstahl	(...)
Kochgeschirr Set Edelstahl	
(...)	
Edelstahltöpfe Set	
Edelstahltöpfe Induktion Set	
Edelstahltopf 16 cm	
(...)	

Bevor Sie Ihr Keyword-Set in die Backend-Keywords einpflegen, sollten Sie alle Wörter streichen, die Sie bereits in den Content integriert haben. So sparen Sie Platz für weitere relevante Keywords. Verwendet ein Anbieter beispielsweise »Kochgeschirr« oder »klein« in den Bullet Points, sollte er es nicht noch einmal in den Backend-Keywords hinterlegen.

Für die reine Auffindbarkeit ist es egal, in welchen Produktdatenfeldern die Suchbegriffe vorhanden sind. Der Suchalgorithmus ist in der Lage, sie zu identifizieren und zu kombinieren. Er spielt das Produkt also auch bei der zweiten Variante für »Kochgeschirr Set Edelstahl« aus, obwohl die Begriffe nicht unmittelbar hintereinander oder in einer anderen Reihenfolge auftauchen.

> **Praxistipp**
>
> Integrieren Sie Ihre wichtigsten Suchbegriff-Kombinationen (Beispiel: »Topfset Edelstahl«) in den Titel und die Bullet Points. Weitere Longtail-Ergänzungen (Beispiel: »Rot«, »Antihaft« etc.) werden anschließend ohne die entsprechenden Oberbegriffe wie »Topfset« im Backend hinterlegt.

Beachten Sie bitte, dass es generell schwer ist, Aussagen zur Rolle der Keyword-Platzierung zu treffen. Die oben beschriebenen Vorgehensweisen können daher nicht als allgemeingültige Anleitung für den Umgang mit Keywords gesehen werden. Es handelt sich um Handlungsempfehlungen aufgrund von Tests und Erfahrungswerten. Amazons Suchalgorithmus wird darüber hinaus regelmäßig angepasst, wodurch sich die Spielregeln laufend verändern können.

Produktbilder

Es dürfte nicht überraschen, dass Produktbilder sehr großen Einfluss auf die Kaufentscheidung von potenziellen Kunden ausüben. Dies gilt sowohl für ihre Qualität als auch für ihre Quantität. Pro ASIN können mehrere Bilder hochgeladen werden, allerdings werden nur die ersten sieben unmittelbar auf der Detailseite angezeigt. Weitere Fotos erscheinen in der Galerie. Auch der Upload von Produktvideos ist möglich.

> **Hinweis**
>
> Eine hohe Bildqualität ist das A und O für eine optimale Produktdarstellung. Ihre Artikel sollten daher stets professionell fotografiert werden. Zudem sollten die finalen Bilddateien Amazons Richtlinien für Produktbilder gerecht werden. So schaffen Sie bei Verbrauchern Vertrauen in Ihr Produkt.

Besondere Bedeutung kommt dem ersten Bild zu. Das Hauptbild fällt potenziellen Kunden als Erstes ins Auge, wenn sie eine Produktseite öffnen. Es wird zudem in den Suchergebnissen angezeigt und kann somit maßgeblichen Einfluss auf die CTR nehmen. Sie sollten Ihr Produkt daher ansprechend und hochwertig präsentieren.

Abbildung 5-34: Hauptbild auf der Produktdetailseite eines Schnellkochtopfs. Für das erste Bild gelten strengere Vorgaben in Bezug auf Gestaltung und Inhalt als für die ergänzenden Bilder. (Quelle: amazon.de)

Produktbilder zahlen indirekt auf das Ranking ein, denn die Conversion Rate und die Click Through Rate gelten als wichtige Faktoren, die der Suchalgorithmus zur Bewertung der Performance heranzieht. Darüber hinaus wird angenommen, dass die Anzahl der Bilder und ihre Qualität direkten Einfluss auf die Platzierung in den organischen Suchergebnissen nehmen.

Amazons Anforderungen an Produktbilder:

- Das Hauptbild zeigt das Produkt freigestellt und vor einem rein weißen Hintergrund (RGB-Werte: 255, 255, 255).
- Auf dem Hauptbild sollte das Produkt ausgepackt präsentiert werden und im Vordergrund stehen. Dies gilt insbesondere bei Verpackungen, die den eigentlichen Artikel komplett verdecken.
- Im Idealfall füllt der Artikel 85 % des Bildbereichs aus. So stellen Sie sicher, dass er weder zu groß noch zu klein dargestellt wird.
- Auf dem Hauptbild dürfen nur Artikel abgebildet werden, die zum Lieferumfang gehören. Nicht im Preis enthaltenes Zubehör sollten Sie generell nicht abbilden.
- Auch Text, Grafiken oder Wasserzeichen sind auf dem Hauptbild nicht zulässig. Dazu gehören ebenfalls Markennamen und -logos sowie Labels, beispielsweise von Stiftung Warentest.
- Verwenden Sie ausschließlich scharfe Bilder mit einer Mindestauflösung von 72 dpi.
- Jedes Bild sollte entweder mindestens 500 Pixel breit oder hoch sein.

- Damit die Zoomfunktion aktiviert wird, muss die Bildgröße mindestens 1.000 Pixel betragen.
- Die Inhalte der Bilder müssen Amazons Richtlinien entsprechen. Als unangemessen werden zum Beispiel anzügliche und anstößige Inhalte eingestuft.

Je nach Kategorie existieren auch in Bezug auf die Produktbilder spezifische Vorgaben. Wie weiter oben bereits erläutert, gelten zum Beispiel im Fashion-Bereich verschärfte Regeln. Entsprechen die hochgeladenen Bilder nicht Amazons hohen Qualitätsstandards, kann es sein, dass sie abgelehnt werden. Darüber hinaus können Conversion Rate und CTR unter mangelhaften Bildern leiden.

> **Warnung**
>
> Achten Sie bei der Übertragung der Bilddateien darauf, sie Amazons Standard gemäß zu benennen. So stellen Sie sicher, dass der Upload gelingt und die Bilder in der gewünschten Reihenfolge erscheinen. Die generelle Vorgabe lautet: Produktkennzeichnung + Variantencode + Dateiendung. *MAIN* bezeichnet das Hauptbild, *PT01* etc. die ergänzenden Bilder, hier Beispiele für Dateinamen: *B01EZADFJ8.MAIN.jpg*, *B01EZADFJ8.PT01.jpg*, *B01EZADFJ8.PT02.jpg* etc.

Inhaltliche Gestaltung der ergänzenden Bilder

Im Gegensatz zum Hauptbild haben Sie bei den ergänzenden Bildern weit größeren Spielraum. Diesen sollten Sie nutzen, um potenzielle Kunden von Ihrem Produkt zu überzeugen. Es gibt verschiedene Möglichkeiten, die zusätzlichen Bilder einzusetzen. Sie können Ihr Produkt zum Beispiel aus verschiedenen Winkeln präsentieren, Details hervorheben oder auf seine Abmessungen eingehen.

> **Praxistipp**
>
> Die ergänzenden Bilder sollten Kunden stets zusätzliche Informationen vermitteln, zum Beispiel zu Maßen, Zubehör oder Anwendung.

Bei Verbrauchern beliebt sind außerdem sogenannte *Mood-Bilder*. Sie zeigen den Artikel nicht vor einem weißen, sterilen Hintergrund, sondern in Aktion. So bekommen Verbraucher ein Gefühl für seine Verwendung und Größe. Darüber hinaus sprechen stimmungsvolle Bilder potenzielle Kunden emotional an: Ein Kochtopf, der mit Köstlichkeiten gefüllt in einer gemütlichen Küche präsentiert wird, kann das Kaufverlangen der Interessenten zum Beispiel steigern.

Abbildung 5-35: Beispiele für die optimale Nutzung von Produktbildern eines Schnellkochtopfs (Quelle: amazon.de)

Auch die Einbindung von Logos, Texten und Labels ist möglich. So können Sie zum Beispiel ein Stiftung-Warentest-Siegel oder spezifische Zertifikate hinterlegen. Sie schaffen bei Usern Vertrauen in Ihr Produkt. Gerade bei erklärungsbedürftigen Produkten lohnt es sich, beschriftete

Bilder zu verwenden, um Funktionen hervorzuheben. Auf diese Weise geht beispielsweise Amazon auf der Detailseite seines Echo Dots vor:

Abbildung 5-36: Amazon geht in den ergänzenden Bildern auf die Funktionsweise seines sprachgesteuerten Geräts Echo Dot ein. (Quelle: amazon.de)

Die folgenden Negativbeispiele demonstrierten demgegenüber, wie man die Produktbilder nicht einsetzen sollte (siehe Abbildung 5-37). Auf dem Hauptbild des ersten Artikels sehen User lediglich die Verpackung. Fotos, die das eigentliche Produkt zeigen, fehlen gänzlich. Beispiel Nummer zwei zeigt zwar den Artikel, doch er wird vergleichsweise klein und nicht vor einem rein weißen Hintergrund präsentiert. Aufgrund der geringen Auflösung ist der Zoom inaktiv.

Abbildung 5-37: Negative Beispiele für den Einsatz von Produktbildern anhand von Schnellkochtöpfen (Quelle: amazon.de)

Eine solche Darstellung der Ware erweckt nicht gerade Vertrauen bei den Usern, denn sie können sich kein umfassendes Bild von dem angebotenen Produkt machen. Da ihnen wichtige Informationen für den Kaufabschluss fehlen, werden sie mit hoher Wahrscheinlichkeit nicht konvertieren.

Varianten

Bieten Sie ein Produkt in verschiedenen Ausführungen an, haben Sie die Möglichkeit, einen sogenannten *Twister* zu erstellen. Hier werden einem Hauptprodukt *(Parent)* unterschiedliche Varianten (*Child*) zugeordnet. Die Ausführungen erscheinen auf den miteinander verbundenen Produktdetailseiten. User können sie auswählen, ohne die Seiten verlassen zu müssen.

> **Hinweis**
>
> Erstellen Sie einen *Twister*, wird eine ASIN für das übergeordnete Hauptprodukt generiert. Bei diesem sogenannten Parent handelt es sich um eine Art Metastruktur. Die ASIN weist keine physische Seite auf, die Kunden sehen können, sondern bündelt lediglich die verschiedenen Child-ASINs.

Es gibt verschiedene Möglichkeiten, Produkte zu bündeln. Dazu gehören Eigenschaften wie zum Beispiel Farbe, Größe und Menge. Je nach Kategorie können Sie zudem verschiedene Merkmale miteinander koppeln und einen mehrdimensionalen Twister erstellen. Hier Beispiele zu Produkten mit Varianten:

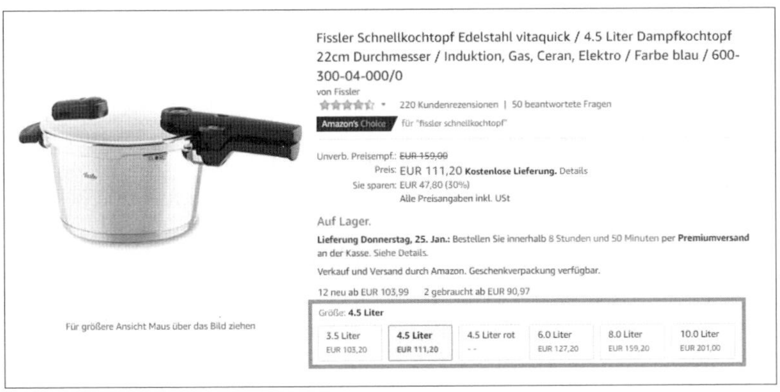

Abbildung 5-38: Beispiel für einen einfachen Twister, der in Form von Kacheln dargestellt wird. Die Variation besteht im Fassungsvermöge der Töpfe. (Quelle: amazon.de)

Abbildung 5-39: Kleine Vorschaubilder stellen eine weitere Erscheinungsform von Twistern dar. Das Beispiel zeigt zudem, wie ein Twister aussehen kann, der über mehrere Auswahlmöglichkeiten verfügt. User können sich zwischen verschiedenen Farben und Größen entscheiden. So wird ihnen auf jeder Seite der verknüpften Child-ASINs eine breite Produktauswahl geboten. (Quelle: amazon.de)

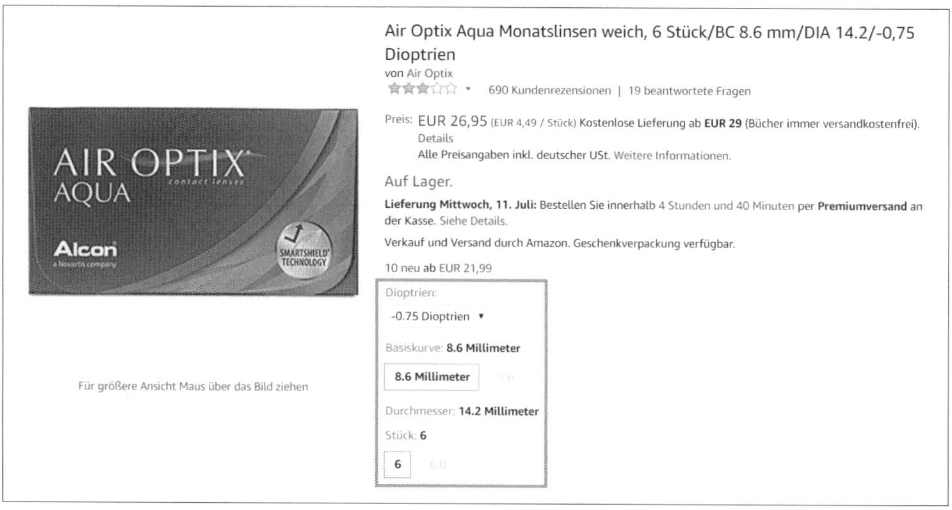

Abbildung 5-40: Beispiel für einen Twister mit mehreren Ebenen (Quelle: amazon.de)

Die Beispiele veranschaulichen bereits entscheidende Vorteile der Variantenbündelung. Sie verbessert das Shopping-Erlebnis der User, da sie ohne langes Suchen alle Auswahlmöglichkeiten im Blick haben und vergleichen können. So erhöht sich die Wahrscheinlichkeit, dass sie einen Artikel entdecken, der ihren Wünschen entspricht. Gerade bei Produkten mit vergleichsweise vielen Variablen wie PCs oder Kontaktlinsen ist es für potenzielle Kunden leichter, das passende Produkt zu finden und auszuwählen. Auf diese Weise können sich Twister positiv auf die Conversion Rate auswirken.

Wann sind Twister sinnvoll?

Ob Sie ähnliche Produkte bündeln oder nicht, ist vor allem eine strategische Entscheidung. Je nachdem, wie Twister eingesetzt werden, können sie sowohl Vorteile als auch Nachteile mit sich bringen.

Potenzielle Stärken von Twistern:

- Alle Child-Produkte teilen sich alle hinterlegten Backend-Keywords. Das heißt, die ASINs ranken zu einem weitaus größeren Keyword-Pool, als wenn sie isoliert stehen würden. Weist beispielsweise eine Child-ASIN den Suchbegriff »Pfanne Edelstahl 24 cm« und eine weitere »Pfanne Edelstahl antihaft« auf, wird der Twister zu beiden Suchanfragen ausgespielt.
- Alle Child-Produkte teilen sich außerdem die Bereiche *Kundenfragen und -antworten* sowie *Rezensionen*. Kundenbewertungen zu den verschiedenen Produkten kumulieren sich folglich. Hierbei handelt es sich um eine weitere entscheidende Stärke von Twistern.
- Twister können generell die Wahrscheinlichkeit eines Kaufs erhöhen, da potenzielle Kunden aufgrund der Auswahlmöglichkeiten eher ein Produkt finden, das ihren Vorstellungen entspricht.
- Die Seitenansichten der Child-ASINs werden unter dem Hauptprodukt aggregiert.

Wie im letzten Kapitel ausgeführt, beeinflussen diese Punkte mögliche Performance- und Relevanzfaktoren, die eine hohe Platzierung des Twisters und der einzelnen Varianten in den organischen Suchergebnissen begünstigen können. Auf diese Weise lassen sich folglich die Sichtbarkeit und damit der Umsatz steigern.

Die Bündelung mehrere ASINs kann sich allerdings auch ins Gegenteil verkehren. Je nach Produktkategorie kann es passieren, dass bei Suchanfragen nur der Parent angezeigt wird, nicht aber die einzelnen Varianten. Die Krux besteht zudem darin, dass Sie keinen direkten Einfluss darauf haben, welche der gebündelten ASINs als Hauptprodukt in den organischen Suchtreffern erscheint. Erfahrungsgemäß handelt es sich um den Artikel, der sich vergleichsweise am besten verkauft. Dies birgt die Gefahr, dass Produkte hinter dem Hauptprodukt verschwinden – also ihre Sichtbarkeit einbüßen.

> **Warnung**
> Nicht immer sind die einzelnen Produkte des Twisters auch einzeln in den organischen Suchtreffern zu finden.

Hier ein Beispiel für das beschriebene Szenario: Ein Schmuckhersteller erstellt einen Twister zu Uhren mit Ziffernblatt aus unterschiedlichen

Materialien. Nun sucht ein User nach »Armbanduhr Ziffernblatt«. In den Treffern wird ihm auf den ersten Blick lediglich eine Armbanduhr des Herstellers aus Gold angeboten. Allerdings trägt der User prinzipiell nur Schmuck aus Silber und hat ein ebensolches Modell im Kopf. Erst wenn er auf die goldene Variante klicken würde, könnte er sehen, dass der Zeitmesser auch in Silber verfügbar ist. Allerdings wird er dies wahrscheinlich nicht tun, denn die Child-ASIN aus Gold erscheint ihm für seinen Bedarf nicht relevant. Die Chance auf eine Konversion wurde durch den Twister verschenkt.

> **Praxistipp**
>
> Verfügen Sie über Produkte, die sich allesamt gut verkaufen, kann es mehr Sinn ergeben, sie nicht zu bündeln. Je nach Kategorie würden sie sich gegenseitig verdecken. Zudem nehmen die einzelnen ASINs in den Suchergebnissen so mehr Platz ein, den sonst Artikel der Wettbewerber besetzen würden. Auf diese Weise ist die eigene Brand in den Suchtreffern präsenter.

Variantenbeziehungen richtig einsetzen

Um die oben beschriebene Problematik zu verhindern, sollte die Zusammenstellung von Twistern sorgfältig geplant werden. Richtig eingesetzt, sind Varianten ein leistungsstarkes Werkzeug, um mehr Verkäufe zu generieren.

Läuft eines Ihrer Produkte besonders gut, sollten Sie es mit passenden Varianten kombinieren, die im Vergleich geringere Verkaufszahlen erzielen. Innerhalb des Twisters erhöhen Sie so die Sichtbarkeit dieser Artikel und schaffen einen Kaufanreiz. Nehmen wir eine Auswahl an Kugelschreibern als Beispiel. Verbraucher suchen häufiger nach Schreibgeräten mit blauer Tinte als mit grüner oder roter. Erstellen Sie aus den Kugelschreibern einen Twister, werden Kunden auf der Detailseite der blauen Variante auf die rote Ausführung aufmerksam gemacht, ohne dass sie gezielt nach ihr suchen mussten.

> **Praxistipp**
>
> Sie sollten davon absehen, Ihre Bestsellerprodukte als Twister miteinander zu kombinieren, wenn dadurch ein Produkt »verdeckt« werden könnte. In der Regel empfiehlt es sich, stattdessen Bestsellerprodukte mit Varianten zu verbinden, die weniger gut laufen. So lässt sich deren Sichtbarkeit erhöhen. Rührt die schwache Performance allerdings zum Beispiel von zu vielen schlechten Bewertungen her, ist ein Twister nicht empfehlenswert. Er könnte das bisher gut laufende Produkt schwächen.

Die Produktdetailseiten der Child-ASINs verfügen jeweils über ihren eigenen Content und können wie gewohnt gestaltet und optimiert werden. Sie haben zudem die Möglichkeit, einen Titel für den Parent zu hinterlegen, der unter anderem in den Suchergebnissen erscheint. Ob es sinnvoll ist, mit einem Parent-Titel zu arbeiten, muss von Twister zu Twister entschieden werden. Es kann zudem passieren, dass Amazon automatisch einen übergeordneten Titel generiert oder einen der Child-Titel als Parent-Titel einsetzt.

Sie sollten in jedem Fall immer sicherstellen, dass der Parent-Titel die Titel der Child-ASINs auf den Produktdetailseiten nicht überschreibt und dass jeder der vertwisterten Artikel über den korrekten Titel verfügt. In diesem Zusammenhang lassen sich wiederholt Probleme beobachten. Weisen alle zugeordneten ASINs den gleichen Titel auf, werden Keyword-Potenzial und die Chance verschenkt, sich in den Suchtreffern von Wettbewerbern abzugrenzen.

Vor allem wenn ein Child-Titel den der anderen Varianten überschreibt, kann das negative Auswirkungen auf die Performance der Artikel haben. Hier ein Beispiel aus dem Bereich Tiernahrung: Ein Hersteller möchte Hundefutter in unterschiedlichen Geschmacksrichtungen miteinander verknüpfen. Bei dem Upload tritt ein Fehler auf, sodass alle ASINs mit »Hundefutter Adult Rind, 15 kg« betitelt werden, auch die Varianten Huhn, Lamm + Reis und Hirsch + Äpfel. Dies kann dazu führen, dass Kunden annehmen, sie bestellten die Rind-Option, obwohl sie sich auf der Huhn-Detailseite befinden. Die vermeintliche Fehllieferung zieht unter Umständen Retouren und negative Kundenbewertungen nach sich – verheerende Einflussfaktoren für die Performance der Artikel.

Wenn Sie einen Twister anlegen oder aktualisieren möchten, müssen Sie wie bei der initialen Artikelanlage oder der Content-Aktualisierung ein Excel-Sheet ausfüllen. Die entsprechende Vorlage finden Sie im Download-Bereich von Vendor Central. Nachdem Sie die Tabelle ausgefüllt haben, laden Sie sie über einen Fall hoch, damit Ihr Vendor Manager die Variantenbeziehungen erstellen kann. Auch das Design des Twisters lässt sich im Rahmen der Möglichkeit über die Eröffnung eines Falls anpassen. Tipps zum Fallmanagement geben wir Ihnen in Kapitel 9, »Vendor-Account-Handling« an die Hand.

A+ Content

Als Vendor haben Sie die Möglichkeit, die Produktseite um zusätzliche Inhalte zu erweitern. Seit Anfang 2018 steht diese Option Vendoren kostenfrei zur Verfügung.

Abbildung 5-41: Optimierter A+ Content auf der Produktdetailseite eines alkoholischen Getränks. Der Hersteller kombiniert verschiedene Templates, um die Vorteile seines Produkts herauszustellen und es stimmungsvoll in Szene zu setzen. (Quelle: amazon.de)

A+ Content erscheint in der Desktopansicht noch unter der regulären Produktbeschreibung. Der Bereich wird zwar nicht von A9 indexiert und hat somit keinen direkten Einfluss auf das organische Ranking sowie die Auffindbarkeit, aber er bietet dennoch eine weitere Chance, Kunden von Ihrer Ware sowie Marke zu überzeugen und so den Umsatz zu steigern. Darüber hinaus erfassen Google & Co. ihn, sodass die Sichtbarkeit in externen Suchmaschinen verbessert werden kann.

> **Hinweis**
>
> Seller mit eigener Marke können *Enhanced Brand Content* nutzen, eine schmalere Version des A+ Content.

A+ Content zeichnet sich unter anderem durch seinen vergleichsweise großen Gestaltungsspielraum aus. Er kann vielfältige Elemente enthalten, die über Bilder, Texte und Überschriften hinausgehen. So ist unter anderem die Einbindung von Listen und Vergleichstabellen möglich. Abbildung 5-41 ist ein Beispiel für einen optimierten A+-Seitenbereich.

Ihnen stehen unterschiedliche Module zur Auswahl, die Sie flexibel zusammenstellen und individuell gestalten können – im Rahmen von Amazons Richtlinien. Die vorgefertigten Templates setzen sich aus verschiedenen Text- und Bildelementen zusammen. Als Einstieg empfiehlt sich beispielsweise ein Layout, das Raum für eine prägnante Produktbeschreibung, wichtige Features und einen kurzen Text über die Marke bietet:

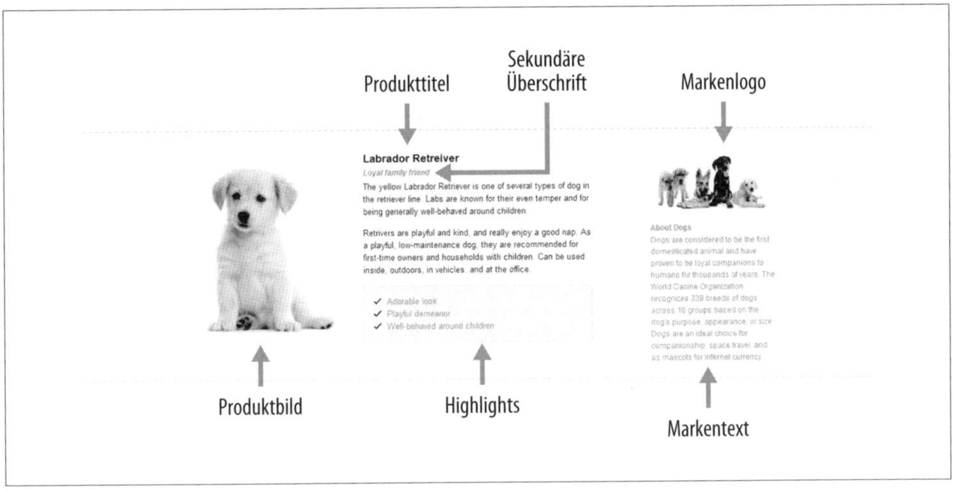

Abbildung 5-42: Beispiel für ein A+ Template mit mehreren Feldern, die individuell befüllt werden können (Quelle: vendorcentral.amazon.de, factor-a – part of Dept)

Im Anschluss können Sie mithilfe weiterer Module die Vorteile Ihrer Ware anpreisen. Im Fall des alkoholischen Getränks geht der Hersteller beispielsweise auf Geschmack, Rezeptur und Qualität ein. Abgerundet wird der Content durch ansprechende Fotos, die das Produkt in Aktion zeigen (siehe Abbildung 5-41).

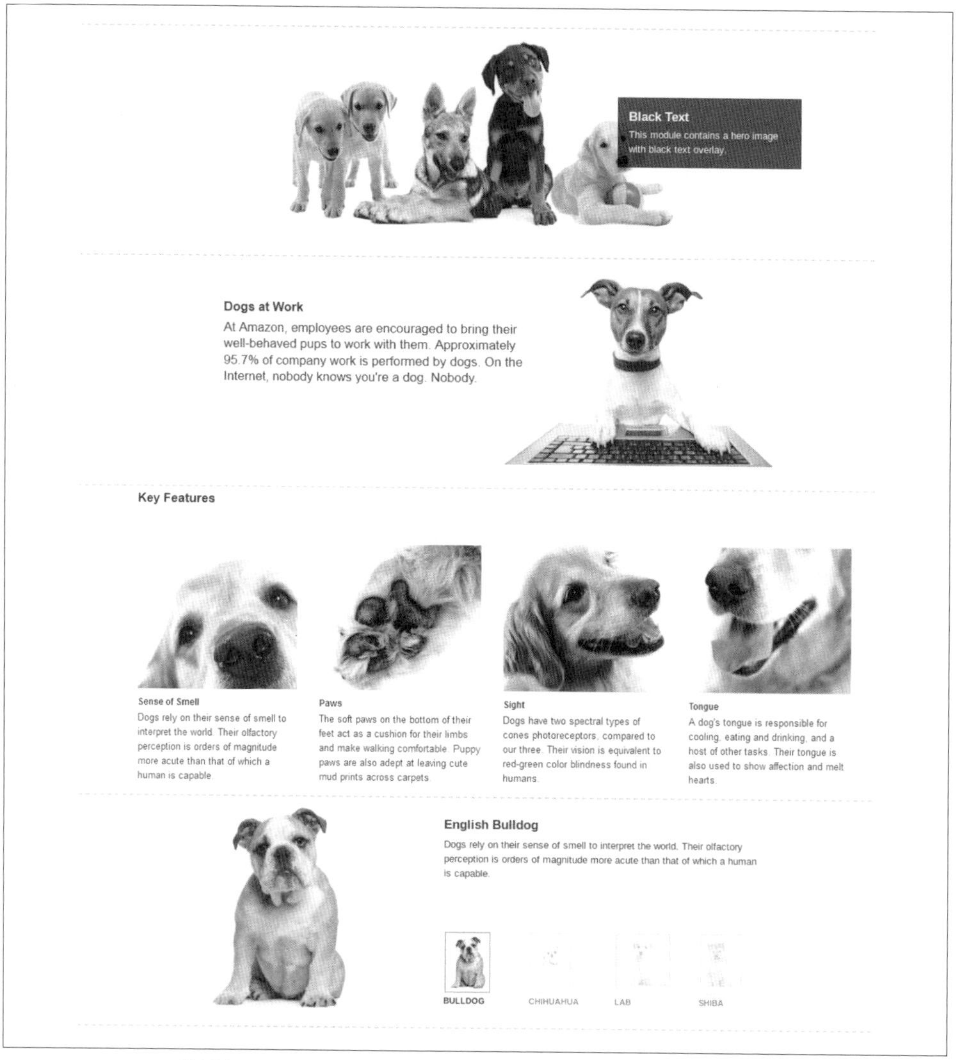

Abbildung 5-43: Beispiele für weitere A+-Module, die zur Gestaltung der Detailseite verwendet werden können (Quelle: vendorcentral.amazon.de)

A+ Content schafft Raum, um Markenwerte zu transportieren, Stories von Lifestyle-Produkten zu vermitteln und Stimmung zu kreieren. Diese Chance sollten Sie nutzen, um Kunden emotional abzuholen. Im Idealfall schaffen Sie einen roten Faden, der sich durch den Content zieht und dessen Thematik sich in Texten sowie Bildern widerspiegelt. Auch komplexe und neuartige Produkte können von A+ Content profitieren. Der zusätzliche Platz lässt sich nutzen, um Usern die Funktionsweise des Produkts zu erklären und ihnen Innovationen näherzubringen.

Neben den Standardmodulen gibt es Templates mit besonderen Funktionen. Dazu gehören neben Vergleichstabellen Templates mit Mouseover-Effekten (siehe Abbildung 5-43). Gehen User mit dem Cursor über eines der Vorschaubilder, werden verschiedene Bilder und Texte anzeigt. Bieten Sie beispielsweise Spirituosen an, könnten Sie hier auf Rezeptideen eingehen, ohne viel Platz auf der Detailseite in Anspruch zu nehmen. Aber Achtung: In der mobilen Ansicht werden die Bild-Text-Kombinationen dagegen untereinander dargestellt. Das heißt, mobile User müssen erst weit nach unten scrollen, bevor sie zu weiteren Inhalten wie den Bullet Points und den Rezensionen gelangen.

Praxistipp

Vergleichstabellen eignen sich sehr gut, um Produkte mit ähnlichen Eigenschaften zu präsentieren und auf diese Weise Cross- und/oder Up-Selling zu betreiben (siehe Abbildung 5-41). Die vorgestellten Produkte können mit jeweiligen ASINs verlinkt werden und führen Kunden direkt auf die entsprechende Detailseite.

Amazons Richtlinien für A+ Content:

- Die verwendeten Bilder sollten je nach Modul mindestens 300 Pixel hoch und breit sein. Die Aktivierung der Zoomfunktion erfordert eine Mindestlänge oder -höhe von 1.000 Pixeln.
- Die Bilder sollten nicht zum Großteil oder ausschließlich aus Schrift bestehen. Lifestyle-Bilder sind zulässig, solange sie das Produkt in Aktion zeigen.
- Arbeiten Sie mit Bildunterschriften und Bildsuchbegriffen. Auf diese Weise verbessern Sie die Auffindbarkeit Ihrer Produkte in externen Suchmaschinen wie Google oder Bing.
- Berücksichtigen Sie die Vorgaben zur maximalen Zeichenanzahl für die verfügbaren Textfelder. Sie unterscheiden sich von Modul zu Modul.
- Verwenden Sie die dritte Person (beispielsweise »Sie«, »Ihnen«), wenn Sie User direkt ansprechen möchten. Dies gilt ebenso für die Ansprache in Grafiken und Bildern.
- Auf zeitsensible und angebotsspezifische Angaben sollten Sie auch hier verzichten, da der Content ansonsten nicht von Amazon freigegeben wird.

Amazon Mobile-SEO: In der Amazon Shopping App sowie der mobilen Website-Version erscheint A+ Content auf der Detailseite noch vor den Bullet Points und der Produktbeschreibung. In der Regel wird er zudem ungekürzt ausgespielt. Im Bereich Mobile-SEO stellt er daher ein besonders leistungsstarkes Instrument dar, das in Bezug auf die Conversion Rate nicht zu unterschätzen ist. Gerade dem ersten Modul kommt eine bedeutende Rolle zu, denn es liefert Usern die ersten Informationen zum jeweiligen Produkt. Es gilt, die wichtigsten Details zu integrieren und gleichzeitig die gewünschte Stimmung zu erzeugen – und zwar ohne redundant zu wirken, denn im Anschluss an den A+ Content folgen bekanntermaßen die reguläre Produktbeschreibung und die Attribute.

Fazit und Ausblick

Setzen Sie die in diesem Kapitel erläuterten Maßnahmen um, gehen Sie einen großen Schritt in Richtung Suchmaschinen- und Conversion-Optimierung.

Content Monitoring und kontinuierliche Optimierung

Doch die Arbeit ist damit noch lange nicht getan. Wer denkt, sich nun entspannt zurücklehnen und die Früchte des Erfolgs ernten zu können, irrt. Content-Optimierung ist ein fortlaufender Prozess, der in regelmäßigen Zeitabständen weitere Arbeitsschritte erfordert.

Dazu gehört unter anderem, Content auf Produktdetailseiten immer wieder zu überprüfen, vor allem vor dem Hintergrund, dass Sie keine volle Kontrolle darüber haben, welche Inhalte Amazon tatsächlich hochlädt. Es passiert immer wieder, dass Titel überschrieben und Textinhalte zerschossen werden. Hierunter können nicht nur die Verkaufszahlen leiden, sondern auch das Image der Marke. Im schlimmsten Fall können sogar rechtliche Konsequenzen drohen, wenn beispielsweise Pflichttexte ihren Weg nicht auf die Detailseite finden oder gelöscht werden.

Sie sollten daher den von Ihnen hinterlegten Content mit den Inhalten abgleichen, die online sind. Bei großen Produktpaletten kann das manuelle Sichten der Detailseiten äußerst viel Zeit in Anspruch nehmen. Für diesen Fall gibt es Softwarelösungen wie die factor-a suite, die für Sie umfassende Monitoring-Aufgaben übernimmt.

Auch die Entwicklung Ihrer Ranking-Positionen sollten Sie stets im Blick behalten. Diese können ein Hinweis darauf sein, dass der Suchalgorithmus einem Update unterzogen wurde. Damit man darauf reagieren und den Content sowie die Produktdaten entsprechend anpassen kann, ist eine gründliche Testphase notwendig. So sollten zum Beispiel unterschiedliche Keyword-Platzierungen systematisch geprüft werden.

> **Hinweis**
> Kontinuierliches Monitoring stellt sicher, dass der Content den Interessen und dem Suchverhalten der Kunden langfristig gerecht wird.

Im Rahmen der kontinuierlichen Optimierung sollten Sie in Erwägung ziehen, gut laufende Suchbegriffe prominenter zu platzieren. Wurde ein Longtail-Suchbegriff beispielsweise ausschließlich in die Produktbeschreibung integriert, kann er unter Umständen noch besser performen, wenn er in den Bullet Points oder den Backend-Keywords untergebracht wird.

Rankt Ihr Produkt für priorisierte Keywords weit hinten, kann es dagegen sinnvoll sein, sie aus dem Content und den Produktdatenfeldern zu entfernen. So schaffen Sie Raum für andere Suchbegriffe, die eventuell besser performen. Es gilt, die Longtail Keywords ausfindig zu machen, die Sales generieren.

Bedenken Sie zudem, dass sich das Suchverhalten und damit die Auto-Suggest-Ergebnisse verändern können (Stichwort: Recherche von Longtail Keywords). Vor diesem Hintergrund empfiehlt es sich, sie von Zeit zu Zeit erneut abzurufen und das Keyword-Set sowie den Content gegebenenfalls anzupassen.

Chancen der Content-Optimierung für Amazon-SEO

Insbesondere bei Nischenprodukten können durch SEO-Maßnahmen derzeit noch schnell und vergleichsweise kostengünstig Sichtbarkeit und Umsätze erhöht werden. Voraussetzung ist, dass das Feld der Wettbewerber überschaubar ist. In diesem Fall reichen SEO-Maßnahmen meist aus, um weit oben in den Suchtreffern zu landen.

Allerdings stellt die Content-Optimierung allein keine Garantie für ein gutes Ranking dar. Dies gilt vor allem für Kategorien mit hohem Wettbewerb. In sämtlichen Produktbereichen verschärft sich die Konkurrenzsituation zunehmend. Immer mehr Händler und Hersteller agieren auf dem Marktplatz und entdecken Amazon-SEO für ihre Zwecke. Daher ist schnelles Handeln gefragt, um (noch) vorhandenen Spielraum zu nutzen und sich so einen wertvollen Vorsprung zu sichern.

Wie bereits mehrfach betont, ist das Thema Marktplatzoptimierung komplex und umfasst verschiedene Ansätze, die Hand in Hand gehen sollten. Dazu gehören unter anderem absatzfördernde Maßnahmen wie Amazon Demand Side Platform (DSP) und Sponsored Ads. Für alle weiterführenden Schritte bildet allerdings die Content-Optimierung die Grundlage. Sie ist daher unverzichtbarer Bestandteil für den Erfolg auf Amazon.

Premium A + Content in den Startlöchern

Bekanntermaßen nutzen immer mehr Vendoren A+ Content. Seller mit eigener Marke entdecken zunehmend Enhanced Brand Content für sich. Solche Entwicklungen machen es immer schwerer, sich durch optimierte Inhalte von Wettbewerbern abzusetzen. Es scheint jedoch, als würden am Amazon-Horizont neue Chancen auftauchen.

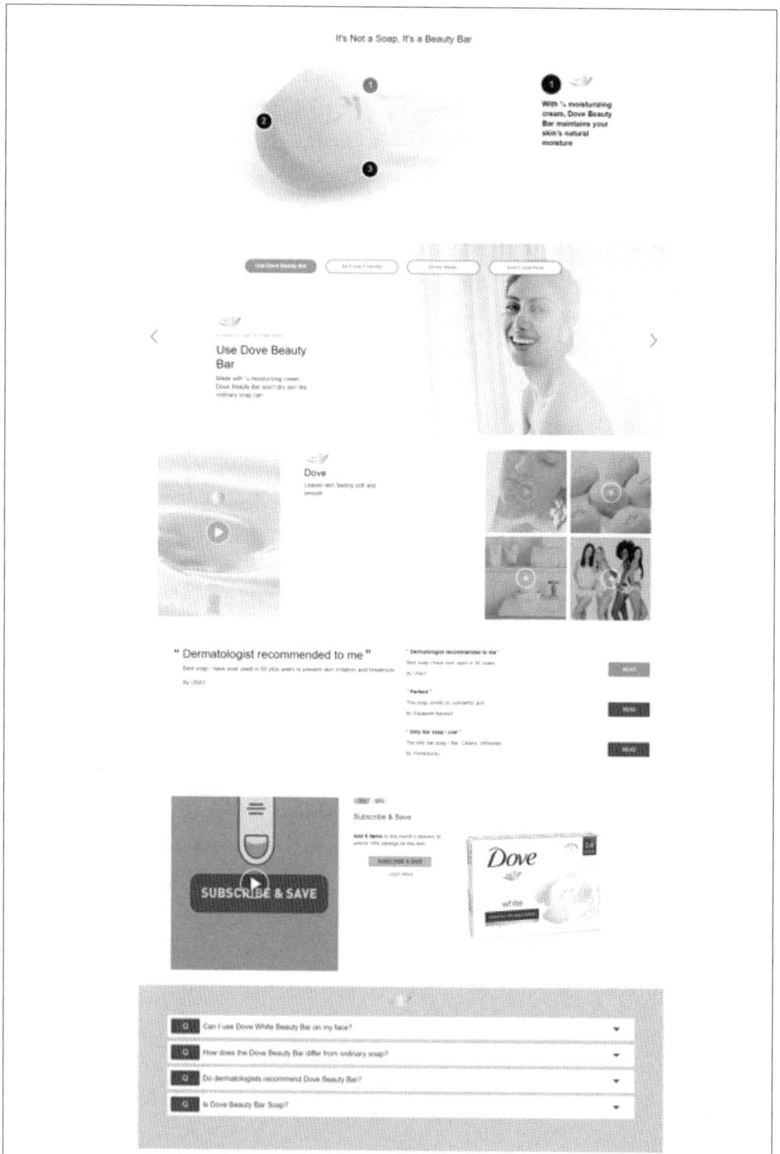

Abbildung 5-44: Mit Premium A+ Content gibt Amazon Herstellern neue Marketingmöglichkeiten an die Hand, um ihre Produkte zu bewerben. (Quelle: amazon.com)

Der Handelsriese entwickelt und testet laufend neue spannende Möglichkeiten, um das Shopping-Erlebnis zu verbessern und die Conversion Rate zu steigern. So stehen Markenherstellern seit Kurzem erweiterte Produktdetailseiten zur Verfügung, deren Funktionalitäten über das reguläre A+-Angebot hinausgehen. Dazu gehören vielfältige Features wie stimmungsvolle Videoloops, interaktive Slides und ein FAQ-Bereich.[3] Darüber hinaus zeichnen sich die verwendeten Bilder durch eine höhere Qualität aus.

Auch in Deutschland erhalten Vendoren bereits Zugang zu dem Angebot.[4] Im Gegensatz zu A+ Content ist Premium A+ Content allerdings kostenpflichtig und muss individuell mit Amazon verhandelt werden.

Zusammenfassung: Schritte der Optimierung

- Führen Sie eine Content-Relevanz-Analyse durch, um zu ermitteln, welche Aspekte Ihres Produkts für Kunden relevant und wichtig für eine positive Kaufentscheidung sind.
- Recherchieren Sie mögliche Suchbegriffe und stellen Sie ein (Longtail-)Keyword-Set zusammen, das zu Ihrem spezifischen Produkt passt.
- Erstellen Sie Conversion-optimierte Texte und Bilder auf Basis der Erkenntnisse, die Sie in Schritt zwei und drei gewonnen haben.
- Platzieren Sie nun Ihre Keywords in Content- und Produktdatenfeldern, um die Auffindbarkeit der ASIN sicherzustellen.
- Durch kontinuierliches Monitoring und regelmäßige Nachoptimierung wird gewährleistet, dass der Content korrekt dargestellt wird und stets bestmöglich auf das Verhalten sowie die Bedürfnisse der User abgestimmt ist.
- Ziel: Durch das Zusammenspiel von ansprechendem Content und der Sicherstellung der Auffindbarkeit schaffen Sie die Basis für eine nachhaltige Umsatzsteigerung.

3 Beispiel für interaktiven Premium A+ Content:
Bose: *https://www.amazon.com/dp/B0756CYWWD*

4 Philips: *https://www.amazon.de/dp/B00BCQIIMS/*

KAPITEL 6

Sponsored Ads

In diesem Kapitel:

- Relevanz und Chancen von Sponsored Ads
- Die drei Anzeigentypen: SB, SP und PDA
- Strategischer Einsatz von Sponsored-Ads-Kampagnen
- Taktische Umsetzung der Kampagnen-strategien
- Zukünftige Entwicklung der Sponsored Ads
- Amazon Stores
- Aufbau eines Amazon Stores
- Kniffe für den Einsatz von Amazon Stores

In den 2000ern konnte man beobachten, wie Google sich zur unangefochtenen Nummer eins unter den Suchmaschinen entwickelte. Gleichzeitig verstärkte sich der Wettbewerb auf dem Feld der Google Ads-Anzeigen. Ein regelrechter Kampf um begehrte Keywords entbrannte und hält bis heute an. Die Folge sind enorm hohe Klickpreise. Begehrte Suchbegriffe wie »Handy« oder »Lebensversicherung« können sich die wenigsten Unternehmen leisten. Wer hier mitspielen möchte, muss ein entsprechend großes Budget mitbringen. Die Buchung dieser Keywords ist allerdings so kostspielig, dass sie mittlerweile nur noch für vereinzelte Geschäftsmodelle tatsächlich sinnvoll ist. Viele Marketingtreibende wünschen sich daher die Zeit zurück, in der die meisten Keyword-Segmente noch unbesiedeltes Terrain waren und man diese Gebiete ohne immensen Kostenaufwand besetzen konnte.

Relevanz und Chancen von Sponsored Ads

Eben jene Chance bietet sich im Bereich E-Commerce-Marketing für Markenhersteller auf Amazon – zumindest momentan noch. In Kapitel 4 wurde die Plattform bereits als führende Produktsuchmaschine vorgestellt. So wie sich Google-SEO in Richtung Amazon-SEO verschiebt, so lösen *Sponsored Ads* (ehemals *Amazon Marketing Services*, kurz *AMS*) Google Ads ab.

Die beiden Marketingangebote weisen zahlreiche Parallelen auf. Daher lässt sich die zukünftige Entwicklung des Sponsored-Ads-Markts relativ gut vorhersagen. Noch herrschen vergleichbar günstige Klickpreise. Dies sollten sich Werbetreibende unbedingt zunutze machen. Je mehr Amazon seine Stellung als Produktsuchmaschine ausweitet, umso wertvoller und kostspieliger werden die Werbeplätze auf der Plattform.

Wenn Markenhersteller jetzt Sponsored Ads einsetzen, können sie in den organischen Suchergebnissen langfristig ein höheres Ranking erreichen und sich so einen entscheidenden Wettbewerbsvorteil sichern.

Sponsored Ads sind die neuen Google Ads

Sponsored Ads stellen für Marketingtreibende eine attraktive und vor allem mächtige Alternative zu Google Ads dar. Sie funktionieren nach dem gleichen Prinzip und sind sehr ähnlich aufgebaut.

Es handelt sich um Werbeanzeigen, die unter anderem über Keywords, Interessengruppen oder Kategorien ausgespielt werden. Wie Google Ads erscheinen sie über und unter den organischen Suchtreffern. Darüber hinaus werden Sponsored Ads an vielen weiteren Positionen auf der Plattform platziert. Auch die Abrechnung der Anzeigen erfolgt nach dem gleichen Modell: Bezahlt wird für jeden Klick. Die Preise werden über Echtzeitauktionen ermittelt. Das Verfahren erläutern wir in diesem Kapitel noch genauer.

Im Gegensatz zu Google bietet der Handelsplatz Markenherstellern allerdings einen entscheidenden Vorteil: Such- und Display-Marketing auf Amazon ist deshalb so effektiv, weil potenzielle Kunden genau in dem Moment erreicht werden können, in dem ihre Kaufbereitschaft am höchsten ist. Zudem ist der Weg von der Suche über den Warenkorb bis hin zum Kaufabschluss erheblich kürzer als bei Google. Der Käufer muss nach der Produktrecherche keinen externen Onlineshop besuchen und sich dort womöglich noch als Neukunde registrieren. Dies wirkt sich äußerst positiv auf die Conversion Rate aus. In keiner anderen Umgebung ist die Kaufwahrscheinlichkeit so hoch wie auf Amazon.

Zurzeit stellen die Sponsored Ads die beste Möglichkeit dar, den Absatz skalierbar und rentabel zu steigern, da die Klickpreise für die meisten Keywords noch relativ niedrig sind. Schon mit kleinem Budget können große Effekte erzielt werden. Aufgrund des steigenden Wettbewerbs ist dafür jedoch schnelles Handeln gefragt.

Warum Hersteller das Potenzial der Sponsored Ads nutzen sollten

Für Markenhersteller gibt es viele gute Gründe, sich mit Sponsored Ads zu beschäftigen. Sie liefern Antworten auf Fragen, die alle Akteure auf dem Handelsplatz beschäftigen:

- Wie mache ich meine Marken und Produkte kurz- und langfristig besser sichtbar?
- Wie kann ich in kurzer Zeit den Umsatz steigern?

- Wie finde ich Keywords, die für meine Artikel besonders gut performen?

Vendoren und Seller erlangen durch Sponsored Ads größere Unabhängigkeit von den organischen Suchergebnissen, da auch Produkte mit einem schlechten Ranking durch die Anzeigen prominent platziert werden können. Amazon-SEO führt zwar bereits dazu, dass Artikel deutlich besser auffindbar werden, doch auch diese Maßnahme ist in ihrer Wirkung begrenzt, vor allem da sich auf diesem Gebiet der Wettbewerb ebenfalls deutlich verschärft. Immer mehr Anbieter entdecken die Bedeutung von top aufbereiteten und gepflegten Produktdetailseiten. Die allgemeine Qualität der Inhalte steigt, sodass es immer schwieriger wird, sich durch optimierten Content von Wettbewerbern abzusetzen. Er ist allerdings die Voraussetzung dafür, dass Sponsored-Ads-Maßnahmen überhaupt greifen können.

Auch die Auswahl von performancestarken Keywords ist sowohl für die Suchmaschinenoptimierung als auch für die Ausspielung der Werbeformate von entscheidender Bedeutung. Momentan können Suchbegriffe über Sponsored Ads in einem günstigen Marktumfeld getestet und herausgefiltert werden. Dies ist allerdings ein komplexer Prozess, der Know-how und Erfahrung erfordert.

Wer früh Routine im Umgang mit Sponsored Ads entwickelt, sichert sich einen wichtigen Vorsprung. Nach der Test- und Lernphase sind Händler und Hersteller in der Lage, ihren Umsatz gezielt über die Anzeigen zu steuern. Durch die Optimierung von Kosten und Keywords können sie bereits erfolgreiche und profitable Kampagnen vorweisen, während sich andere Anwender gerade erst in der Orientierungsphase befinden.

In diesem Kapitel wird ausgeführt, welche Ziele sich durch den Einsatz von Sponsored Ads verwirklichen lassen, wie Anwender eine entsprechende Strategie entwickeln und was es bei der taktischen Umsetzung zu beachten gilt. Als Einstieg erhält der Leser einen detaillierten Überblick über die verschiedenen Anzeigenformate.

Die drei Anzeigentypen: SB, SP und PDA

Sponsored Ads setzen sich aus verschiedenen Anzeigentypen aus dem Such- und Display-Marketing zusammen:

- *Sponsored Brands (SB)* (ehemals Headline Search Ads, kurz HSA)
- *Sponsored Products (SP)*
- *Product Display Ads (PDA)*

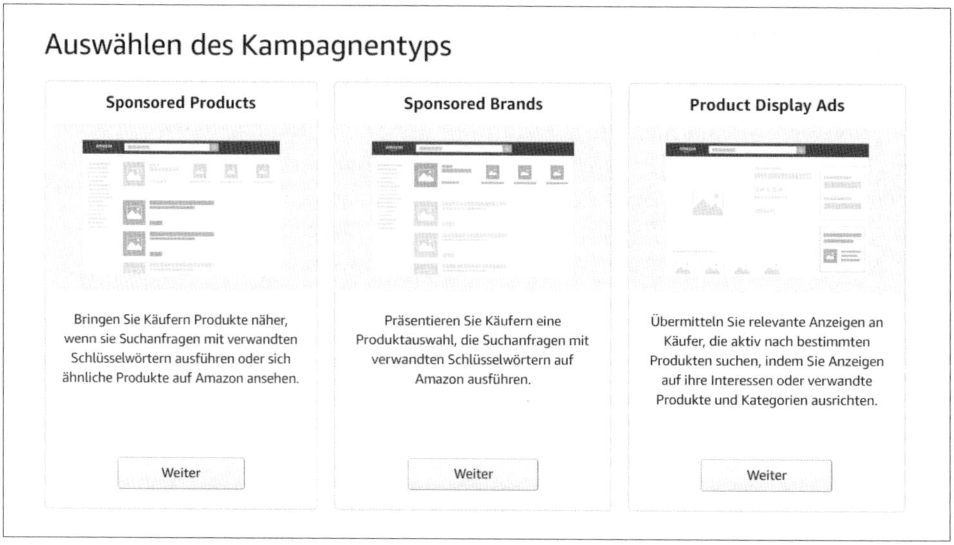

Abbildung 6-1: Die drei Hauptsäulen der Sponsored Ads (Quelle: advertising.amazon.de)

Aufbau und Funktionsweise der Sponsored Ads

Die verschiedenen Anzeigentypen holen Kunden in unterschiedlichen Phasen des Such- und Kaufentscheidungsprozesses ab. Ganz am Anfang setzen die *Sponsored Brands* an. Durch ihren Einsatz können Sie potenzielle Kunden bereits während der eher allgemeinen Produktsuche auf Ihre Marke aufmerksam machen und auf gewünschte Zielseiten lenken.

Einen Schritt weiter im Suchprozess werden die Keyword-basierten *Sponsored Products* interessant. Sie funktionieren ähnlich wie die Ads auf Google und erscheinen in den Suchergebnissen sowie auf Produktdetailseiten. So kann ein Produkt für bestimmte Suchbegriffe prominent platziert werden, auch wenn es in der organischen Ergebnisliste (noch) nicht hoch rankt. Mit diesen Anzeigentypen bietet Amazon sowohl Vendoren als auch Sellern ein effizientes Werbemittel zur Umsatzsteigerung.

Gegen Ende des Kaufentscheidungsprozesses treten schließlich die *Product Display Ads* und ASIN-basierte Sponsored Products in Erscheinung. Es handelt sich um Produktanzeigen, die auf Detailseiten anderer zuvor festgelegter Produkte ausgespielt werden. Meistens sind sie in der Nähe der Buybox und dem Warenkorb-Button zu finden, sodass Werbetreibende potenzielle Kunden unmittelbar vor Kaufabschluss ansprechen können. Diese Anzeigentypen eignen sich daher ideal für das Up- und Cross-Selling von Produkten aus dem eigenen Sortiment. Darüber hinaus können auf diese Weise die eigenen Produkte auf Produktdetailseiten der Wettbewerber als Alternative beworben werden.

Product Display Ads wie auch Sponsored Products führen zu einer spezifischen Produktseite. Sponsored Brands leiten die Kunden dagegen zu einer gezielten Auswahl von Produkten oder zu anderen Seiten weiter, die der Werbetreibende festlegt. Als Landingpage können zum Beispiel individuell zusammengestellte Produktlisten oder der eigene Amazon Store genutzt werden.

Sponsored-Ads-Kampagnen planen und gestalten

Entscheidend für den erfolgreichen Einsatz der Sponsored Ads ist, die unterschiedlichen Anzeigentypen zu verstehen und dem strategischen Ziel entsprechend auszuwählen sowie sie mit einer passenden Landingpage bzw. Produktseite zu verlinken. Möchten Sie zum Beispiel generell Aufmerksamkeit für Ihre Marke generieren, empfiehlt sich eine Kombination aus einschlägigen Keywords, darauf abgestimmten Sponsored Brands und einer attraktiven Kampagnenseite. Soll der Absatz eines bestimmten Produkts erhöht werden, sind Sponsored Products die richtige Wahl. Sie sorgen für eine gute Platzierung bei wenigen wichtigen Keywords und führen den Kunden ohne Umwege auf die jeweilige Produktseite.

Abgerechnet werden Sponsored Ads nach dem *Pay-per-Click-Modell*. Vielen Marketingtreibenden ist dieses Prinzip insbesondere durch Google Ads bekannt. Nur wenn ein Besucher auf eine Anzeige klickt, zahlt der Werbetreibende – die Impressions an sich sind kostenlos. Bestimmt wird der jeweilige *Cost per Click* (*CPC*) nach dem Auktionsprinzip. Um auf die Ausspielung einer Sponsored Ad zu bieten, gibt man ein Maximalgebot für den CPC ab. Die automatisierten Auktionen erfolgen in Echtzeit.

Der Höchstbietende zu sein, reicht allerdings noch nicht aus, um die immer begehrter werdenden Anzeigenplätze zu besetzen. Wann, wo und wie oft die Anzeigen ausgespielt werden, entscheidet der Amazon-Algorithmus neben der Gebotshöhe anhand einiger weiterer Kriterien.

> **Hinweis**
>
> Grundsätzlich spielt für die Ausspielung der Ads die Profitabilität für Amazon und die Kaufwahrscheinlichkeit eine Rolle. Bisher bekannte Einflussfaktoren sind unter anderem die (erwartete) Klickrate, die absolute Anzahl der Seitenbesuche und die Conversion Rate. Die herangezogenen Kriterien entwickeln sich laufend in Richtung eines Relevanzfaktors weiter, wie er auch bei den Google Ads angewendet wird.

Marketingtreibende sollten daher zuvor die Inhalte ihrer Produktdetailseiten optimieren, damit das Potenzial der Werbemaßnahmen voll ausgeschöpft werden kann. Die zu bewerbenden Produkte benötigen optimale Titel, Bullet Points, Produktbeschreibungen, Keywords und Bilder. Wie Anwender das Beste aus Content und Produktdaten herausholen, wird in Kapitel 5 ausführlich erläutert.

Ein weiterer Faktor für den Erfolg von Sponsored Ads sind in diesem Zusammenhang Produktrezensionen und -fragen. Sie sollten zuvor sorgfältig geprüft und gepflegt werden. Wird der potenzielle Kunde auf die Seite eines Produkts geführt, das schlecht präsentiert und bewertet ist, entscheidet er sich mit großer Wahrscheinlichkeit gegen den Kauf. Die Folge ist eine niedrige Conversion Rate. Zeitaufwand und Budget, die in die Kampagne fließen, werden verschwendet.

Im nächsten Abschnitt folgt eine detaillierte Vorstellung der einzelnen Anzeigenformate. Darüber hinaus wird erläutert, was es bei der Kampagnenumsetzung zu beachten gilt sowie welche Anwendungsmöglichkeiten die unterschiedlichen Werbeformate bieten.

Tabelle 6-1: Sponsored-Ads-Typen im Überblick

Anzeigentyp	Sponsored Products	Sponsored Brands	Product Display Ads
Kosten	• Cost per Click • Auktionsprinzip	• Cost per Click • Auktionsprinzip	• Cost per Click • Auktionsprinzip
Ausspielbedingungen	• auf Basis von Keywords, ASINs oder Produktkategorien • manuelle oder automatisierte Ausspielung durch Amazon	Keyword-basiert	auf Basis von Kundeninteressen, ASINs oder Produktkategorien
Positionierung	• in den organischen Suchergebnissen oben, unten oder in der Mitte • auf Produktdetailseiten	auf Suchergebnisseiten oben, unten oder an der Seite	in der Nähe der Buybox auf Produktdetailseiten
Gestaltungsmöglichkeiten	keine	• Logo, Titel und Slogan • bis zu drei Produktabbildungen	Logo, Titel und Slogan

Sponsored Brands

Sponsored Brands (siehe Abbildung 6-2) bestehen aus verschiedenen Komponenten und erscheinen als Banner über, unter oder neben den organischen Suchergebnissen. Insbesondere die erste Variante zeichnet sich durch ihre prominente Platzierung aus. Aufgrund der hohen Nachfrage dieses Anzeigentyps wechselt Amazon bei der Einblendung zwischen bis zu vier Kampagnen. SBs sind in erster Linie auf den Marken- und Imageaufbau sowie das Cross- und Up-Selling ausgelegt.

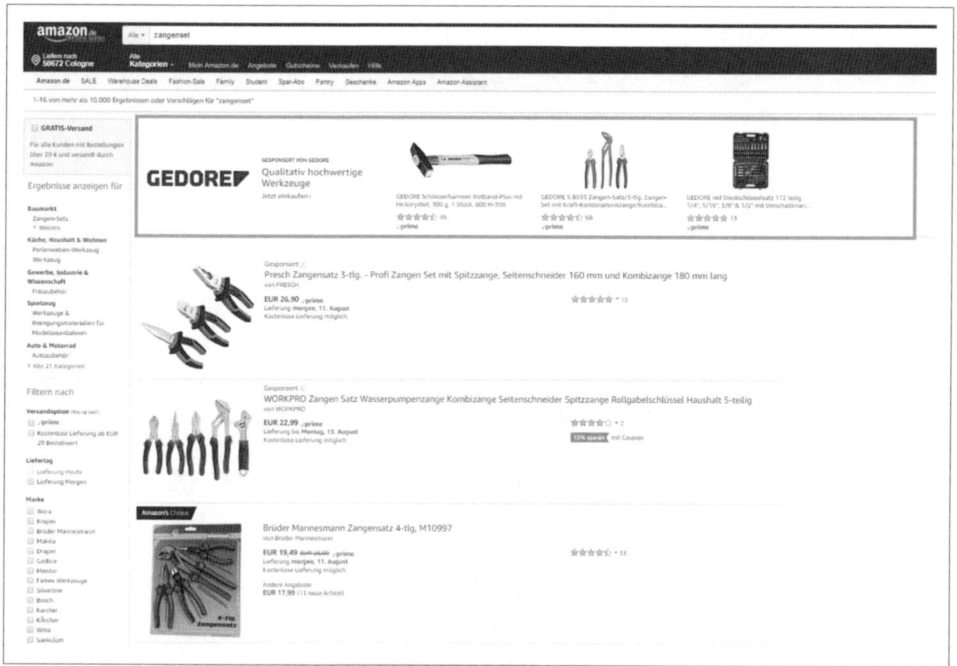

Abbildung 6-2: Beispiel: Sponsored Brand zum Thema Werkzeug oberhalb der Suchergebnisse (Quelle: amazon.de)

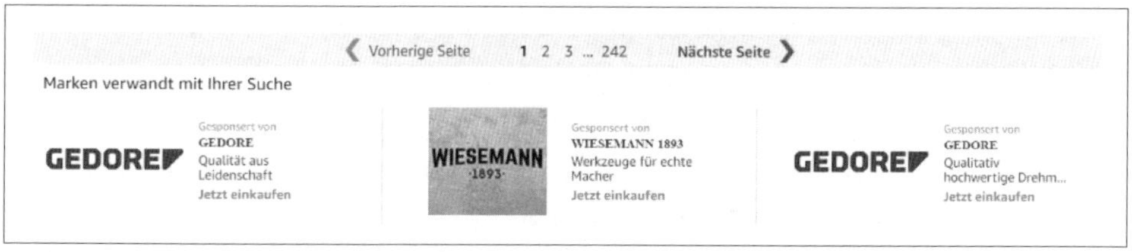

Abbildung 6-3: Sponsored Brands unterhalb der Suchergebnisse (Quelle: amazon.de)

Vielfältige Gestaltungsmöglichkeiten

Im Gegensatz zu den anderen Varianten bieten SBs einen gewissen Spielraum bei der Gestaltung. So kann der Anwender dem Werbemittel unter anderem ein individuelles Bild zuweisen. Dabei besteht die Möglichkeit, das Produktbild eines Artikels zu wählen, der der Kampagne zugeordnet ist, oder ein Motiv wie beispielsweise das eigene Logo hochzuladen.

Auch der Anzeigentext lässt sich individuell formulieren. In der Praxis hat sich gezeigt, dass eine zielgruppenspezifische Ansprache die *Click Through Rate* (*CTR*) merklich erhöht. Dies ist für die Ausspielung der Anzeigen ein nicht zu vernachlässigender Faktor. Fällt die Klickrate zu niedrig aus, sperrt Amazon die betreffenden Keywords für die jeweilige Kampagne. Eine Reaktivierung ist nicht möglich.

Warnung

Bei der Formulierung des Slogans sollten Sie Aussagen wie »Bestseller« oder »No. 1.« vermeiden, da sie den Anzeigenrichtlinien[1] von Amazon widersprechen und die Kampagne möglicherweise nicht freigegeben wird.

Bild und Anzeigentext bilden das Hauptelement ganz links in der Ad. Sie leiten den Amazon-User auf eine Landingpage der Wahl. Darüber hinaus kann man bis zu drei Produkte von der verlinkten Seite auswählen, die in dem Banner einzeln hervorgehoben werden. Dies gilt jedoch nur für die Desktopansicht von Amazon. Bei einem Klick auf den Artikel landet der Kunde direkt auf der jeweiligen Produktdetailseite. Sind alle erforderlichen Informationen hinterlegt, zeigt der Ad Builder Ihnen eine Vorschau der Sponsored Brand in der Desktop- sowie in der mobilen Version an.

Die Wahl der passenden Landingpage

Auch bei der Wahl der Landingpage hat der Werbetreibende relativ freie Hand, solange sie Teil des Amazon-Ökosystems ist und mindestens drei Produkte des Herstellers aufweist. Es gibt folgende Optionen:

- der eigene Amazon Store
- eine Zielseite mit hinterlegten Produkten
- eine kundenspezifische Amazon-URL

Haben Sie bereits einen *Amazon Store* angelegt, können Sie diesen als Landingpage für Ihre Kampagne verwenden. Der *Amazon Store Builder* erlaubt Werbetreibenden, kostenfrei einen Markenshop zu erstellen und individuell zu gestalten. Es stehen verschiedene Designvorlagen zur Auswahl, Sie können beispielsweise einzelne Produkte oder komplette Produktreihen hervorheben. Für längere Beschreibungen eignet sich dagegen ein Template, das mehr Raum für Text bietet.

Eine weitere Option ist die Erstellung einer Kampagnenseite in Form einer Produktliste. Der Anwender hinterlegt die zu bewerbenden Produkte, und der Ad Builder generiert automatisch eine entsprechende Ergebnisseite.

Man kann außerdem eine gefilterte Suchergebnisseite als Landingpage wählen. Um die ideale Amazon-URL zu erhalten, sollten Sie die Filtermöglichkeiten so spezifisch einstellen, dass möglichst nur die Produkte

1 *https://m.media-amazon.com/images/G/03/AmazonAdvertising/help-uploads/CAP64_EU.pdf*

aus dem eigenen Sortiment erscheinen und keine Artikel der Wettbewerber. Diese Variante hat den Vorteil, dass es der organischen Suche zugerechnet wird, wenn ein Kunde auf eines der angezeigten Produkte klickt. Die Relevanz für das jeweilige Keyword steigt, und das Ranking des Artikels in der organischen Suchergebnisliste verbessert sich.

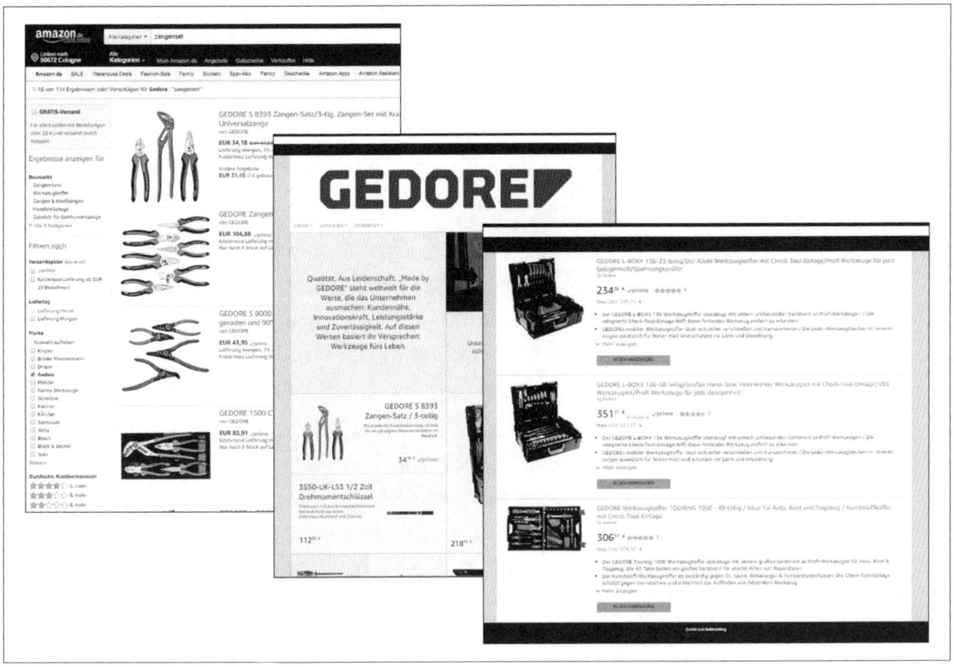

Abbildung 6-4: Mögliche Landingpages für SBs, v. l. n. r.: gefilterte Suchergebnisse, Amazon Store und Produktliste (Quelle: amazon.de)

Bei der Planung der Landingpage sollte darauf geachtet werden, dass sie optimal auf die ausgewählten Suchbegriffe ausgerichtet ist. Möchte man SBs für eine allgemeine Suche nach beispielsweise »Werkzeug« buchen, ist die Verlinkung einer Übersichtsseite in Form einer Markenseite sinnvoll. Bei Kampagnen mit spezifischeren Suchbegriffen wie etwa »Werkzeugkoffer« sollte der Suchende stattdessen zu einer Übersicht genau dieser Produkte oder einer bestimmten Produktseite geleitet werden.

Ausspielung auf Keyword-Basis

Wie bereits erwähnt, erfolgt die Ausspielung der SBs Keyword-basiert. Der Werbetreibende wählt die passenden Keywords aus, zu denen die Anzeige eingeblendet werden soll, und ordnet sie der entsprechenden Kampagne manuell zu. Amazon schlägt dem Nutzer auf Grundlage der zu bewerbenden Produkte und der Anfragehäufigkeit Suchbegriffe vor.

Sie können in die Keyword-Liste aufgenommen werden, um die Reichweite der Kampagne zu erhöhen.

> **Warnung**
>
> Werbetreibende sollten bedenken, dass SBs sehr oft angeklickt werden. Passen die ausgewählten Suchbegriffe nicht genau zu den Produkten des Herstellers, fällt die Conversion Rate oft eher niedrig aus, sodass sich die Kampagne schnell als unprofitabel erweist.

Sie können festlegen, wie Amazon mit Ihren hinterlegten Keywords umgehen soll. Folgende Übereinstimmungstypen stehen zur Auswahl:

- **Exakt:** SBs werden nur ausgespielt, wenn der Suchbegriff eins zu eins mit dem hinterlegten Keyword übereinstimmt. Es dürfen keine zusätzlichen Wörter enthalten sein. Sie müssen sich zudem in genau der hinterlegten Reihenfolge befinden.
- **Phrase:** In diesem Fall werden auch erweiterte Suchanfragen berücksichtigt, die zusätzlich Wörter vor oder nach dem hinterlegten Keyword enthalten. Lautet das hinterlegte Keyword zum Beispiel »Mikrowelle Edelstahl«, erfolgt die Einblendung unter anderem auch, wenn der Kunde nach »Mikrowelle Edelstahl weiß« oder »große Mikrowelle Edelstahl« sucht. Bei der Einstellung *Exakt* wäre dies nicht der Fall.
- **Breitgefasst:** Wie der Name schon sagt, bietet diese Option den größten Toleranzbereich. So werden Anzeigen auch bei ähnlichen Varianten des Keywords ausgespielt. Die Suchanfrage kann zudem durch weitere Wortkombinationen ergänzt werden. Im Gegensatz zur Einstellung *Phrase* spielt dabei die Reihenfolge der eingegebenen Begriffe keine Rolle. Lautet das hinterlegte Keyword beispielsweise »blauer Toaster« und der Kunde sucht nach »Toaster blau«, wird die Anzeige nur ausgespielt, wenn Sie *Breitgefasst* eingestellt haben. Zur Veranschaulichung hier ein Beispiel:

Tabelle 6-2: Sie können einen Übereinstimmungsgrad für Ihre Keywords festlegen, um die Schaltung der Ads gezielter zu steuern.

Übereinstimmungstyp	Keyword	Ausspielung möglich	Keine Ausspielung
Exakt	Mikrowelle Edelstahl	• Mikrowelle Edelstahl • Mikrowellen Edelstahl	• weiße Mikrowelle Edelstahl • Mikrowelle Edelstahl groß
Phrase	Mikrowelle Edelstahl	• weiße Mikrowelle Edelstahl • Mikrowelle Edelstahl groß	Mikrowelle energiesparend Edelstahl

Tabelle 6-2: Sie können einen Übereinstimmungsgrad für Ihre Keywords festlegen, um die Schaltung der Ads gezielter zu steuern. *(Fortsetzung)*

Übereinstimmungstyp	Keyword	Ausspielung möglich	Keine Ausspielung
Breitgefasst	Mikrowelle Edelstahl	• weiße Mikrowelle Edelstahl • Mikrowelle energiesparend Edelstahl • Mikrowelle Edelstahl groß	• Mikrowellenherd klein • Multifunktionales Mikrowellengerät • weiße Mikrowelle groß

Wie die Tabelle zeigt (siehe Zeile *Exakt*), bezieht Amazon automatisch Plural- und Singularformen mit ein. Weitere Wortvariationen werden bislang nur bedingt berücksichtigt. Es kann sich daher lohnen, Synonyme und alternative Schreibweisen manuell zu hinterlegen. Beispiele hierfür sind häufig auftretende Rechtschreibfehler (»Imbusschlüssel« statt »Inbusschlüssel«) und regionale Bezeichnungen (»Finken« für »Hausschuhe«).

Abbildung 6-5: Keywords und CPC-Gebote für eine SB-Anzeige definieren (Quelle: advertising.amazon.de)

Für jedes Keyword legt der Anwender ein Maximalgebot für den CPC fest (siehe Abbildung 6-5). Das Mindestgebot für Sponsored Brands liegt bei 10 Cent. Da es sich oberhalb der Suchergebnisse um sehr begehrte Anzeigenplätze handelt, kann der CPC dementsprechend relativ hoch ausfallen. Dies gilt besonders für generische Begriffe, nach denen häufig gesucht wird. Amazon liefert in diesen Fällen oft einen Hinweis auf die Gebotshöhe, die für eine Ausspielung mindestens erforderlich ist.

Auf Grundlage des gewählten Betrags und weiterer Faktoren wie den zu bewerbenden ASINs und Kampagneneinstellungen berechnet Amazon, mit welcher Wahrscheinlichkeit die Anzeige eine Auktion für das jeweilige Keyword gewinnt. Die sogenannte *Win-Rate* wird jedoch nur für Suchbegriffe angezeigt, für die eine ausreichend große Datenbasis vorliegt.

Für Platzierungen unterhalb der Suchergebnisse gibt es eine spezielle Bid-Funktion. Anwender können sogenannte *Automatisierte Gebote* aktivieren (siehe Abbildung 6-5). Auf diese Weise erlauben sie Amazon, Gebote auf Basis der tatsächlichen Conversion Rate automatisch zu optimieren. Stellt der Algorithmus zum Beispiel fest, dass die Anzeigen auf den unteren Anzeigenplätzen eine vergleichsweise niedrige Conversion Rate aufweisen, passt er das Maximalgebot automatisch nach unten an.

Stattdessen können Sie auch manuell festlegen, um wie viel Prozent das jeweils hinterlegte Maximalgebot für diese Platzierung erhöht bzw. gesenkt werden soll. Hier ein Beispiel: Sie legen für ein Keyword ein Maximalgebot von 5 Euro fest und definieren eine Senkung von 25 %. Auf diese Weise werden für die Platzierung nicht maximal 5 Euro, sondern nur 3,75 Euro geboten. Das Kampagnenbudget lässt sich so effizienter verteilen.

Strategische Bedeutung und Anwendungsmöglichkeiten von Sponsored Brands

Aufgrund der prominenten Platzierung sind die Sponsored Brands ein strategisch wichtiges Marketinginstrument. Haben sich Kunden noch nicht für einen Hersteller oder ein bestimmtes Produkt entschieden und suchen nach einem allgemeinen Begriff wie »Rasenmäher«, können Werbetreibende sie mit einer SB-Ad gezielt ansprechen. Auf diese Weise generieren Sie wertvolle Aufmerksamkeit für Ihre Marke und gewinnen Neukunden. Auch neue Produkte lassen mit diesem Anzeigentyp effektiv bewerben. Um ihre Reichweite auszubauen, steuern Markenhersteller SBs sowohl über generische als auch saisonale Keywords aus. Da der Wettbewerb momentan in vielen Kategorien noch vergleichsweise niedrig ist, können Sie schon mit relativ geringen CPC-Geboten eine hohe Sichtbarkeit erreichen.

SBs werden darüber hinaus zum Schutz der Marke eingesetzt. Indem Hersteller die eigenen markenbezogenen Keywords wie zum Beispiel

»Gedore Werkzeugkoffer« belegen, verhindern sie, dass Wettbewerber Anzeigen auf diesen Suchbegriffen ausspielen und so potenzielle Kunden abwerben. Amazon-User, die bereits eine bestimmte Marke im Blick haben und gezielt nach ihr suchen, werden dank dieser Maßnahmen ohne Umwege zu den Produkten dieses Herstellers geführt. Natürlich können SBs umgekehrt dazu verwendet werden, um Wettbewerber anzugreifen.

Sponsored Products

Sponsored Products bewerben gezielt einzelne Produkte. Von allen Anzeigentypen sind sie am einfachsten aufgebaut. Für die Kampagnenerstellung müssen daher nur wenige Informationen hinterlegt werden. Gleichzeitig zeichnet sich dieses Format durch seine extrem hohe Verkaufseffizienz aus.

Leistungsstarke Platzierung in den organischen Suchergebnissen

Die besondere Stärke der Sponsored Products liegt in ihrer Platzierung und ihrer Darstellung: Sie erscheinen in der Suchergebnisliste meist oberhalb oder unterhalb der organischen Suchergebnisse. Auch eine Platzierung zwischen den organischen Suchtreffern ist möglich. Optisch sind sie auf den ersten Blick nicht von ihnen zu unterscheiden, da nur das kleine Label *Gesponsert* darauf hinweist, dass man es mit einer Werbeanzeige zu tun hat. Gerade bei der Top-Platzierung am Anfang der Ergebnisliste nehmen Kunden oft an, dass es sich um das beste natürliche Suchergebnis handelt.

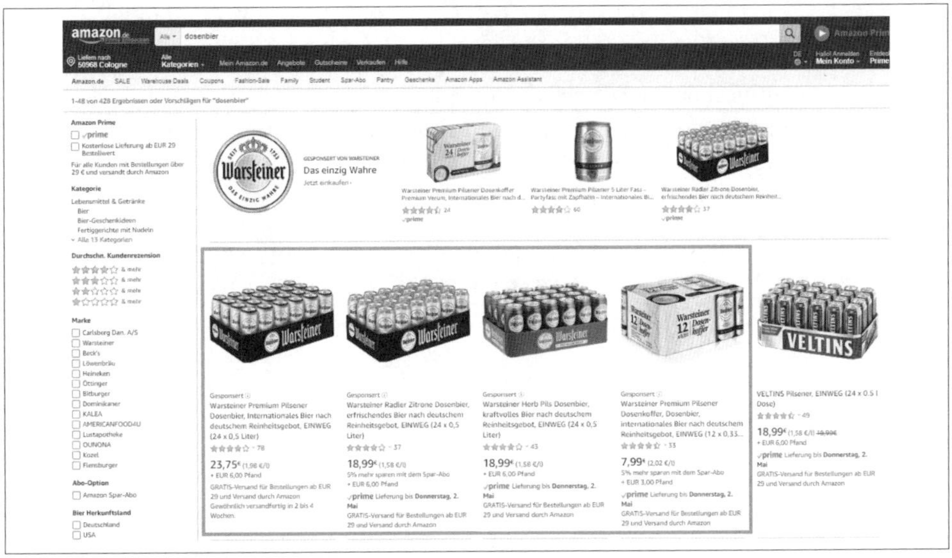

Abbildung 6-6: Sponsored Products im Bereich Dosenbier (Quelle: amazon.de)

Es ist folglich nicht verwunderlich, dass Sponsored Products von allen Sponsored-Ads-Formaten im Schnitt am meisten angeklickt werden. Mit einem Klick auf die Anzeige landen Amazon-User auf der jeweiligen Produktdetailseite. In vielen Fällen ist ihnen überhaupt nicht bewusst, dass sie durch eine Werbeanzeige zu dem jeweiligen Artikel geleitet wurden.

Um die Wahrscheinlichkeit zu erhöhen, eine der Top-Platzierungen oben in den Suchergebnissen zu belegen, stand Marketingtreibenden bisher die Funktion *Bid+* zur Verfügung. Hier konnte man festlegen, dass Amazon das definierte Maximalgebot um 50% steigern kann, um so die Gewinnchance zu verbessern. Bid+ wurde vor Kurzem durch *Bidding Control* ersetzt. Die neuen Funktionen erlauben eine flexible automatisierte Anpassung der Gebote in Bezug auf die verschiedenen Platzierungen und Kampagnenziele.[2]

Platzierung auf Produktdetailseiten

Die zweite Positionierungsmöglichkeit von Sponsored Products stellt die Platzierung auf Produktdetailseiten dar. Dort werden sie unter anderem unter den Bullet Points und als Banner *Gesponserte Produkte* angezeigt (siehe Abbildung 6-7). Auswertungen haben ergeben, dass dieser Werbeplatz bei automatisch ausgesteuerten Kampagnen besonders effizient ist und maßgeblich zum Umsatz beiträgt.

Automatische oder manuelle Aussteuerung

Sponsored Products lassen sich unter anderem auf Grundlage von Keywords und ASINs ausspielen. Sie können sowohl manuell als auch automatisch ausgesteuert werden.

Entscheiden Sie sich für das *automatische Targeting*, wählt der Amazon-Algorithmus passende Keywords und ASINs aus. Hierfür zieht er unter anderem die jeweiligen Produktinformationen und die Suchhistorie des Amazon-Users heran.

Bei automatischen SP-Kampagnen legt man nur ein CPC-Gebot fest. Das gilt für alle Keywords und ASINs, die der Algorithmus auswählt.

---

2 Weitere Informationen finden Sie unter *https://www.factor-a.de/neu-bidding-control-fuer-amazon-sponsored-products/*.

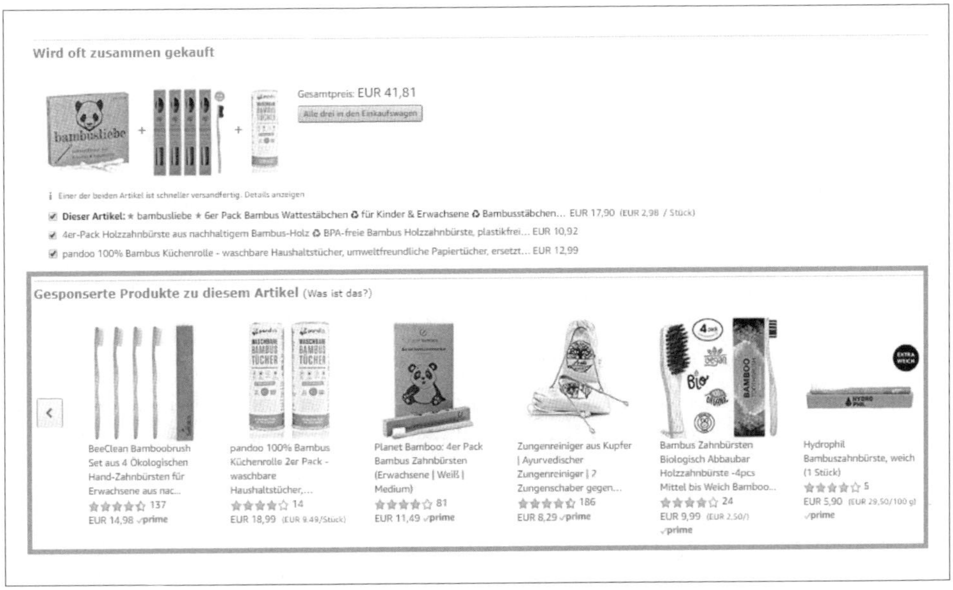

Abbildung 6-7: Sponsored Products auf der Produktdetailseite von nachhaltigen Ohrenstäbchen (Quelle: amazon.de)

Für welche Suchbegriffe und Zielprodukte die SP-Anzeigen schließlich ausgespielt wurden, wird in einem Performancebericht aufgeführt, den Sie nach Start der Kampagne herunterladen können.

Um automatische Kampagnen zielgerichteter steuern zu können, hat Amazon eine nachgelagerte Filterfunktion eingeführt, das heißt, sie erscheint erst nach Anlage der Kampagne:

- **Genaue Übereinstimmung:** Ausspielung an User, die Suchbegriffe verwenden, die in engem Zusammenhang mit den beworbenen Produkten stehen.
- **Entfernte Übereinstimmung**: Ausspielung an User, die Suchbegriffe verwenden, die entfernt mit den beworbenen Produkten in Zusammenhang stehen.
- **Ergänzungen:** Ausspielung an User, die Produkte ansehen, die die beworbenen ASINs ergänzen.
- **Ersatz:** Ausspielung an User, die Detailseiten ähnlicher Produkte ansehen.

Beim *manuellen Targeting* fügen Sie die Keywords selbst hinzu. Wie bei den Sponsored Brands schlägt Amazon Suchbegriffe vor, die ein gewisses Suchvolumen aufweisen und auf die hinterlegten ASINs abgestimmt sind. Im Anschluss kann für jedes hinterlegte Keyword ein individuelles

Gebot eingegeben werden. Auf diese Weise lässt sich die Kampagne präziser steuern.

Erfolgt die Eingabe der Keywords manuell, können Sie außerdem den Übereinstimmungsgrad sowie negative Keywords festlegen:

- *Breitgefasst*
- *Phrase*
- *Exakt*
- *Negativ Exakt*
- *Negativer Phrasentext*

Die Optionen *Breitgefasst*, *Exakt* und *Phrase* haben wir bereits vorgestellt (siehe Seite 164). Ausschließende Keywords verhindern, dass die Anzeigen für die jeweiligen Suchbegriffe ausgespielt werden.

Hinweis

Seller können nicht nur bei der manuellen, sondern auch bei der automatischen Aussteuerung mit negativen Keywords arbeiten, um SP-Kampagnen zu optimieren. Vendoren steht diese Option allerdings (noch) nicht zur Verfügung.

Ausspielung auf Basis von Produkten und Kategorien

Anders als bei Sponsored Brands ist bei Sponsored Products über das Targeting von Keywords hinaus auch die Ausspielung auf Basis von Produkten und Kategorien möglich.

Mit Sponsored Products werden in diesem Fall Produkte beworben, die den Kauf der Ziel-ASIN entweder ersetzen oder ergänzen sollen. Es handelt sich oftmals um hochwertigere bzw. kostengünstigere Produktalternativen oder Zubehörartikel und Verbrauchsgüter, die man in Kombination mit dem getargeteten Produkt verwendet.

Die Produkte, auf denen SPs erscheinen sollen, kann der Anwender aus einer Liste an vorgeschlagenen Artikeln auswählen oder manuell hinzufügen, und zwar entweder gezielt über die Produktnummer oder indem er nach relevanten Keywords sucht.

Möchte man nicht jede ASIN einzeln hinzufügen, kann man die Kampagne darüber hinaus in Amazon-Kategorien ausspielen lassen, zu denen der Artikel passt. Handelt es sich beispielsweise um einen Kochtopf, kann dieser für die gesamte Kategorie *Töpfe & Pfannen* sowie weitere Unterkategorien aus dem Bereich *Küchenzubehör* geschaltet werden.

In diesem Fall stehen Marketingtreibenden Filteroptionen zu Verfügung, um SP-Kampagnen so zielgerichtet wie möglich auszusteuern:

- Marke
- Preisbereich
- Sternebewertungen

So kann man beispielsweise festlegen, dass SPs in der Kategorie *Töpfe & Pfannen* nur auf ASINs der Marke XYZ erscheinen, die im Preissegment 100 bis 150 Euro liegen und eine Bewertung von höchstens vier Sternen aufweisen.

Darüber hinaus lassen sich Marken und Produkte hinterlegen, die vom Targeting ausgeschlossen werden sollen.

> **Praxistipp**
>
> Gerade in Bereichen, in denen sich ASINs schnell ändern, wie etwa dem Fashion-Segment, stellt Kategorie-Targeting eine attraktive Alternative zum Targeting von einzelnen ASINs dar. Auf diese Weise müssen sie nicht laufend geprüft und aktualisiert werden.

Anwendungsmöglichkeiten und strategische Bedeutung der Sponsored Products

Als Sponsored Products können Produkt-Listings eine äußerst hohe Präsenz in den organischen Suchergebnissen erreichen – insbesondere wenn die ASINs sich durch gute Bewertungen und einen attraktiven Preis auszeichnen. Weil die Anzeigen in den meisten Fällen für Suchtreffer gehalten werden, ist die Click Through Rate bei diesem Format sehr hoch. Es eignet sich daher besonders gut, um neu gelistete Artikel und ASINs, die sich seit längerer Zeit auf den hinteren Plätzen der Suchergebnislisten bewegen, besser sichtbar zu machen und so ihren Absatz zu fördern.

Die Verkaufseffizienz von Sponsored Products können Sie noch weiter steigern, wenn Sie Produkte in Form eines Twisters bewerben. Hierbei handelt es sich um Produktseiten, die mehrere Ausführungen eines Artikels bündeln. Wird der Suchende auf eine solche Seite geleitet, erhöht sich die Chance, dass er ein für sich passendes Produkt findet. Auf diese Weise wird die Absprungrate gesenkt und die Conversion Rate erhöht.

> **Praxistipp**
>
> SPs spüren Artikel im eigenen Sortiment auf, die ein höheres Absatzpotenzial aufweisen, als bisher angenommen. Um sie zu identifizieren, werden für verschiedene Produkte SP-Anzeigen mit ähnlichen Konditionen erstellt. Bei gleichem Budget performen einige ASINs in der Regel besser als andere.

Wie auch die anderen Sponsored-Ads-Werbemittel lassen sich SPs sowohl defensiv als auch offensiv einsetzen. Schaltet man Kampagnen auf Suchbegriffe von Fremdmarken, führt man potenzielle Kunden im Idealfall zu den eigenen Artikeln. Indem Sie auf die eigenen markenbezogenen Keywords bieten, verhindern Sie im Gegenzug, dass Wettbewerber diese Vorgehensweise für sich nutzen.

Werden Produkt- und kategorienbasierte SPs richtig eingesetzt, können Markenhersteller mit diesem Anzeigentyp effizient Cross- und Up-Selling betreiben und so den Warenkorb vergrößern. Hierfür werden Artikel aus dem eigenen Sortiment getargetet. Diese Maßnahme dient gleichzeitig der Verteidigung. Sie verhindert, dass direkte Wettbewerber ihre Anzeigen auf diesen Produktdetailseiten platzieren.

Viele Marketingtreibende haben das Potenzial dieses Anzeigentyps bereits erkannt. Weil er zudem sowohl Vendoren als auch Sellern zur Verfügung steht, ist der Wettbewerb um Keywords mit großem Suchvolumen und gefragte Produktkategorien bei den Sponsored Products am stärksten. Die Gesamtinvestitionen fallen bei diesem Werbeformat daher in der Regel höher aus als bei den anderen Sponsored-Ads-Maßnahmen.

Mithilfe von automatischen SP-Kampagnen lassen sich zudem relevante Suchbegriffe und ASINs ausfindig machen, die bei der selbstständigen Recherche nicht berücksichtigt wurden. Werbetreibende können sie anschließend in die manuellen Kampagnen übertragen.

Product Display Ads

Product Display Ads präsentieren gezielt ein einzelnes Produkt. Sie sind auf Amazon-User ausgerichtet, die bereits weit im Suchprozess vorangeschritten sind und kurz vor einer Kaufentscheidung stehen. Ihre Stärke liegt darin, dass sie potenzielle Kunden ansprechen, wenn ihre Kaufintention am stärksten ist. In ihrer Funktionsweise ähneln sie SPs mit Produktausrichtung.

Flexible Positionierung und Darstellung

Um den Kunden in diesem Stadium zu erreichen, werden Product Display Ads zielgerichtet auf Produktdetailseiten ausgespielt. Sie erscheinen auf der Produktdetailseite in der Nähe der Buybox

In ihrer Positionierung liegen gleichzeitig Chance und Risiko. Hat der Kunde bereits den Entschluss gefasst, ein bestimmtes Produkt zu kaufen, kann eine PDA schnell übersehen oder gar als Störfaktor empfunden werden und wird nicht angeklickt. Andererseits können Kunden kurz vor Kaufabschluss noch davon überzeugt werden, ein Produkt des Herstellers zu erwerben – sei es als Ergänzung zu dem getargeteten Produkt oder als Alternative.

Abbildung 6-8: Beispiel für eine PDA anhand von Kochtöpfen (Quelle: amazon.de)

Die Gestaltung der Anzeige spielt daher eine wichtige Rolle. Hier haben Sie verschiedene Möglichkeiten: Headline und Produkttitel können editiert, ein Markenlogo kann hochgeladen werden. Wie auch bei den Sponsored Brands dürfen keine unbewiesenen Behauptungen für die Headline verwendet werden, da Amazon die Kampagne ansonsten nicht freigibt. Stattdessen empfiehlt sich eine aussagekräftige, zielgerichtete Formulierung.

Möchten Sie mit der PDA ein komplementäres Produkt bewerben, sollten Sie in der Headline oder in dem Produkttitel auf die ergänzende Funktion hinweisen. Stellt das beworbene Produkt dagegen eine Alternative zum bespielten Produkt dar, können hier die Vorteile diesem gegenüber hervorgehoben werden.

Targeting auf Basis von Interessen oder Produkten

Bei der Erstellunge einer PDA-Kampagne wählen Sie zunächst die zu bewerbenden Artikel und eine Ausrichtungsmethode aus. Im Gegensatz zu den anderen Sponsored-Ads-Formaten werden PDAs nicht anhand von Keywords ausgespielt. Sie können sich zwischen drei Varianten entscheiden:

- Ausspielung an Zielgruppen mit bestimmten Interessen
- Kopplung an spezifische Produkte
- Ausspielung in verwandten Produktkategorien

Beim *interessenbezogenen Targeting* werden dem Anwender verschiedene Interessengruppen angeboten (siehe Abbildung 6-9). Sie haben beispielsweise die Möglichkeit, gezielt Verbraucher anzusprechen, die sich für Katzen, Sportschuhe und/oder elektrische Küchengeräte interessieren. Amazon definiert die verfügbaren Zielgruppen aufgrund des Kaufverhaltens und der Suchhistorie von Amazon-Usern. Es können mehrere der äußerst differenzierten Segmente miteinander kombiniert werden. Der Werbetreibende erfährt jedoch nicht, aus welchen Kunden mit welchen spezifischen Kaufeigenschaften sich diese Zielgruppen zusammensetzen.

> **Hinweis**
>
> Wenn sich unter den Sponsored-Ads-Interessengruppen keine findet, die auf den Artikel passt, ist *Amazons Demand Side Platform* (*DSP*) eventuell die effizientere Wahl. Sie erlaubt eine noch genauere zielgruppenspezifische Aussteuerung (siehe Kapitel 7).

Die Ausspielung ist beim interessenbezogenen Targeting also nicht an bestimmte Keywords oder Produktdetailseiten gebunden, sondern orientiert sich an den Kunden. Ein Beispiel: Möchte man eine Waschmaschine bewerben, wählt man wahrscheinlich unter anderem die Interessengruppen »Waschmaschine« und »Elektrogroßgeräte« aus. Die Anzeige wird nun an User ausgespielt, für die Amazon ein konkretes Interesse an diesen Kategorien ermittelt – egal ob die Kunden sich gerade auf einer Suchergebnisseite mit Kochbüchern oder auf der Produktdetailseite eines Rasenmähers befinden.

Die zweite Ausrichtungsalternative ist das *produktbezogene Targeting*. Die Funktionsweise wurde im Rahmen der Sponsored Products bereits beschrieben.

Nachdem Sie manuell ASINs hinzugefügt haben, auf denen PDAs ausgespielt werden sollen, können Sie das Targeting außerdem automatisiert auf eng verwandte Produkte ausweiten. Hierbei sollten Sie bedenken, dass mit einer höheren Anzahl an Ziel-ASINs mehr Impressions generiert werden können. Dies ist wichtig, um später aussagekräftige Kennzahlen zu erhalten.

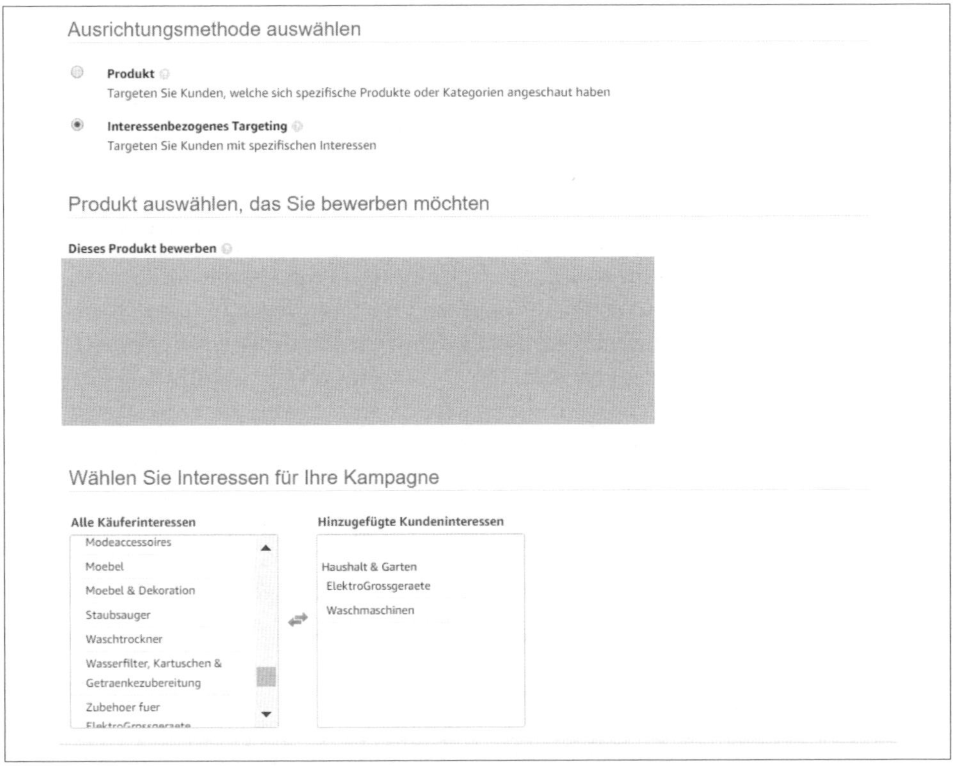

Abbildung 6-9: Ausrichtungsmethode und Interessengruppen festlegen (Quelle: advertising.amazon.de)

Ebenso wie bei Sponsored Products ist darüber hinaus das *Targeting von verwandten Produktkategorien* möglich, die von Amazon definiert werden. Allerdings lassen sich PDAs in diesem Fall weit weniger fein steuern als SPs. So gibt es weder Filteroptionen in Bezug auf Sternebewertungen, Marken oder Preisspannen noch negative Targeting-Optionen.

Anwendungsmöglichkeiten und strategische Bedeutung der Product Display Ads

Aufgrund ihrer vielfältigen Aussteuerungsoptionen und der Möglichkeit, sie präzise zu justieren, bieten PDAs eine interessante Bandbreite an Anwendungsmöglichkeiten. Da sie eine hohe Reichweite aufweisen und der CPC im Schnitt relativ günstig ist, kann innerhalb kurzer Zeit eine hohe Anzahl an Impressions generiert werden. Ist beispielsweise das Hauptziel eines Unternehmens, die Bekanntheit der Marke und seiner Produkte zu steigern, stellt dieses Format ein leistungsstarkes Marketinginstrument dar.

Bei der Kampagnenerstellung sollten Sie darauf achten, Interessengruppen und Zielprodukte sowie Kategorien sorgfältig durchdacht zusammenzustellen und sie nicht nur aufgrund ihrer höheren Reichweite auszuwählen. Ansonsten kann es zu großen Streuverlusten kommen. Ebenso wie bei den anderen Anzeigentypen lautet das Schlüsselwort hier Relevanz. Wenn Kunden ein Produkt als irrelevant für ihren Bedarf einstufen, werden sie nicht auf die Anzeige klicken. Verfügen Marketingverantwortliche allerdings über eine fundierte und tiefgreifende Kenntnis der Zielgruppe, kann ein Produkt momentan wahrscheinlich auf keiner anderen Plattform so effizient und präzise beworben werden.

In der Headline oder im Produkttitel sollten Sie die Verbindung zwischen beworbenem Produkt und Zielprodukt klar herausstellen, vor allem wenn der Bezug nicht evident ist. Kunden leuchtet beispielsweise sofort ein, dass ein Fahrradschloss, das auf der Detailseite eines Fahrrads zu finden ist, eine sinnvolle Ergänzung zu ihrem Kauf darstellt.

Es gibt jedoch auch Produktkombinationen, bei denen der Zusammenhang nicht sofort ins Auge springt. Dies ist beispielsweise öfter bei neuartigen und/oder erklärungsbedürftigen Produkten der Fall. Auch beim interessenbezogenen Targeting ist es besonders wichtig, mit eingängigen Argumenten und verständlichen Erklärungen zu arbeiten, um eine hohe CTR zu erreichen.

Praxistipp

Wenn die Ausspielung auf der Produktdetailseite in der Nähe der Buybox erfolgt, muss der Käufer den konkreten Nutzen bzw. Mehrwert des präsentierten Produkts schnell und eindeutig erkennen können.

Auch PDAs eignen sich wie produktbezogene SPs zum Cross- und Up-Selling sowie für defensive und offensive Kampagnenstrategien. So lassen sich die eigenen Detailseiten beispielsweise durch das Targeting der eigenen ASINs vor Platzierungen durch Wettbewerber schützen.

Strategischer Einsatz von Sponsored-Ads-Kampagnen

Zurzeit können Marketingtreibende zwar auch noch mit einem geringen Budget zufriedenstellende Ergebnisse erzielen und mit Kampagnen experimentieren, doch dies wird sich mit steigendem Wettbewerb schnell ändern. Umso wichtiger ist es, Kampagnen kontrolliert und auf ein klares Ziel hin einzusetzen. Nur so lässt sich das ganze Potenzial der Sponsored Ads ausschöpfen und verhindern, dass Marketinginvestitionen verbrannt werden.

Insbesondere internationale Markenhersteller mit einem größeren Produktportfolio sehen sich mit der anspruchsvollen Aufgabe konfrontiert, ihre Absatzzahlen mit strategisch gut durchdachten Sponsored-Ads-Kampagnen effizient zu steigern. Hierzu muss nicht unbedingt eine einheitliche Strategie auf das gesamte Produktprogramm angewendet werden. Im Gegenteil: Je nach Wettbewerberlage und Lebenszyklus der Produkte empfiehlt es sich, auf Sortimentsebene unterschiedliche Kampagnenstrategien zu verfolgen. Es gibt vielfältige Möglichkeiten, um die angestrebten Ziele zu erreichen – ob nun die eigene Marke bekannter gemacht werden soll oder Umsatzziele im Vordergrund stehen.

Kampagnenziele und -strategien stehen dabei nicht im luftleeren Raum, sondern sind Teil der übergeordneten E-Commerce-Strategie (siehe Abbildung 6-10). Auf dieser Grundlage wird eine Strategie für den Umgang mit Amazon und eine darauf abgestimmte Ausrichtung für Sponsored Ads und die Demand Side Platform entwickelt. Hiervon leitet sich der strategische Fahrplan für die Kampagnen ab. Wie sich unterschiedliche Ziele durch den sinnvollen Einsatz der Sponsored Ads umsetzen lassen, erläutern wir im Folgenden.

Abbildung 6-10: Strategische Ableitung der Kampagnenziele (Quelle: factor-a – part of Dept)

Kampagnenstrategien: ein Überblick

Bei der Planung von Kampagnenstrategien sollten Vendoren immer das übergeordnete Ziel für den Umgang mit Amazon im Blick haben: Es gilt, die Abhängigkeit der eigenen Marken und Produkte vom Amazon-Suchalgorithmus weitestmöglich zu verringern sowie Wettbewerber auf Abstand zu halten – zur bestmöglichen Kosten-Umsatz-Relation.

Die folgende Übersicht zeigt unterschiedliche Kampagnenziele für den Sponsored-Ads-Einsatz. In der Tabelle sind stichpunktartig die wesentlichsten Merkmale aufgeführt. Ob das jeweilige Setup in der aufgeführten Form tatsächlich die gewünschten Ergebnisse liefert, sollten Sie im Einzelfall individuell beurteilen. Hierbei spielen Budget, Ausgangssituation und bisher erhobene Kennzahlen eine Rolle. Eventuell muss die Herangehensweise variiert und den vorliegenden Bedingungen angepasst werden, damit die verfolgten Kampagnenziele erreicht werden können. Im Anschluss an die Tabelle erläutern wir die wichtigsten Strategien.

Tabelle 6-3: Vergleichende Darstellung von Sponsored-Ads-Kampagnenstrategien

Kampagnenziel	Keyword-Auswahl	Gebotsstrategie	Erfolgskennzahlen	Anzeigentypen
Umsatzsteigerung	generisch und Auto	aggressiv	Wachstumsrate	SB, SP
Renditeoptimierter Absatz	Longtail	niedrig und steigernd	ACoS[a]	SP
Markenschutz	Brand und Produktlinie	aggressiv	gewonnene Auktionen	SB, SP, PDA
Marktanteile gewinnen	Wettbewerber	aggressiv	Share of Voice[b]	SB, SP, PDA
Cross- und Up-Selling	Brand und Produktlinie	Marktniveau	Warenkorbgröße und ACoS	SB, SP, PDA
Produkteinführung	generisch und Auto	aggressiv	Verbesserung des organischen Rankings	SB, SP
Event- und Saisoneffekte nutzen	Kombination aus Event + Generisch	Marktniveau	Abverkaufssteigerung	SB, SP, PDA
Markenbekanntheit steigern	generisch und Wettbewerber	niedrig und steigernd	Impressions und Klicks	SB, SP, PDA
Artikelabverkauf/ Clearing	generisch sowie Brand und Produktlinie	niedrig	ACoS	SP
Keyword-Recherche	Auto	niedrig	Anzahl neuer Keywords	SP

[a] ACoS (*Advertising Cost of Sales*): Werbekosten / erzielter Umsatz durch Werbeanzeigen. Die Kennzahl wird verwendet, um die Effizienz von Sponsored-Ads-Kampagnen im Verhältnis zu den Werbeausgaben zu messen.

[b] Share of Voice: Anteil an der Ausspielung Keyword-basierter Anzeigen. Gibt an, wie hoch die eigene Präsenz für die jeweiligen Keywords im Vergleich zu Wettbewerber-Ads ist.

Steigerung von Absatz und Umsatz

Ein typisches Kampagnenziel ist *Umsatzmaximierung* durch Absatzsteigerung. Sponsored Ads werden in diesem Fall dazu genutzt, einzelne ASINs, Produktlinien und Marken intensiv zu bewerben. Das Ziel: verbesserte Sichtbarkeit und wachsende Umsatzzahlen. Den Erfolg der Marketingmaßnahmen misst man daher anhand der Umsatzwachstumsrate der beworbenen Produkte. Im Zuge dieser Strategie wird vor allem mit manuell gesteuerten Sponsored Brands und Sponsored Products gearbeitet.

Es dreht sich alles darum, Keywords zu belegen, die eine besonders hohe Reichweite bieten. Dabei handelt es sich in der Regel um generische Suchbegriffe. Der Werbetreibende gibt für diese Maximalgebote ab, die über dem aktuellen Marktschnitt liegen. Reichweitenstarke Longtail Keywords lassen sich effizient mit automatisch ausgesteuerten SP-Kampagnen ermitteln und bespielen. Durch die Kombinationen der beiden Anzeigentypen und aggressives Bidding wird die größtmögliche Reichweite erzielt.

Zuvor legt der Anwender für sich einen maximalen *Advertising Cost of Sales* (*ACoS*) und ein Budget fest, die nicht überschritten werden sollen. Auf diese Weise wird sichergestellt, dass die Kampagne rentabel bleibt. Wie bei allen Kampagnenstrategien sollten der *Return on Investment* (*ROI*)[3] und die Reichweite fortlaufend optimiert werden.

Bei der *renditeoptimierten Absatzsteigerung* liegt der Schwerpunkt im Gegensatz zur zuvor beschriebenen Strategie nicht auf dem Umsatzwachstum, sondern auf der Optimierung des ROI. Der Absatz soll in diesem Fall mit einem möglichst geringen ACoS erhöht werden. Dafür muss der Werbetreibende das optimale Verhältnis von Reichweite und Umsatz ermitteln. Um das zu erreichen, lässt man die aus getesteten Kampagnen gewonnenen Erkenntnisse einfließen. Einzelne Gebote werden fortlaufend optimiert. Man beginnt mit niedrigen Maximalgeboten, die unter dem Marktschnitt liegen. Die Gebote für gut performende Keywords werden schrittweise erhöht, um eine maximale Ausspielwahrscheinlichkeit zu gewährleisten. Suchbegriffe, die zu hohe ACoS-Werte aufweisen, werden nach unten angepasst.

Da die Kosten-Umsatz-Relation bei Sponsored Products momentan noch am attraktivsten ist, kommt der verkaufseffiziente Anzeigentyp zum Einsatz. Zur Verbesserung des ROI trägt zudem die Optimierung des Keyword-Sets bei. Es empfiehlt sich, insbesondere im Longtail-

3 ROI (*Return on Investment*): Kapitelrendite; erzielter Gewinn durch Werbeanzeigen/Werbekosten. Die Kennzahl wird verwendet, um die Rentabilität von Kampagnen zu messen.

Bereich zu arbeiten, da hier der CPC besonders günstig ausfällt. Darüber hinaus haben die Amazon-Kunden in der Regel bereits eine spezifische Vorstellung von dem gesuchten Produkt, sodass die Wahrscheinlichkeit eines Verkaufs höher ist. Das Ziel der Maßnahmen ist, bei gleichbleibendem Budget den Umsatz und damit den ROI zu steigern.

Vergleicht man die beiden Kampagnenstrategien, erkennt man, dass die Vorgehensweisen zum Teil sehr gegensätzlich sind. Entweder wird der Umsatz gesteigert, indem mit hohem Aufwand einzelne Artikel besser sichtbar gemacht werden, oder man optimiert die Reichweite kostenorientiert. Einen Mittelweg zwischen diesen Strategien einzuschlagen, ist nicht zielführend, sie werden von Marketingtreibenden jedoch häufig aufeinander aufbauend eingesetzt. Eine solche Herangehensweise empfiehlt sich insbesondere bei Produkteinführungen und neu eingerichteten Accounts, für die Sie noch über keine Erfahrungswerte verfügen.

Einführung von neuen Produkten

Der Launch von neuen Produkten bzw. Listings auf Amazon ist ein klassisches Kampagnenziel. Wie oben beschrieben, kommen zu Beginn vornehmlich SBs und SPs zum Einsatz, um innerhalb kurzer Zeit eine hohe Anzahl von Verkäufen zu erreichen. Die CPC-Gebote sollten hierbei zunächst über dem Marktschnitt liegen, damit so viele Impressions wie möglich generiert werden. Ziel ist es, den Absatz so stark zu pushen, dass der Algorithmus den Artikel weit oben in den Suchergebnissen platziert. Dadurch steigt in der Regel der organische Absatz.

Bei SBs sollten Sie die Anzahl der ASINs auf der Landingpage möglichst gering halten, damit sich Kunden nicht von dem neu eingeführten Produkt ablenken lassen. Schließlich gilt es, den Absatz genau dieses Produkts zu fördern. Die Anzeigen sollten zudem verschiedene zielgruppenspezifische Ausrichtungen und Ansprachen aufweisen. Durch die unterschiedlichen Versionen kann der Anwender sicherstellen, dass der Launch nicht an einer ungünstig gestalteten Anzeige scheitert.

Wenn ein gewisser Umsatz und ein gutes Ranking erreicht sind, können Sie die Kampagnen im Hinblick auf einen renditenoptimierten Absatz weiterentwickeln. Dadurch wird ein beständiges Wachstum gefördert. Das Verhältnis zwischen Kosten und Absatz wird optimiert, und die Maximalgebote können gesenkt werden. Es fallen immer weniger Werbekosten an, während sich gleichzeitig der gesamte Umsatz erhöht.

Steigerung der Markenbekanntheit

Amazon erreicht bekanntermaßen jeden Tag Millionen von Onlineshoppern. Mit Sponsored Ads kann die Bekanntheit der eigenen Brand daher effektiv gesteigert werden. Hierzu steuern Sie Kampagnen zielgruppenspezifisch aus. User, die sich in dem entsprechenden Interessenkreis bewegen, entdecken so die Marke. Im Idealfall ordnen sie die beworbene Brand als relevant für sich ein und berücksichtigen sie bei zukünftigen Kaufentscheidungen.

Praxistipp

Sponsored Ads sind nicht nur für Markenhersteller interessant, die ihre Waren hauptsächlich online vertreiben. Auch für Anbieter, die zum Beispiel über starke Offlinekanäle verfügen, kann sich ihr Einsatz lohnen. Die Steigerung der passiven und aktiven Markenbekanntheit geht über Amazon als Point of Sale hinaus.

Um dieses Kampagnenziel zu erreichen, sind Products Display Ads ein besonders effizientes Instrument. Innerhalb kurzer Zeit können mehrere Millionen Impressions generiert werden. Und das zu einem unschlagbaren Preis: Vergleicht man die Anzahl der Ausspielungen mit den Kampagnenkosten, bewegt sich der Tausender-Kontaktpreis im Schnitt derzeit noch im Cent-Bereich.

Aufgrund ihrer prominenten Platzierung zwischen Suchmaske und Suchtreffern sind Sponsored Brands gerade für Newcomer hilfreich. Sie sind zwar hochpreisiger als PDAs, dafür ist die Chance höher, dass Amazon-User die Anzeige bewusst wahrnehmen.

Für groß angelegte Branding-Aktionen ist dagegen Amazons Demand Side Platform besser geeignet, da sie vielfältige Marketingmöglichkeiten bietet, die über das Amazon-Ökosystem hinausgehen.

Markenschutz und Sicherung von Marktanteilen

In der Übersicht zu den Anzeigentypen wurde bereits darauf eingegangen, dass alle drei Werbemittel defensiv und offensiv verwendet werden können. Ist das strategische Ziel der *Markenschutz*, sollten daher alle drei Anzeigentypen zum Einsatz kommen. Eine wichtige Voraussetzung für die Verteidigung der eigenen Position ist die umfassende Kenntnis aller Keywords, die für die eigenen Produkte und Marken relevant sind. Werbetreibende sollten frühzeitig Sponsored Brands und Sponsored Products auf diese schalten, um zu verhindern, dass Wettbewerber ihnen zuvorkommen und potenzielle Kunden abwerben. Die Stärkung der Markenpräsenz in der Suche ist ein weiterer positiver Effekt dieser Maßnahme.

Insbesondere erfolgreich am Markt etablierte Hersteller, deren Markenname als Synonym für ganze Produktkategorien verwendet wird, benötigen leistungsstarke Abwehrkampagnen. Sie geraten zunehmend ins Visier von offensiv ausgerichteten Kampagnen. Viele Kunden verwenden zum Beispiel den Suchbegriff »Edding«, wenn sie wasserfeste Filzstifte bestellen möchten. Anbieter von Alternativprodukten können diese Chance nutzen und Marken-Keywords mit SBs besetzen, in denen sie auf ihre preisgünstigeren Modelle aufmerksam machen.

Sehr wirkungsvoll ist hier ebenfalls der Einsatz von Sponsored Products. Erscheinen die Substitutartikel oben in der Suchergebnisliste, nehmen Amazon-User oft an, dass es sich um den besten natürlichen Suchtreffer handelt. Stimmen dann auch noch Preis und Bewertung, wird das Produkt des Wettbewerbers für den Kunden äußerst interessant. Offensive Strategien wie diese werden angewendet, um Marktanteile zu gewinnen.

Viele Marketingtreibende gehen davon aus, dass die Schaltung von Sponsored Brands und Sponsored Products auf markenrelevante Keywords für den Markenschutz ausreichend ist. Dies kann ein kostspieliger Fehler sein, denn in der Praxis ist auch der Einsatz von Product Display Ads und Sponsored Products mit Produktausrichtung für eine zuverlässige Verteidigung unverzichtbar.

Hier ein Beispiel: Ein großer Markenhersteller wie Sony schaltet Sponsored Brands und Sponsored Products auf markenspezifische Keywords, um Amazon-User auf die Produktdetailseiten bestimmter Digitalkameras zu führen. Direkte Wettbewerber wie Canon haben in diesem Fall immer noch die Chance, den Kunden kurz vor dem Kauf durch Product Display Ads und Sponsored Products auf ihre Digitalkameras aufmerksam zu machen. Es besteht die Gefahr, dass der Kunde sich für das beworbene Alternativprodukt entscheidet. Wirbt Canon den Kunden ab und verbucht damit den Umsatz, hat Sony seine Ressourcen vergeblich in Keyword-basierte SBs und SPs investiert. Es wird jedoch nicht nur Budget verschwendet, sondern gleichzeitig wird auch die Position des Wettbewerbers gestärkt: Wenn die Digitalkamera von Canon durch die PDAs bzw. SPs mehr Verkäufe erzielt, steigt ihr Ranking in der organischen Suchergebnisliste.

Um sich vor solch folgenschweren Angriffen durch Wettbewerber zu schützen, müssen sich Vendoren die Product Display Ads und Sponsored Products auf den eigenen Produktdetailseiten sichern. Im Idealfall bewegt sich der Kunde dank dieser Maßnahme weiter innerhalb des Produktportfolios des Herstellers und findet hier sein Wunschprodukt.

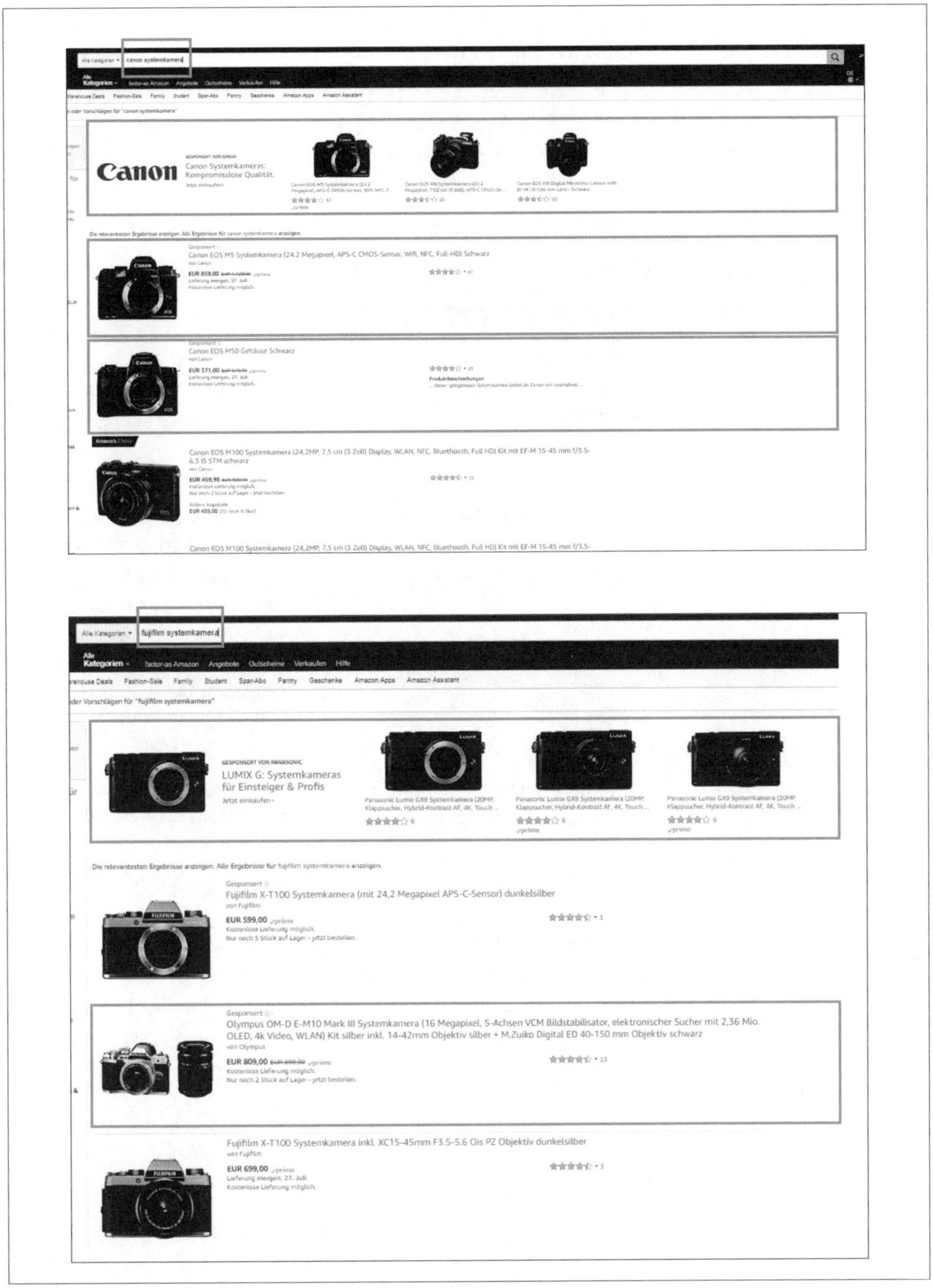

Abbildung 6-11: Beispiele für defensive bzw. offensive Maßnahmen: Der Kamerahersteller Canon belegt das Keyword »Canon Systemkamera« mit SBs und SPs (siehe oben). Auf diese Weise sorgt er für optimale Markenpräsenz auf der entsprechenden Suchergebnisseite. Fujifilm wird dagegen von konkurrierenden Flaggschiffen wie Panasonic in die Mangel genommen (siehe unten). (Quelle: amazon.de)

Diese defensive Maßnahme dient nicht nur dem Schutz, sondern eignet sich gleichzeitig hervorragend für das *Cross- und Up-Selling*. So könnte Sony auf den Detailseiten seiner Digitalkameras beispielsweise passendes Zubehör wie Kamerataschen oder Systemkameras mit größerem Funktionsumfang bewerben. Sind die Product Display Ads geschickt aufbereitet und platziert, stellen sie für den Kunden eine Zusatzinformation dar und wecken sein Interesse.

Tabelle 6-4: Zusammenfassung: Einsatz von Sponsored Ads für eine wirkungsvolle Abwehrstrategie

Anzeigentyp	Targeting	Ziel
SB	produkt- und markenrelevante Keywords (z. B. Sony Digitalkamera, Sony Systemkamera, Alpha 6000)	• Verhindern, dass Wettbewerber markeneigene Keywords besetzen • Markenpräsenz auf Suchergebnisseiten stärken • Cross- und Up-Selling
SP	• produkt- und markenrelevante Keywords • Produkt-Targeting eigener ASINs	• Verhindern, dass Wettbewerber markeneigene Keywords besetzen • Markenpräsenz in den Suchergebnissen und auf den eigenen Produktdetailseiten stärken • Verhindern, dass Kunden sich kurz vor Kaufabschluss für das Produkt eines Wettbewerbers entscheiden • Cross- und Up-Selling
PDA	Produkt-Targeting eigener ASINs	• Verhindern, dass Kunden sich kurz vor Kaufabschluss für das Produkt eines Wettbewerbers entscheiden • Cross- und Up-Selling

Sowohl offensive als auch defensive Strategien erfordern ein aggressives Bidding über dem Marktschnitt. Gerade eine offensive Vorgehensweise kann zu einem regelrechten Bieterkrieg zwischen den Wettbewerbern führen. Die Folge ist eine Preisspirale, von der letzten Endes keiner der Werbetreibenden etwas hat. Lediglich Amazon geht in diesem Fall als Gewinner hervor.

Warnung

Sie sollten nur offensiv gegen Wettbewerber vorgehen, wenn es tatsächlich notwendig und eine berechtigte Grundlage vorhanden ist. Andernfalls können horrende Klickpreise die Folge sein, von denen ausschließlich Amazon profitiert.

Bekanntere Markenhersteller sollten Kampagnen daher vorrangig defensiv, also zur Abwehr und zur Festigung der eigenen Marktposition, verwenden. Nur in Einzelfällen empfehlen sich offensive Maßnahmen. Sie müssen gut durchdacht und vorbereitet werden. So ist es zum Beispiel nicht besonders sinnvoll, ein Produkt mit niedrigen Verkaufszahlen und schlechten Bewertungen gegen ein Bestsellerprodukt des Wettbewerbers ins Rennen zu schicken.

Saison- und eventbezogene Kampagnen

Amazon unterliegt wie alle Handelsplätze saisonalen Effekten, die bei der Kampagnenplanung und der Kalkulation von Jahresbudgets berücksichtigt werden sollten. Mit saisonal ausgerichteten Kampagnen, beispielsweise zur Weihnachtszeit, zum Muttertag oder zu Schulbeginn, können Werbetreibende den Abverkauf geeigneter Waren steigern.

Hierzu werden unter anderem Sponsored Brands auf Longtail Keywords gebucht, die generische und saisonale Suchbegriffe kombinieren, wie zum Beispiel »Lichterkette Garten Weihnachten« oder »Geschenke Muttertag«. Besteht gerade Hochsaison für die eigenen Waren, verstärkt sich automatisch der Wettbewerb um die entsprechenden Keywords. Die Folge sind höhere Klickpreise. In der Regel steigt gleichzeitig jedoch auch die Wahrscheinlichkeit eines Kaufs.

Neben saisonalen Effekten gibt es zahlreiche Events, die vom Onlinehandel ins Leben gerufen wurden und die ebenfalls großen Einfluss haben können. Zu diesen Aktionen gehören unter anderem der *Prime Day* und die *Cyber Monday Week*. Da sich in dieser Zeit viel mehr potenzielle Käufer auf der Plattform bewegen, kann es sich lohnen, das Tagesbudget für Kampagnen zu erhöhen. So ermöglichen Sie eine höhere Anzahl an Impressions.

Im Zuge dieser Events werden die Preise zahlreicher Produkte gesenkt. Dadurch verändern sich Produktumfeld und Kaufverhalten der Amazon-User. Bei der Wahl der zu bewerbenden ASINs sollten diese Faktoren berücksichtigt werden. Sie sollten sorgfältig abwägen, welche Ihrer Produkte sich tatsächlich durchsetzen können. Verfügt ein Hersteller über ein Sortiment, das sich das ganze Jahr über verkaufen lässt, kann es sogar sinnvoll sein, Hochsaison und Events auszusetzen und sich auf die Nebensaison zu konzentrieren. Wenn keine besonderen Deals angeboten werden, fällt hier die Kosten-Umsatz-Relation in der Regel wesentlich attraktiver aus.

Wie sich saisonale Effekte und die Platzierung von PDAs sowie SPs geschickt nutzen lassen, demonstriert das folgende Beispiel: Bewirbt ein Hersteller im Winter einfache, preisgünstige Rundgrills auf den Seiten von Weber Elektrogrills, wird er damit kaum Sales generieren und sein Werbebudget vergebens investieren. Günstige Holzkohlegrills werden vornehmlich im Sommer gekauft. Amazon-User, die sich im Winter für einen Weber-Grill im oberen Preissegment interessieren, suchen ein Grillgerät, das höchsten Ansprüchen gerecht wird und ebenfalls im Innenbereich verwendet werden kann. Für den Kunden stellt das beworbene Produkt daher keine relevante Alternative dar.

Um unprofitable Kampagnen zu vermeiden, sollten die getargeteten Produkte sorgfältig recherchiert und mit gesundem Menschenverstand ausgewählt werden. Die optimale Vorgehensweise in diesem Beispiel wäre folgende: Der Marketingtreibende sucht Holzkohlegrills auf Amazon aus, die gleichwertig sind, aber zu einem etwas höheren Preis angeboten werden. Auf diesen ASINs platziert er kurz vor dem Start und über die gesamte Grillsaison hinweg PDAs und SPs.

Ab- und Ausverkauf von Artikeln

Ein weiteres Kampagnenziel kann der möglichst schnelle Abverkauf des Lagerbestands sein. Hierbei handelt es sich oftmals um Waren, die am Ende ihres Produktlebenszyklus stehen, weil beispielsweise eine neue Ausführung des Modells erschienen ist.

In der Regel ist das ältere Modell nicht mehr sonderlich gefragt, sodass sein Marktpreis meist erheblich abfällt. Daraus resultiert eine geringe Marge für den Hersteller und für Amazon. Die Werbekosten, also der CPC, sollten daher so niedrig wie möglich gehalten werden, um einen zufriedenstellenden ROI zu erzielen. Sponsored Products sind dafür in der Regel am besten geeignet, da sie das verkaufsstärkste Werkzeug der Sponsored Ads sind.

Sind die Lagerkosten allerdings sehr hoch oder schreitet die Wertminderung der Waren sehr schnell voran, kann eine offensivere Vorgehensweise notwendig sein, um kein Verlustgeschäft zu machen. Wer möglichst viele Impressions und Conversions in kürzester Zeit generieren möchte, muss eine aggressive Gebotsstrategie verfolgen.

> **Praxistipp**
>
> Auslaufmodelle lassen sich in den meisten Fällen am effizientesten über Sponsored Products bewerben. Da Amazon die Kampagnen abschaltet, sobald Sie die Buybox verlieren, werden keine Produkte beworben, die bereits nicht mehr auf Lager liegen.

Damit Produkte überhaupt durch Sponsored Ads beworben werden können, müssen sie für Amazon profitabel sein. Verdient Amazon zu wenig am Verkauf des Produkts, lässt es den Artikel nicht für die Anzeigenschaltung zu. In diesem Fall ist es möglich, dass der Hersteller den Einkaufspreis für Amazon senken muss. Er steht vor der Entscheidung, ob sich diese Maßnahme für ihn lohnt oder ob die Abverkaufskosten damit insgesamt zu hoch ausfallen.

Dabei spielt es eine wichtige Rolle, ob das Listing von der neuen Ausführung übernommen oder gelöscht wird. Wenn das Listing nicht fortgeführt wird, geht es bei der Förderung des Abverkaufs in erster Linie darum, die oben beschriebenen Kosten zu senken. Bleibt das Listing dagegen erhalten, kann man die Abverkaufskosten als Marketinginvestition in das neue Produktmodell verstehen: Da die Verkaufszahlen steigen, verbessert sich das organische Ranking des Listings. Dies bildet eine hervorragende Startbasis für das neue Produkt.

Strategische Ermittlung und Auswahl von Keywords

Sie haben bereits gelernt, dass Relevanz einen der zentralen Faktoren für die Ausspielung von Produkten darstellt. Das gilt nicht nur für die organischen Suchergebnisse, sondern auch in Bezug auf Keyword-basierte Sponsored Ads. Für die Auswahl der Suchbegriffe bedeutet dies, dass Sie nur kategorieähnliche Keywords targeten können. Hiervon verstärkt betroffen sind SPs.

Stuft Amazon die der Kampagnen zugeordneten ASINs als irrelevant für die hinterlegten Keywords ein, werden die Anzeigen mit hoher Wahrscheinlichkeit nicht bei entsprechenden Suchanfragen ausgespielt. Hier ein Beispiel: Ein Hersteller möchte ein Fett lösendes Spülmittel auf Keywords wie »Grill« und »Grillrost« schalten, um Cross-Selling zu betreiben. Dahinter steckt die Annahme, dass Kunden, die einen Grill kaufen möchten, sich auch für Produkte interessieren, die zur Reinigung des Geräts dienen. Vom Prinzip her ist der Gedanke zwar nicht falsch, allerdings fallen die Ausspielchancen äußerst niedrig aus.

Ob die Kombination aus ASINs und Keywords im Hinblick auf die Relevanz passt, prüft Amazon anhand verschiedener Kriterien. Hierzu gehören die erstellten Metadaten und die Zuordnung der Produkte innerhalb des Kategoriebaums. Ranken zum Beispiel keine Produkte aus der Produktkategorie in den organischen Treffern zu den jeweiligen Keywords, werden sie wahrscheinlich auch als Sponsored Products nicht funktionieren. Sinnvoller wäre es daher, das Reinigungsmittel auf

Produkte zu schalten, die sich in der gleichen Kategorie bewegen. Anbieten würden sich beispielsweise »Spültücher« und »Spülbürste«.

In welcher Phase der Kampagnenplanung Sponsored-Ads-Keyword-Sets zusammengestellt werden, hängt jeweils von dem strategischen Ziel ab. Liegt der Schwerpunkt auf dem Gewinn von Marktanteilen, werden die Suchbegriffe als Erstes ausgewählt. Der Werbetreibende legt fest, welche Keywords für Marke und Artikel wichtig sind. Dies setzt eine fundierte Kenntnis von Brand und Produkten voraus.

Um herauszufinden, welche Suchbegriffe davon tatsächlich relevant sind, können Sie sich das eigene Ranking in den organischen Suchergebnissen anschauen. Darüber hinaus gibt es spezielle Tools, die Werbetreibende bei der Keyword-Recherche unterstützen. Sie ermitteln, welche Begriffe und Kombinationen das größte Suchvolumen aufweisen. Auch Keywords, die sich in vergangenen Kampagnen mit gleichen oder eng verwandten Artikeln bewährt haben, können in das Keyword-Set aufgenommen werden.

Stehen dagegen kostenorientierte Ziele im Fokus, steht die Wahl des Keywords-Sets am Schluss. Bei dieser Herangehensweise überlässt man die Recherche passender Suchbegriffe am besten dem Amazon-Algorithmus. Wenn man automatisch ausgesteuerte SP-Kampagnen schaltet, ermittelt dieser, welche Keywords auf die zu bewerbenden ASINs passen. In dem downloadbaren Suchbegriffe-Bericht kann der Anwender sehen, für welche Keywords die automatische Kampagne ausgespielt wurde.

Die Daten beziehen sich allerdings auf die gesamte Kampagne, man erhält keine Informationen darüber, welche ASIN für welches Keyword ausgespielt wurde. Um aussagekräftige Ergebnisse zu erhalten, sollten daher immer nur wenige Artikel zugeordnet werden, die zudem ähnliche Eigenschaften aufweisen.

> **Praxistipp**
>
> Beginnen Sie bei der Keyword-Recherche mit niedrigen Maximalgeboten und erhöhen Sie den Betrag Schritt für Schritt. So finden Sie heraus, welche »versteckten« Keywords für die eigenen Produkte gut performen.

Wenn Sie mit hohen CPC-Geboten starten, ermöglicht dies dem Amazon-Algorithmus, das Kampagnenbudget für teure, generische Keywords zu verwenden, die von vornherein auf der Hand liegen. Setzen Sie den CPC dagegen niedrig an, haben die ermittelten Suchbegriffe zwar in der Regel ein geringeres Suchvolumen, doch dafür handelt es sich um effiziente Umsatzbringer. Werden sie langfristig in manuelle Kampagnen eingebaut, erreicht der Werbetreibende mit einem niedrigen Werbebudget eindrucksvolle Umsatzzahlen und damit einen attraktiven ROI. Im taktischen Teil des Kapitels ab Seite 191 gehen wir genau darauf ein, wie Sie hier auf operativer Ebene am besten vorgehen.

Erfahrungswerte und eine umfassende Kenntnis des eigenen Keyword-Territoriums sind essenzielle Voraussetzungen, um Sponsored Ads möglichst effizient und gewinnbringend einzusetzen. Gerade einschlägige Suchbegriffe sind hart umkämpft. Wer sich jedoch abseits des erbitterten Bieterwettstreits bewegt, kann sich Gebiete sichern, in die der Kampf noch nicht vorgedrungen ist.

Ein Beispiel: Im Bereich *Haushaltswaren* ist »Pfanne« ein Suchbegriff, den sich viele große Markenhersteller wie zum Beispiel Tefal und Stilit sichern möchten. Hier herrscht ein sehr starker Wettbewerb. Weitaus effizienter ist es, darüber hinaus spezifischere Suchbegriffe ausfindig zu machen, wie »Pfanne Glasdeckel induktionsgeeignet« oder »Pfanne Spülmaschine geeignet«. Gerade für kleinere Markenhersteller, die nicht die monetären Mittel für den Kampf um begehrte Haupt-Keywords aufbringen können, sind solche Longtail Keywords die bessere und meist einzige Alternative.

Mitbewerberanalyse als Vorbereitung für offensive Kampagnen

Möchte man eine Großoffensive starten und mit Sponsored Ads gezielt direkte Wettbeweber angreifen, bedarf dies einer gründlichen Vorbereitung und Analyse. Zunächst müssen so viele Informationen wie möglich über die jeweiligen Hersteller gesammelt werden.

Im Hinblick auf den ACoS empfiehlt es sich nicht, einfach Anzeigen auf sämtliche Suchbegriffe und Produkte der Wettbewerber zu schalten. Im Gegenteil: Sie sollten sorgfältig abwägen, welche Keywords Sie mit angemessenem Einsatz belegen können und welche effektiv sind. Im Bereich der Product Display Ads und Sponsored Products muss der Werbetreibende Artikel der Mitbewerber ermitteln, für die er adäquate Alternativprodukte im Sortiment hat.

Wie finden Sie passende Suchbegriffe für offensive Kampagnen? Zu Beginn wird recherchiert, mit welchen Keywords die Mitbewerber hoch ranken. Hierzu vergleicht man, welche Platzierungen ihre Artikel und die eigenen Produkte in den organischen Suchergebnissen erzielen.

Nun müssen Sie entscheiden, welche Keywords davon für Sie besonders wichtig sind und in welche Sie bereit sind, einen großen Teil Ihres Werbebudgets zu investieren.

Im nächsten Schritt werden diejenigen Suchbegriffe herausgefiltert, für die es passende Variationen oder Longtail Keywords gibt, die alternativ und mit geringem monetärem Einsatz belegt werden können. Bei manchen Keywords reicht zudem eine Optimierung der jeweiligen Produktdetailseiten aus, um ein besseres Ranking zu erzielen und die Wettbewerber zu überholen.

Hier die Schritte im Überblick:

1. Keywords ermitteln, für die Wettbewerber ein besseres Ranking in den organischen Sucherergebnissen erzielen.
2. Keywords auswählen, die für die eigene Brand gewonnen werden sollen.
3. Keywords herausfiltern, für die es Alternativen oder Longtail-Varianten gibt.
4. Keywords und Listings ermitteln, bei denen SEO-Maßnahmen ausreichend für ein besseres Ranking sind.

Das Budget sollte in die Suchbegriffe investiert werden, die nach diesen Maßnahmen noch übrig bleiben. Wurde bis zu diesem Punkt ordentlich gearbeitet, handelt es sich bei den verbliebenen Begriffen um bekannte, umsatzstarke Keywords, zu denen es kaum Alternativen gibt und die eine aggressive Gebotsstrategie erfordern.

Ob sich diese Investition im Verhältnis zum Gewinn lohnt, kann allerdings erst nach dem Start der Kampagne beurteilt werden. Es gibt jedoch Faktoren, die einen Hinweis darauf liefern und im Vorfeld geprüft und analysiert werden sollten.

Ein Indiz sind die Verkaufsränge der Herstellerprodukte, die entsprechende Keywords momentan belegen. Amazon vergleicht die Verkaufszahlen von ASINs innerhalb einer Produktkategorie und erstellt anhand dessen Bestellerranglisten (siehe hierzu auch Kapitel 4). Belegen die ASINs der Wettbewerber einen höheren Rang als die eigenen, zeigt dies, dass sie momentan mehr Einheiten verkaufen. Es deutet darauf hin, dass ein besseres Keyword-Ranking mit mehr Sales einhergeht. Folglich kann es sich lohnen, die entsprechenden Keywords anzugreifen.

Darüber hinaus kann mit Product Display Ads geschickt getestet werden, wie viele Kunden sich mit einer besseren Platzierung in den Suchergebnissen potenziell erreichen lassen. Hierzu schaltet der Werbetreibende einzelne PDAs auf ASINs der Wettbewerber, die höher ranken als die eigenen. Die Impressions geben Aufschluss über die Anzahl der Klicks, die sich mit dieser Ranking-Position erreichen lässt. Vergleicht man die so gewonnenen Daten mit den tatsächlichen Verkaufszahlen des Mitbewerbers, lässt sich ein durchaus realistisches Bild der zu erwartenden Absatzzahlen zeichnen.

> **Warnung**
>
> Um einem beliebten Fehlschluss vorzubeugen: Grundsätzlich steht der Verkaufsrang nicht in direkter Verbindung mit dem organischen Ranking zu einem spezifischen Keyword. Eine ASIN, die Verkaufsrang 342 belegt, kann auf einem Longtail Keyword wie »Gasgrill mit 3 Flammen« in der organischen Suche durchaus Platz 1 belegen, während ein Artikel mit Verkaufsrang 10 weit unter dieser ASIN landet. In diesem Fall passt die erste ASIN laut Amazons Suchalgorithmus besser zu dem spezifischen Keyword als der zweite Artikel – auch wenn er in der jeweiligen Produktkategorie insgesamt deutlich gefragter ist.

Das ist nicht nur wichtig, um die Profitabilität der Kampagnen einschätzen zu können, sondern auch für die Planung der Lagerbestände. Erweisen sich die Anzeigen wirkungsvoller als gedacht, sind oft Lieferengpässe die Folge. Dies hat bekanntermaßen negative Auswirkungen auf die Sichtbarkeit in den organischen Suchergebnislisten und ist eher kontraproduktiv als förderlich. Eine sorgfältige Analyse ist daher das A und O. Bei Unsicherheiten empfiehlt es sich unter Umständen, zusätzlich externe Tools heranzuziehen, die eine präzisere Prognose der Absatzzahlen ermöglichen.

Taktische Umsetzung der Kampagnenstrategien

Weiter oben in diesem Kapitel haben wir verschiedene Ziele vorgestellt, die mit Sponsored Ads erreicht werden können – vom Markenschutz bis hin zur langfristigen Steigerung des ROI. Um die Strategien umsetzen zu können, benötigen Werbetreibende nicht nur theoretisches Know-how, sie müssen ihr technisches Handwerkszeug ebenfalls beherrschen.

In diesem Kapitel wird erklärt, wie man beim Anlegen von Kampagnen, der Definition der Keywords und der Auswertung der gesammelten Daten am besten vorgehen sollte. Nur wenn auf taktischer Ebene ordentlich und strukturiert gearbeitet wird, schafft man ein solides Fundament für den Kampagnenerfolg. Bereits vermeintlich kleine Nachlässigkeiten können zum Scheitern der Marketingmaßnahmen führen.

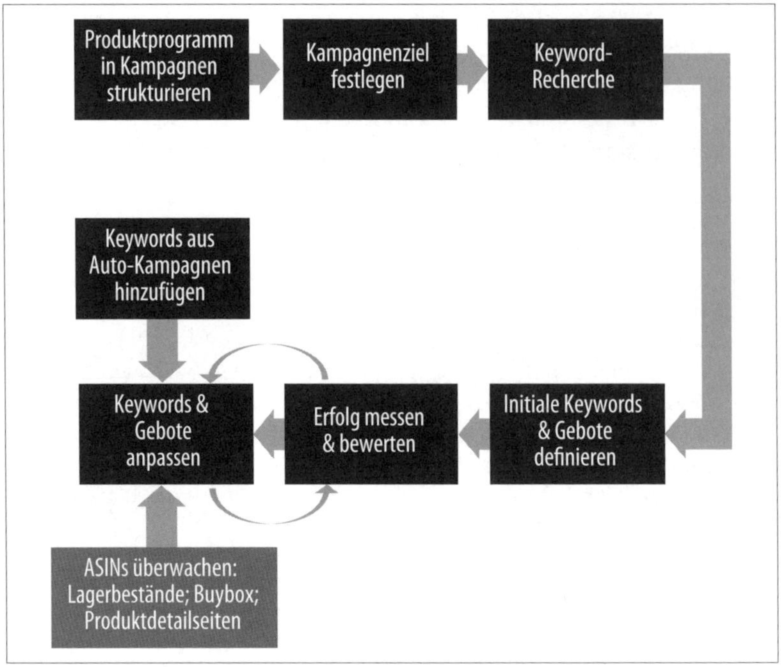

Abbildung 6-12: Setup und Optimierung von Kampagnen (Quelle: factor-a-part of Dept)

Kampagnen erstellen und strukturieren

Alle Kampagnen setzen sich im Wesentlichen aus folgenden Elementen zusammen:

- zu bewerbende Produkte bzw. Landingpage
- allgemeine Kampagneneinstellungen
- Budgetlimit auf Tagesebene oder für die gesamte Kampagnenlaufzeit
- Targeting: Keywords, Produktkategorie, ASINs oder Interessengruppe
- Maximalgebote für den CPC

Kampagne anlegen und Grundeinstellungen vornehmen

Bevor Sie überhaupt eine Kampagne erstellen, müssen Sie sich als Erstes darüber klar werden, welches Ziel Sie verfolgen und mit welchem Werbeformat sich das am besten erreichen lässt. Möchten Marketingverantwortliche nun eine neue Kampagne anlegen, wählen sie zuerst den entsprechenden Anzeigentyp aus. Im weiteren Verlauf werden das maximale Tages- bzw. Kampagnenbudget sowie die Laufzeit und der Name der Kampagne ausgewählt.

Abbildung 6-13: Allgemeine Kampagneneinstellungen für Product Display Ads (Quelle: adverstising.amazon.de)

Voraussetzung für die Einrichtung der Werbeanzeigen ist ein Kampagnenbudget von mindestens 100 Euro oder ein Tagesbudget von 1 Euro. Bei Sponsored Brands und Product Display Ads kann der Anwender zwischen einem Budget für die gesamte Kampagnenlaufzeit oder einem Tageslimit wählen, während bei Sponsored Products nur die Regulierung über das Tagesbudget möglich ist.

Hinweis

Marketingtreibende können sogenannte *Portfolios* anlegen. Über diese lassen sich verschiedene Kampagnen gruppieren und mit einer übergeordneten Budgetgrenze versehen. Umfasst ein Portfolio zum Beispiel 40 Kampagnen für eine Produktlinie, können Sie auf einen Blick sehen, wie sie performen. Steht Marketingtreibenden ein bestimmtes Budget für eine Marke zur Verfügung, lässt es sich durch Portfolios besser aufteilen und kontrollieren. Es besteht zudem nicht die Gefahr, dass es überschritten wird. Softwarelösungen wie *amabid* verfügen schon seit einiger Zeit über entsprechende Funktionen und können darüber hinaus auch das Pacing entsprechend anpassen.

Um mit Kampagnen experimentieren zu können und genug Daten für die Analyse zu erhalten, sollte das Budget nicht zu gering kalkuliert werden. Je nach Sortimentsgröße und Produktkategorie empfiehlt sich ein Betrag im mittleren vierstelligen Bereich (Stand: Dezember 2018). Wird das Budget zu niedrig angesetzt, fallen für eine aussagekräftige Auswertung eventuell zu wenige Daten an.

Indem man Kampagnen kontinuierlich testet und optimiert, gewinnt man wichtige Erkenntnisse zu ihrer Performance. Um beispielsweise herauszufinden, welches Sponsored-Ads-Werbemittel für die eigenen Ziele am effektivsten ist, können unterschiedliche Anzeigentypen auf die gleichen Keywords gebucht werden. Eine Preisspirale muss der Anwender in diesem Fall nicht befürchten, da die Gebote innerhalb eines Accounts nicht miteinander konkurrieren.

Warnung

Hat ein Hersteller allerdings mehrere Accounts, weil er zum Beispiel Inhaber mehrerer Marken ist, könnten sich CPC-Gebote gegenseitig hochbieten.

Je nach Anzeigentyp hat man die Wahl zwischen verschiedenen Ausspielungsarten. So können Sie bei den Sponsored Products wählen, ob die Kampagne manuell oder automatisch ausgesteuert werden soll.

Abbildung 6-14: Manuelles vs. automatisches Targeting bei den Sponsored Products (Quelle: advertising.amazon.de)

Im strategischen Teil ab Seite 176 wurde bereits ausführlich erläutert, dass man immer auch automatische Kampagnen für ähnliche Produkte schalten sollte, um neue leistungsstarke Keywords zu ermitteln.

Manuelle Kampagnen erlauben dagegen eine zielgerichtete Steuerung der Anzeigen. Dies ist unter anderem für einen Angriff auf Wettbewerber und im Hinblick auf saisonale Effekte besonders interessant. Mit dem Hintergrundwissen, welche Keywords für die eigenen Produkte relevant sind, können auch Sponsored-Ads-Einsteiger manuelle Kampagnen für ihre Ziele nutzen.

Im Fall von Product Display Ads hat der Marketingtreibende die Wahl zwischen Produkt- und Interessen-Targeting.

Zuordnung von Keywords und Produkten

Einer der ersten Schritte bei der Kampagnenerstellung ist die Zuordnung der zu bewerbenden ASINs. Unter Umständen kann der Werbetreibende nicht alle Artikel auswählen, die er auf der Plattform gelistet hat. Es können nur Produkte beworben werden, deren Verkauf für

Amazon Profit abwirft. Oft ist zum Beispiel bei Bestsellerprodukten die Marge nicht hoch genug. In diesem Fall sollten Sie Ihren Vendor Manager kontaktieren.

Bei manuellen Kampagnen stellt der Werbetreibende ebenfalls ein passendes Keyword-Set zusammen. Im Fall von Sponsored Brands können Sie zudem die Art der Landingpage wählen. Der Ad Builder erstellt anschließend automatisch die entsprechenden Anzeigen. Im Fall von PDAs und SBs hat der Anwender einen gewissen Gestaltungsspielraum. Er kann den Kunden beispielsweise mit einem individuellen Slogan ansprechen.

Da das händische Hinzufügen von Keywords bei einer hohen Anzahl nicht besonders effizient ist, bietet Amazon eine Bulkimportfunktion an. Vendoren können bei SBs und SPs Listen mit Suchbegriffen sowie dem jeweiligen Übereinstimmungsgrad und CPC-Geboten hochladen. Gerade im Fall der SPs hat die Massenaussteuerung in letzter Zeit an Benutzerfreundlichkeit gewonnen. So lassen sich ganze Mengen an ASINs verwalten und zwischen Kampagnen sowie Anzeigengruppen hin und her schieben. Die entsprechenden Excel-Vorlagen stehen im Ad Builder zur Verfügung.

Auch der Upload von Keyword-Tabellen aus Google Ads ist möglich. Für Seller geht die Funktionalität des Bulkimports sogar noch weiter: Sie können komplette SP-Kampagnen über Listen erstellen – von der Produktauswahl bis hin zu Start- und Enddatum. Allerdings sollten Sie sich stets bewusst sein, dass Bulkimporte naturgemäß anfälliger für Fehler sind.

Wie die optimale Kampagnenstruktur im Detail aussieht, ist von Fall zu Fall unterschiedlich. Es gibt jedoch allgemeine Faktoren, die Werbetreibende beachten sollten, um gut strukturierte und organisierte Kampagnen zu erstellen:

Strukturierung nach Produktkategorien

Zunächst muss sich der Werbetreibende mit dem Produktprogramm des Herstellers vertraut machen. Es ergibt in der Regel keinen Sinn, das gesamte Sortiment mit einer einzigen Kampagne zu bewerben. Im Gegenteil, es sollte in mehrere möglichst spezifische Kampagnen eingeteilt werden. Hier empfiehlt es sich, Artikel zusammenzufassen, die der gleichen Produktkategorie bzw. -serie angehören und ähnliche Eigenschaften aufweisen. Man sollte sich nicht auf die oberste Kategorieebene beschränken, sondern filtert die Aufteilung am besten mindestens bis zur Produktlinie herunter.

Ein großer Werkzeughersteller könnte beispielsweise Schlagbohrmaschinen in verschiedenen Ausführungen gruppieren. Führt ein Markenhersteller eine Hautpflegeserie mit unterschiedlichen Produkten wie Masken, Waschgels und Cremes, die alle Aktivkohle enthalten, lassen sie sich ebenfalls effizient mit einer einzelnen Kampagne bewerben.

Wichtig ist bei der Zusammenstellung grundsätzlich, dass es für den Amazon-User einen Verwendungszusammenhang zwischen den Produkten gibt. Das heißt, er sucht sie mit der gleichen Intention. Im Fall der Hautpflegeserie wäre diese zum Beispiel, ein verbessertes Hautbild zu erlangen.

Unter Umständen kann es sinnvoll sein, Kampagnen mit Produkten aus unterschiedlichen Kategorien zu schalten. Solche Ausnahmefälle liegen zum Beispiel vor, wenn es sich um Marketingmaßnahmen handelt, die saisonale Effekte oder Events nutzen. Ein Modeunternehmen könnte zum Beispiel eine SB-Kampagne schalten, die unter dem Aufhänger »Sommer-Trends« Sandalen, Bademode und Strandtaschen bewirbt. Eine weitere Möglichkeit sind Kampagnen, die Teil einer großen, medienübergreifenden Werbeoffensive sind.

Sie sollten vermeiden, eine ASIN zu vielen Kampagnen zuzuordnen, die gleichzeitig laufen und dasselbe Ziel verfolgen. Hierunter leidet nicht nur die Übersichtlichkeit, sondern es erschwert auch die Auswertung der Kennzahlen. Das lässt sich verhindern, indem Sie bei der Einteilung konsequent dieselben Kriterien verwenden.

Auch bei der Benennung der Kampagnen ist eine strukturierte, konsequente Vorgehensweise gefragt. Gerade Amazon-Advertising-Anfänger unterschätzen oft, wie wichtig ein aussagekräftiger Kampagnentitel ist, auch wenn er nur im Backend erscheint. Mit steigender Kampagnenanzahl verlieren sie schnell die Orientierung, wenn sie hier mit Bezeichnungen wie »Kampagne Werkzeugkoffer« arbeiten.

Stattdessen sollten eindeutige, funktionale Namen gewählt werden, wie zum Beispiel »SB_Werkzeugkoffer_defensiv« oder »SP_Werkzeugkoffer_[Produktname]_automatisches_Targeting«. Eine einheitliche Kennzeichnung ermöglicht eine schnellere Identifikation und Navigation. Das zahlt sich spätestens dann aus, wenn es an die Auswertung und Optimierung der Kampagnen geht.

Gruppierung nach vergleichbaren Produkteigenschaften

Bei manuellen Kampagnen, die auf Grundlage von Suchbegriffen ausgespielt werden, ordnet man jeder Produktgruppierung ein Keyword-Set zu. Hier ist es wichtig, dass jedes einzelne Produkt innerhalb einer Kampagne jeweils zu allen verwendeten Keywords passt.

Es kann daher durchaus zielführender sein, sich nicht an Produktlinien zu orientieren, sondern Artikel verschiedener Serien zusammenzufassen, die die gleichen Merkmale aufweisen. So sollten zum Beispiel alle induktionsgeeigneten Kochtöpfe aus verschiedenen Serien in einer Kampagne zusammengefasst werden und in einer anderen alle Kochtöpfe aus Aluminium. Diese Herangehensweise empfiehlt sich insbesondere für Hersteller mit einem größeren Warensortiment.

Hierbei müssen die jeweiligen Auswahlkriterien auf alle zugeordneten ASINs zutreffen. So wird sichergestellt, dass Amazon-Usern wirklich nur Artikel angezeigt werden, die ihnen – und damit den zugewiesenen Keywords – entsprechen.

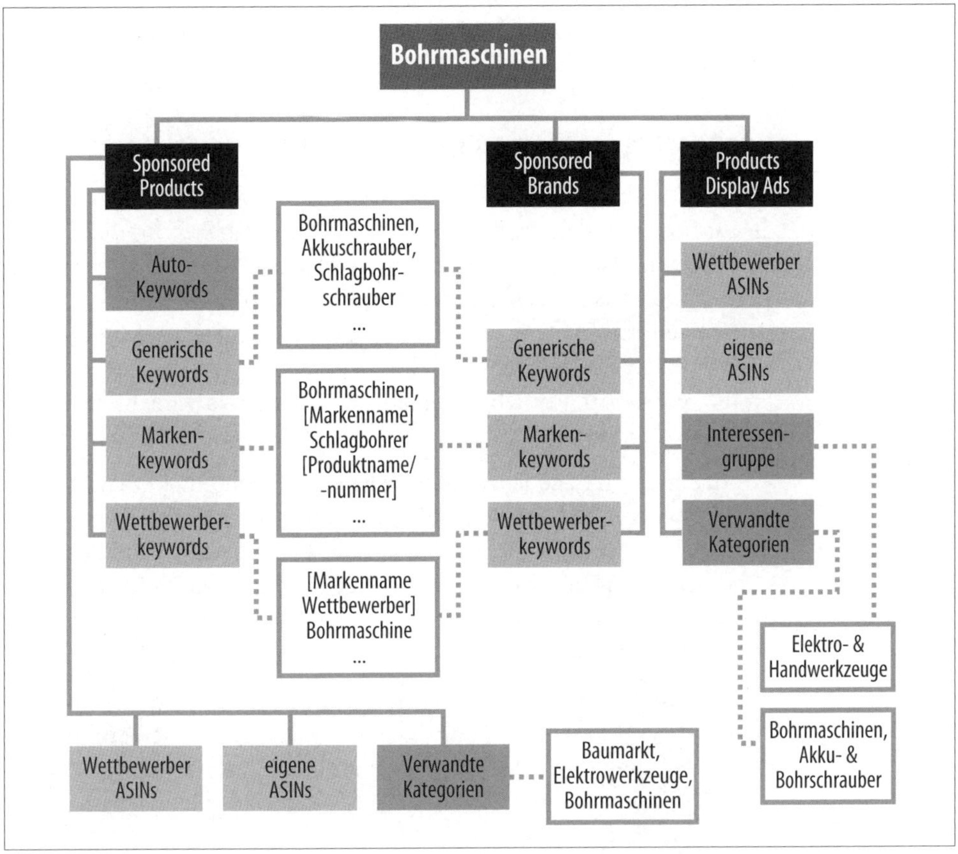

Abbildung 6-15: Beispielhafter Strukturbaum für ein Sponsored-Ads-Setup (Quelle: factor-a – part of Dept)

Sucht ein User zum Beispiel nach »Induktion Kochtopf«, sollten ihm keine Pfannen oder andere Topfmodelle präsentiert werden, die zwar zur selben Produktlinie gehören, jedoch nicht induktionsgeeignet sind. Auch bei dieser Vorgehensweise sollten Sie durchgehend eine einheitliche Systematik verwenden, damit die Kampagnen anschließend effizient gesteuert und analysiert werden können.

Praxistipp

Je spezifischer die Einteilung erfolgt, desto einfacher gestaltet sich die Erstellung eines passgenauen Keyword-Sets. Dabei sollten Sie stets die Effizienz im Blick behalten. Nur ein Produkt pro Kampagne zu bewerben, ist vor allem bei großen Produktsortimenten kaum möglich, da dies einen nicht zu bewältigenden Arbeitsaufwand bedeuten würde.

Nachdem Sie das Produktsortiment sortiert haben, können Sie für die verschiedenen ASIN-Gruppen strategisch ausgerichtete Kampagnen erstellen. Als Setup bietet sich zum Beispiel folgende Struktur an wie in Abbildung 6-15.

Recherche, Definition und Optimierung von Keywords

Grundsätzlich ist bei der Zuordnung von Keywords wichtig, dass sie die zu bewerbenden Produkte präzise und korrekt beschreiben. Sucht zum Beispiel ein Amazon-User nach »Herren Pantoletten« und ihm werden Damensandalen angezeigt, wird er sie kaum kaufen. Im ungünstigsten Fall klickt er auf die Anzeige und bemerkt erst im Nachhinein, dass der Artikel nicht relevant für ihn ist. In diesem Fall muss der Werbetreibende natürlich dennoch den Klickpreis zahlen, das Geld wurde in den Sand gesetzt.

Auf der anderen Seite ist es wichtig, Keywords mit einer guten Chance auf Conversion nicht versehentlich zu unterschlagen. Potenzielle Kunden werden ansonsten nicht auf den Artikel hingewiesen, und dem Hersteller entgehen Umsätze. So darf bei einem Unisex-Sandalenmodell das Keyword »Herren Pantoletten« zum Beispiel nicht fehlen – ebenso wenig wie »Damen Pantoletten«.

Es gibt einige Kniffe, die dabei helfen, ein möglichst wirkungsvolles Keyword-Set zu erstellen. Die folgenden Abschnitte zeigen auf, wie Sie relevante Keywords finden, optimale Ausspielbedingungen schaffen und sicherstellen, dass Ihre Anzeigen möglichst zielgerichtet ausgespielt werden.

Relevante Keywords für Sponsored Ads ermitteln

In Kapitel 5 haben wir im Zuge der Content-Optimierung ausführlich erklärt, wie man bei der allgemeinen Keyword-Recherche am besten vorgeht. Mit umfassender Produktkenntnis, gesundem Menschenverstand und speziellen Tools lässt sich ein Großteil der relevanten Suchbegriffe ermitteln.

Mit automatisierten SP-Kampagnen sind Sponsored Ads ein zusätzliches und sehr effizientes Werkzeug, um passende Keywords aufzuspüren. Hierauf wurde bereits im strategischen Teil dieses Kapitels eingegangen. Insbesondere Keywords, auf die man im ersten Anlauf nicht sofort gekommen ist, können so ausfindig gemacht werden.

> **Hinweis**
>
> Der Amazon-Algorithmus verfügt über wertvolle Insights und lernt laufend weiter. Er weiß folglich bestens über das Such- und Kaufverhalten der User Bescheid. Auf Grundlage dessen bringt er die Suchbegriffe und Produkte zusammen, die am ehesten zu einem Verkauf führen. Schließlich verdient der Konzern erheblich mehr an verkauften Artikeln als an der Ausspielung von Werbeanzeigen. Das heißt, die durch automatische Kampagnen ermittelten Keywords können sich auf lange Sicht als zuverlässige Umsatzbringer erweisen.

Wie geht man nun hier am besten vor? Werbetreibende legen manuelle und eine automatische SP-Kampagne auf Keyword-Basis an, die vergleichbar strukturiert sind und dieselben ASINs enthalten. Die manuellen Versionen können abhängig von der jeweiligen Strategie unterschiedliche Ausrichtungen haben, beispielsweise defensiv, offensiv oder generisch.

Nach dem Testlauf der automatischen Version werden die Kennzahlen und Keywords ausgewertet. Hierfür laden Sie sich die bereitgestellten Berichte in der Advertising Console runter. In den Dokumenten finden Sie unter anderem die Keywords, für die die Kampagne ausgespielt wurde, und die dazugehörigen Performance-Metriken wie Impressions und Verkaufszahlen. Suchbegriffe, die ansehnliche Umsätze oder einen attraktiven ACoS erzielt haben, werden den jeweiligen Kampagnenzielen entsprechend sortiert und in die manuellen Kampagnen übertragen.

Für die erfolgreiche Ermittlung von Keywords mithilfe von Sponsored Products, ist die richtige Gebotsstrategie entscheidend. Es empfiehlt sich mit niedrigen Maximalgeboten zu arbeiten, damit der Algorithmus das Budget nicht für einschlägige Keywords ausgeben kann, sondern Suchbegriffe mit niedrigerem Wettbewerb verwenden muss. Gerade diese haben Werbetreibende bei der Recherche meist nicht von Anfang an auf dem Schirm.

Auch nach der Übertragung in die manuellen Kampagnen sollte die automatische Version weiterhin aktiv bleiben. Der CPC wird allerdings weiter gedrosselt, sodass sie nur noch für besonders günstige Suchbegriffe ausgespielt werden kann. So lassen sich laufend neue Longtail

Keywords ermitteln und abdecken. Die CPC-Gebote für die übertragenen Suchbegriffe sollten in den manuellen Anzeigengruppen dagegen erhöht werden.

Warum ist es nun nicht empfehlenswert, ausschließlich mit automatischen Kampagnen zu arbeiten, besonders wenn man hauptsächlich kostenorientierte Ziele verfolgt? Es liegt in der Natur der Sache, dass sich eine manuelle SP-Kampagne wesentlich präziser steuern lässt. So kann man für jedes einzelne Keyword ein individuelles Maximalgebot abgeben, während man bei automatisierten Kampagnen einen maximalen CPC festgelegt, der für alle Suchbegriffe gilt. Die manuelle Aussteuerung bietet folglich ein großes Optimierungspotenzial, das Anwender unbedingt nutzen sollten.

Mit automatischen Kampagnen lässt sich zudem nicht wirklich strategisch handeln. So können Vendoren im Gegensatz zu Sellern bisher keine negativen Keywords verwenden, um unter anderem eigene Marken-Keywords vom Targeting auszuschließen. Seller sollten von diesem Vorteil grundsätzlich Gebrauch machen. Sie können beispielsweise Keywords, die bereits in manuelle Kampagnen übertragen wurden, in den Auto-Kampagnen als exakte Variante für die Ausspielung sperren. Dies ermöglicht eine noch feinere Steuerung der betreffenden Keywords.

Kampagnenziel als entscheidendes Kriterium für Keyword-Auswahl

Im strategischen Teil dieses Kapitels wurde erläutert, dass Kampagnen auf zuvor definierte Ziele hin ausgerichtet werden sollten. Es wurden die verschiedenen Kampagnenziele und entsprechende Strategien vorgestellt. Sie entscheiden darüber, welche Keywords den jeweiligen Anzeigentypen und Produktgruppen zugeordnet werden. Hierbei spielen unter anderem Kriterien wie Klickpreis und Conversion Rate eine Rolle.

Keywords, die für Marketingmaßnahmen eingesetzt werden, können sich daher teilweise von den Suchbegriffen unterscheiden, die man für die Suchmaschinenoptimierung auf Amazon recherchiert und verwendet. Im Gegensatz zu diesen Keywords dienen sie nicht nur einer verbesserten Auffindbarkeit der Produkte, Sponsored-Ads-Keywords haben je nach Kampagnenziel eine zusätzliche Funktionsebene.

So lassen sich Marken- und Produkt-Keywords einsetzen, um gezielt die eigene Marktposition zu schützen und zu festigen oder analog dazu Wettbewerber anzugreifen. Man spricht in diesem Fall von defensiven bzw. offensiven Keywords. Eigene markenbezogene Suchbegriffe werden im Zuge der SEO-Keyword-Recherche ermittelt. Was man bei der Recherche von Wettbewerber-Keywords beachten sollte, ist dem Abschnitt »Mitbewerberanalyse als Vorbereitung für offensive Kampagnen« weiter oben in diesem Kapitel zu entnehmen.

Optimale Grundlage für die Ausspielung schaffen

Analysiert man manuelle Kampagnen und stellt fest, dass Anzeigen für bestimmte Keywords nicht ausgespielt werden, kann dies verschiedene Ursachen haben. Ein entscheidender Faktor ist die Relevanz: Anzeigen werden von Amazon nur dann geschaltet, wenn das jeweilige Produkt für den Suchbegriff als relevant eingestuft wird.

Hierfür überprüft der Algorithmus unter anderem die Produktdetailseiten. Kann er die Keywords darauf nicht finden, vermindert dies die Chancen auf eine Ausspielung. In dem Fall ist es höchste Zeit, Produkttitel und -beschreibungen zu überarbeiten sowie die fehlenden Begriffe einzupflegen. Dazu gehört natürlich auch, die Keywords hinzuzufügen, die durch automatische SP-Kampagnen ermittelt wurden. Optimierter Content ist grundsätzlich das A und O für den Kampagnenerfolg und auch im Hinblick auf das organische Ranking äußerst wichtig.

Erhalten einzelne Artikel in SP-Kampagnen keine Impressions, kann das zudem damit zusammenhängen, dass der Hersteller im Moment die Buybox für das Produkt verliert. Damit nicht andere Anbieter von seinen Werbemaßnahmen profitieren, deaktiviert Amazon sie.

Warnung

Die automatische Deaktivierung greift nur bei Sponsored Products, nicht bei Sponsored Brands und Product Display Ads. In diesen Fällen müssen Sie selbst die Buybox-Situation überprüfen und Kampagnen gegebenenfalls manuell abschalten.

Fehlaussteuerungen vermeiden

Es gibt umgekehrt auch Fälle, in denen eine Einblendung erfolgt, obwohl dies vom Werbetreibenden gar nicht erwünscht ist. Gerade bei den Sponsored Products geht es nicht nur darum, möglichst viele Impressions zu erzielen, sondern die Einblendung auch optimal auf die Suchintention der User abzustimmen. Ansonsten kann es passieren, dass eine Anzeige zwar angeklickt, das Produkt aber nicht gekauft wird. Es entstehen unnötige Kosten für den Hersteller. Oder die Anzeige wird erst gar nicht angeklickt und erreicht folglich eine zu geringe CTR.

Dies kann selbst dann passieren, wenn Sie der Produktgruppe nur passende Keywords zugeteilt haben. Hier ein Beispiel: Der Schuhhersteller Footliv erstellt eine Kampagne für blaue Sandalen in verschiedenen Ausführungen und ordnet ihr natürlich das Keyword »Footliv Sandale« zu. Sucht nun ein User nach »Footliv Sandale schwarz«, wird die Anzeige eingeblendet, wenn die Gebotshöhe stimmt. Allerdings hat der Kunde bereits spezielle Vorstellungen von seinen Wunschschuhen und möchte keine blauen Pantoletten, sondern schwarze.

Amazon bietet daher verschiedene Optionen an, um solchen Situationen vorzubeugen. Zum einen kann der Anwender den Übereinstimmungsgrad anpassen, wenn er die Keywords händisch hinzufügt. Zur Auswahl stehen die Optionen *Breitgefasst*, *Phrase* und *Exakt*. Sie wurden bereits in der Vorstellung der Anzeigentypen kurz erklärt.

Breitgefasst ist die vorgegebene Grundeinstellung. Wählen Sie einen Suchbegriff aus den von Amazon generierten Vorschlägen, ist der Übereinstimmungsgrad auf diese Option fixiert und lässt sich nicht verändern. Es reicht hier für die Einblendung der Anzeige aus, wenn das Keyword in der Suchanfrage enthalten ist, so wie in dem oben beschriebenen Beispiel. Zudem werden ebenfalls verwandte Suchbegriffe berücksichtigt. Dies hat den Vorteil, dass man für eine größere Bandbreite an Suchanfragen gefunden werden kann. So stoßen Sie auf Keywords, die Sie bei der Recherche nicht bedacht haben. Auf der anderen Seite kommt es eben zu einer Einblendung bei irrelevanten Suchanfragen.

Die Option *Phrase* legt fest, dass die Ausspielung nur erfolgt, wenn die Anfrage genau die hinterlegten Begriffe enthält. Bei Longtail Keywords muss die exakte Reihenfolge eingehalten werden. Davor und danach dürfen zusätzliche Wörter stehen. Um in unserem Fallbeispiel zu bleiben: Bei dem Suchbegriff »Footliv Sandale blau« würde die Anzeige mit dem hinterlegten Keyword »Footliv Sandale« ausgespielt werden, bei »Sandale Footliv blau« nicht.

Bei der Einstellung *Exakt* ist die Einblendung nur möglich, wenn die Anfrage genau dem hinterlegten Keyword entspricht. Hierbei werden nur Plural- und Singularformen als Abweichungen berücksichtigt. Die beiden letzten Varianten verhindern zwar, dass Kampagnen bei unpassenden Suchanfragen geschaltet werden, allerdings wird die Ausspielung auch bei Anfragen verhindert, die zwar nicht eins zu eins die Keywords wiedergeben, dafür aber die passende Suchintention abbilden.

Die zweite Möglichkeit, die Amazon Marketingverantwortlichen zur Verfügung stellt, ist die Definition von negativen Keywords. Sie unterdrücken die Ausspielung für die jeweiligen Suchbegriffe. Auch hier können Sie den Grad der Übereinstimmung wählen: *Negativ Exakt* schließt alle Anfragen aus, die genau übereinstimmen, *Negativer Phrasentext* alle, die das negative Keyword enthalten. Hinterlegen Sie beispielsweise »schwarz« als negative Phrase, erscheinen die SPs für blaue Pantoletten bei der Suchanfrage »Footliv Sandale schwarz« nicht.

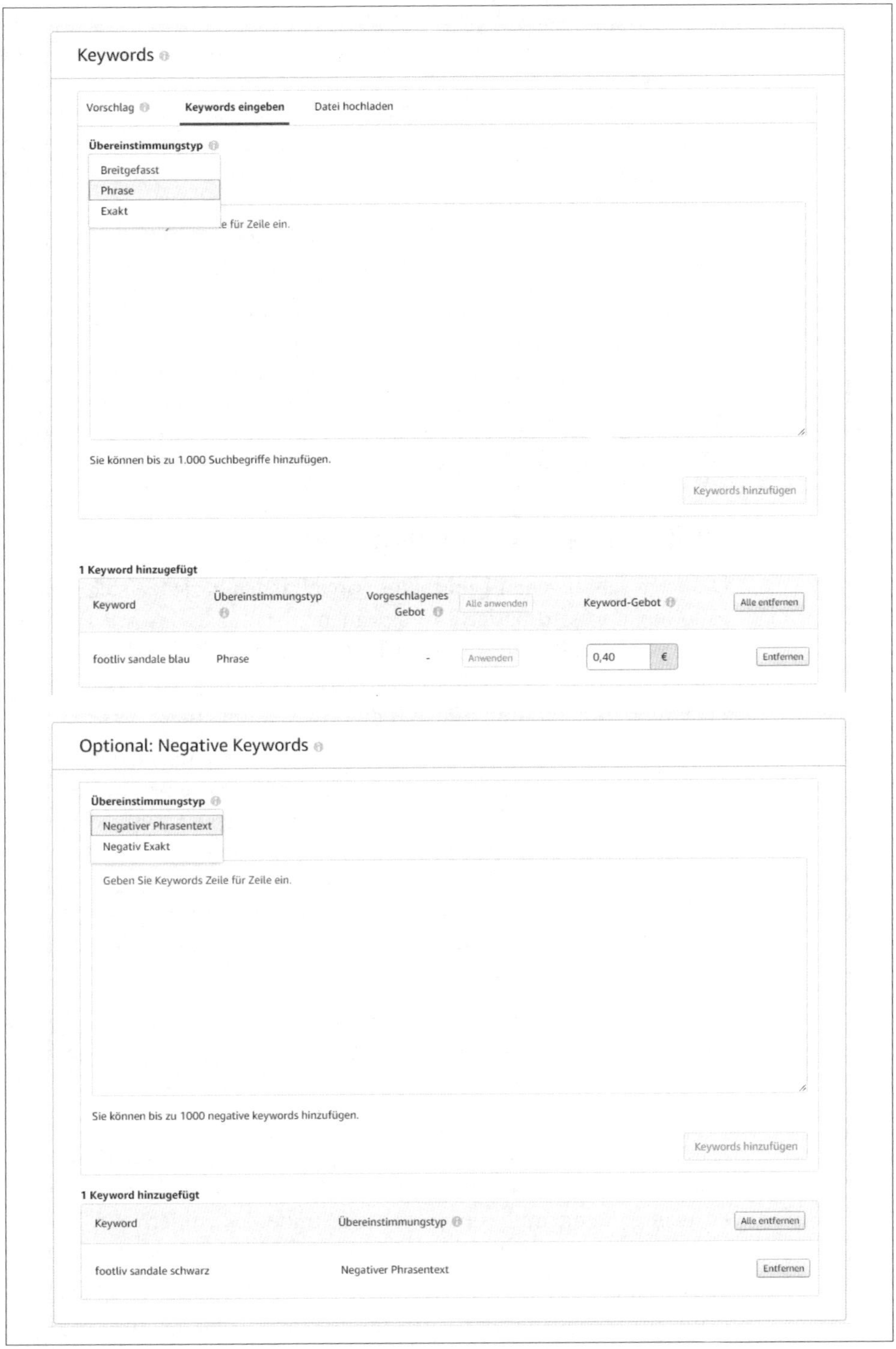

Abbildung 6-16: Übereinstimmungstypen bei Sponsored Products (Quelle: advertising.amazon.de)

Belässt man den Übereinstimmungstyp auf der Grundeinstellung *Breitgefasst* und arbeitet stattdessen mit negativen Keywords, erlaubt dies eine sehr präzise Aussteuerung der Kampagne. Gleichzeitig behält der Werbetreibende die Chance, bei abweichenden, aber dennoch passenden Suchanfragen eingeblendet zu werden. Dies ist auch vor dem Hintergrund wichtig, dass sich das Suchverhalten der Amazon-User im Laufe der Zeit verändert. Eine solche Herangehensweise hat allerdings den Nachteil, dass sie erheblichen Rechercheaufwand und eine kontinuierliche Analyse der Keyword-Berichte erfordert.

Welche Vorgehensweise hier sinnvoller und effizienter ist, muss im Einzelfall individuell entschieden werden. Stellt sich bei der Auswertung zum Beispiel heraus, dass die von den Usern eingegebenen Suchbegriffe und deren Intention zum Großteil nicht für die beworbenen Artikel relevant sind, kann es zielführender sein, einen engeren Übereinstimmungsgrad zu wählen.

Kniffe für das Produkt-Targeting

Die vorausgegangenen Handlungsempfehlungen beziehen sich vorwiegend auf Keyword-basierte Kampagnen, also auf Sponsored Products und Sponsored Brands. Doch auch bei Product Display Ads und Sponsored Products mit Produktausrichtung gibt es Kniffe, die bei der Erstellung und Optimierung beachtet werden sollten.

So lassen sich automatische SP-Kampagnen nicht nur zur Keyword-Recherche einsetzen. Dieser Anzeigentyp erscheint neben den Suchergebnisseiten auch auf Produktdetailseiten. Die bespielten ASINs werden beim automatischen Targeting ebenfalls durch den Amazon-Algorithmus ausgewählt. Die Ziel-ASINs können Sie dem Kampagnenbericht entnehmen. Sie geben einen Hinweis darauf, auf welchen Artikelseiten sich die Platzierung von Product Display Ads und manuellen Sponsored Products lohnt.

Wenn Ads keine oder nur sehr wenige Impressions generieren, gilt es auch hier, auf Fehlersuche zu gehen. Eine mögliche Ursache ist zum Beispiel, dass der bespielte Artikel nicht mehr unter der hinterlegten ASIN verfügbar ist.

Darüber hinaus ist es wichtig, dass Kunden die Verbindung zwischen beworbenem Produkt und Ziel-ASIN sofort nachvollziehen können. Ist er nicht evident, muss er bei PDAs mithilfe des editierbaren Slogans und des Produkttitels herausgestellt werden.

Möchte ein Hersteller zum Beispiel einen Staubsauger speziell für Tierhaare auf Katzen- und Hundefutter schalten, sollte er in der Ad auf seine spezifische Funktion verweisen. Ansonsten sehen User lediglich einen Staubsauger und erkennen eventuell nicht, warum das Gerät für ihren Bedarf relevant sein könnte.

Aussteuerung und Anpassung der CPC-Gebote

Nachdem der Anwender die Keywords bzw. Ziel-ASINs oder Interessengruppen definiert hat, muss er Maximalgebote für den Klickpreis festlegen. Passt die Anzeige zur Suchanfrage eines potenziellen Kunden, entscheidet die Gebotshöhe darüber, wann und wie oft sie ausgespielt wird.

Auch in Bezug auf den ACoS hat das Maximalgebot maßgeblichen Einfluss. Neben den Keywords entscheidet daher die Gebotshöhe über den Erfolg von Sponsored-Ads-Kampagnen.

CPC-Gebote bewegen sich hierbei in einem Spannungsfeld: Auf der einen Seite sorgt ein hoher Betrag für eine höhere Anzahl an Impressions und führt damit zur Umsatzsteigerung. Auf der anderen Seite fallen dadurch natürlich höhere Werbekosten an. Welche Gebotsstrategie gewählt wird, hängt von dem Ziel der Kampagne ab.

Sollen mit einer automatisierten SP-Kampagne neue Keywords aufgespürt werden, steht der Umsatz zum Beispiel nicht im Fokus, und es empfiehlt sich – wie oben beschrieben –, niedrige Klickpreise anzusetzen. Zeigt sich, dass ein Keyword für bestimmte Produkte besonders gut performt, sollten Sie dagegen höhere Maximalgebote wählen.

Auch die Laufzeit der Kampagne spielt hier eine Rolle. Wenn die Werbemaßnahme dazu dient, Produkten einen kurzfristigen Push zu geben oder es sich um einen Launch handelt, der nur über einen bestimmten Zeitraum läuft, sind hohe Gebote erforderlich. So erreicht die Kampagne die gewünschte Zugkraft. Da diese Werbekosten jedoch nur punktuell anfallen, kann der Werbetreibende sie eher verkraften. Bei langfristigen Kampagnen, beispielsweise zur Stärkung einer gefestigten Marktposition, liegt der Schwerpunkt dagegen auf der Optimierung der Kosten-Umsatz-Relation.

Damit man sich nicht zwischen diesen Polen verliert und die Kontrolle über seine Werbekosten einbüßt, sollte man auf Grundlage der verfolgten Strategie zuvor ungefähre Zielwerte für die durchschnittlichen Absatzkosten festlegen. Ausschlaggebend für ihre genaue Höhe ist in erster Linie die Zielmarge des Herstellers. Je nach strategischem Ziel kann sie allerdings recht variabel sein und in einem Bereich liegen, bei dem der Hersteller keinen Gewinn oder sogar Verlust mit der Kampagne macht. Hierbei handelt es sich in der Regel um zeitlich begrenzte Werbemaßnahmen, die sich auf lange Sicht gerechnet auszahlen sollen.

Sie dienen zum Beispiel zur dauerhaften Verbesserung des organischen Rankings.

> **Praxistipp**
>
> Wenn es um die Optimierung der CPC-Gebote geht, erweist es sich als Best Practice, sowohl mit manuellen als auch mit automatisierten Kampagnen zu arbeiten. Die Auto-Version sollte als Erstes starten, die manuellen Pendants sollten zwei bis drei Wochen später anlaufen. Auf diese Weise bekommen Sie ein Gespür für die Marktpreise und können den CPC besser einschätzen.

Manuelle Kampagnen bieten dem Anwender die Möglichkeit, für jedes einzelne Keyword verschiedene Beträge zu testen. In der Regel sollte man hier ebenfalls mit niedrigen Geboten beginnen und sie schrittweise erhöhen. So können Sie sich langsam, aber sicher an die optimalen CPC-Gebote für die eigenen Kampagnenziele herantasten. Voraussetzung für die kontinuierliche Optimierung ist selbstverständlich die Analyse der erhobenen Daten.

Erstellen Sie Kampagnen, gibt Amazon zudem eine Empfehlung für die Höhe des Gebots in Form eines ausgefüllten Vorschlags, den Sie direkt übernehmen können. Hier sollte man immer im Hinterkopf behalten, dass der Onlineriese ein Interesse an hohen Klickpreisen verfolgt.

Gebote zielführend anpassen

Möchte man neue Keywords testen, beginnt man zwar mit niedrigen Geboten, jedoch sollten sie nicht unter dem aktuellen Marktschnitt liegen. Nur so lassen sich innerhalb kurzer Zeit genug Impressions und Klicks generieren, um aussagekräftige Daten zu erhalten.

Nach der Testphase kann der CPC gegebenenfalls wieder gesenkt werden. Suchbegriffe mit hohem Traffic und schwankenden CPC-Preisen performen auf lange Sicht gesehen meist auch mit Klickpreisen unterhalb des Marktniveaus zuverlässig. Die besten Platzierungen lassen sich mit dieser Vorgehensweise allerdings nicht ergattern.

Liegt der ACoS für ein Keyword über dem angepeilten Zielwert, kann dies daran liegen, dass die Absatzkosten zu hoch sind oder der Umsatz zu niedrig. Im ersten Fall wird das Maximalgebot nach und nach gesenkt. Dabei wird beobachtet, ob sich die Kosten-Umsatz-Relation auf diese Weise ausbalancieren lässt. Bringt die Maßnahmen nicht den gewünschten Erfolg, sollten Sie das Keyword aus der Kampagne entfernen. Wenn dagegen zu wenige Umsätze erzielt werden, sollte das CPC-

Gebot testweise erhöht werden, um die Reichweite der Anzeige zu steigern. Werbetreibende müssen hierbei darauf achten, dass die Kosten nicht so stark steigen, dass die Kampagne unprofitabel wird.

Wenn Sie mit einem Gebot bereits einen attraktiven ACoS erzielen, es aber nahe am durchschnittlichen Klickpreis liegt, kann sich ebenfalls eine Angebotserhöhung lohnen. Hier schlummern mit hoher Wahrscheinlichkeit Umsatzpotenziale, die nicht genutzt werden. Durch eine leichte Erhöhung des CPC-Gebots wird die Anzeige öfter ausgespielt und generiert mehr Verkäufe.

Nachdem Anpassungen an den Kampagnen vorgenommen wurden, sollte man zwei bis drei Wochen warten, bevor man eine Auswertung vornimmt. Erst dann erhält der Anwender aussagekräftige Ergebnisse, denn Amazon rechnet den Ads Verkäufe bis zu zwei Wochen nach dem Kontakt mit der Anzeige an.

Keywords, die häufig gesucht werden und bei denen sich auch nach ein bis zwei Monaten kein zufriedenstellender ACoS erreichen lässt, werden am besten dauerhaft aus der Kampagne entfernt. Falls es sich um Sponsored Products handelt, können Sie alternativ mit negativen Keywords arbeiten, um die hinterlegten Suchbegriffe einzugrenzen.

Kontinuierliche Analyse und Optimierung

Ein wichtiges Instrument, um Kampagnen zu analysieren, stellen die über die Advertising Console verfügbaren Berichte dar, die Sie in Form von Excel-Sheets herunterladen können. Die Tabellen geben Ihnen unter anderem die Möglichkeit, die Performance Ihrer Keywords zu prüfen.

Bei den Sponsored Brands zählen zu den erhobenen Kennzahlen zum Beispiel Conversion Rate, ACoS, verkaufte Einheiten und die Anzahl der Bestellungen. Allerdings werden sie ausschließlich auf Kampagnenebene ausgegeben und nicht separat für jedes einzelne Produkt. Eine Analyse auf ASIN-Ebene ist daher leider nicht möglich.

Wesentlich mehr Auswertungsmöglichkeiten bieten die Berichte zu SPs. Hier erhalten Sie beispielsweise Informationen zur ASIN-Performance, zu Keywords und den Platzierungen der Ads. Besonders wertvoll für die Analyse sind die Berichte zu Suchbegriffen und den beworbenen Produkten.

Der Suchbegriff-Bericht gibt Einblick darin, welche Suchanfragen Amazon-User tatsächlich verwendet haben. Die Ergebnisse beziehen sich dabei sowohl auf manuelle als auch auf Auto-SP-Kampagnen. Wie weiter oben bereits erläutert, werden SPs nicht nur in den Suchtreffern, sondern auch auf Produktdetailseiten platziert. In der Berichtszeile mit den verwendeten Suchbegriffen finden Sie daher auch ASIN-Nummern. Die aufgeführten ASINs können Sie bei Bedarf für PDA-Kampagnen übernehmen, um das Cross- bzw. Up-Selling anzukurbeln.

Der Bericht zu beworbenen Produkten weist die Performance pro ASIN in der jeweiligen Kampagne aus. Auf diese Weise lässt sich schnell analysieren, bei welchen Artikeln die Bewerbung nicht rentabel ist. Sie können im Zuge des Optimierungsprozesses je nach strategischem Ziel entweder pausiert oder in Kampagnen mit niedrigen Geboten geschoben werden.

Der verfügbare Targeting-Bericht liefert Antworten auf die Frage, wie Kampagnen im Hinblick auf das jeweilige Ausrichtungsziel performen. Informationen werden hierbei auf Ebene von hinterlegten Keywords und ASINs sowie Kategorien und nachgelagerten Filtereinstellungen bei Auto-Kampagnen ausgegeben.

Die Berichte lassen sich für verschiedene Zeiträume generieren, zum Beispiel auf Tages- oder Monatsbasis. Auch benutzerdefinierte Zeiträume sind möglich. Sie kommen allerdings über die Advertising Console nicht an Zahlen, die älter als 60 Tage sind.

Praxistipp

Kennzahlen sollten Sie regelmäßig aus dem Backend exportieren. Amazon stellt sie nur über einen begrenzten Zeitraum zur Verfügung, danach hat man keinen Zugriff mehr auf sie. Darüber hinaus lassen sich die Daten auf diese Weise durch grafische Hilfsmittel visualisieren. Der Export kann manuell oder über spezialisierte Tools erfolgen.

Für die Auswertung der Kampagnen ist es grundsätzlich wichtig, sie in ihrem Kontext zu betrachten. So spielt zum Beispiel eine Rolle, wie die anderen Wettbewerber agieren oder ob die internen Prozesse, wie Order-Management oder Account-Handling, effizient abgewickelt werden. Solche Umstände haben Einfluss auf die erhobenen Marketingkennzahlen.

Aus diesem Grund sind regelmäßige und routinierte Analysen essenziell, dies gilt insbesondere für große Markenhersteller. Gerade wichtige Artikel sollten jeden Tag überprüft werden. Dadurch kann der Hersteller schneller reagieren, wenn sich problematische Entwicklungen wie zu niedrige Lagerbestände oder unerwartete Preiserosionen abzeichnen.

Zur Analyseroutine gehört unter anderem die Überprüfung von Produktdetailseiten: Hat ein Seller die Produktbeschreibung eins zu eins in sein Listing kopiert? Oder hat Amazon den eigenen Content überschrieben? Zudem sollte man prüfen, wie die Suchergebnisseiten für wichtige Keywords aussehen, und die Ads auf den eigenen Detailseiten kontrollieren. Erfolgt die Bewerbung der eigenen Artikel wie geplant, oder ist es Wettbewerbern gelungen, sich hier zu platzieren? Dabei sollte auch die Preisentwicklung für das Produkt beobachtet werden. Es kann durchaus sein, dass Amazon Preise stark senkt oder ein Händler den Artikel so günstig anbietet, dass dies automatisch Auswirkungen auf alle entsprechenden ASINs hat.

Eine gründliche Analyse umfasst daher nicht nur die Auswertung der Performancemetriken aus dem Backend und den Berichten. Werbetreibende sollten in regelmäßigen Abständen selbst als Testkäufer auftreten und die eigenen sowie Seiten von Wettbewerbern besuchen.

Zwar haben die von Amazon bereitgestellten Daten sowie die eigenen und durch Tools ermittelten Kennzahlen eine hohe Relevanz, doch blindes Vertrauen darf ihnen nicht entgegengebracht werden.

Besonders wenn starke Ausreißer nach oben oder unten registriert werden, gilt es, Ursachenforschung zu betreiben. So muss der Werbetreibende zum Beispiel gegenchecken, ob sich Schwankungen bei den Verkaufszahlen mit den Auslieferungen und Einnahmen aus der Praxis decken. Bei der Analyse sollten Hersteller außerdem immer berücksichtigen, dass es nicht immer im Interesse von Amazon ist, dem Anwender alle Zahlen offen darzulegen.

Kniffe für die regelmäßige und vergleichende Analyse

Wir haben bereits erläutert, dass Kampagnen im Hinblick auf die Auswertung möglichst differenziert und unabhängig voneinander angelegt werden sollten. Dies dient nicht nur der besseren Übersichtlichkeit – Amazon stellt Datensätze je nach Bericht pro Kampagne bereit. Wird ein und dieselbe Anzeigengruppe nun sowohl defensiv als auch offensiv genutzt, erhält der Anwender keine brauchbaren Daten für die Beurteilung des Kampagnenerfolgs.

Die von Amazon bereitgestellten Leistungsdaten, wie ACoS-Werte und Umsatzzahlen, erlauben zudem erst nach zwei Wochen und einem Vergleich mit dem tatsächlichen Abverkauf valide Aussagen über den Effekt der Advertising-Maßnahmen. Zuvor können sie nur als grober Richtwert angesehen werden.

Amazon führt Sales, die innerhalb von 14 Tagen nach dem Klick auf eine Anzeige verbucht werden, auf die jeweilige Ad zurück. Besonders bei hochpreisigen Anschaffungen brauchen Konsumenten eine gewisse Bedenkzeit, sodass zwischen dem ersten Besuch der Produktseite und dem Kauf einige Tage vergehen können.

> **Hinweis**
>
> Amazon berechnet den ACoS auf Grundlage der Nettopreise, die die Endkunden an Amazon zahlen. Er basiert nicht auf dem Nettoeinkaufspreis, den der Hersteller von Amazon erhält. Das heißt, für Vendoren fällt der ACoS in der Praxis höher aus, als in den Berichten angegeben.

Fallstricke bei der Analyse vermeiden

Arbeitet man bei der Analyse nicht sorgfältig und vergleichend, kann es schnell zu kostspieligen Fehlschlüssen kommen. So ist es möglich, dass eine scheinbar erfolgreiche Kampagne relativ lange läuft, bevor der Anwender bemerkt, dass sie doch nicht so profitabel wie gedacht ist oder nicht zum gewünschten Ziel führt.

Hier ein Beispiel: Ein Hersteller startet eine SB-Kampagne, die Kunden zu einem verkaufsstarken Premium-Artikel leitet. Sie erzielt direkt sehr attraktive ACoS-Werte, sodass der Werbetreibende mit der Maßnahme äußerst zufrieden ist. Allerdings kann man zu diesem Zeitpunkt noch nicht feststellen, wo die Sales tatsächlich herkommen.

Wie bereits oben erläutert, liegt dies an der Erfassungsmethode von Amazon. Klickt ein Kunde auf die Ad des Herstellers und erwirbt anschließend innerhalb von 14 Tagen Produkte der Marke, werden diese Sales der Ad zugeschrieben. Das heißt jedoch noch lange nicht, dass tatsächlich das beworbene Produkt gekauft wurde. Der Kunde kann sich genauso gut für eine günstigere Basic-Variante entschieden haben.

Außerdem zählen zu den Umsätzen, die bei SBs für die Berechnung herangezogen werden, auch Verkäufe durch Seller. Und noch ein weiterer Aspekt kommt hinzu: Da die Nachfrage für den Artikel bereits vor dem Start der Werbemaßnahme relativ hoch war, hat Amazon kurz davor begonnen, das Produkt zusätzlich von anderen Landesgesellschaften zu importieren.

Diese Bedingungen führen dazu, dass der Hersteller in der Praxis keine signifikanten Änderungen der Lagerbestände registrieren kann, obwohl die Sponsored-Ads-Berichte einen spitzenmäßigen ACoS ausliefern. Definitive Aussagen über die Kosten-Umsatz-Relation lassen sich erst treffen, wenn all diese Faktoren einberechnet wurden.

Wahrscheinlich verzeichnet der Hersteller durch die Kampagne keine Verluste, doch einen herausragenden ACoS bei steigenden Verkaufszahlen erzielt er ebenfalls nicht. Sie sollten bei der Betrachtung der ACoS-Werte folglich Vorsicht walten lassen und die Analyse nicht ausschließlich auf Sponsored-Ads-Standardreportings stützen.

Über eine längere Zeitspanne bilden die Kennzahlen den Verlauf der Kampagne relativ präzise ab und sind daher für Langzeitauswertungen ein wichtiges Element. Doch insbesondere für einen kurzen Zeitabschnitt sind die Werte allein keine zuverlässige Quelle, um fundierte Entscheidungen bezüglich des ROI zu treffen.

Zum einen benötigt man ein ausreichendes Zeitintervall, um genug Traffic für eine valide Datenbasis zu generieren, zum anderen braucht Amazon einen Tag, um Daten zu verarbeiten und bereitzustellen. Der Algorithmus bucht darüber hinaus Umsätze von zwei Wochen auf Anzeigen zurück.

Dabei spielen jeden Tag verschiedene Einflussfaktoren eine Rolle, die sich schnell verändern können. Hierzu gehören zum Beispiel die Preisänderung des beworbenen Artikels durch Amazon, die Anpassung der Preise durch Seller und wechselhafte Bewertungen der Kunden. Aufgrund dessen ist es nahezu unmöglich, exakte tagesspezifische Werte zu ermitteln. Auch saisonale Effekte und E-Commerce-Events wie der Prime Day können die Ergebnisse verzerren und zu einer Fehlauslegung führen.

Das heißt für die Praxis: Der Anwender muss sich in Geduld üben und sollte nicht von einem auf den anderen Tag spontane Anpassungen an den Kampagnen vornehmen – vor allem wenn man noch nicht viel Erfahrung im Umgang mit Sponsored Ads hat.

Marketingtreibende müssen ihre durchgeführten Maßnahmen kontinuierlich und über einen längeren Zeitraum hinweg analysieren. So sammeln sie notwendige Erfahrungswerte und können einschätzen, in welchem Rahmen sich die Kennzahlen im Normalfall bewegen sollten. Sie sind in der Lage, signifikante Abweichungen der Werte zu identifizieren und gegebenenfalls entsprechende Maßnahmen einzuleiten.

Aussteuerung der Kampagnen optimieren

Analysen und Erfahrungswerte bilden die Grundlage für die Kampagnenoptimierung. Ebenso wie Auswertungen müssen Optimierungsaufgaben regelmäßig wahrgenommen werden, um nachhaltige Erfolge zu erzielen.

Jeden Tag an den entsprechenden Stellschrauben zu ziehen, ist aus den oben beschriebenen Gründen allerdings nicht empfehlenswert. In der Praxis hat sich eine wöchentliche Routine bewährt. Im Zuge dessen sollten – falls notwendig – die zuvor beschriebenen Maßnahmen umgesetzt werden. Hier eine übersichtliche Zusammenfassung der verschiedenen Optimierungsmöglichkeiten:

- Keywords aus automatisch ausgespielten SP-Kampagnen, die gut performen, sollten in manuelle Kampagnen übertragen werden.
- Sie sollten diese Keywords außerdem in die jeweiligen Produktdetailseiten einpflegen, um die Wahrscheinlichkeit einer Ausspielung zu erhöhen und das Listing zu stärken.
- Passen Sie Gebote für bereits hinterlegte Suchbegriffe schrittweise nach oben oder unten an, je nach Kampagnenziel. Hierbei müssen selbstverständlich die Ergebnisse der letzten Analyse berücksichtigt werden.
- Keywords, die nicht gut performen, sollten Sie entfernen. Damit sie nicht zu einem späteren Zeitpunkt versehentlich wieder hinzugefügt werden, empfiehlt es sich, sie an einer gesonderten Stelle festzuhalten.
- Um unpassende Impressions und unerwünschte Klicks zu vermeiden, können Sie den Übereinstimmungstyp der Keywords anpassen oder ausschließende Keywords hinzufügen.

Zudem gilt es, bei der Optimierung saisonale Effekte mit einzubeziehen und das Budget entsprechend anzupassen. Besonders Sponsored-Ads-Neulinge unter- oder überschätzen häufig die Schwankungen.

So ist zum Beispiel das Tagesbudget für eine Kampagne an Feiertagen viel schneller ausgeschöpft als an ganz normalen Wochentagen. Eine solche Wirkung haben ebenfalls Events wie der Prime Day. Dieses Umsatzpotenzial sollten Werbetreibende nicht verpassen. Wer in dem entsprechenden Zeitraum mit höherem Budget arbeitet, kann auch mit höheren Umsatzzahlen rechnen – und dass mit sehr geringem Arbeitsaufwand.

> **Warnung**
> Budgets müssen einen Tag im Voraus aufgestockt werden. Bemerkt man am selben Tag, dass das bisher verwendete Budgetlimit nicht ausreichend ist, ist es bereits zu spät. Am besten legen Sie sich einen Kalender mit Feiertagen und E-Commerce-Events an.

Sich diese Umsätze zu sichern, ist auch im Hinblick auf die Zeit nach der verkaufsstarken Periode empfehlenswert. Hier können die Verkaufszahlen bei gleichbleibendem Budget kurzzeitig drastisch einbrechen. Amazon-User stöbern zwar noch auf der Plattform und klicken sich durch Anzeigen, doch es herrschen Kaufmüdigkeit und schmale Konten.

Das Kaufverhalten von Onlineshoppern spielt generell eine entscheidende Rolle bei der Budgetplanung. Dieses sollte zum Beispiel nicht zu niedrig angesetzt werden, damit es nicht schon tagsüber erschöpft ist. Bei einem Großteil der Shopper ist die Kaufmotivation in den Abendstunden am größten, besonders wenn es um kostspielige Anschaffungen geht. Können für diesen Zeitraum keine Impressions generiert werden, weil kein Budget mehr vorhanden ist, verpasst der Hersteller zahlreiche Umsatzchancen. Die Budgetierung muss ebenso wie Gebote und Keywords dabei immer dem übergeordneten Kampagnenzweck dienen.

Praxistipp
Prüfen Sie bei frisch angelaufenen Kampagnen, ob das eingesetzte Tagesbudget bis in den Abend hineinreicht. Hier ist die Kaufbereitschaft der Kunden besonders hoch.

Technische und professionelle Unterstützung nutzen

Für den Marketingerfolg auf Amazon ist es essenziell, dass Werbetreibende so schnell wie möglich in die Sponsored Ads einsteigen und Erfahrungen sammeln sowie Fähigkeiten erwerben. Anwender müssen sich unter anderem mit dem Verhalten der Shopper, der Vorgehensweise von Wettbewerbern und dem Amazon-Algorithmus vertraut machen. Kampagnen müssen kontinuierlich geprüft, bewertet und optimiert werden.

Diese Aufgaben sind komplex und arbeitsintensiv. Daher stellen sie insbesondere Hersteller mit einem großen Warensortiment vor eine enorme Herausforderung. Vendoren greifen daher meist auf zeitsparende Softwarelösungen und professionelle Unterstützung zurück.

So gibt es zum Beispiel Programme, die täglich aktuelle Daten zu Keywords und Suchbegriffen liefern sowie über verschiedene Auswertungsoptionen verfügen. Bid-Management-Software zur automatisierten und regelbasierten Optimierung von Sponsored-Ads-Kampagnen ermöglicht die Aussteuerung auf Keyword-Ebene mit CPC-Geboten.

Ganzheitliche Lösungen sind darüber hinaus in der Lage, Daten aus dem Vendor Central mit zu verarbeiten, wie beispielsweise Lagerbestände, den Verlust der Buybox oder Verkaufspreise (siehe hierzu Kapitel 9). Relevante Produktprobleme sofort zu erkennen, ist eine wichtige Grundlage für die effiziente Aussteuerung der Kampagnen.

Trotz aller Automatisierung werden Softwarelösungen allerdings in absehbarer Zeit keine Menschen ersetzen können, die Markt- und Produktverständnis mitbringen.

Zukünftige Entwicklung der Sponsored Ads

Sponsored Ads bieten Vendoren und Sellern ein beachtliches Potenzial. Durch ihren Einsatz lassen sich hochgesteckte Umsatzziele erreichen und erhebliche Wachstumssprünge verwirklichen. Vor allem Markenhersteller, die bereits seit vielen Jahren am Markt etabliert sind, vernachlässigen jedoch diese mächtigen Marketingwerkzeuge. Das Zögern ist nachvollziehbar, denn Amazon bindet sie so nicht nur über ihren Absatz an sich, sondern auch über ihre Marketingaktivitäten.

Dies hat allerdings zur Folge, dass sie von Wettbewerbern abgehängt werden, die die gebotenen Chancen frühzeitig erkannt und für sich genutzt haben. Es kommt zu Umsatzeinbußen und Verlust von Marktanteilen. Je mehr die Herausforderer ihre Platzierung auf Amazon stärken, umso schwerer wird es für die abgedrängten Hersteller, dort Fuß zu fassen und ihre Stellung zu verteidigen.

Sucht man beispielsweise nach Bluetooth-Lautsprechern, erscheinen auf den ersten Ergebnisseiten kaum Listings von etablierten Elektronikherstellern wie Samsung, Sony und LG. Stattdessen haben junge Unternehmen wie Anker dieses Terrain besetzt.

Wertvollen Spielraum nutzen

Wer sich bis jetzt den Marketingmöglichkeiten auf Amazon noch nicht zugewandt hat, sollte am besten gestern in das Thema einsteigen. Dies gilt vor allem vor dem Hintergrund, dass sich der Wettbewerb auf der Plattform deutlich verschärfen wird. Amazon plant, im Bereich Paid Advertising eine Führungsrolle zu übernehmen.

Tiefgreifendes Know-how und fundierte Praxiskenntnisse sind dann essenziell, um sich im Amazon-Advertising-Dschungel behaupten zu können. Bei der Kampagnenoptimierung muss eine noch stärkere Disziplin an den Tag gelegt werden, um potenzielle Kunden zu erreichen.

Zurzeit bietet sich für Hersteller und Händler noch die Chance, das erforderliche strategische Wissen mit geringem Kostenaufwand zu erlangen sowie den Absatz zu niedrigen Preisen zu steigern. Dieses Zeitfenster wird sich allerdings in absehbarer Zeit schließen.

Mit der wachsenden Bedeutung von Amazon als Suchmaschine für Produkte muss zudem eine Umverteilung des Budgets stattfinden. Ist bis jetzt der Großteil in Google Ads gewandert, gilt es nun, Amazon Advertising zu priorisieren.

Amazon Stores

Vendoren und Seller mit registrierter Marke haben die Möglichkeit, kostenfrei eigene Stores auf Amazon.de zu erstellen. Sie bieten Ihnen Raum, um Ihre Brand und Ihre Produkte zu präsentieren. In diesem Kapitel stellen wir Ihnen Gestaltungs- und Einsatzmöglichkeiten vor.

Erstellt werden Stores im Self-Service über den sogenannten *Store Builder*. Vendoren finden ihn unter *Stores* in ihrem Amazon-Advertising-Account. In Seller Central befindet er sich ebenfalls im Register *Stores*.

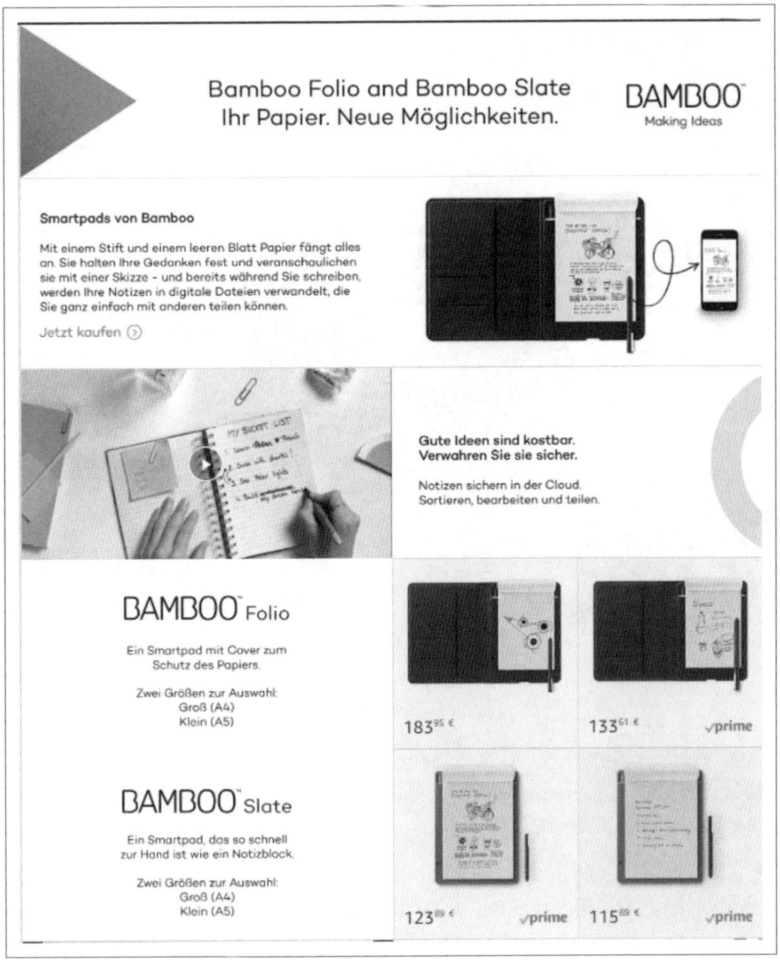

Abbildung 6-17: Beispiel für einen Amazon Store (Quelle: amazon.de)

Aufbau eines Amazon Stores

Ein Store kann aus mehreren Seiten mit bis zu drei Unterebenen bestehen. Jede Seite setzt sich aus verschiedenen Kacheln zusammen, die sich nach dem Baukastenprinzip flexibel zusammenstellen lassen. Wer es bequemer mag, kann eines der vorgefertigten Layouts verwenden, die Amazon bereitstellt.

Ganz oben erscheint auf jeder Store-Seite ein Header. Achten Sie bei der Bildauswahl auf den sichtbaren Bereich bei unterschiedlichen Bildschirmgrößen. Bei kleinen Bildschirmen wird in der Regel ein Teil abgeschnitten. Unter dem Headerbild befindet sich die Navigationsleiste, über die die User zu den jeweiligen Unterseiten gelangen.

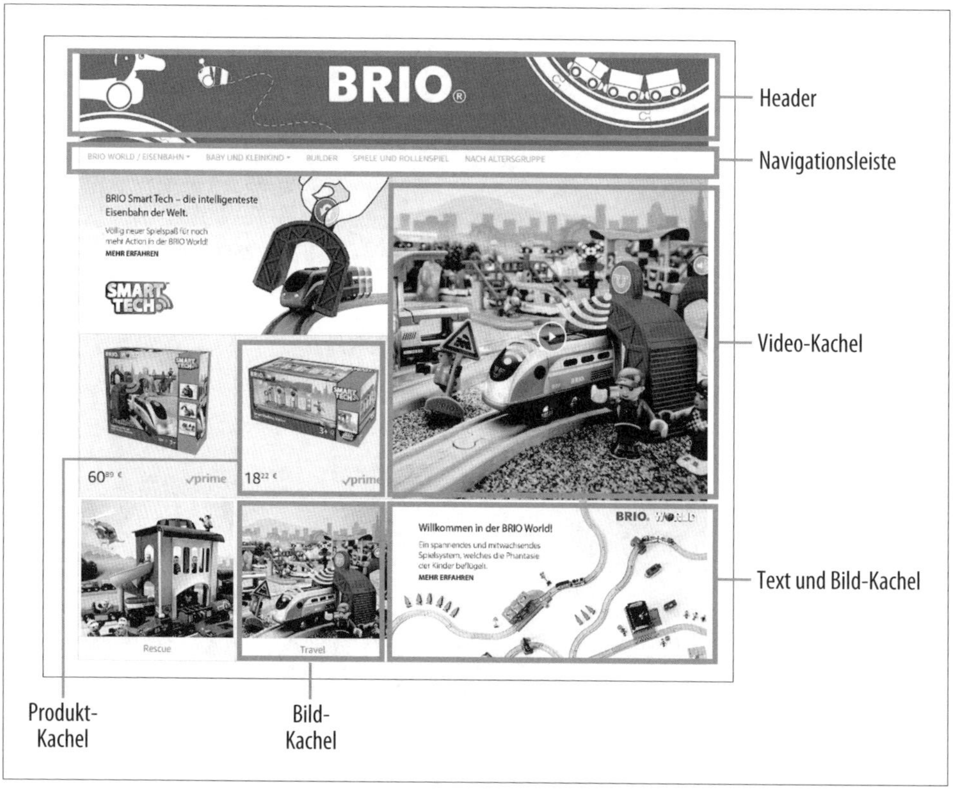

Abbildung 6-18: Amazon Stores setzen sich aus verschiedenen Elementen zusammen, die Sie frei wählen und kombinieren können. (Quelle: amazon.de)

Es stehen unterschiedliche Kachelarten zur Auswahl, die sich durch Inhalt, Abmessungen und Gestaltungsspielraum unterscheiden. So können Sie zum Beispiel Kacheln mit Bildern, Texten und Videos einfügen. Natürlich stehen auch diverse E-Commerce-Elemente zur Verfügung. Sie erlauben Ihnen, einzelne Produkte hervorzuheben oder Produktraster aus bis zu 100 Artikeln einzubauen. Eine weitere Möglichkeit bietet die Integration von automatisch generierten Bannern, die entweder Bestseller oder Produkte der Marke zeigen, die dem jeweiligen User aufgrund seines Surf- und Kaufverhaltens empfohlen werden.

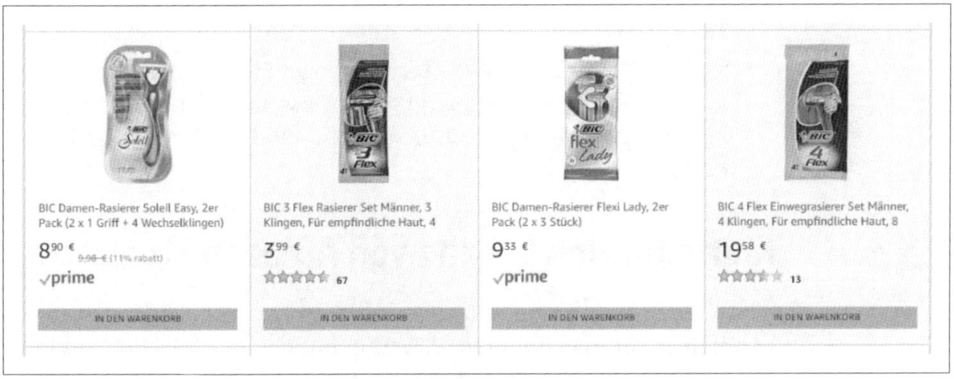

Abbildung 6-19: Beispiel für ein Produktraster. User erhalten Informationen zu Preis, Prime-Fähigkeit sowie Deals und können den Artikel direkt in den Einkaufswagen legen. (Quelle: amazon.de)

Abbildung 6-20: Wenn Sie Banner mit Bestsellern oder empfohlenen Produkten hinzufügen, spielt Amazon automatisch passende Produkte aus. (Quelle: amazon.de)

Ein Klick auf eine Kachel kann den User je nach Kacheltyp auf eine Produktdetailseite oder eine Unterseite des Stores führen. Bei der Gestaltung gilt es, ebenso wie bei Display-Ads, die Amazon-Richtlinien sowie Mindestauflösungen und Textlängenlimits zu beachten. Informationen hierzu erhalten Sie im Store Builder.

Wie erreichen User Ihren Store?

Nachdem Sie einen Store erstellt haben, fragen Sie sich wahrscheinlich, wie potenzielle Kunden ihn erreichen können. Es führen unterschiedliche Wege in Ihren Shop:

- Es wird ein markenspezifischer Link (*https://amazon.de/markenname*) generiert, den Sie außerhalb von Amazon verwenden können.
- Auf Produktdetailseiten gelangen User über einen Klick auf den Markennamen (meist unterhalb des Produkttitels) in den entsprechenden Store.
- Wird Ihre Marke in Form von Text oder Logo auf Kategorieseiten aufgeführt, ist sie in der Regel mit Ihrem Amazon Store verknüpft.
- Sie können Ihren Store als Landingpage für über die DSP geschaltete Ads sowie für Sponsored Brands verwenden. Er eignet sich zum Beispiel gut als Ziel für generische und allgemeine defensive Keywords.

Kniffe für den Einsatz von Amazon Stores

Wenn Sie sich dafür entscheiden, einen Store zu erstellen, sollten Sie sich immer vor Augen führen, dass Ihre Kunden und Amazon-User ihn sehr wahrscheinlich nicht gezielt besuchen werden. Verbraucher gehen bekanntermaßen in den meisten Fällen den Weg über die Suchfunktion. Auch trägt ein Store nicht unbedingt zu höherer Sichtbarkeit auf der Plattform bei. Wie Sie oben gesehen haben, ist er innerhalb des Amazons-Universums recht versteckt platziert.

Trotzdem bietet Ihnen ein eigener Amazon Store einige sinnvolle Anwendungsmöglichkeiten.

Während der Store früher auf eine einzelne Seite reduziert war, können Sie mittlerweile diverse Unterseiten hinzufügen. Dies erlaubt Ihnen, gezielt verschiedene Landingpages für Amazon Advertising und Off-Site-Marketingmaßnahmen zu erstellen, die sich innerhalb des Amazon-Ökosystems befinden.

Praxistipp

Wenn man externen Traffic auf Amazon leiten möchte, bieten Amazon Stores mit ihren Analyse-Dashboards (bisher) die einzige Möglichkeit, den Erfolg der Kampagnen zu messen.

Vor allem neue und erklärungsbedürftige Produkte profitieren hierbei von dem erweiterten Gestaltungsspielraum. Sie können potenziellen Kunden ausführliche Informationen in Form von Bildern, Texten und Videos liefern, um sie von Ihrem Produkt zu überzeugen. Darüber hinaus lassen sich im Rahmen der Möglichkeiten die Werte Ihrer Brand transportieren.

Allerdings sollte man nicht versuchen, sein gesamtes Produktportfolio in einem Store abzubilden. Ansonsten wirken die Seiten schnell unübersichtlich, und der Fokus geht verloren. Wichtig ist in diesem Zusammenhang auch, die mobile Ansicht nicht zu vernachlässigen. Kacheln sollten so gestaltet und angeordnet werden, dass Haupt- und Unterseiten sowohl auf Desktop- als auch auf mobilen Endgeräten ansprechend aussehen. Der Store Builder bietet zwar eine Vorschau für Tablet, Smartphone & Co. an, dennoch empfiehlt es sich, den Content im Anschluss immer noch einmal live zu prüfen.

Um die Performance Ihres Stores zu bewerten, stellt Amazon verschiedene Metriken bereit. So erhalten Sie über das Analyse-Dashboard unter anderem Informationen zu *Visits*, *Sales* und *Conversions*. Die Angaben können auf Ebene der Seiten als auch der Traffic-Quellen eingesehen werden. Berücksichtigen Sie bei der Bewertung, dass beim Store Verkäufe, die bis zu zwei Wochen nach dem Besuch erfolgen, ebenfalls angerechnet werden.

KAPITEL 7

Amazon Demand Side Platform (DSP)

In diesem Kapitel:

- Media- und Display-Marketing für Fortgeschrittene
- Funktionsweise und Aufbau der DSP
- Werbemittel der DSP
- Setup und Steuerungsmöglichkeiten
- Strategische Einsatzmöglichkeiten der DSP
- DSP-Kampagnen bewerten und optimieren
- Case Study Wacom: ein Praxisbeispiel für den DSP-Einsatz
- Fazit

Amazon plant, eine führende Rolle im Onlinemarketing zu übernehmen. Es gehört zu den Geschäftsbereichen, die bei Amazon mit Abstand am schnellsten wachsen. Einen weiteren Schritt in diese Richtung ist der Handelsriese mit dem Launch der *Amazon Demand Side Platform (DSP)* gegangen. Sie bietet vielfältige Möglichkeiten im Media- und Display-Marketing.

Media- und Display-Marketing für Fortgeschrittene

Die Self-Service-Lösung erlaubt Werbetreibenden, selbstständig Display- und Multimedia-Kampagnen zu erstellen. Im Vergleich zu Sponsored Ads haben sie eine weitaus größere Reichweite. Zielgruppen lassen sich zudem unabhängig von der konkreten Produktsuche ansprechen. Die Ads erscheinen sowohl auf Plattformen, die zur Amazon-Familie gehören, als auch in sämtlichen relevanten Display-Netzwerken außerhalb des Amazon-Ökosystems. Sie können dazu genutzt werden, potenzielle Kunden auf die eigenen Amazon-Produktdetailseiten oder auch die Website der jeweiligen Marke zu führen.

Die besonders Stärke der DSP: Sie verbindet die extrem hohe Reichweite mit anonymisierten Nutzerdaten der Amazon-Shopper. Auf diese Weise ergeben sich ganz neue Targeting-Möglichkeiten. Noch nie zuvor konnten Display und Multimedia Ads so präzise an spezifische Zielgruppen ausgespielt werden. Schließlich ist Amazon bestens über das Kaufverhalten und die Interessen seiner Kunden informiert.

Mit der DSP können Werbetreibende nicht nur äußerst passgenau Zielgruppen buchen, sondern bei Bedarf auch das Vermarktungsumfeld sowie die Marketingmittel sehr individuell auswählen. Diese Faktoren führen dazu, dass Media- und Display-Marketing über die DSP äußerst effektiv ist. Marketingbudgets können kaum effizienter eingesetzt werden, um den Abverkauf der eigenen Produkte auf Amazon zu stärken oder die Markenbekanntheit zu steigern. Das Potenzial und die Vielfalt der Einsatzmöglichkeiten sind groß.

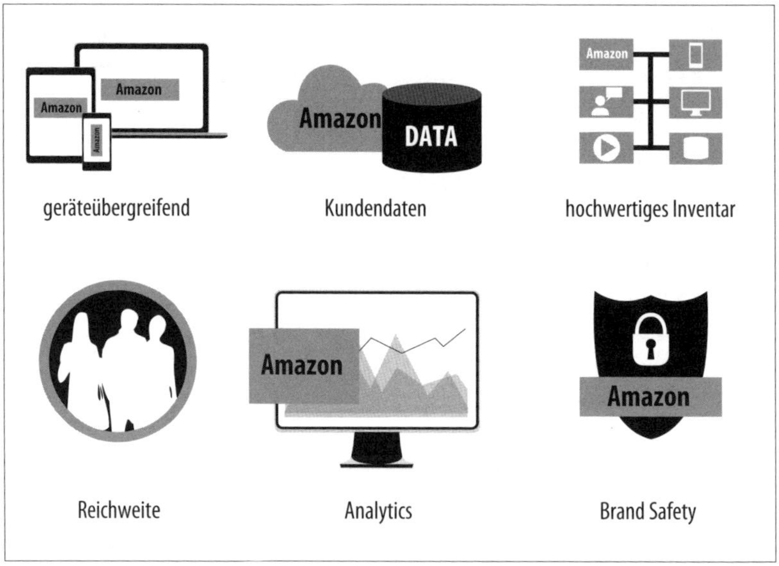

Abbildung 7-1: Die Amazon Demand Side Platform bietet Marketingtreibenden zahlreiche Möglichkeiten im Bereich Programmatic Advertising. (Quelle: factor a – part of Dept)

Für wen eignet sich die Amazon Demand Side Platform?

Die Amazon Demand Side Platform steht sowohl Sellern als auch Vendoren zur Verfügung. Darüber hinaus kann sie in Absprache mit Amazon von Unternehmen genutzt werden, die keine Produkte auf der Handelsplattform anbieten.

Der Einsatz empfiehlt sich vor allem dann, wenn sich Marketingziele mit den Möglichkeiten der Sponsored Ads nicht erreichen lassen. Insbesondere wenn auf Amazon (noch) kein großes Suchvolumen für die zu bewerbenden Produkte vorhanden ist, stößt man mit den verfügbaren Maßnahmen schnell an Grenzen. In diesem Fall können Marketingtreibende gezielt externen Traffic auf ihre Produktdetailseiten leiten und ihre Marke bekannt machen, indem sie Ads über die DSP schalten.

Warnung

Handelt es sich um ein starkes Nischenprodukt, wird sich die DSP als nicht besonders effektiv erweisen. Die Zielgruppensegmente, die für das Targeting ausgewählt werden, haben eine gewisse Mindestgröße. Für sehr spezielle Produkte mit geringer Nachfrage gibt es daher meist keine passgenauen Segmente. Sie sind hierfür meist zu breit aufgestellt, sodass es zu hohen Streuverlusten kommt.

Im Schnitt ist ein höheres Marketingbudget als bei den Sponsored Ads erforderlich. Wer die DSP für seine Zwecke nutzen möchte, sollte bereit sein, mindestens 5.000 bis 10.000 Euro in die Hand zu nehmen. Die Marketingmaßnahmen werden im Gegensatz zu Sponsored Ads über *Tausender-Kontakt-Preise* abgerechnet und nicht über einen *CPC*. Das heißt, man zahlt bereits für die Ausspielung und nicht erst, wenn ein User auf die Ad klickt. Die Lern- und Experimentierphase ist im Fall der DSP daher wesentlich kostspieliger.

Die operativ verantwortlichen Personen sollten im Idealfall über Erfahrung und fundierte Kenntnisse im Bereich Performancemarketing verfügen. Das Handling der Plattform gestaltet sich aufgrund der zahlreichen Einstellungsmöglichkeiten weitaus komplexer als die Erstellung und Optimierung von Sponsored-Ads-Kampagnen.

Viele Unternehmen beauftragen daher externe Agenturen, die auf die Onlinemarketinginstrumente von Amazon spezialisiert sind. Alternativ kann die DSP als Managed Service in Anspruch genommen werden. Bei dieser Option übernimmt das Amazon-Team die Durchführung der Marketingkampagnen. Voraussetzung ist, dass ein Mindestbuchungsvolumen von 10.000 Euro investiert wird. Hierfür nimmt Amazon (derzeit) eine Gebühr von 15 % des Media-Budgets.

In diesem Kapitel erhält der Leser einen Überblick über die grundlegenden Funktionen und Werbemittel der DSP. Die wichtigsten Anwendungsmöglichkeiten werden exemplarisch erläutert und in den strategischen Kontext eingeordnet. Anschließend folgen konkrete Handlungsempfehlungen in Form von Best-Practice-Tipps.

Aufgrund ihrer Komplexität kann allerdings keine umfassende Anleitung für den erfolgreichen Einsatz der DSP gegeben werden. Dieser Themenbereich würde allein ein weiteres Handbuch füllen.

Der Leser kann nach diesem Kapitel jedoch einschätzen, ob die DSP für das eigene Geschäftsmodell infrage kommt und welche Möglichkeiten sie bietet. Werden DSP-Kampagnen richtig eingesetzt, sind sie ein äußerst mächtiges Werkzeug, um verschiedenste Marketingziele zu erreichen.

Chancen der DSP: programmatisches Marketing auf höchstem Niveau

Die Amazon Demand Side Platform hebt programmatisches Marketing auf ein neues Level. Bei dieser Form des Marketings werden anonymisierte User-Daten analysiert und verwendet, um zu ermitteln,

- welcher Verbraucher
- zu welchem Zeitpunkt
- an welchem Ort

am effektivsten mit dem jeweiligen Werbemittel erreicht werden kann. All das geschieht automatisiert und in Echtzeit.

Im Gegensatz zu traditionellen Marketingmaßnahmen orientiert sich die Ausspielung in erster Linie an dem individuellen User. Sie ist nicht zwingend an ein bestimmtes Umfeld (also eine definierte Website, App oder ein bestimmtes Gerät) gebunden. Das Surf- und Shopping-Verhalten des Verbrauchers entscheidet vornehmlich darüber, wo er eine bestimmte Ad zu Gesicht bekommt.

Hier ein Beispiel: Ein Hersteller möchte ein neues Rasenmähermodell bewerben und schaltet daher Display Ads auf der Website eines Heim-&-Garten-Magazins. Das ist natürlich nicht verkehrt. Die Vorgehensweise beruht auf der Annahme, dass Besucher dieser Website sich eher für Gartenpflege interessieren als beispielsweise User auf einer News-Seite oder in einem Forum für Kochrezepte. So weit, so gut. Einen positiven *Return on Investment* (*ROI*) zu erzielen, indem man auf diese Weise eine beliebige Gruppe an Nutzern bespielt, erweist sich in der Regel jedoch als äußerst schwierig.

Das beschriebene Szenario legt den Fokus auf User, die gerade zufällig auf der Garten-Website unterwegs sind. Effizienter wäre es dagegen, tatsächlich potenzielle Kunden ins Visier zu nehmen. So könnte man beispielsweise User targeten, die aufgrund ihrer Such- und Kaufhistorie als Gartenbesitzer identifiziert wurden und/oder sich auf Amazon bereits verschiedene Rasenmähermodelle angeschaut haben. Die Anzeigen können ihnen nun auf verfügbaren Werbeplätzen überall im Internet angezeigt werden. Reichweite und Kaufwahrscheinlichkeit sind bei dieser Vorgehensweise wesentlich höher, da die eingeblendeten Werbemittel so eine deutlich höhere Relevanz für die User haben.

Anstatt in den Weiten des Internets darauf zu warten, dass ein interessierter User vorbeikommt, heften sich DSP-Ads an seine Fersen, um zum bestmöglichen Zeitpunkt in Erscheinung zu treten – auf und außerhalb von Amazon. In Kombination mit den Suchmarketingmaßnahmen der Sponsored Ads kann der Konsument so entlang der gesamten Customer Journey begleitet werden. Hierauf wird im Verlauf des Kapitels noch ausführlicher eingegangen.

In Kapitel 6 hat der Leser zielgruppenspezifisches Targeting bereits kennengelernt, denn auch Product Display Ads können auf diese Weise ausgespielt werden. Allerdings bewegen sie sich nur innerhalb der Amazon-Website. Die DSP ermöglicht Werbetreibenden zudem, Zielgruppen zu buchen, die um einiges stärker ausdifferenziert sind. Hierfür greift Amazon auf seinen immensen Pool an eigenen Kundendaten zurück.

Hinweis

Targeting bedeutet, dass Werbemittel anhand von zuvor definierten Faktoren gezielt und automatisiert ausgespielt werden. Als Ziel können dabei zum Beispiel bestimmte Formate wie Websites und Apps, Geräte und/oder User mit spezifischen Interessen dienen. Ein optimiertes Targeting vermindert Streuverluste und erhöht die Effizienz der Marketingmaßnahmen.

Die DSP stellt Ihnen über das zielgruppenspezifische Targeting hinaus weitere Ausrichtungsoptionen zur Verfügung. Dazu gehören das Targeting von bestimmten Werbeflächen und thematischen Umfeldern sowie das *Retargeting*. Im Laufe dieses Kapitels stellen wir Ihnen die unterschiedlichen Optionen ausführlich vor.

Amazons 1st Party Data: eine starke Währung für Marketingtreibende

Die nutzerdatenbasierte Auslieferung von Werbemitteln ist keine neue Erfindung. Zahlreiche Betreiber von Display-Netzwerken wie Google und Facebook bieten diese Form des Targetings ebenfalls an. Was unterscheidet die DSP nun von diesen?

Ihr nicht zu unterschätzender Vorteil sind die »1st Party-Daten«, die die DSP verwendet. Denn Daten sind nicht gleich Daten. Amazon verfügt über ein exklusives Set an Kundendaten, das bisher weltweit einzigartig sein dürfte. Es geht weit über die klassisch verwendeten demografischen und interessenbezogenen Informationen hinaus.

Seine Stärke liegt vor allem darin, dass es tiefe Einblicke in das Such- und Kaufverhalten der User gibt. Der Onlineriese beobachtet und analysiert es seit 20 Jahren über den gesamten Sales Funnel hinweg: ab dem Punkt, an dem ein Kunde das erste Mal Interesse an einem Produkt zeigt, bis zur Bestellung. Auf diese Weise kann Amazon das Verhalten der User präziser vorhersagen als andere Plattformen. Dies ermöglicht zum Beispiel, gezielt User anzusprechen, die sich bereits durch aktuelles Kaufinteresse oder eine konkrete Kaufabsicht auszeichnen.

> **Hinweis**
>
> *1st Party Data* sind Datensets, die von Unternehmen oder Publishern – in diesem Fall Amazon – selbst erhoben werden. *2nd* und *3rd Party Data* stammen in Abgrenzung dazu aus externen Quellen, beispielsweise von Adressdienstleistern. Der Vorteil an 1st Party Data ist, dass sie zuverlässig, exakt und laufend aktuell sind.

Dank der wertvollen Insights in Kombination mit der automatisierten Ausspielung erreichen User genau die Werbemittel, die für sie persönlich eine hohe Relevanz haben. Abverkaufsorientierte Marketingmaßnahmen über die DSP performen daher im Vergleich zu anderen Werbenetzwerken deutlich effizienter. Voraussetzung hierfür ist, dass Werbetreibende ihre Zielgruppen möglichst passgenau auswählen. Aber auch Branding-Kampagnen profitieren von der hohen Verbreitung von Amazon-Accounts und Amazons Premium-Inventar.

Auf Grundlage der hoch qualitativen Daten definiert Amazon Zielgruppen für die Auslieferung der Werbemittel. Im DSP-Kosmos werden sie als *Segmente* bezeichnet. So stehen Ihnen zum Beispiel verschiedene Lifestyle-Segmente wie Fashionistas und Eigenheimbesitzer zur Verfügung. Auf diese und weiter Targeting-Parameter gehen wir im Folgenden noch genauer ein.

Stärken der DSP im Überblick:

- Präzises, zielgruppenspezifisches Targeting auf Basis von Amazons wertvollen 1st-Party-Daten.
- Automatisierte Optimierung der Ad-Ausspielung in Echtzeit.
- Hohe Reichweite über verschiedene Websites, Apps und Geräte hinweg.
- Cross Device Targeting: Zuordnung von Geräten zu Personen und Haushalten.
- Potenzielle Kunden werden in verschiedenen Phasen des Kaufprozesses erreicht.
- Das Targeting von Amazon-Usern schließt Bots aus und beugt so Ad-Fraud vor.

- Personalisierung der Ads im Hinblick auf Zielgruppe und Marketingziel möglich.
- Hohe Kosteneffizienz, daher hoher *ROAS*[1] möglich.
- Einzige Möglichkeit, externen Traffic auf Produkte zu leiten und den Kampagnenerfolg zu messen.

Funktionsweise und Aufbau der DSP

Um Möglichkeiten und Grenzen zu erfassen, die sich durch die DSP ergeben, muss man ihre Funktionsweise verstehen. Wir erklären Ihnen, wo die nutzerorientierte Auslieferung der Werbemittel erfolgt, wie Amazons Algorithmus sie optimiert und wie sie abgerechnet wird.

Inventar: Wo können Display und Multimedia Ads erscheinen?

Amazon bietet Werbetreibenden ein breit gefächertes Inventar. So bezeichnet man alle Werbeflächen, auf denen Anzeigen erscheinen können. Je nach Format werden sie auf Websites, in Apps und in Videos angezeigt. Das Ziel ist es, Amazon-Shopper auf möglichst vielen Kanälen zu erreichen, minderwertiges Inventar zu filtern und dabei eine große Reichweite zu erzielen. Hierfür greift der Onlineriese auf verschiedene Inventarquellen zurück:

- Amazon-Seiten und -Apps.
- Weitere Seiten und Apps, die von Amazon betrieben werden, wie z. B. *Imdb* und *Audible*.
- Webseiten und Apps von Drittanbietern.

Bei externen Webseiten und Apps prüft Amazon zuvor genau, ob sie den strengen Richtlinien gerecht werden, die der Handelsriese für die Auslieferung seiner eigenen Ads ebenfalls verwendet. Dazu gehören unter anderem die Bewertung und die Einordnung des Inhalts. Auf diese Weise werden die hohe Qualität des Inventars sowie der Markenschutz gewährleistet. Schließlich dürfen Werbemittel nicht in einem Umfeld erscheinen, das im Widerspruch zu ihnen steht oder sich schädigend auf Marken auswirkt. Dies kann zum Beispiel passieren, wenn Ads auf zweifelhaften Websites mit pornografischen oder rassistischen Inhalten platziert werden. Oder aber auch in einem unpassenden Kontext: Eine Ad für einen neuen Müsliriegel in einem Nachrichtenartikel über eine Hungersnot verkehrt ihre Wirkung ins Gegenteil.

1 ROAS (*Return on Advertising Spend*): erzielter Umsatz durch Werbeanzeigen/Werbeausgaben. Die Kennzahl wird verwendet, um die Rentabilität von Werbeausgaben zu messen.

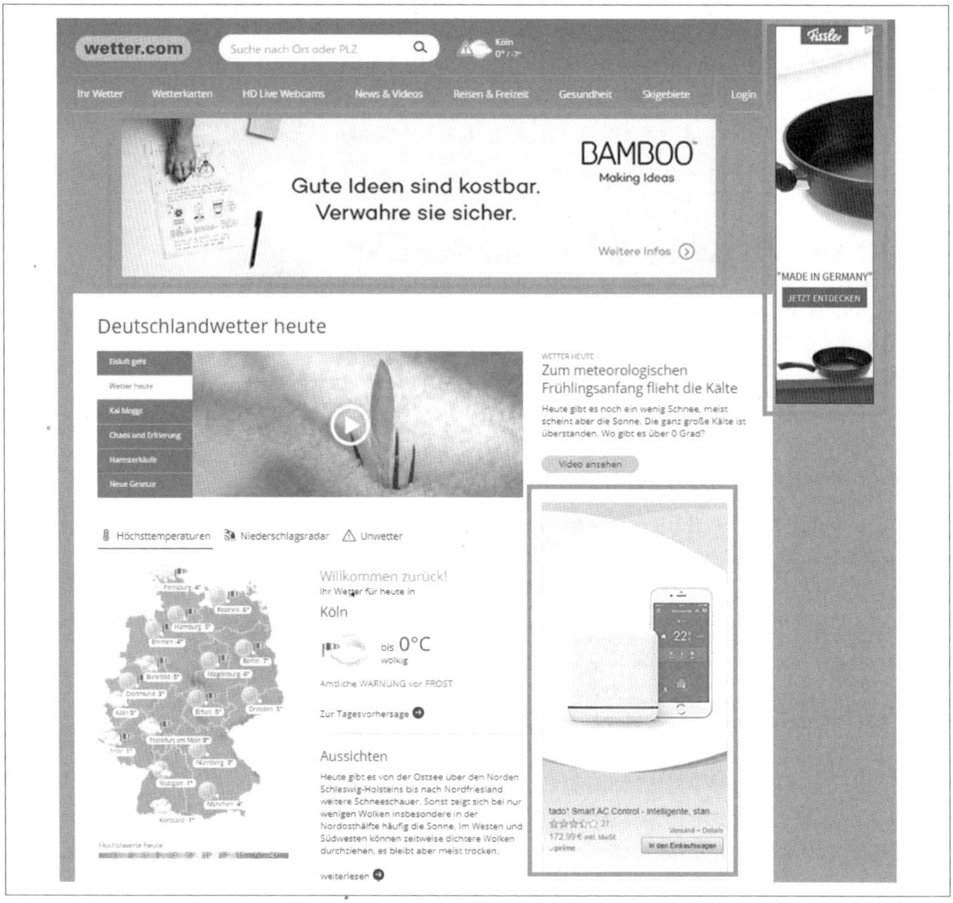

Abbildung 7-2: Beispiel für verschiedene Display Ads auf wetter.com (Quelle: wetter.com)

Cross Device Targeting

Mit der DSP können Ads nicht nur auf verschiedenen Websites ausgespielt werden, sondern auch auf unterschiedlichen Geräten:

- auf Desktopgeräten: Desktopcomputer und Laptops
- auf mobilen Geräten: Smartphones und Tablets

Dabei lässt sich genau festlegen, auf welchen Geräten die jeweiligen Display oder Multimedia Ads erscheinen sollen und auf welchen nicht. So können Werbetreibende beispielsweise Betriebssysteme (iOS, Android, Windows etc.) und Browser (Safari, Chrome, IE etc.) definieren. Erfolgt die Ausspielung in Apps, kann das Targeting bis hin zu bestimmten Smartphone-Modellen verfeinert werden.

Smartphones und Tablets zu bespielen, ist vor allem deshalb wichtig, weil sich *Mobile Shopping* zu einem immer bedeutenderen Bereich des

E-Commerce entwickelt. Produktrecherchen und Bestellungen werden zunehmend über mobile Geräte vorgenommen.

Darüber hinaus kann es sein, dass die anvisierte Zielgruppe ein bestimmtes Gerät bevorzugt nutzt. Möchte man zum Beispiel Kunden ansprechen, die sich durch einen reisefreudigen Lifestyle auszeichnen, erreicht man sie wahrscheinlich besser über Smartphones und Tablets.

Noch spannender als die Option, gezielt bestimmte Geräte anzusprechen, ist die Möglichkeit des *Cross Device Targeting*. Marketingmaßnahmen geräteübergreifend durchführen zu können, ist ein nicht zu unterschätzender Vorteil der DSP.

Verbraucher wechseln im Verlauf der Customer Journey zwischen verschiedenen digitalen Geräten – umso wichtiger ist es, sie dabei zu begleiten und durch gezielt positionierte Ads immer wieder auf das eigene Angebot aufmerksam zu machen. Das programmatische Marketing steht dabei vor der Herausforderung, ein- und dieselben Nutzer über verschiedene Geräte hinweg zu identifizieren und erreichen.

In der Regel verfügen Amazon-Shopper über einen universellen Account, den sie auf all ihren digitalen Geräten nutzen. Anhand dessen können sie zielgenau angesprochen werden, egal ob sie gerade über ihr Tablet oder einen Laptop surfen. So wird eine konsistente und durchgehende Kommunikation mit der Zielgruppe ermöglicht. Die Performance der Kampagnen lässt sich dadurch erheblich steigern. Voraussetzung hierfür ist natürlich, dass die Amazon-User auf dem jeweiligen Gerät eingeloggt waren oder sind.

Ein Beispiel: Der potenzielle Kunde sieht morgens auf der mobilen Website eines Nachrichtendiensts eine Display Ad für einen Rasenmäher. Sein Interesse ist geweckt. Auf der Arbeit angekommen, informiert er sich über seinen Desktop-PC auf Amazon über entsprechende Produkte. Hier wird er erneut durch eine Anzeige auf die Rasenmäher des Herstellers hingewiesen, klickt auf die Ad und gibt seine Bestellung auf.

Der Werbetreibende erhält über die DSP Informationen darüber, welche Aktionen in Bezug auf die Ad stattgefunden haben. Zwar ist die Abbildung der Customer Journey in der Amazon-DSP-Konsole noch nicht zu 100% ausgereift, doch Amazon verbessert die Plattform laufend. Im Idealfall können Sie die Reise der Kunden von Anfang bis Ende nachvollziehen und die Ausspielung der Ads daraufhin optimieren.

Automatisierte Optimierung durch intelligenten Algorithmus

Die Ermittlung und Bewertung von verfügbaren Werbeflächen erfolgt über die DSP automatisiert. Ein intelligenter Algorithmus analysiert in Echtzeit, ob sie den Parametern entsprechen, die der Marketingtreibende hinterlegt hat. So prüft er zum Beispiel, ob ein User zum gewünschten Segment »Eltern mit Kindern zwischen 0-1« und »Kinderwagen« gehört. Anhand dessen entscheidet der Algorithmus darüber, ob eine Impression gekauft wird oder nicht.

Die DSP ist darüber hinaus in der Lage, die Ausspielung automatisch auf bestimmte Ziele hin zu optimieren. Das heißt, sie konzentriert die Ausspielung auf User, die am ehesten die gewünschte Aktion durchführen. So können Sie beispielsweise User targeten, die das beworbene Produkt bestellen, die jeweilige Produktdetailseite besuchen oder auf die Ad klicken. Der Algorithmus ermittelt, wann diese Verbraucher wo und wie genau am besten erreicht werden, und liefert die Werbemittel dementsprechend aus. Auf diese Weise steigern sich Performance und Kosteneffizienz der Kampagne.

Hinweis

Ziel des Auto-Optimierungsalgorithmus ist es, User zu erreichen, die positiv auf die jeweiligen Werbemittel reagieren und eine vom Anwender definierte Aktion ausführen. Dies kann zum Beispiel der Besuch einer Produktseite oder eine Bestellung sein. Als Indikator zieht der Algorithmus Nutzerdaten heran. Für die Optimierung sind viele Kundeninteraktionen erforderlich. Um entsprechende Daten zu erhalten, bedarf es daher eines gewissen Mindestbudgets. Je mehr Erfahrung gesammelt wird, umso besser performt die optimierte Kampagne.

Durch die Interaktion der User mit den Ads lernt Amazons Algorithmus kontinuierlich dazu und verbessert laufend die Ausspielung. Auf Grundlage dessen liefert er Werbetreibenden Erkenntnisse und Empfehlungen zur weiteren Kampagnenoptimierungen. So identifiziert er beispielsweise neue Zielgruppen, die zu den bereits ausgewählten Segmenten passen und eine hohe Conversion-Wahrscheinlichkeit aufweisen. Diese können dann in die weitere Marketingplanung aufgenommen werden.

Dank der automatischen Ausspielung und Optimierung entfällt ein nicht unerheblicher Teil der manuellen Arbeit. Dies spart Zeit und Geld. Um so viel wie möglich aus der DSP herauszuholen, ist es essenziell, das Synergiepotenzial zwischen automatisierter und manueller Aussteuerung bestmöglich zu nutzen. Die gesparte Zeit können Sie beispielsweise investieren, um Gebote und Ausrichtungsoptionen weiter zu verfeinern.

Trotz all der Automatisierung gestaltet sich die zielgerichtete Steuerung der DSP sehr komplex. Ein durchdachtes Kampagnen-Setup sowie die Analyse der Kennzahlen und die Justierung der Stellschrauben erfordern spezifisches Know-how im programmatischen Marketing und handwerkliche Fähigkeiten im Umgang mit der DSP. Werden die Marketingmaßnahmen nicht zielführend umgesetzt, verbrennt das investierte Budget schnell. Im schlimmsten Fall schaden sie sogar der Marke.

Dynamische Preisfindung über CPM-Auktionen

Hat der Algorithmus eine Werbefläche ermittelt, die für die Ausspielung infrage kommt, entscheidet der höchste gebotene Betrag darüber, welche Ad die Impression gewinnt. Die Preisfindung erfolgt wie bei den Sponsored Ads über Echtzeitauktionen.

Allerdings werden die ausgelieferten Werbemittel nicht nach dem *Cost-per-Click-Modell* (*CPC*) abgerechnet, sondern über *Cost-per-Mille* (*CPM*). Im deutschsprachigen Raum sprechen wir auch von dem Tausenderkontaktpreis (*TKP*). Dabei handelt es sich um ein geläufiges Abrechnungsmodell aus der Media-Planung. Er definiert, wie viel Werbetreibende pro 1.000 Sichtkontakten zahlen. Im Fall von Display und Multimedia Ads sind dies die Impressions.

> **Hinweis**
>
> Um auf die Ausspielung Ihrer Ads zu bieten, geben Sie Gebote in zwei unterschiedlichen Höhen an. Das *Basisgebot* (*Base Supply Bid*) ist der Tausenderkontaktpreis, der für Ihre Ziele ideal wäre. Amazon optimiert seine Bieterstrategie, um diesen zu erreichen. Das andere Gebot ist der Maximalbetrag, den Sie für 1.000 Impressions zu zahlen bereit sind. Er wird nie überschritten.

Sie zahlen folglich bereits für die Einblendung Ihrer Werbemittel und nicht erst, wenn ein User auf sie klickt. Daraus ergeben sich für Werbetreibende zwei Folgen, die bei der Kampagnenplanung und -optimierung berücksichtigt werden müssen:

- Es ist wesentlich kostspieliger, mit der DSP zu experimentieren und Tests zu durchführen als bei den Sponsored Ads.
- Im Hinblick auf die Kosteneffizienz der Marketingmaßnahmen ist es noch wichtiger, genau die richtigen Kunden anzusprechen.

Geht es um die reine Reichweite, sind über den CPM abgerechnete Ads im Vergleich zu CPC-Werbemitteln im Schnitt kostengünstiger. Dies hängt jedoch meist auch mit der Sichtbarkeit der Anzeigenplätze zusammen. Damit sie effizient sind, müssen die Ads eine hohe CTR erzielen. Es gilt, die Kampagnen so präzise auszusteuern, dass sie möglichst nur relevante User erreichen. So wird verhindert, dass das eingesetzte Marketingbudget wirkungslos verpufft. Im Idealfall sollte jeder Euro genau dort landen, wo er den größtmöglichen Effekt erzielt. Dies erreichen Werbetreibende zum Beispiel, indem sie die verfügbaren Targeting-Optionen zielgerichtet justieren. Handlungsempfehlungen zur Aussteuerung und Optimierung der Kampagnen erhalten Sie im entsprechenden Teil dieses Kapitels.

Die Höhe des CPM hängt generell von einer Vielzahl an Faktoren ab. Dazu gehören unter anderem die getargetete Zielgruppe, die Reichweite des jeweiligen Inventars und die Platzierung. Bieten viele Marketingtreibende auf dieselbe Werbefläche, steigt der Preis. Above-the-fold-Platzierungen mit hoher Sichtbarkeit auf Websites und in Apps mit einer großen Reichweite sind beispielsweise sehr begehrt und daher in der Regel teurer.

Hohe Kosten können ebenfalls anfallen, wenn nur ein relativ geringes Inventar zur Verfügung steht und Sie die Kunden unbedingt auf eben diesen Werbeflächen erreichen müssen. Das ist zum Beispiel möglich, wenn Video Ads in hoher Frequenz ausgeliefert werden sollen. Wenn es im Hinblick auf das Kampagnenziel nicht so wichtig ist, welches Inventar bespielt wird, oder wenn es ausreicht, Kunden nur ein Mal pro Woche zu erreichen, können Sie niedrigere Gebote abgeben und so Restplätze buchen.

> **Hinweis**
>
> Wenn Sie Segmente buchen, die mithilfe von Amazons 1st Party Data erstellt werden (Beispiel: *Lifestyle* und *In-Market*), fallen zusätzlich Gebühren an.

Werbemittel der DSP

Die DSP bietet Marketingtreibenden verschiedene Werbeformen mit vielfältigen Gestaltungsmöglichkeiten, sodass Kunden in jeder Phase der Customer Journey optimal angesprochen werden können. Dazu gehören sowohl Display Ads in Form von statischen Bildern und Animationen als auch In-Stream-Videos. Im Folgenden werden die unterschiedlichen Optionen vorgestellt.

Standard Display Ads

Mit der DSP haben Werbetreibende die Möglichkeit, selbstständig Display Ads in verschiedenen Größen zu erstellen. Sie können aus einem statischen Bild oder einer Flash-Animation bestehen. Je nach Format und Targeting-Einstellungen erscheinen sie auf verschiedenen Werbeflächen. Wie oben bereits beschrieben, gehören dazu die Desktop- und mobilen Versionen von Amazon-eigenen sowie externen Websites.

Möchte man Display Ads erstellen, die in Apps ausgespielt werden, müssen die Anzeigen im Backend separat als Mobile-Variante angelegt werden. In diesem Fall stehen andere Anzeigengrößen und Landingpage-Optionen zur Verfügung.

Abbildung 7-3: Beispiel für eine individuelle Standard Display Ad auf einer Amazon-Produktdetailseite (Quelle: amazon.de)

Formate und Platzierungen

Die Amazon Demand Side Platform bedient viele Anzeigengrößen, die im Display-Marketing gängig sind. Sie sind auf fast jeder Website zu finden, die Teil eines Display-Netzwerks ist. Durch die Standardisierung wird sichergestellt, dass auf den bespielbaren Werbeflächen nur Display Ads erscheinen, die vom Format her zu ihnen passen.

Es können unter anderem folgende Display-Ad-Formate über die DSP erstellt werden:

Desktop- und mobile Web-Display-Ad-Formate

- Medium Rectangle (300 × 250 Pixel)
- Large Rectangle (300 × 600 Pixel)
- Leaderboard (728 × 90 Pixel)

- Wide Skyscraper (160 × 600 Pixel)
- Billboard (800 × 250 (DE), 970 × 250 Pixel)
- Skin (1.800 × 1.000 Pixel) (keine Flash-Ads möglich)
- Mobile Leaderboard (320 × 50 Pixel)
- Mobile Detail Page and Search Result Page on Amazon (414 × 125 Pixel)

Welche Formate gewählt werden, hängt von dem jeweiligen Kampagnenziel ab. So eignen sich großformatige *Billboard Ads* beispielsweise sehr gut, um Markenziele zu erreichen. Da sie meistens oben auf Websites innerhalb des Contents platziert werden, befinden sie sich direkt im Aufmerksamkeitsbereich der Besucher. Billboard Ads bieten zudem viel Platz, um Informationen zu transportieren. Daher fällt die CTR bei diesem Ad-Typ in der Regel höher aus als bei den anderen Standardformaten. Werbetreibende sollten jedoch beachten, dass Billboard Ads bei der Erstellung über die DSP derzeit nur auf externen Websites und nicht auf Amazon ausgespielt werden. Das Anzeigeninventar für dieses Format ist generell eingeschränkt.

Die Anzeigengröße *Large Rectangle* wird auch als Half Page Ad bezeichnet. Ebenso wie Billboard Ads bieten sie viel Raum für Werbebotschaften und werden daher gern für Branding-Zwecke eingesetzt. Weil das aufmerksamkeitsstarke Format sehr gefragt ist, bieten immer mehr Publisher Large-Rectangle-Werbeflächen an.

Für das Format *Medium Rectangle* gibt es im Gegensatz dazu bereits sehr viele Werbeflächen, die bespielt werden können. Die kompakte Anzeigengröße empfiehlt sich daher bei Kampagnen, die eine hohe Reichweite erzielen sollen. Medium Rectangle Ads sind meistens in den Seiten-Content eingebunden und liegen damit im Aufmerksamkeitsbereich des Kunden. Dies gilt insbesondere für Platzierungen auf Amazon-Seiten. In Kombination mit einem durchdachten Design, das sich optisch in den Seiteninhalt einfügt, kann dieser Anzeigetyp daher sehr leistungsstark sein. Für Abverkaufskampagnen ist er aufgrund seines Preis-Leistungs-Verhältnisses häufig das wichtigste Anzeigenformat. Im Rahmen von Awareness- und Branding-Kampagnen sollten Medium Rectangle Ads allerdings nur unterstützend oder zum Retargeting eingesetzt werden. Sie werden nicht so prominent platziert wie beispielsweise Billboard Ads und bieten weniger Fläche für Werbebotschaften.

Auch für *Leaderboards* und *Wide Skyscraper* ist ein großes Anzeigeninventar verfügbar. Beide Formate sind auf schmale Bereiche ausgelegt. Während Wide Skyscraper rechts oder links neben dem Content-Bereich erscheinen, werden Leaderboards in den meisten Fällen über oder unter dem Seiteninhalt angezeigt.

Beim *Mobile Leaderboard* handelt es sich um ein großes Anzeigenformat, das in Webanwendungen auf Smartphones ausgespielt wird. Auch hier nimmt die Anzahl der verfügbaren Werbeflächen laufend zu. Möchte man potenzielle Kunden auf mobilen Endgeräten erreichen, ist dieses Format unverzichtbar.

Das Format *414 × 125 Pixel* ist ebenfalls auf Smartphones ausgerichtet. Es wurde von Amazon entwickelt und erscheint ausschließlich auf der mobilen Website des Onlineriesen sowie in der Amazon Shopping App. Hier findet man die Ads unter anderem auf Suchergebnisseiten. Die Anzahl der bespielbaren Flächen fällt dementsprechend geringer aus als bei anderen Ad-Formaten.

Auf Kampagnenebene stehen DSP-Nutzern verschiedene Targeting-Optionen in Bezug auf die Platzierung zur Verfügung. So können sie beispielsweise festlegen, dass die Display Ads nur auf Werbeflächen erscheinen, die sich *Above the fold* befinden. *Above the fold* wird der Bereich einer Website genannt, der nach dem Öffnen sofort sichtbar ist, ohne dass der User scrollen muss. Der nicht unmittelbar sichtbare Bereich wird dementsprechend als *Below the fold* bezeichnet.

Entscheidet man sich für die Option *Above the fold*, kann man mit großer Wahrscheinlichkeit davon ausgehen, dass der User die jeweiligen Display Ads wahrgenommen hat. Dies ist bei Platzierungen *Below the fold* nicht immer der Fall. Für die Impressions wird der Werbetreibende natürlich trotzdem zur Kasse gebeten.

Praxistipp

Um herauszufinden, ob potenzielle Kunden Ads tatsächlich Aufmerksamkeit schenken, werten Marketingtreibende unter anderem die CTR aus.

Above-the-fold-Impressions sind in der Regel teurer als Below-the-fold-Werbeflächen. Dies hängt unter anderem damit zusammen, dass das bespielbare Inventar wesentlich geringer ist. Nicht alle Publisher bieten diese Position an. Darüber hinaus legen manche Ad-Exchange-Plattformen nicht offen, wo Display Ads genau platziert werden. Entscheidet man sich dafür, nur den aufmerksamkeitsstarken Bereich zu bespielen, fällt die Anzahl der Impressions entsprechend niedrig aus. Die DSP bietet daher ebenfalls die Targeting-Option *'Above the fold' or 'Unknown'* an. In diesem Fall werden Display Ads auch ausgespielt, wenn keine Informationen zur Platzierung vorliegen.

Seit Kurzem ist zudem eine *Tier-Einstellung* auf Basis eines unabhängigen Dienstleisters verfügbar. Sie gibt in Prozent an, wie hoch die Wahrscheinlichkeit ist, dass ein User die Anzeige sieht. In der Praxis lässt sich mit dieser Funktion momentan am besten arbeiten, da auch die Sichtbarkeit im Content berücksichtigt wird und mehr Anzeigen in der Datenbank indexiert werden. Insbesondere in den mobilen Versionen sind die Ads häufig in den (Nachrichten-)Stream integriert. Somit sind Platzierungen wie *Above* und *Below the fold* nicht mehr ausschlaggebend für die Sichtbarkeit.

Mobile In-App-Formate

Neben der Amazon Shopping App können Display Ads in Apps von Drittanbietern erscheinen. In diesem Fall stehen Werbetreibenden folgende Formate zur Verfügung:

Tabelle 7-1: Erforderliche Bildgrößen für die Ausspielung von Standard Display Ads auf mobilen Endgeräten

Anzeigenformat (in Pixel)	Erforderliche Bildgröße (in Pixel)
320 × 50	640 × 100
300 × 250	600 × 500
728 × 90	1.456 × 180
414 × 125 (nur Amazon Mobile Web und Amazon Shopping App)	1.242 × 375

Bannerinhalte für Mobile Display Ads müssen Werbetreibende in zwei- bis dreimal höherer Auflösung bereitstellen. So wird sichergestellt, dass sie auch auf hochauflösenden Bildschirmen optimal dargestellt werden.

Bei der Erstellung von Mobile Display Ads müssen DSP-Nutzer ebenso darauf achten, dass die Anzeigenbilder je nach Format und Bildschirmgröße des mobilen Endgeräts abgeschnitten werden. Es empfiehlt sich daher, mit entsprechenden Rändern zu arbeiten und wichtige Elemente in dem Bereich zu platzieren, der auf jedem Gerät sichtbar ist. Entsprechende Vorlagen können über die DSP heruntergeladen werden.

Die Display-Ad-Landschaft ist, wie das Thema Onlinemarketing selbst, ständig im Wandel. Es entstehen laufend neue Formate und Formen, die sich an dem veränderten Nutzerverhalten der User orientieren.

Ebenso wichtig wie die Ad ist die Landingpage

Standard Display Ads können sowohl auf Amazon-Seiten verlinken als auch auf externe Webseiten. Als Zielseiten innerhalb von Amazon eignen sich zum Beispiel Produktdetailseiten, gefilterte Suchergebnisseiten oder die eigenen Amazon Stores. Möchte man einzelne Produkte bewerben, sind Dynamic eCommerce Ads in der Regel effizienter.

Das Amazon-Advertising-Team hat darüber hinaus die Möglichkeit, individuelle Kampagnenseiten zu erstellen. Auf den temporären Seiten können Markenhersteller ganze Produktreihen präsentieren. Je nach Template bieten sie Platz für zusätzliche Texte, großformatige Bilder und Videos. Um sich für diese Option zu qualifizieren, muss der Nutzer ein bestimmtes Mindestbudget in Kampagnen investieren. Die kostenlose Alternative besteht darin, Ihren Amazon Store über die Advertising Konsole entsprechend zu gestalten oder eine der Unterseiten als Landingpage zu nutzen.

In-App-Ads können zudem zu einer Liste von bis zu 25 Produkten führen, die automatisch generiert wird, oder zu einer Suchergebnisseite für definierte Keywords. Auch die Verlinkung eines App-Downloads ist möglich. Banner, die aus der Amazon Shopping App heraus linken, dürfen nur zu mobil optimierten Landingpages führen.

Zwar können Seiten außerhalb von Amazon als Landingpage dienen, doch das heißt noch lange nicht, dass Amazon jede Website genehmigt. Das Advertising-Team prüft die verlinkten Seiten sorgfältig, bevor Display Ads freigegeben werden. Nutzen Markenhersteller die DSP als Self-Service-Lösung, ist in den meisten Fällen zum Beispiel die Verlinkung des eigenen Onlineshops möglich – allerdings in der Regel nur, wenn hier ausnahmslos Produkte der eigenen Brand zu finden sind. Hier sollte vorab das Gespräch mit Amazon gesucht werden, um böse Überraschungen zu vermeiden.

Externe Verlinkungen bieten Vendoren verschiedene Einsatzmöglichkeiten. So könnte zum Beispiel die eine Hälfte der Display Ads zu ihren Produkten auf Amazon führen und die andere zum Onlineshop der Marke. Auf diese Weise lässt sich vergleichen, welcher Onlinedistributionskanal umsatzstärker ist. In der Regel dürften die Ergebnisse hier zugunsten von Amazon ausfallen.

Ist ein Produkt besonders erklärungsbedürftig, kann es ebenfalls sinnvoll sein, potenzielle Kunden auf die eigene Marken-Website zu leiten statt auf die entsprechende Amazon-Produktdetailseite. Sie bietet mehr Raum, um das Produkt umfassend vorzustellen.

Praxistipp

Standard Display Ads bieten Vendoren die Möglichkeit, Kundendaten zu gewinnen. Zu diesem Zweck werden Ads geschaltet, die zum Beispiel Treueprogramme und Sonderaktionen bewerben. Als Zielgruppe werden Verbraucher ausgewählt, die bereits Produkte des Herstellers erworben haben. Klicken diese nun auf die Anzeige, werden sie zu einer Landingpage geführt, auf der sie ihre Daten eingeben bzw. sich registrieren müssen, um das beworbene Angebot in Anspruch zu nehmen.

Richtlinien für Inhalt und Gestaltung

Für Amazon steht die Kundenerfahrung bekanntermaßen an erster Stelle. Daher gelten auch bei der Gestaltung von Display Ads strenge Richtlinien[2]. Halten Werbetreibende diese nicht ein, werden ihre Anzeigen nicht zur Ausspielung freigegeben. Berücksichtigen Sie bei der Planung, dass die Prüfung inklusive Feedback-Schleifen mehrere Tage in Anspruch nehmen kann.

Anzeigenbilder sollten das Logo oder den Markennamen des Herstellers enthalten sowie eine starke Call-to-Action, die zur jeweiligen Landingpage passt. Möglich sind beispielsweise *Jetzt kaufen* und *Mehr erfahren*. Nicht akzeptiert werden allerdings unspezifische Aufforderungen wie »Hier klicken«. Ebenfalls ein Tabu: irreführende Aussagen und Designs, die Usern einen Klick entlocken sollen. Dazu gehören unter anderem falsche Gewinnbenachrichtigungen und Drop-down-Menüs.

Die in den Display Ads enthaltenen Aussagen müssen akkurat und belegbar sein. Mit Superlativen sollten Marketingtreibende daher generell vorsichtig umgehen. Wenn es sich jedoch um eine objektiv nachprüfbare Behauptung handelt, kann sie in Display Ads verwendet werden. In diesem Fall muss der Anwender entsprechende Belege in der Anzeige oder auf der Landingpage nennen. Darüber hinaus sollten Werbetreibende in Deutschland die rechtlichen Rahmenbedingungen in Bezug auf Allein- oder Spitzenstellungsbehauptungen berücksichtigen.

Wird in der Display Ad mit einer Preisersparnis oder einem besonderen Angebot geworben, muss der Vorteil für den Kunden präzise und klar dargestellt werden. Dies gilt sowohl für die Headline als auch für die Landingpage. Sind an das Angebot bestimmte Konditionen gebunden, sind sie ebenfalls aufzuführen.

Hier ein Überblick über weitere wichtige Vorgaben:

- Animationen dürfen nicht länger als 15 Sekunden sein und sich maximal dreimal wiederholen. Außerhalb von Amazon-Seiten ist eine Länge von 30 Sekunden erlaubt.
- Roll-over, die Audio- oder Videoeinspielungen sowie Animationen einleiten, sind nicht erlaubt.
- Der User muss Display Ads deutlich von dem eigentlichen Content unterscheiden können. Dies kann entweder über einen Rahmen (1 Pixel) oder einen Hintergrund in Kontrastfarbe realisiert werden.
- Alle Texte müssen gut lesbar sein. Dies gilt auch für die Ausspielung auf mobilen Geräten.

2 *https://advertising.amazon.com/ad-specs/en/policy/creative-acceptance*

Verwendung von Amazon-Branding-Elementen

Standard Display Ads dürfen darüber hinaus keinen Amazon-Content nachahmen. Dazu gehört unter anderem die Einbindung eines Buttons, der optisch dem spezifischen gelben Amazon-Button entspricht. Anders sieht es bei Dynamic eCommerce Ads aus, die im Laufe dieses Kapitels noch vorgestellt werden.

Möchte man in einer Standard Display Ad einen Bezug zu der Plattform herstellen, muss Amazon das zuvor explizit genehmigen. Es besteht beispielsweise die Möglichkeit, das Amazon-Logo oder einen Textlink mit Verweis auf Amazon einzubinden. In einem solchen Fall gelten ebenfalls strenge Richtlinien[3]. So sind zum Beispiel nur bestimmte Schriftgrößen und Formulierungen für den Textlink erlaubt.

Sollen die Display Ads auf Amazon-Seiten erscheinen, ist die Einbindung des Logos nicht erwünscht. Bei externen Platzierungen wird es dagegen empfohlen, vorausgesetzt, die Anzeigen verlinken auf eine Amazon-Seite. Ist dies bei Bannern in Apps von Drittanbietern der Fall, ist die Einbindung des Amazon-Logos oder Textlinks sogar Pflicht.

Neben den allgemeinen Vorgaben gelten für bestimmte Produktgruppen Sonderregeln. Dazu gehören unter anderem Gesundheits- und Beautyartikel sowie alkoholhaltige Getränke. Display Ads für Letztere dürfen beispielsweise keine Bilder von Personen enthalten, die jünger als 25 wirken oder Alkoholgenuss mit Sport verbinden.

Planen Werbetreibende die Ausspielung auf Amazon-Seiten sowie in der Amazon Shopping App, müssen ebenfalls Sonderregeln beachtet werden. Die strengeren Vorgaben dienen dazu, Amazon-Shoppern das bestmögliche Einkaufserlebnis zu bieten.

Wichtige Sonderregeln für Platzierungen innerhalb von Amazon:

- Display Ads auf Amazon dürfen keine leicht bekleideten Personen (Badebekleidung oder Unterwäsche) sowie Waffen zeigen.
- Die Werbemittel sollten nicht darauf ausgelegt sein, den Kunden abzulenken, sondern sich in das Umfeld einfügen. Knallige Farben und blinkende Animationen werden daher zum Beispiel nicht gern gesehen.
- Ads in der Amazon Shopping App dürfen keine Animationen enthalten.
- Bei der Platzierung von Bannern auf der mobilen Amazon-Website und in der Amazon Shopping App müssen je nach Format spezifi-

3 *https://advertising.amazon.com/ad-specs/en/policy/brand-usage/*

sche Vorgaben in Bezug auf Schriftgrößen und weitere Designelemente beachtet werden.[4]

Einsatzmöglichkeiten von Standard Display Ads

Die Möglichkeit, Display Ads frei zu gestalten, erlaubt es Herstellern, markenspezifische Messages und Stimmungen zu transportieren. Verfügen sie zum Beispiel bereits über eine starke, etablierte Brand, können sie ihre Markensprache in das Design einfließen lassen. Sie wird von Verbrauchern wiedererkannt und stärkt bei ihnen das Markenbewusstsein.

Im Fall von Markenzielen werden bevorzugt großflächige, prominent platzierte Werbemittel wie Billboard oder Large Rectangle Ads eingesetzt. Sie eignen sich jedoch ebenfalls sehr gut, um mit einer anderen Werbebotschaft den Abverkauf zu fördern. Dies gilt insbesondere, wenn man die Aufmerksamkeit bestimmter Zielgruppen auf die eigenen Produkte lenken möchte. Ein Tierzubehörhersteller, der ein innovatives Fellpflegeprodukt auf den Markt bringt, kann die aufmerksamkeitsstarken Display Ads zum Beispiel gezielt an Hunde- und Katzenbesitzer ausspielen.

Je nach Kampagnenziel kann es sinnvoll sein, sich möglichst breit aufzustellen oder sich auf bestimmte Formate, Platzierungen und Geräte zu konzentrieren. Möchte man eine möglichst große Reichweite erzielen, sollte man Anzeigentypen wählen, die über ein großes Inventar verfügen. Dazu gehören unter anderem Medium Rectangle Ads. Ein Indiz für die mögliche Reichweite geben Forecasts, die die DSP automatisch generiert.

Welche Standard-Display-Ad-Varianten für die eigenen Zwecke am besten performen, lässt sich allerdings nicht pauschal beantworten. Daher sollten Marketingtreibende zunächst mit allen relevanten Bannergrößen arbeiten und sich nicht auf spezielle Positionen fokussieren. Diese Testphase gibt Aufschluss darüber, wo das größte Potenzial schlummert. In die erfolgreichsten Formate sollten anschließend Optimierungsarbeit und Marketingbudget fließen.

Entscheidenden Einfluss auf die Anzeigeleistung hat natürlich auch der Bannerinhalt. Da sich Standard Display Ads im Gegensatz zu den Werbemitteln der Sponsored Ads relativ frei gestalten lassen, kann – und sollte – er individuell auf die jeweilige Zielgruppe ausgerichtet werden. Wird dieses Potenzial richtig genutzt, steigert sich die Relevanz der Ads für mögliche Kunden und damit die Kampagnenperformance.

4 *https://advertising.amazon.com/ad-specs/en/mobile-shopping#mobile-creative-guidelines*

Hier ein Beispiel: Ein Hersteller möchte seinen Staubsauger über Display Ads bewerben. Dieser zeichnet sich durch starke Saugkraft und hohe Energieeffizienz aus. Die zweite Eigenschaft könnte er nun bei Werbemitteln in den Fokus stellen, die an eine Zielgruppe mit ausgeprägtem Interesse an Umwelt- und Klimaschutz ausgespielt wird. In Ads, die sich an Tierhalter richten, könnte er dagegen gezielt darauf hinweisen, dass er ideal für Tierhaare und Allergiker geeignet ist.

Die Gestaltung der Bannerinhalte sollte immer in fachkundige Hände gelegt werden. Ein durchdachtes Design setzt handwerkliche Fähigkeiten und Know-how voraus. Minderwertige Werbemittel können ihre Wirkung sogar ins Gegenteil verkehren, indem sie negativ auf die Marke zurückfallen.

Darüber hinaus heißt es auch hier experimentieren, um wichtige Erfahrungswerte zu sammeln. Beim A/B-Testing werden unterschiedliche Elemente ausgetauscht, wie beispielsweise Hintergrundbilder, Headlines und CTAs. Eine planmäßige und zielgerichtete Vorgehensweise ist dabei essenziell. So sollte jeweils nur ein Element verändert und die Ads unter vergleichbaren Bedingungen ausgespielt werden. Nur auf diese Weise erhält man aussagekräftige Performancewerte für die Optimierung. Für die Auswertung ist es wichtig, dass die unterschiedlichen Anzeigenbilder eindeutig benannt werden.

Dynamic eCommerce Ads (DEAs)

Dynamic eCommerce Ads sind eine Sonderform der Standard Display Ads. Sie dienen dazu, gezielt einzelne Produkte zu bewerben, die auf Amazon verkauft werden. Nach einem Klick auf die Ad wird der Kunde auf die jeweilige Produktdetailseite geleitet. Daher gilt auch hier: Vor der Durchführung von Marketingmaßnahmen steht die Optimierung der Produktseiten.

Das Besondere an DEAs ist, dass Amazon ihre Darstellungsform automatisch und in Echtzeit optimiert, um eine bestmögliche Performance zu erreichen. Dies geschieht auf Grundlage der anonymisierten Kundendaten und des lernfähigen Algorithmus sowie des vom Anwender definierten Kampagnenziels. Er hat hier die Wahl zwischen *Purchase Rate* (*PR*), *Click Through Rate* (*CTR*) und *Detail Page View Rate* (*DPVR*).

Im Allgemeinen bestehen DEAs aus zwei verschiedenen Komponenten: einem statischen Bild und einem E-Commerce-Element. Bei Bedarf können Sie außerdem ein Markenlogo und einen kurzen Text hinzufügen. Auch hier müssen Sie natürlich die aktuellen Amazon-Richtlinien beachten.

Möchte man eine DEA erstellen, wählt man zunächst das gewünschte Format aus sowie eine ASIN, die beworben werden soll. Anhand des Produktbilds generiert die DSP verschiedene Display-Variationen. Welche von ihnen Amazon jeweils ausspielt, hängt von den oben genannten Faktoren ab. Je nach Format können sie in Webanwendungen auf Desktop- und mobilen Geräten sowie in Apps erscheinen. Möchte man eine möglichst große Reichweite erzielen, sollten DEAs in jeder verfügbaren Größe erstellt werden.

Tabelle 7-2: Platzierungen und Formate von DEAs

Platzierung	Verfügbare Formate (in Pixeln)
On-Amazon: Desktop-Web	• 300 × 250, 160 × 600, 300 × 600 • nur Produktbild: 970 × 250, 980 × 55
• On-Amazon: Mobile Web • Amazon Shopping App[a]	300 × 250, 320 × 50, 414 × 125
Off-Amazon: Desktop-Web	• 300 × 250, 160 × 600, 300 × 600 • 728 × 90 • nur Produktbild: 970 × 250
Off-Amazon: Mobile Web	• 300 × 250, 320 × 50 • nur Tablets: 728 × 90

[a] Außer: Suchseite der Amazon Shopping App für Smartphones.

Integrierbare E-Commerce-Elemente

Der E-Commerce-Bereich wird wie die gesamten DEAs ebenfalls automatisch erzeugt. Die hierfür verwendeten Informationen wie Produkttitel, Preise und Sternebewertungen entnimmt der Algorithmus der jeweiligen Produktdetailseite.

> **Hinweis**
>
> Die Preisangabe in DEAs ist ein großer Vorteil gegenüber Standard Display Ads. Da der Preis meist dynamisch ist, lässt er sich in den statischen Anzeigentyp nicht einbinden.

Je nach Ad-Typ verfügen die Elemente über unterschiedliche Funktionen:

- **In den Einkaufswagen:** Diese E-Commerce-Ad zeigt den Preis und die Prime-Fähigkeit des Produkts an. Zudem ist ein *In den Einkaufswagen*-Button integriert. Bei einem Klick wird das Produkt dem Einkaufswagen hinzugefügt, und der Kunde wird zur entsprechenden Seite geführt. Erscheint die Ad auf einem Desktopgerät, können zudem die Sternebewertung und die Anzahl der Rezensionen angeklickt werden. Der Kunde landet dementsprechend auf der Seite mit den Kundenbewertungen zum Produkt.

- **Jetzt kaufen:** *Jetzt kaufen*-Ads sind ähnlich aufgebaut wie die *In den Einkaufswagen*-Variante. Der Unterschied besteht in der Funktion und Beschriftung des Buttons. Dieser fordert den Kunden zum Kauf auf und leitet ihn auf die jeweilige Produktdetailseite. Der Button ist allerdings nicht bei jedem Format integriert.
- **Kundenrezension:** Wie der Name schon sagt, besteht dieses E-Commerce-Element aus einer Amazon-Kundenrezension zu dem beworbenen Produkt. Der Anwender kann sie selbstständig auswählen. Man sollte sich für eine kurze und aussagekräftige Bewertung entscheiden, da die Anzahl der Zeichen limitiert ist. Sie muss zudem eins zu eins übernommen werden. Eine Rezension mit orthografischen und sprachlichen Schwächen empfiehlt sich daher nicht. Sie können jedoch mit Auslassungspunkten arbeiten und die Rezension auf diese Weise kürzen. Die Aussage der Bewertung darf dadurch jedoch nicht verfälscht werden. Sie darf darüber hinaus keinen Bezug zu Produkten von Wettbewerbern enthalten. Um sich für Rezensions-Ads zu qualifizieren, müssen Produkte mindestens 15 Kundenrezensionen und eine Bewertung von 3,5 Sternen oder höher aufweisen.
- **Coupon:** In diesem Fall wird der potenzielle Kunde darauf aufmerksam gemacht, dass ein Coupon für das beworbene Produkt verfügbar ist. Er erfährt zudem, wie viel er mit diesem sparen kann. Ist er eingeloggt und klickt auf die Ad, wird der Coupon aktiviert und der Kunde zur Produktdetailseite geleitet. Nicht eingeloggte Amazon-Shopper landen auf der Coupon-Detailseite und werden aufgefordert, sich einzuloggen.
- **Angebot des Tages/Blitzangebot:** Bei diesen DEA-Varianten wird je nach Angebotstyp der Hinweis *Angebot des Tages* oder *Blitzangebot* integriert – vorausgesetzt, für die zu bewerbenden Produkte sind entsprechende Werbedeals verfügbar. Die Ads zeigen darüber hinaus an, wie hoch die Ersparnis ausfällt. Rabattaktionen lassen sich auf diese Weise effektiv bewerben. User erkennen sofort, dass es sich um eine besondere und zeitlich begrenzte Aktion handelt. Ein Klick auf die Ad führt sie auf die Detailseite des Produkts.

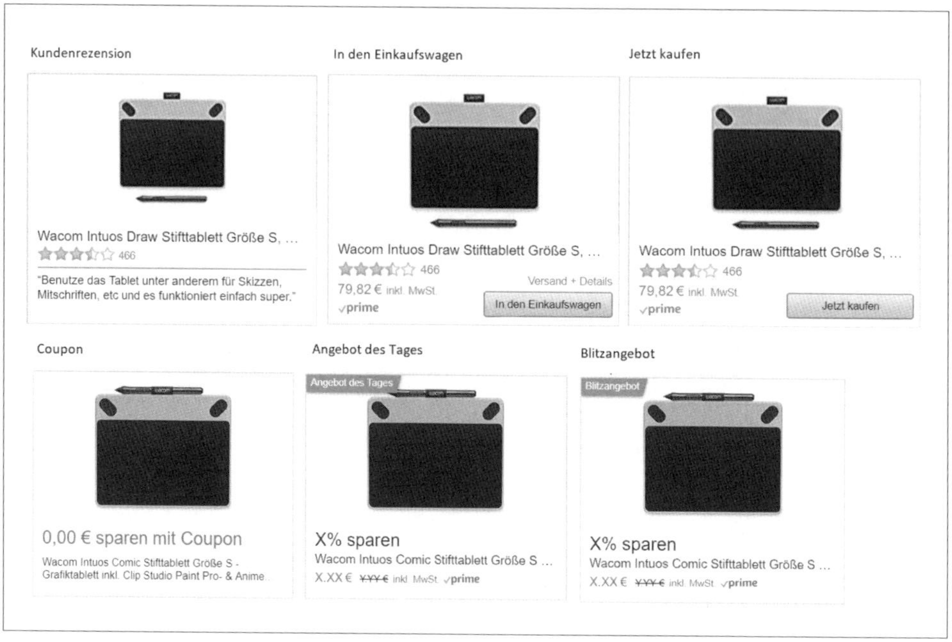

Abbildung 7-4: Automatisch generierte Dynamic eCommerce Ads in der Größe 300 × 250 Pixel. Es stehen verschiedene E-Commerce-Elemente zur Auswahl. (Quelle: advertising.amazon.co.uk/dsp)

Individuelles Anzeigenbild

Alternativ zum automatisch generierten Bild kann der Werbetreibende ein individuell gestaltetes Anzeigenbild hochladen und verwenden. Dies erlaubt Marketingtreibenden, markenspezifische Schrifttypen, Farben und Logos zu verwenden. Im Rahmen der Möglichkeiten lassen sich so Markenwerte transportieren und die jeweiligen Brands stärken.

Bestimmte Eigenschaften und Vorteile des beworbenen Produkts können gezielt hervorgehoben werden. Darüber hinaus eröffnet sich so auch bei den DEAs die Möglichkeit, je nach Zielgruppe unterschiedliche Designs und Ansprachen zu nutzen. So erhöhen Sie die Relevanz der Ad für potenzielle Kunden.

Individuelle Designs müssen dabei den strengen inhaltlichen Richtlinien sowie den technischen Vorgaben gerecht werden. Ansonsten gibt Amazon sie nicht frei. So dürfen Sie zum Beispiel nur maximal zehn Wörter und zwei unterschiedliche Schrifttypen verwenden. Auf diese Weise wird die Übersichtlichkeit der Anzeige gewährleistet. Die Verwendung von Call-to-Actions ist ebenfalls untersagt, da in dem E-Commerce-Element bei Bedarf bereits ein entsprechender Button vorhanden ist.

Im Fall von DEAs ist es wichtig, dass das Produkt auf dem Anzeigenbild dem Produkt auf der Detailseite entspricht. Bei der Gestaltung sollte man zudem beachten, dass das Bild und die E-Commerce-Elemente sich nicht überlappen. Möchten Sie keine sichtbare Trennung zwischen den beiden Komponenten, sollten Sie ein Design wählen, das den weißen Hintergrund des E-Commerce-Bereichs optisch integriert.

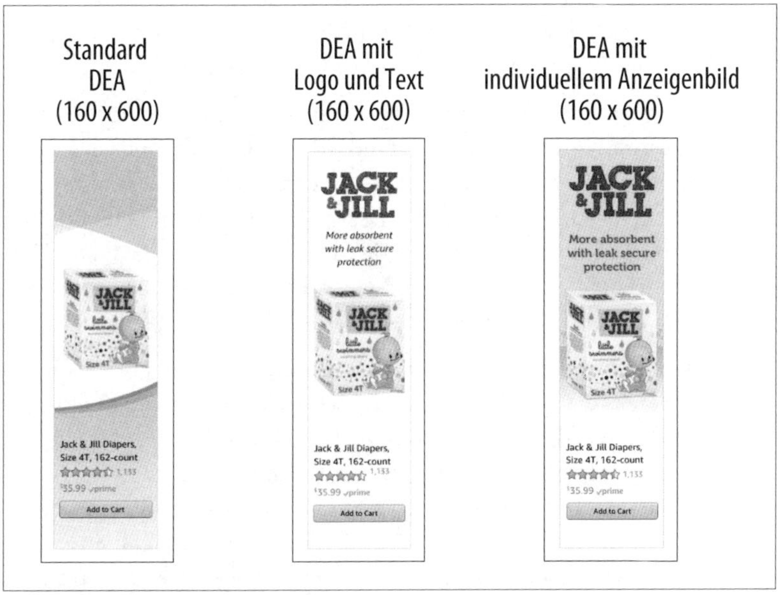

Abbildung 7-5: DEAs bieten in einem gewissen Rahmen verschiedene Gestaltungsmöglichkeiten. (Quelle: advertising.amazon.com)

Welche Produkte können mit DEAs beworben werden?

Mit diesem Anzeigentyp lassen sich fast alle auf der Plattform angebotenen Produkte bewerben. Dazu gehören auch Artikel, die momentan nicht verfügbar sind. In diesem Fall spielt Amazon die Einkaufswagenvariante nicht aus. Bei Jetzt-kaufen-Ads erscheinen Preis und Prime-Logo nicht. Handelt es sich um eine Coupon-Anzeige, wird diese Variation ebenfalls deaktiviert, sobald das Kontingent erschöpft oder der Coupon nicht mehr gültig ist.

Warnung

Sie sollten davon absehen, Out-of-Stock-Produkte zu bewerben. Besonders Kampagnen mit ROAS-Ziel performen unter diesen Umständen alles andere als zufriedenstellend. Es sorgt darüber hinaus für negative Kundenerfahrungen, wenn User auf eine Anzeige klicken und das Produkt nicht sofort bestellen können.

Stärken und Einsatzmöglichkeiten von DEAs

Von allen Werbemitteln der DSP lassen sich DEAs am schnellsten und einfachsten einrichten. Da sie sich weitestgehend selbst generieren, können Sie sogar auf die Unterstützung durch einen fachkundigen Designer verzichten. Auch die Optimierung erfolgt selbstständig. Dank der automatisierten Prozesse werden Kosten- und Zeitaufwand für die Erstellung und Optimierung auf ein Minimum reduziert.

Zwar bieten DEAs folglich weniger Gestaltungsspielraum, doch gerade darin liegt ihre Stärke. Während Standard Display Ads optisch keinen Bezug zu Amazon herstellen dürfen, ist er bei Dynamic eCommerce Ads deutlich vorhanden. Durch ihr Design können potenzielle Kunden die beworbenen Produkte eindeutig der Plattform zuordnen. Dies schafft Vertrauen und sorgt dafür, dass DEAs im Vergleich zu den anderen Display Ads in der Regel eine bessere Klickrate aufweisen.

Ein weiterer Grund ist die dynamische Ausspielung der DEA-Versionen. Wie bereits erwähnt, optimiert Amazon sie bei Bedarf auf ein vom Anwender festgelegtes Kampagnenziel (PR, CTR oder DPVR). Hierfür testet der Algorithmus die verschiedenen Varianten und analysiert, welche Version im Hinblick auf das jeweilige Ziel am besten performt. Manche Verbraucher lassen sich zum Beispiel eher durch eine positive Rezension beeinflussen, während andere eher auf *Jetzt kaufen*-Buttons reagieren.

Die integrierbaren E-Commerce-Funktionen verkürzen zudem den Weg von der Ad-Ausspielung bis hin zur Bestellung des Artikels erheblich. Der Kunde kann ihn nahezu aus dem Werbemittel heraus kaufen. Dies wirkt sich ebenfalls positiv auf die Kampagnenperformance aus.

DEAs sind ein sehr effektives und effizientes Instrument, wenn es darum geht, Kunden sowohl von externen Quellen als auch innerhalb des Amazon-Kosmos auf die eigenen Produktdetailseiten zu leiten. Auf diese Weise können Sie gezielt Traffic für Ihre Produkte generieren sowie deren Abverkauf fördern.

Da als Landingpage nur einzelne ASINs infrage kommen, muss für jedes Produkt eine eigene Anzeige angelegt werden. Dadurch sind die Einsatzmöglichkeiten eingeschränkt. Wenn man eine Produktreihe bewerben oder eine Landingpage außerhalb von Amazon verwenden möchte, ist dies nur mit Standard Display und Video Ads möglich. Bei diesen Anzeigetypen haben Sie darüber hinaus mehr Gestaltungsspielraum für individuelle Markenbotschaften.

Abbildung 7-6: DEA mit Rezensionselement auf einer News-Website (Quelle: spiegel.de)

Video Ads

Mit der Möglichkeit, Video Ads schalten zu können, gibt die DSP Marketingtreibenden ein leistungsstarkes Instrument an die Hand, um Marken- und Performanceziele zu erreichen. Kaum ein anderes Medium kann Werbe- und Markenbotschaften so effektiv transportieren wie ein einprägsamer Videoclip. In Kombination mit der programmatischen Auslieferung verstärkt sich diese Wirkung noch, da die ausgespielten Video Ads für die Konsumenten an Relevanz gewinnen.

Auch das veränderte Konsumentenverhalten führt dazu, dass Videospots einen immer wichtigeren Stellenwert im Onlinemarketing einnehmen. Internetuser verbringen zunehmend mehr Zeit damit, sich

Videos anzuschauen. Gerade der Videokonsum über Smartphones und Tablets hat sich in den letzten Jahren stark erhöht und steigt weiterhin rasant.

DSP-Video-Ads erreichen werberelevante Zielgruppen auf mobilen und Desktopgeräten. Zu dem bespielbaren Inventar gehören sowohl Websites und Apps von Amazon als auch von Drittanbietern. Die DSP eröffnet damit für Werbetreibende wertvolle Chancen im Bereich Programmatic Video Advertising.

Video-Ad-Formate

Die DSP liefert Video Ads in unterschiedlichen Formen aus:

- **In-Stream Video Ads** werden in bereits bestehenden Video-Content eingebunden. Als *Pre-Rolls* erscheinen sie vor dem eigentlichen Videoinhalt.
- **Out-Stream Video Ads** stehen im Gegensatz dazu für sich. Sie erscheinen außerhalb von Video-Content. Als *In-Page-Variante* werden sie in den redaktionellen Content eingebettet, zum Beispiel zwischen zwei Textabschnitten.
- **In-App Interstitial Video Ads** sind eine Sonderform von Out-Stream Video Ads. Sie erscheinen in Apps und verdecken dabei den eigentlichen Content. Daher können User sie schnell als störend empfinden. Über die DSP können Interstitial Video Ads bisher nur in den USA geschaltet werden.

Die Formate unterscheiden sich unter anderem in Bezug auf das vorhandene Inventar und die durchschnittliche *Video Completion Rate* (*VCR*).

> **Hinweis**
>
> Die *VCR* dient neben anderen KPIs zur Erfolgsmessung bei Video-Ad-Kampagnen. Sie bildet ab, wie hoch der Anteil an Videos ist, die komplett vom Start bis zum Ende abgespielt wurden.

Publisher handhaben In-Stream Video Ads unterschiedlich. Um zum eigentlichen Video-Content zu gelangen, können Nutzer die Spots entweder nach einer gewissen Zeit überspringen oder müssen sie komplett ablaufen lassen. Bei Konsumenten besteht daher eine hohe Bereitschaft, sich die gesamte Ad anzusehen. Die VCR fällt bei diesem Format folglich höher aus als bei Out-Stream Video Ads.

Out-Stream Video Ads starten in der Regel automatisch, sobald der User zu der Werbefläche scrollt, auf der die Video Ad platziert ist. Sie sind daher besonders aufmerksamkeitswirksam. Scrollt er weiter, wird die Video Ad automatisch gestoppt. Da sich die Konsumenten hier bewusst dazu entscheiden, den kompletten Spot anzusehen oder weiterzuscrollen, ist die VCR in diesem Fall aussagekräftiger.

In-Stream Video Ads sind bisher gängiger, daher gibt es momentan für dieses Format ein größeres Inventar als für Out-Stream Video Ads. Allerdings wird auch die zweite Variante immer beliebter, da Publisher so Videowerbeplätze verkaufen können, ohne eigenen Video-Content zu besitzen.

Generell ist programmatisch bespielbares Videoinventar jedoch noch Mangelware. Die über die DSP verfügbaren Werbeflächen sind zudem recht begrenzt, da große Videoplattformen wie zum Beispiel YouTube nicht dazugehören. Aufgrund der starken Nachfrage fällt für die Schaltung von Video Ads daher in der Regel ein hoher CPM an.

Programmatisch ausgespielte Video Ads bieten ein beachtliches Potenzial und spielen eine immer entscheidendere Rolle bei groß angelegten Marketingoffensiven – vor allem weil viele Zielgruppen nicht mehr deckend über klassische TV-Werbung erreicht werden können. Es ist daher anzunehmen, dass das Angebot an Videoinventar in nächster Zeit stark zunehmen wird – besonders was mobile Endgeräte wie Smartphones und Tablets angeht. Mit Fire TV, Prime Video und dem Kindle wächst ebenfalls das Amazon-eigene Inventar immer weiter an.

Technische Spezifikationen und Richtlinien für die Gestaltung

Tabelle 7-3: Technische Vorgaben für DSP-Video-Ads

Dateiformate	MP4, WebM oder FLV
Abmessung	16:9 (640 × 360 Pixel)
Bildrate	mind. 15 fps
Audio	128 kBit/s, 44 kHz
Empfohlene Bitrate	2 MBit/s
Bevorzugter Codec	Video: H.264, MPEG-2 oder MPEG-4 Audio: MP3 oder AAC
Empfohlene Dateigröße	100 MByte
Videodauer	5 bis 30 Sekunden

Die programmatische Ausspielung von Video Ads stellt gerade bei der In-Stream-Variante eine technische Herausforderung dar. Schließlich müssen die Videodateien so aufbereitet werden, dass sie mit den zahlreichen unterschiedlichen Media-Playern kompatibel sind und getrackt werden können. Man bezeichnet diesen Vorgang als *Encodierung*. Wenn Sie das Video als Rohformat hochladen, übernimmt die DSP diese Aufgabe.

Sie haben zudem die Möglichkeit, Video Ads über Drittdienstleister anliefern zu lassen, die zuvor von Amazon zertifiziert wurden. In diesem Fall wird statt des Video-Uploads ein VAST- oder VPAID-Tag hinterlegt.

Hinweis

VAST steht für *Video Ad Serving Template*. Es handelt sich um ein standardisiertes Template für In-Stream Video Ads. Das XML-Dokument liefert dem Media-Player Informationen darüber, wo er das Video findet und wie er es ausspielen soll. Der VAST-Standard sorgt für eine reibungslose Kommunikation zwischen dem Ad-Anlieferer und dem Player. So wird sichergestellt, dass Video Ads fehlerfrei ausgespielt werden.

VPAID (Video Player-Ad Interface Definition) ist eine Weiterentwicklung des VAST-Standards. Es wurde für die Auslieferung und das Tracking von interaktiven Video Ads entwickelt. Es ermöglicht beispielsweise die Umsetzung von klickbaren Flächen.

Die Auslieferung von Out-Stream Video Ads gestaltet sich weit weniger komplex. Hier sollten Sie bedenken, dass die Autoplay-Variante in den meisten Fällen zunächst auf stumm geschaltet ist. Der Konsument muss den Ton bewusst aktivieren. Die Spots sollten daher so gestaltet werden, dass sie auch ohne Ton verständlich und fesselnd sind.

Beide Video-Ad-Formate dürfen 5 bis 30 Sekunden lang sein. Für längere Spots gibt es nur sehr wenig bis kein Inventar. Idealerweise vermitteln sie die Werbebotschaft in den ersten fünf Sekunden. Die Länge sollte zudem auf die getargeteten Gerätetypen abgestimmt werden. Um eine gute VCR auf Smartphones zu erzielen, hat sich in der Praxis beispielsweise eine Dauer von 15 Sekunden bewährt.

Praxistipp

Indem Sie Video Ads in unterschiedlicher Länge erstellen (6, 15 und 30 Sekunden), stellen Sie sicher, dass sie für möglichst viele Videowerbeplätze infrage kommen. So erhöhen Sie die Reichweite Ihrer Videokampagnen.

In Bezug auf die inhaltliche Gestaltung gelten die gleichen Richtlinien wie bei Standard Display Ads. So dürfen sie beispielsweise keinen anstößigen Content enthalten oder Aussagen aufstellen, die sich nicht verifizieren lassen. Als Landingpage können wie auch bei Standard Display Ads Websites innerhalb und außerhalb von Amazon dienen.

Einsatzmöglichkeiten

Marketingtreibende setzen Video Ads in erster Linie für Branding-Ziele ein. Sie sind ein leistungsstarkes Werbemittel, um das Markenbewusstsein und die Verbundenheit zu einer Brand zu stärken. Indem Video Ads die Aufmerksamkeit der Konsumenten auf die Brand und/oder bestimmte Produkte lenken, setzen sie ganz oben im Sales Funnel an.

Ein weiteres Einsatzgebiet für Video Ads ist die Bewerbung von erklärungsbedürftigen Produkten. Bewegtbild und Ton erlauben es, bestimmte Funktionen verständlicher darzustellen und hervorzuheben als Standard Display Ads. Der Hersteller einer neuen Waschmaschine, die sich durch eine innovative Reinigungstechnologie und einen besonders leisen Betrieb auszeichnet, würde zum Beispiel von dieser Möglichkeit profitieren.

Marketingtreibende sollten sich hierbei bewusst sein, dass Videos als Werbemittel meist nicht unmittelbar zum Kauf führen. User, die Video Ads sehen, sind in der Regel mit etwas anderem beschäftigt und wollen nicht unbedingt shoppen. Dennoch fällt die Interaktionsrate unserer Erfahrung nach relativ hoch aus. Werden sie entsprechend gestaltet, erzielen sie sehr gute CTR- und DPVR-Werte. Ihr entscheidender Vorteil ist, dass User die Videospots um einiges bewusster wahrnehmen als beispielsweise ein Display Ad irgendwo auf der jeweiligen Website.

> **Praxistipp**
>
> Es empfiehlt sich, Display Ads als begleitende Maßnahme zu schalten, um Kunden auch nach Ablauf des Videos wiederholt auf das Produkt hinzuweisen. Beide Ad-Typen sollten im selben Stil gehalten werden, damit Verbraucher Produkt und Marke wiedererkennen.

Video Ads eignen sich zudem ebenfalls zur Verlängerung von TV-Kampagnen. Hier ist es wichtig, dass der TV-Spot nicht einfach eins zu eins übernommen wird. Der Content sollte an das digitale Nutzerverhalten angepasst und für die jeweilige Zielgruppe entsprechend aufbereitet werden.

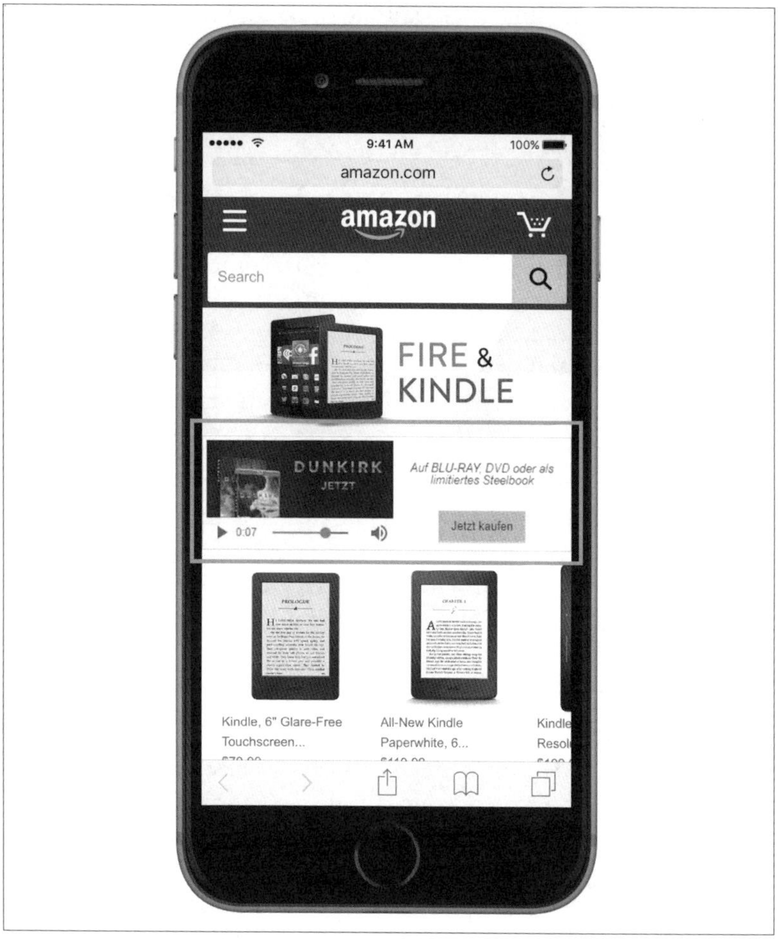

Abbildung 7-7: Video Ad auf der mobilen Amazon-Seite (Quelle: amazon.de, Mockup factor-a – part of Dept)

Setup und Steuerungsmöglichkeiten

Die DSP ermöglicht es, die Auslieferung der Werbemittel weitaus feiner zu steuern als bei den Sponsored Ads. Bei den Sponsored Ads gibt es im Wesentlichen drei große Stellschrauben: die Auswahl der Keywords, die Gebotshöhe und die Anpassung der Werbebotschaft. Im Vergleich dazu ist die DSP ein komplexes Schaltpult mit zahlreichen Knöpfen und Hebeln. Sie erfolgreich zu bedienen, erfordert spezifisches Fachwissen und Erfahrungswerte.

DSP-Kampagnen bestehen aus drei Ebenen. Die übergeordnete Kampagnenebene wird als *Order* bezeichnet. Hier legen Sie unter anderem die Laufzeit und das Budget der Kampagne fest. Ihr werden verschiedene

Anzeigengruppen zugeordnet, sogenannte *Line Items*. Auf dieser Ebene definieren Sie die jeweiligen Parameter für die Ausspielung, zum Beispiel wo und wann die Ads erscheinen sollen. Den Line Items ordnen die Anwender die *Creatives* zu, also die eigentlichen Werbemittel wie beispielsweise Standard Display Ads oder DEAs.

Eine Kampagne, die ein Topfset bewirbt, könnte beispielsweise so aufgebaut sein:

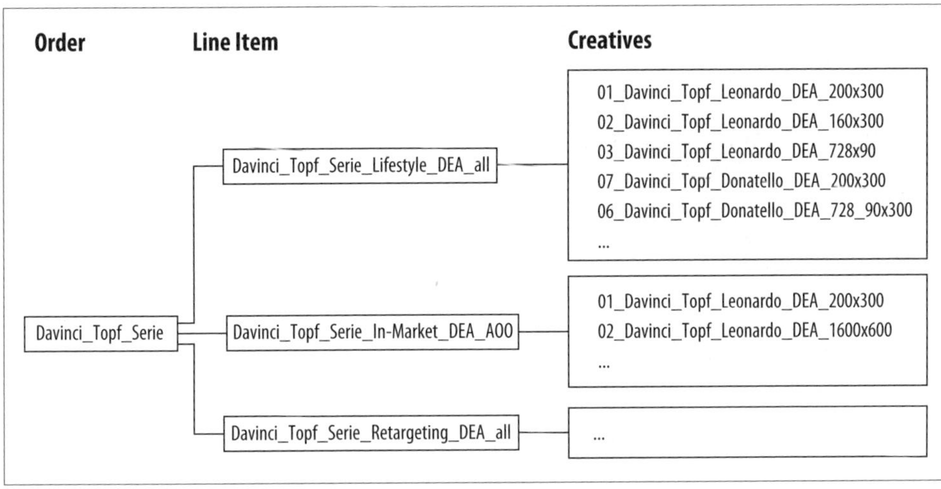

Abbildung 7-8: Mögliche Kampagnenstruktur am Beispiel von Ads für ein Topfset (DEA: Dynamic eCommerce Ad, AOO: Amazon Owned & Operated Inventory) (Quelle: factor-a – part of Dept)

Die Strukturierung der Kampagnen richtet sich nach ihrem Ziel. Hierbei sollte die Zuordnung der Line Items und Creatives ebenso wie bei Sponsored-Ads-Kampagnen möglichst nuanciert vorgenommen werden, ohne dass die Effizienz darunter leidet. Das heißt, man weist einem Line Item mehrere Creatives zu, die unter den gleichen Bedingungen ausgespielt werden sollen. Die Line Items können beispielsweise nach Inventar, Zielgruppe und Werbemitteltyp differenziert werden (siehe Abbildung 7-8).

Hinweis

Amazon stellt den Anwendern im *Amazon Advertising Help Center* Anleitungen zu Kampagnen-Setups[5] zur Verfügung, die sich im Hinblick auf verschiedene Ziele als Best Practice erwiesen haben. Sie werden laufend aktualisiert und angepasst.

5 *https://advertising.amazon.co.uk/dsp/help/ss/en/best-practices/*

Je nach Kampagnentyp gibt es unterschiedliche Targeting-Optionen und Einstellungen. Die wichtigsten Steuerungsmöglichkeiten lernen Sie im Folgenden kennen.

Targeting-Optionen

Die DSP bietet zahlreiche Einstellungsoptionen, die flexibel miteinander kombiniert werden können, um die Kampagnen so zielgenau wie möglich auszusteuern. Sie ermöglichen beispielsweise Interessengruppen, Devices oder die Sichtbarkeit von Platzierungen auf Websites zu targeten.

Zielgruppen-Targeting

Eine wichtige Option ist die Möglichkeit, User mit bestimmten Eigenschaften oder Interessen zu targeten. Sie werden über die DSP zu sogenannten Segmenten zusammengefasst. Es stehen verschiedene Arten von Segmenten zur Auswahl:

- demografisch
- Lifestyle
- In-Market
- Lookalike
- Retargeting

Demografische Segmente sortieren User zum Beispiel nach Geschlecht, Altersgruppe oder Einkommen. Für die Zusammenstellung greift Amazon auf 3rd Party Data zurück, also auf Daten aus externen Quellen. Daher ist die Abdeckung in der Regel vergleichsweise schlecht, und die Segmente sollten vorzugsweise ausschließend eingesetzt werden. Ansonsten kann es passieren, dass viele potenzielle Kunden ausgegrenzt werden, da keine Daten vorliegen.

Wirklich interessant für Marketingtreibende sind die Lifestyle- und In-Market-Segmente, da Amazon sie auf Grundlage seiner exklusiven 1st-Party-Daten modelliert. Die Erstellung von Zielgruppen auf Grundlage des Kauf- und Surfverhaltens von Amazon-Usern ermöglicht es, Werbemittel weitaus präziser und effizienter auszuspielen. Im Gegensatz zu demografischen Merkmalen deutet ihr Nutzerverhalten darauf hin, dass bereits ein grundlegendes Interesse an den jeweiligen Themen bzw. Produkten vorliegt. Die ausgelieferten Ads haben daher eine höhere Relevanz für sie. Demografische Daten dienen eher als Ergänzung, um auch Marketingtreibenden mit klassischen Kundenprofilen ein Targeting zu bieten.

Lifestyle-Segmente bestehen aus Amazon-Usern, deren Kauf- und Surfverhalten auf einen bestimmten Lebensstil und/oder spezifische Interessen hinweisen. Von modebegeisterten Fashionistas über Heimwerker bis hin zu werdenden Eltern stehen die unterschiedlichsten Zielgruppen zur Verfügung. Für die Erstellung der Segmente greift Amazon auf das Kauf- und Nutzerverhalten von bis zu zwei Jahren zurück.

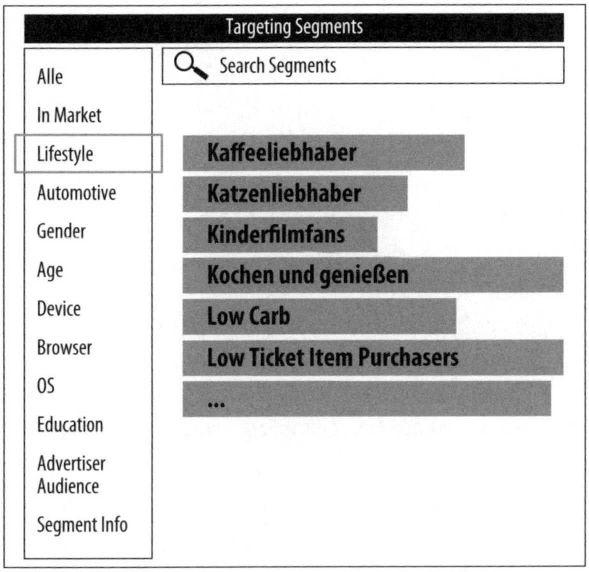

Abbildung 7-9: Sie können über die DSP verschiedene Lifestyle-Segmente targeten. Farbige Balken liefern einen Hinweis auf die aktuelle Größe des Segments. (Quelle: Amazon/factor-a – part of Dept)

In-Market-Segmente konzentrieren sich auf User, die eine konkrete Kaufabsicht vermuten lassen. Um sie zu identifizieren, analysiert der Amazon-Algorithmus, nach welchen Produkten sie in letzter Zeit gesucht und welche sie angesehen haben. Die Segmente sind dementsprechend nach Produktkategorien unterteilt. Sie können sowohl Oberkategorien wie *Küche und Haushalt* oder *Elektro-Großgeräte* als auch Unterkategorien wie *Waschmaschinen* auswählen. Der betrachtete Zeitraum variiert hier je nach Produktkategorie. Er bezieht sich in der Regel auf die letzten Wochen.

Hinweis

Wenn Sie exklusive Amazon-Segmente wie *In-Market* oder *Lifestyle* verwenden, fällt eine zusätzliche Gebühr pro Line Item an. Sie variiert je nach Segmenttyp. Die Nutzung der beiden genannten Segmente kostet derzeit beispielsweise 0,45 Cent. Möchten Sie mehrere Segmente targeten, zahlen Sie immer nur für das teuerste Segment. Die Auswahl von sechs Segmenten kostet also in der Regel so viel wie ein Segment.

Die Segmente werden laufend aktualisiert, sodass nur User angesprochen werden, deren Interesse bzw. Kaufabsicht zum Zeitpunkt der Ausspielung aktuell ist. Einen Hinweis zur Größe des jeweiligen Segments liefert die DSP in Form der möglichen Impressions. Sie sollten diese Einschätzungen jedoch mit Vorsicht genießen und immer durch einen Forecast validieren.

Neben den bereits vormodellierten Segmenten legt Amazon auf Anfrage neue Segmente an. Diese müssen jedoch eine gewisse Mindestgröße aufweisen, um die Anonymität der Nutzer zu gewährleisten. So lässt sich unter anderem ein zum Produkt passenderes Segment aus Unterkategorien erstellen. Ein Beispiel wäre »Decken- & Hängeleuchten«, um alle anderen Lampen auszuschließen.

Advertiser-Audience- und Lookalike-Segmente

Die DSP ermöglicht darüber hinaus die Erstellung maßgeschneiderter Zielgruppensegmente. Dies erlaubt unter anderem, gezielt Bestandskunden im Rahmen des *Remarketings* anzusprechen. Es gibt mehrere Möglichkeiten, ein solches Advertiser-Audience-Segment zu erstellen und zu nutzen:

- Werbetreibende können eine anonymisierte Kundenliste mit E-Mail-Adressen (oder deren verschlüsseltem Hash) hochladen. Sie muss mindestens 20.000 Einträge enthalten. Anhand der Liste identifiziert die DSP, welche Kunden ebenfalls Amazon-User sind, und erstellt ein entsprechendes Segment.
- Alternativ können Sie ein Pixel in Ihre Website integrieren. Es trackt die Besucher und erstellt auf Basis dessen einen Cookie-Pool, der ebenfalls mit Amazon-Usern abgeglichen wird. Auf dieser Basis können wiederum Retargeting oder Lookalike Audiences erstellt werden.
- Die dritte Möglichkeit ist die Anbindung einer *Data Management Platform (DMP)*. Voraussetzung ist natürlich, dass der Werbetreibende eine solche verwendet und sie von der DSP unterstützt wird.

> **Hinweis**
>
> Bei einem *Pixel* handelt es sich um einen Code, der auf der Website des Werbetreibenden oder in eine Ad eingebaut wird. Es kommuniziert mit dem Ad-Server, also der DSP oder einem Drittdienstleister. Pixel werden eingesetzt, um Zielgruppen bzw. Segmente zu definieren und/oder die Interaktion der User mit den Werbemitteln zu tracken.

Um die Anonymität der Verbraucher zu gewährleisten, können Advertiser-Audience-Segmente nur erstellt werden, wenn ausreichend Übereinstimmungen zwischen dem Nutzer-Pool des Werbetreibenden und Amazon-Usern vorhanden sind. Die Mindestanzahl variiert je nach Standort des Werbetreibenden.

Auf Grundlage der Advertiser-Audience-Segmente generiert die DSP auf Wunsch sogenannte *Lookalike*-Segmente. Sie setzen sich aus Amazon-Usern zusammen, die das gleiche Surf- und Kaufverhalten wie die Nutzer der Advertiser Audience aufweisen. In der Regel besteht eine hohe Wahrscheinlichkeit, dass die statistischen Zwillinge ebenfalls konvertieren. Lookalike-Segmente eignen sich daher sehr gut, um die Reichweite von DSP-Kampagnen zu erhöhen und neue Kunden zu gewinnen.

Der Amazon-Algorithmus ermittelt zudem, welche bereits vorhandenen demografischen, Lifestyle- und In-Market-Segmente im Hinblick auf das Surf- und Kaufverhalten mit Ihrem Nutzer-Pool (Advertiser Audience) übereinstimmen. Wie hoch jeweils der Übereinstimmungsgrad ist, zeigt Ihnen der *Overlap Report*, den Amazon zur Verfügung stellt. Sie können in die Kampagnenplanung mit einbezogen werden, um die Reichweite und den Kreis potenzieller Neukunden weiter zu vergrößern.

Wenn Sie ein Segment über ein Pixel erstellen möchten, sollten Sie es möglichst früh auf Ihrer Website einbauen, um so viel Traffic wie möglich zu sammeln. Ein Pixel muss mindestens 6.000 Impressions vorweisen können, bevor das Segment modelliert werden kann. Je größer der Pool an Zielgruppendaten ist, desto präziser erfolgt die Anpassung des Lookalike-Segments. Dies gilt ebenfalls für den Overlap Report. Da der Algorithmus Muster im Verhalten der Nutzer finden muss, bedarf es häufig sogar eines deutlich größeren Datenpools als 6.000 Kunden.

Praxistipp

Sie können nicht nur Lookalike-Segmente von Ihrer Advertiser Audience erstellen lassen, sondern zum Beispiel auch von Amazon-Usern, die ein Produkt Ihrer Marke auf der Plattform gekauft haben. So erreichen Sie neue Amazon-Nutzer jenseits der In-Market-Segmente.

Retargeting-Segmente

Während Lookalike- und die Amazon-exklusiven Segmente in erster Linie dazu dienen, neue Kunden auf das eigene Angebot aufmerksam zu machen, setzen Retargeting-Segmente meist in der weiter fortgeschrittenen Customer Journey an. Denn *Retargeting* bedeutet, dass Werbemittel an User ausgespielt werden, die bereits eine zuvor definierte Aktion ausgeführt haben. Hierbei kann es sich zum Beispiel um den Besuch einer Website oder Produktseite handeln sowie um eine erfolgreich durchgeführte oder abgebrochene Bestellung.

Retargeting-Segmente lassen sich auf zwei Arten generieren: entweder wie oben beschrieben über ein Pixel oder über Amazon.

Bei der Erstellung von Retargeting-Segmenten über Amazon stehen verschiedene Möglichkeiten zur Verfügung. Sie können beispielsweise User targeten, die sich bestimmte ASINs angeschaut, aber noch keine Bestellung in der Kategorie aufgegeben haben. Weitere Optionen sind der Besuch des Markenshops oder von vergleichbaren (Konkurrenz-)Produkten sowie das Targeting von sogenannten *Fans*. Dabei handelt es sich um User, die im letzten Jahr ein Produkt des Herstellers gekauft haben.

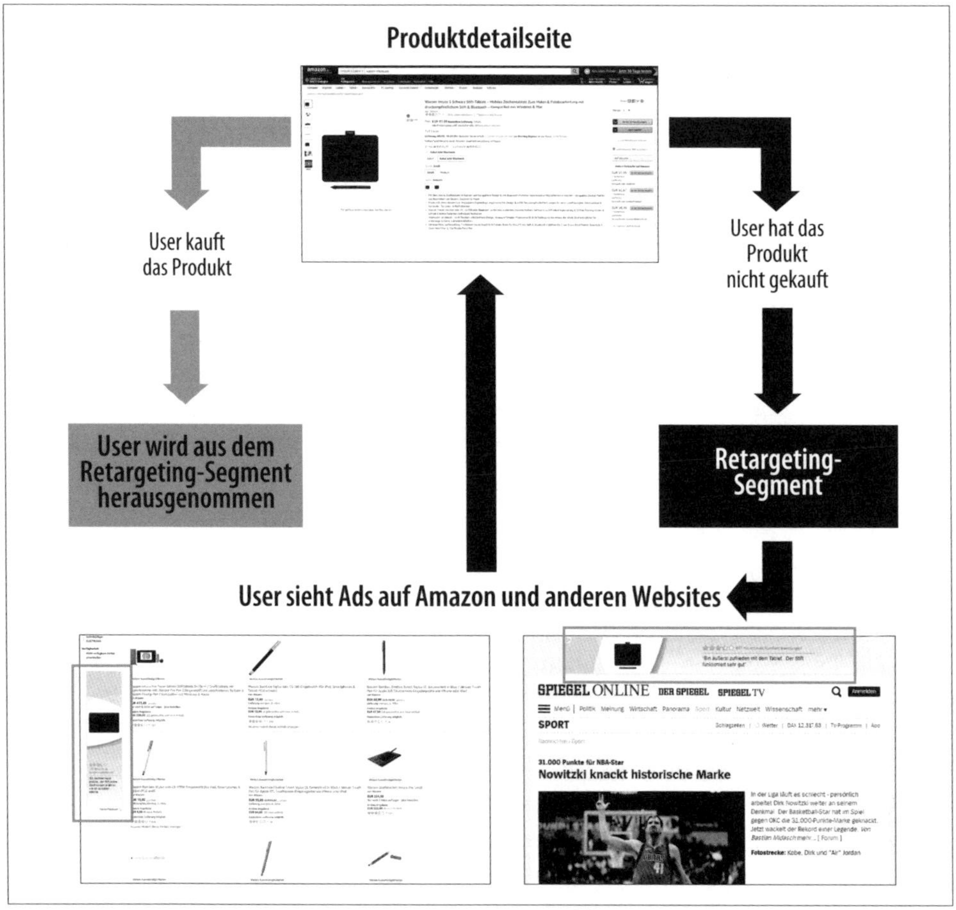

Abbildung 7-10: Über die DSP können Sie ASIN-Retargeting-Segmente erstellen lassen, um potenzielle Kunden erneut anzusprechen. Sobald User konvertieren, schließt Amazon sie automatisch vom Targeting aus. (Quelle: factor-a – part of Dept)

Um pixelbasierte Retargeting-Segmente zu erstellen, platzieren Sie wie oben erläutert Pixel auf Ihrer Website. Je nachdem, auf welcher Unterseite sie eingebettet werden, erreichen Sie Nutzergruppen, die sich in unterschiedlichen Phasen der Customer Journey befinden. Mit einem Pixel auf Ihrer Startseite erhalten Sie einen Pool aus Besuchern, die bereits auf Ihre Marke aufmerksam geworden sind. Wie im Fall der ASINs können ebenfalls Kunden getargetet werden, die sich über bestimmte Produkte informiert haben. Hierzu wird ein Pixel auf der Produktdetailseite platziert. Insbesondere wenn ein User eine Produktseite mehrmals aufgerufen hat, ist dies ein Indikator für eine konkrete Kaufabsicht. Sie können über die DSP auswählen, wie oft ein User die Seite besuchen muss, bevor er in das jeweilige Retargeting-Segment aufgenommen (oder davon ausgeschlossen) wird. Ein Segment aus bereits konvertierten Usern erhält man, indem man ein Pixel auf der Danke-Seite nach Bestellabschluss hinterlegt.

Retargeting-Segmente bieten eine Vielzahl an Einsatzmöglichkeiten und ein großes Potenzial im Hinblick auf eine möglichst zielgerichtete Auslieferung der Werbemittel. Hier ein paar Beispiele für mögliche Targeting-Taktiken mit benutzerdefinierten Segmenten:

- Ein Hersteller verkauft Drucker und Zubehör unter anderem über Amazon. Er möchte nun den Verkauf seiner Produkte effektiver gestalten. Zu diesem Zweck liefert er Standard Display Ads mit eigenem Firmenlogo an seine Amazon-Fans aus. Sie führen die Kunden auf die Website des Herstellers und fordern dazu auf, eine Garantiekarte auszufüllen oder ein Abo für Druckerpatronen abzuschließen. Auf diesem Weg sammelt der Hersteller wertvolle Kundendaten.
- Der besagte Hersteller plant die Steigerung seiner Markenbekanntheit. Er möchte folglich ausschließlich neue Kunden ansprechen und nicht seine Bestandskunden. Sein Fan-Segment und sein Advertiser-Audience-Segment werden daher vom Targeting ausgeschlossen. So verbessert der Hersteller die Kosteneffizienz seiner Kampagne.
- Um den Absatz seiner Drucker zu fördern, liefert der Hersteller Ads an alle Retargeting-Segmente aus, die auf ein konkretes Interesse an Druckern hinweisen. Kunden, die bereits einen Drucker erworben haben, werden vom Targeting ausgeschlossen, denn sie kaufen mit hoher Wahrscheinlichkeit kein zweites Gerät. Das aufgebrachte Budget für die zusätzlichen Impressions wäre folglich vergeudet. Kunden können sich durch die wiederholte Ausspielung von bereits gekauften Produkten zudem gestört fühlen.
- An bereits konvertierte Kunden kann der Hersteller stattdessen gezielt Ads ausspielen, die seine Druckpatronen bewerben, und auf diese Weise effektives Cross-Selling betreiben.

Die vereinfachten Beispiele demonstrieren bereits, dass es vielfältige Targeting-Strategien gibt, deren Entwicklung sowie Umsetzung komplex ist und Fachwissen erfordert. Ist dies vorhanden, lassen sich dank der äußerst präzisen Auslieferung in der Regel sehr attraktive Interaktionsraten oder ROAS-Werte erzielen, vor allem wenn die Werbemittel inhaltlich auf die jeweilige Nutzergruppe abgestimmt sind. Ads für Szenario Nummer vier könnten beispielsweise mit folgendem Slogan werben: »Patronen passend zu Ihrem Drucker – mit Herstellergarantie!«.

> **Praxistipp**
>
> Generieren Sie im Rahmen von Retargeting-Kampagnen immer ein Segment aus Usern, die bereits eine Bestellung vorgenommen haben – vor allem wenn es sich nicht um Produkte handelt, die auf das Cross- oder Up-Selling sowie einen wiederholten Kauf ausgelegt sind. Konvertierte Kunden werden die beworbenen Produkte wahrscheinlich nicht noch einmal kaufen und sollten ausgeschlossen werden.

Segmente zielgerichtet aussteuern

Sie können auf Line-Item-Ebene Segmente miteinander kombinieren und/oder exkludieren. Auf diese Weise lässt sich das Targeting sehr fein auf die gewünschte Zielgruppe zuschneiden (siehe Abbildung 7-11). Hierfür stehen verschiedene Befehle zur Auswahl:

- *All*: Bei dieser Variante werden nur User getargetet, die den Kriterien aller ausgewählten Segmente entsprechen, also die Schnittmenge. Um zum Beispiel neue Kunden auf ein Hautpflegeprodukt für Herren aufmerksam zu machen, könnten Marketingtreibende das Lifestyle-Segment *Beauty* mit dem demografischen Segment *Männer* koppeln. So werden nur beautyinteressierte Männer angesprochen.
- *Any*: Auf diese Weise erreichen Sie alle User der hinterlegten Segmente, nicht nur die Schnittmenge. Möchte beispielsweise ein Hersteller mit Ads für sein neues TV-Gerät sowohl Fußball- als auch Filmfans erreichen, ist diese Option die passende Wahl.

Der Ausschluss von Segmenten funktioniert nach demselben Prinzip. Allerdings gibt es hier einen Stolperstein zu beachten. Anwender benutzen bei negativen Segmentkombinationen oft die Anweisung *Any*, obwohl sie eigentlich *All* meinen.

> **Warnung**
>
> Bei exkludierenden Segmentgruppen gilt: *All* schließt die User aller ausgewählten Segmente aus, *Any* nur die Schnittmenge.

Die einzelnen Segmentgruppen können ebenfalls miteinander kombiniert werden. Hier stehen Ihnen die Befehle *And* und *Or* zur Verfügung. Auf diese Weise lassen sich mehrere Segmentgruppen erstellen, zum Beispiel »Fußballfans mit Fernseher« oder »Filmfans mit Beamer«.

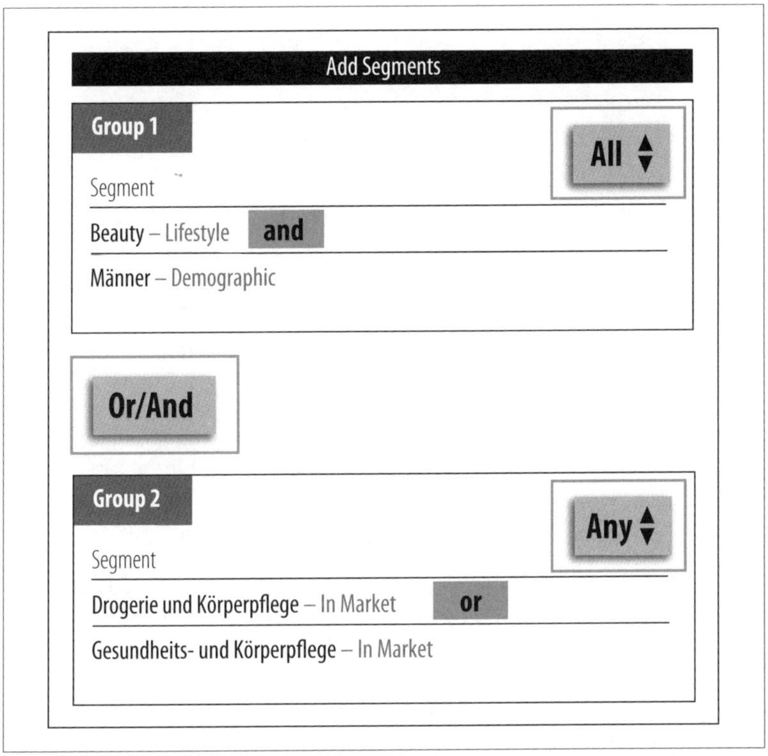

Abbildung 7-11: Mithilfe von verschiedenen Befehlen können Sie unterschiedliche Segmente miteinander kombinieren. (Quelle: Amazon/schematische Darstellung factor-a – part of Dept)

Kontextuelles Targeting

Wenn Sie Standard Display Ads schalten, können Sie bei Bedarf festlegen, in welchem thematischen Umfeld Ihre Anzeigen erscheinen sollen. Es stehen Rubriken wie *Fashion & Style*, *News* und *Gesundheit* zur Verfügung. Auf diese Weise können Werbemittel zum einen hinsichtlich Gestaltung und Inhalt auf die kontextuelle Umgebung ausgerichtet werden. Zum anderen wird so sichergestellt, dass Ads im Zusammenhang mit relevantem Content erscheinen und nicht auf unerwünschten Themenseiten.

Diese Option steht allerdings nur außerhalb von Amazon-Inventar zur Verfügung. In der von Amazon gemanagten Variante können Sie darüber hinaus Anzeigen in bestimmten internen Produktkategorien buchen.

Praxistipp

Indem Sie die unterschiedlichen Targeting-Optionen und Steuerungsmöglichkeiten kombinieren, können Sie Werbemittel in einem Umfeld platzieren, das besonders gut zu Ihrem Produkt passt. Auf diese Weise verleihen Sie den Ads noch höhere Relevanz für die User. Hier ein Beispiel: Display Ads für Laufschuhe werden an Interessensegmente wie »Sport-Enthusiasten« in Kombination mit kontextuellem Targeting gezielt auf Sportseiten ausgeliefert.

Lokales Targeting

Diese Form des Targetings erlaubt es, User anhand ihres Aufenthaltsorts zu targeten bzw. auszuschließen. Sie können sowohl Länder und Städte als auch Postleitzahlen auswählen. Die Identifikation der User erfolgt anhand der Rechnungsadresse, die sie auf Amazon angegeben haben, oder über ihre IP-Adresse.

Vertreiben Sie Produkte wie zum Beispiel Karnevalskostüme, die nur regional interessant sind, können Sie dank dieser Option gezielt dort werben. Länder-Targeting über IP-Adressen empfiehlt sich, um beispielsweise deutsche Urlauber auf Mallorca auszuschließen.

Schauen wir uns ein weiteres Szenario für den effektiven Einsatz von lokalem Targeting an: Gesetzesänderungen in Bundesländern, die den Kauf von bestimmten Produkten erfordern – wie im Fall der Rauchmelderpflicht, die sukzessive von diversen Bundesländern eingeführt wurde.

In dem Wissen, dass die Nachfrage an Rauchmeldern dadurch steigt, spielt ein Hersteller Werbemittel an Hausbesitzer in den spezifischen Bundesländern aus. Eine Brand-Awareness-Kampagne über zwei Wochen rückt seine Marke in den Fokus der potenziellen Kunden und lässt sie wissen, dass er Rauchmelder führt. Im Anschluss erinnert sie eine einmonatige Retargeting-Kampagne daran, den Artikel zu kaufen – es sei denn, dies ist bereits geschehen. Da hier nur User in den betroffenen Gebieten bespielt werden, zeichnen sich die Ads durch eine besonders hohe Relevanz für die getargetete Zielgruppe aus. Dies äußert sich in einer hohen Purchase Rate.

Location Targeting ist optional und ist nicht mit der Option *User Location* zu verwechseln. Sie gibt ebenfalls die geografische Region an, die getargetet wird, Sie haben hier jedoch nur die Wahl zwischen dem Land, an das Ihr DSP-Account geknüpft ist, und überall (*Everywhere*).

Warnung

Es besteht zudem die Möglichkeit, Websites anhand der Sprache ihres Contents zu targeten. Dies funktioniert allerdings nur bei Inventar von Drittanbietern. Wird diese Targeting-Option ausgewählt, ist die Ausspielung auf Amazon-eigenen Seiten nicht möglich.

Auslieferung der Werbemittel steuern

Bei den oben beschriebenen Targeting-Optionen geht es in erster Linie darum, welche Zielgruppe angesprochen werden soll. Die folgenden Steuerungsoptionen präzisieren, wie und wo die Auslieferung der Werbemittel erfolgt. Ziel ist es, die Zielgruppenerreichung mithilfe der verfügbaren Stellschrauben optimal auszusteuern.

Inventar

Ein wichtiger Hebel für die zielgerichtete Steuerung der Kampagnen ist die Auswahl des Inventars. Nehmen Sie hier keine Anpassung vor, erscheinen Ihre Werbemittel auf Amazon-eigenen Seiten, dem *Amazon Publisher Services Inventar* und dem Inventar, das über *Ad Exchange*s verfügbar ist. Auf diese Weise wird eine größtmögliche Reichweite erzielt.

Allerdings sollte man gerade bei Platzierungen außerhalb von Amazon auf die Sichtbarkeit der Ads achten. Ein Indikator hierfür ist zum Beispiel die CTR oder die *Detail Page View Rate* (*DPVR*). Fällt diese für bestimmte Ad Exchanges besonders niedrig aus, wurden Werbemittel wahrscheinlich auf kaum sichtbaren Werbeflächen platziert. Ad Exchanges, die schlecht performen, können Sie in diesem Fall manuell ausschließen.

Impressions auf Amazon-Seiten sind in der Regel kostspieliger als andere Inventarquellen. Bewerben Sie Produkte, die Sie auf Amazon verkaufen, ist es immer sinnvoll, das Amazon-eigene Inventar mit aufzunehmen. Da der Weg von der Ad bis zur Bestellung in diesem Fall besonders kurz ist, erzielen Sie mit diesen Werbeflächen meistens einen besseren ROAS.

Praxistipp

Die DSP nimmt automatisch alle europäischen Plattformen, wie *Amazon.fr* und *Amazon.it*, mit auf. Diese sollten Sie manuell ausschließen, wenn Sie Ihre Produkte nur über *Amazon.de* verkaufen. Hierfür nehmen Sie die Domains in eine Blacklist auf.

Sie können das bespielbare Inventar noch weiter spezifizieren, indem Sie einzelne Domains auswählen und mit ihnen eine sogenannte *Whitelist* erstellen. Sie enthält alle Websites, auf denen die Werbemittel ausgespielt werden können. Voraussetzung ist, dass sie aus mindestens 500 Einträgen besteht. Bei dieser Vorgehensweise müssen Sie sich jedoch bewusst sein, dass die Reichweite stark limitiert wird und einen hohen Arbeitsaufwand erfordert. Im Gegenzug erhalten Sie volle Kontrolle über das Werbeumfeld.

Der effizientere Weg ist, mit einer *Blacklist* zu arbeiten. In diese werden alle Websites aufgenommen, auf denen Werbemittel nicht erscheinen sollen. Sie kann zum Beispiel Seiten enthalten, die nicht zufriedenstellend performen oder ein unpassendes Umfeld für die Ads darstellen. Bei Mobile-App-Kampagnen können analog hierzu einzelne Apps hinzugefügt und ausgeschlossen werden.

Ausschlaggebend für die Wahl des Inventars ist letztendlich das jeweilige Kampagnenziel. Wie Sie es zielführend selektieren, erklären wir im Strategie- und Optimierungsteil dieses Kapitels noch genauer.

Sichtbarkeit und Platzierung

Dass ein Werbemittel ausgespielt wurde, heißt noch lange nicht, dass der User es auch gesehen hat. Befindet sich die bespielte Werbefläche zum Beispiel unten auf der Website und der User scrollt nicht bis zu dem entsprechenden Abschnitt, zahlen Sie für eine Impression, die keinen Werbeeffekt hatte.

Einfluss auf die Sichtbarkeit der Werbemittel kann über die Option *Viewability* genommen werden. Sie können sich zwischen Amazon und einem Drittanbieter als *Viewability Vendor* entscheiden und einen Prozentsatz auswählen.

Je höher der ausgewählte Prozentsatz ist, umso größer ist die Wahrscheinlichkeit, dass User die Ads sehen – theoretisch. Unterschiedliche Bildschirmgrößen und die Bandbreite an möglichen Werbeflächen machen es allerdings schwer, die Sichtbarkeit zu gewährleisten.

Darüber hinaus erfolgt die Messung der tatsächlichen Sichtbarkeit meist wenig transparent. Sie kann je nach angewandten Kriterien und Technologien stark variieren. Anwender sollten diese Option daher mit Vorsicht genießen und wie oben beschrieben ein wachsames Auge auf die CTR bzw. DPVR haben. Sie müssen zudem sorgfältig abwägen, ob sich die höheren Kosten für Impressions im Hinblick auf Ihr Kampagnenziel rechnen.

Eine weitere Möglichkeit, die Sichtbarkeit der Ads zu beeinflussen, besteht derzeit noch darin, bestimmte Platzierungen auf Websites zu targeten. Zur Auswahl stehen zum Beispiel *Above the fold* oder *Below the fold*. Auf die verschiedenen Varianten sind wir weiter oben auf Seite 235 im Zusammenhang mit den möglichen Ausspielorten bereits eingegangen. Um zu ermitteln, welche Platzierungen für die eigenen Zwecke am besten performen, vergleicht man nach einer gewissen Testlaufzeit, wo das Kosten-Umsatz-Verhältnis (ROAS) am besten ist.

Praxistipp

Wenn Sie die Sichtbarkeit Ihrer Ads verbessern möchten, empfiehlt es sich, den Weg über die Option *Viewability* zu gehen statt über die Position der Werbefläche. Die Viewability wird von externen Dienstleistern anhand von unabhängigen Standards bewertet und ist daher zuverlässiger. Darüber hinaus können Sie über die Auswahl von bestimmten Ad-Formaten Einfluss auf die Placements auf Amazon nehmen. Da die anderen Einstellungsmöglichkeiten nur begrenzt funktionieren, kann diese Option die beste Alternative darstellen.

Gerätetyp

Im Fall von Standard Display Ads können Sie festlegen, ob die Ads sowohl auf mobilen als auch auf Desktopgeräten erscheinen sollen oder nur auf einer der beiden Varianten. Bei In-App-Line-Items können Sie sogar gezielt bestimmte Modelle und Marken bespielen.

Videoinventar

Wenn Sie Video-Line-Items erstellen, können Sie Inventar nach der Ausspielart targeten. Dazu gehört, wie das Video gestartet wird (Autoplay oder über den User), außerdem das Format (In-Stream oder Out-Stream) und die Größe des Videoplayers.

Frequenz

Bei Bedarf können Sie festlegen, wie oft Ads maximal an den denselben User ausgespielt werden. Die Häufigkeitsbegrenzung lässt sich auf Line-Item- oder Order-Ebene definieren. Wie viele Kontaktpunkte sinnvoll sind, hängt von dem jeweiligen Kampagnenziel ab. Werbemittel entfalten ihre markenbildende Wirkung beispielsweise erst, wenn sie User mehrfach erreicht haben.

Praxistipp

Gerade bei Retargeting-Kampagnen sollte die Kontaktdosis sorgfältig abgewogen werden. Wird sie zu hoch angesetzt, hat sie im Hinblick auf die Werbewirkung keinen zusätzlichen Mehrwert und überschreitet im schlimmsten Fall die Grenze zum Spam. Fühlen sich die Kunden überwacht oder sind genervt, weil sie über einen längeren Zeitraum immer wieder die gleichen Ads sehen, kann dies negativ auf die Marke zurückfallen.

Tageszeit

Im Abschnitt *Daypart Targeting* können Sie festlegen, an welchen Tagen und in welchen Zeitabschnitten die Werbemittel des Line Item ausgespielt werden. Dies ist beispielsweise erforderlich, wenn Marketingtreibende Ads für alkoholische Getränke auf Amazon.de schalten möchten. Diese dürfen nur zwischen 12 und 6 Uhr erscheinen. Darüber hinaus haben Sie die Möglichkeit, Werbemittel für Businesskunden nur unter der Woche ausspielen zu lassen und Ads für Filme abends sowie am Wochenende.

Budget und Auslieferung

Das Budget für eine Kampagne lässt sich auf Order- und auf Line-Item-Ebene definieren. Es empfiehlt sich in der Regel, die Line-Item-Ebene zu wählen, da der Algorithmus damit besser arbeiten kann. Sie können bei Bedarf festlegen, welchen Betrag er höchstens pro Tag oder Monat ausgeben darf. Dabei sollten Sie sich bewusst sein, dass die Limitierung Auswirkungen auf das *Auslieferungstempo* (*Pacing*) hat. Je nachdem, wie hoch der Maximalbetrag angesetzt ist, kann es dazu führen, dass im Hinblick auf das Kampagnenziel zu viele oder zu wenige Impressions ausgeliefert werden.

Sie haben zudem Einfluss darauf, wie das System mit dem Budget umgeht und in welcher Geschwindigkeit es dementsprechend Werbemittel ausliefert (*Pacing Profile*): Entweder es verteilt das Budget so, dass Impressions gleichmäßig über die gesamte Kampagnenlaufzeit (*Evenly*) generiert werden, oder es steigert das Auslieferungstempo in der ersten Hälfte (*Frontloaded*). Die zweite Option empfiehlt sich, um zu Beginn der Kampagne genug Daten für die Optimierung zu generieren.

Entscheiden Sie sich für eine gleichmäßige Auslieferung, können Sie den sogenannten *Catch-up Boost* aktivieren. Auf diese Weise werden Einbrüche an ruhigeren Tagen in Zeiten mit erhöhtem Traffic wie Wochenenden, Feiertagen oder der Prime Week wieder ausgeglichen. Ein Boost erlaubt dem System zum Beispiel, das Auslieferungstempo um das Dreifache zu erhöhen. Dies ermöglicht ihm, das gewünschte Budget im vorgegebenen Zeitraum auch auszugeben bzw. die gewünschte Anzahl an Usern zu erreichen. Wie bereits mehrfach betont, bedarf es zahlreicher Kundeninteraktionen, um optimieren zu können.

Hinweis

Amazon erhebt einen Anteil des Kampagnenbudgets als Nutzungsgebühr für die DSP. Seine Höhe ist variabel. In der Regel beträgt er um die 10%.

Optimierungstyp

Wie bereits beschrieben, optimiert der Auto-Optimierungsalgorithmus die Ausspielung der Werbemittel auf bestimmte Ziele hin. Folgende Optionen stehen zur Auswahl:

- **Detail Page View (DPV):** Fokussiert die Ausspielung auf Anzeigen, bei denen die Wahrscheinlichkeit hoch ist, dass User nach Sichtkontakt eine Produktdetailseite aus dem zuvor festgelegten ASIN-Set besuchen.
- **Purchase:** Optimiert die Auslieferung der Werbemittel, damit User mindestens eine der hinterlegten ASINs bestellen.
- **Click:** Die Ausspielung wird im Hinblick auf die CTR optimiert.
- **Pixel Conversion:** Es werden vorzugsweise Werbemittel ausgespielt, die User dazu bringen, ein Pixel auszulösen, zum Beispiel indem sie eine Website besuchen.

Sie haben zudem die Möglichkeit, keine automatisierte Optimierung durch den Algorithmus auszuwählen. Dies empfiehlt sich, wenn Sie das Line Item auf reine Reichweite optimieren möchten oder alle Werbemittel in einem A/B-Test gleichmäßig ausspielen müssen.

Beachten Sie, dass Segmente, Gebote und Budgets (derzeit) nicht automatisch optimiert werden. Der Algorithmus passt lediglich die Werbemittel im Hinblick auf das jeweilige Ziel an. So spielt er zum Beispiel die Einkaufswagen-DEAs häufiger aus als klassische Display Ads, wenn die erste Variante besser performt. Es liegt folglich beim Anwender, die unterschiedlichen Parameter fortlaufend zu überwachen und manuell anzupassen. Wir geben Ihnen im Laufe des Kapitels nützliche Tipps hierzu an die Hand. Allerdings handelt es sich um eine zeit- und arbeitsintensive Aufgabe, die Know-how und Erfahrung erfordert. Viele Hersteller lagern sie daher an versierte Full-Service-Unternehmen wie factor-a aus.

Strategische Einsatzmöglichkeiten der DSP

Wie bereits mehrfach erwähnt, eignet sich die DSP sowohl zur Erreichung von Performance- wie auch Branding-Zielen. Im Folgenden geben wir Ihnen einen detaillierten Überblick darüber, für welche strategischen Zwecke sich die DSP einsetzen lässt und was Sie dabei beachten sollten. Da dieses Buch in erster Linie auf Vendoren ausgerichtet ist, liegt der Schwerpunkt auf dem Verkauf von Produkten über Amazon. Ebenso wie bei den Sponsored Ads müssen auch DSP-Kampagnen dabei im strategischen Gesamtkontext betrachtet werden. Das heißt, sie dienen der übergeordneten E-Commerce-Strategie des Herstellers oder Händlers und sollten nicht als isolierte Marketingmaßnahmen behandelt werden.

DSP plus Sponsored Ads: Kunden über den gesamten Sales Funnel erreichen

Das Hauptziel der meisten Vendoren liegt in dem effizienten und skalierbaren Abverkauf ihrer Produkte auf Amazon. Für die Umsetzung ist es wichtig, Kunden in unterschiedlichen Phasen des Sales Funnel zu erreichen. Genau das ermöglicht der kombinierte, aufeinander abgestimmte Einsatz von Sponsored Ads und der Amazon Demand Side Platform. Dies veranschaulicht die folgende Grafik:

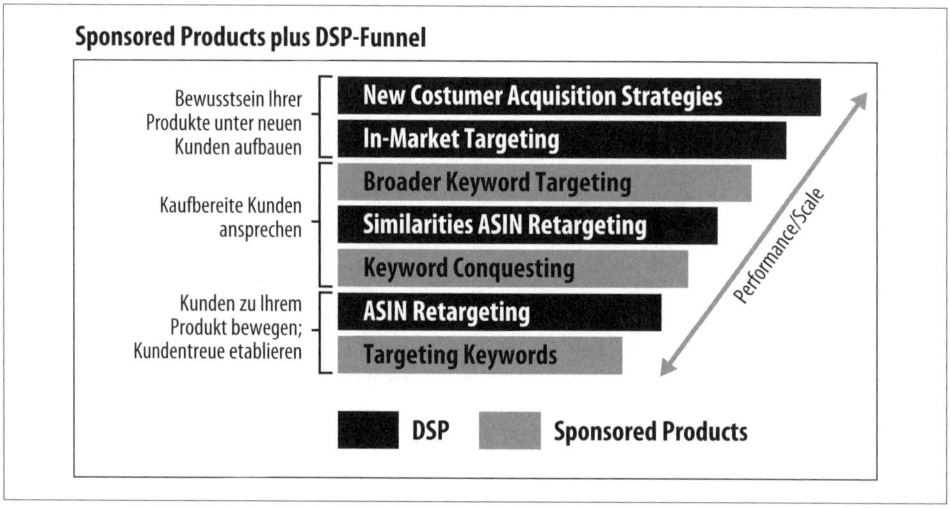

Abbildung 7-12: Die Kombination aus Sponsored Ads und DSP führt Amazon-User zielgerichtet durch den Sales Funnel. (Quelle: factor-a – part of Dept)

Übergeordnetes Ziel des Sales Funnel ist es, potenzielle Kunden zum Kauf zu bewegen – und das möglichst effizient. Je nachdem, um welches

Produkt es sich handelt, kommt man allein durch den Einsatz der Sponsored Ads bereits sehr weit. Der Abverkauf von ASINs mit hohem Suchvolumen kann mithilfe von Sponsored Ads-Kampagnen äußerst effizient gefördert werden. Im Hinblick auf den ROAS sind sie meistens effektiver als DSP-Kampagnen. Voraussetzung ist, dass bereits ausreichend Traffic vorhanden ist.

Das Marketingbudget sollte daher zuerst unten in den Sales Funnel investiert werden. Je weiter man sich im Verkaufstrichter nach oben bewegt, desto ineffizienter sind die Maßnahmen im Hinblick auf den direkten Abverkauf. Hier erreicht man allerdings eine größere, breiter aufgestellte Zielgruppe. Diese User weisen zwar keine konkrete Kaufabsicht auf, sind aber wichtig, um den Sales Funnel bei Bedarf zu befüllen.

Praxistipp

Weisen Sie Ihr Marketingbudget den Phasen des Sales Funnel zu, in denen es gerade benötigt wird. Merken Sie, dass die Maßnahmen weiter unten im Trichter nicht mehr kosteneffizient skalieren, kann es sich lohnen, mehr Budget in die DSP und die oberen Schritte zu investieren. Hierbei ist es von entscheidender Bedeutung, die richtige Balance zu finden, um einen kontinuierlichen Durchfluss zu erreichen.

Aufbau des Sales Funnel zur effizienten Abverkaufsförderung

Um zu veranschaulichen, wie Kunden über den gesamten Sales Funnel (siehe Abbildung 7-12) mit den verfügbaren Marketinginstrumenten erreicht werden, gehen wir ihn anhand eines Beispiels Schritt für Schritt von unten nach oben durch:

Nehmen wir an, ein Hersteller möchte den Abverkauf eines Samsung-TV-Geräts effizient steigern. Er beginnt, indem er Sponsored Ads-Kampagnen auf relevante, markeneigene Keywords schaltet (*Targeting Keywords*). Suchen Kunden zum Beispiel nach »Samsung 65-Zoll Fernseher«, erreicht der Hersteller sie eventuell bereits in dieser Stufe des Funnel. Das Suchvolumen auf Brand-eigene Keywords ist in der Regel jedoch sehr begrenzt. Daher spricht der Marketingtreibende ebenfalls User an, deren Suche auf eine Kaufabsicht schließen lässt und die sich noch nicht auf eine Marke festgelegt haben. Hierzu schaltet er Ads auf Suchbegriffe wie »Fernseher 65-Zoll« oder »4k TV«.

Gerade die Anschaffung von kostspieligen Produkten wie TV-Geräten ist mit einem längeren Entscheidungsprozess verbunden. In diesem Fall ist es sinnvoll, zusätzlich Retargeting-Kampagnen zu schalten. So werden User, die beim ersten Besuch der Produktdetailseite keine Bestellung aufgegeben haben, wiederholt auf und außerhalb von Amazon angesprochen (*ASIN Retargeting*). Der Samsung-Fernseher rückt dadurch während der Entscheidungsfindung immer wieder in ihr Bewusstsein.

Im nächsten Schritt wird eine Bandbreite an Usern angesprochen, die ebenfalls eine Kaufabsicht vermuten lassen und Affinität zu einer anderen Marke zeigen. Dies geschieht zum einen, indem der Hersteller mit Sponsored Ads Keywords von Wettbewerbern und Alternativprodukten besetzt (*Keyword Conquesting*). Er schaltet beispielsweise Anzeigen auf das Keyword »Sony Fernseher« und spricht so User an, die im Begriff sind, sich über Konkurrenzprodukte zu informieren. Zum anderen schaltet er über die DSP Display Ads, die Besucher von ähnlichen Produktdetailseiten retargeten (*Similarities ASIN Retargeting*). Auf diese Weise erreicht er die gleichen User noch mal und schafft so weitere Kontaktpunkte.

Nun gilt es, die Bandbreite der angesprochenen User noch weiter zu vergrößern und ihre Aufmerksamkeit auf die eigene Marke zu lenken. Hierzu bespielt der Hersteller Keywords, die im weiteren Sinne mit seinen TV-Geräten verbunden sind (*Broader Keyword Targeting*). Dies umfasst Suchbegriffe wie »Hi-Fi-System«, »Beamer« und »Heimkinoanlage«. So erreicht er über die Suche User, die sich bereits in der passenden Produktkategorie bewegen, sich aber noch nicht mit seinem TV-Gerät beschäftigt haben. Diese Vorgehensweise stößt allerdings schnell an ihre Grenzen, da der Algorithmus Amazon-Nutzern bekanntermaßen möglichst relevante Produkte zeigen möchte. Daher kann es sein, dass die geschalteten Sponsored-Ads-Werbemittel nicht ausgeliefert werden.

In diesem Fall ist der unterstützende Einsatz der DSP sinnvoll. Sie bietet verschiedene Möglichkeiten, Amazon-User zu targeten. Die Bewerbung kann dabei unterschiedlich breit gefasst werden. Der Hersteller könnte beispielsweise User ins Visier nehmen, die sich in letzter Zeit Produkte aus der Kategorie *TV und Video* angeschaut haben, aber nicht konvertiert sind (*In-Market Targeting*).

Alle bisher beschriebenen Maßnahmen kann der Hersteller im Prinzip immer durchführen, um den Abverkauf zu fördern. Bei Bedarf schaltet er zusätzliche DSP-Kampagnen mit dem Ziel, neue Kunden auf seine Brand sowie seine TV-Geräte aufmerksam zu machen und so den Funnel von oben zu befüllen (*New Customer Acquisition Strategies*).

Es gibt verschiedene Möglichkeiten, um User zu erreichen, die noch keinen Kontakt zur Marke hatten, bei denen jedoch von einem grundlegenden Interesse ausgegangen werden kann. Das geschieht auf Basis von *Buyer Personas*, die bereits aus dem Marketing bekannt sind. Unter anderem beinhaltet dies das Targeting der Lookalike-Segmente. Hierbei handelt es sich um Amazon-User, die ein ähnliches Onlineverhalten wie die User aufweisen, die bereits den Onlineshop des TV-Herstellers besucht oder einen Fernseher über diesen gekauft haben. Weitere Maßnahmen zur Neukundengewinnung sind das Targeting von passenden Lifestyle-Segmenten. Das betrifft beispielsweise Filmfans oder auch Kunden, die häufig Blu-Rays bzw. DVDs bestellen. Vor und während Events wie etwa der Fußball-EM oder -WM spielt der Hersteller zudem Werbemittel an Fußballfans aus, die in der Vergangenheit hochpreisige Produkte über Amazon kauften.

Die oberste Stufe des Sales Funnel spielt gerade bei Produktneueinführungen eine besonders wichtige Rolle. Nur wenn die Marke oder ASIN ausreichend Aufmerksamkeit und damit Traffic erhält, können die Maßnahmen der folgenden Stufen greifen. User werden zu den ASINs geführt und in den nächsten Schritten immer wieder gezielt angesprochen, bis die neuen Interessenten konvertieren und zu Kunden werden. Hier gilt: Je unbekannter die Brand oder das Produkt ist, desto mehr Marketingbudget muss man in die initiale Befüllung des Funnel investieren.

Da die Kontaktpunkte aufeinander aufbauen, sollte die Ansprache der Werbemittel auf die entsprechende Stufe des Sales Funnel angepasst werden. Weiter oben wählen Marketingtreibende aufmerksamkeitsstarke Formate, die mehr Raum bieten, das beworbene Produkt zu erklären. Dazu gehören beispielsweise großformatige Banner und Video Ads. Kennen potenzielle Kunden den Nutzen eines Produkts bereits und befinden sich weiter unten im Verkaufstrichter, arbeiten Sie am besten mit DEAs und Standard Display Ads. Diese sollten Amazon-Branding-Elemente enthalten. Kunden erkennen das Produkt in diesem Stadium auf den ersten Blick wieder und können präziser angesprochen werden.

Die Abverkaufsmessung über den gesamten Sales Funnel hinweg gestaltet sich schwierig. Über die DSP können Anwender einzelne Kunden nicht von Stufe zu Stufe verfolgen. Daher lässt sich derzeit nicht nachvollziehen, welche der konvertierten Kunden bereits weiter oben im Funnel erreicht wurden, im weiteren Verlauf erneut Werbemittel gesehen und schließlich eine Bestellung aufgegeben haben. Dies führt dazu, dass der ROAS in den oberen Stufen meist nicht besonders attraktiv aussieht, obwohl die Kampagnen zur Neukundengewinnung wesentlichen Einfluss auf den Kaufentscheidungsprozess hatten.

Marketingtreibende müssen daher erwägen, den Erfolg im oberen Teil des Trichters anhand von KPIs wie CTR, VCR oder DPVR (*Detail Page*

View Rate) zu messen statt anhand des Abverkaufs. Die Kennzahlen geben Ihnen Auskunft darüber, wie effizient Sie den Sales Funnel befüllen. Im Zuge der Erfolgsmessung kann es sich zudem anbieten, mit Drittdienstleistern zu arbeiten, um die Schritte transparenter zu machen und andere Marketingmaßnahmen wie Facebook-Kampagnen einzubeziehen.

Weitere Kampagnenstrategien

Die oben beschriebene Strategie für den effizienten und skalierbaren Abverkauf bezieht sich ausschließlich auf Produkte, die auf Amazon angeboten werden. Möchten Sie stattdessen den eigenen Onlineshop bewerben, fallen Sponsored Ads weg und werden durch andere Kanäle wie Google oder Bing ersetzt. Beim Tracking und Targeting geht man den Weg über Pixel. Marketingtreibende stehen in diesem Fall vor der komplexen Herausforderung, passende Attributionsmodelle zu entwickeln. Sie müssen in der Lage sein, die Kennzahlen der verschiedenen Plattformen sinnvoll zu verknüpfen und den Erfolg übergreifend zu messen.

Selbstverständlich kann die DSP nicht nur zur Absatzförderung eingesetzt werden. Es gibt eine Vielzahl an Kampagnenzielen, die sich über die DSP umsetzen lassen. Dazu gehört beispielsweise die Komplementierung der eigenen Kundendatenbank. In diesem Fall ist es sinnvoll, den Kunden auf die eigene Website zu leiten – ohne direkten Abverkaufszweck.

Die folgende Tabelle gibt Ihnen einen Überblick über verschiedene DSP-Strategien. Sie greifen in unterschiedlichen Phasen des Sales Funnel und unterstützen teilweise den bereits erläuterten effizienten skalierbaren Abverkauf:

Tabelle 7-4: DSP-Kampagnenstrategien im Überblick

Ziel	Targeting-Segmente	Kampagnentypen	Erfolgsmessung/KPIs
skalierbarer, effizienter Abverkauf von Produkten auf Amazon	an den Stufen des Sales Funnel ausgerichtet	an den Stufen des Sales Funnel ausgerichtet	• Umsatz • ROAS • Total ROAS (Brand-Halo-Effekt)
Marktneueinführung/ Branding	Neukunden: • In-Market • Lifestyle	• Awareness-Setup • Share of Voice im Segment • hohe Frequenz • Video Ads + Standard Display Ads	• Detail Page Views • Bekanntheit in der Zielgruppe • organisches Ranking • Steigerung des Suchvolumens

Tabelle 7-4: DSP-Kampagnenstrategien im Überblick *(Fortsetzung)*

Ziel	Targeting-Segmente	Kampagnentypen	Erfolgsmessung/KPIs
Absprungrate auf Amazon verringern	ASIN-Retargeting	Dynamic eCommerce Ads	• ROAS
kurzfristige Abverkaufssteigerung	Neukunden	• Dynamic eCommerce Ads • Bewerbung punktueller Rabattaktionen	Umsatzsteigerung
Amazon Traffic Peaks nutzen	• In-Market • Retargeting-Segmente	• Dynamic eCommerce Ads • Amazon-Inventar • Rabattierung der Produkte	• Share of Voice • Saleslift • Marktanteile
Neukunden und Amazon-User auf die eigene Website lenken	• beliebige Segmente • am effektivsten: Lookalike-Segmente • ausschließen: Advertiser Audience	• Standard Display Ads • Platzierung außerhalb von Amazon	• Pixel Conversion • Cost per Conversion • eigenes System: Sales
Cross- + Up-Selling/ Retention	• Fan-Segmente • konvertierte Website-User	• Dynamic eCommerce Ads • kontextuelles Targeting	• Lifetime Value (Abos) • Warenkorbgröße/-wert
CRM-Kampagne	Fan-Segmente	• Link-out-Kampagne (mit Anreiz) • Platzierung außerhalb von Amazon	• ausgefüllte Datensätze • Kosten pro Datensatz
Marktforschung	sehr breites bis kein Targeting	• Dynamic eCommerce Ads • Standard Display Ads • bei Bedarf Nielsen-Einbindung	• Hypothesenvalidierung (meist Markenbekanntheit in Zielgruppe X)

Bei *Branding-Kampagnen* bzw. *Marktneueinführungen* geht es in erster Linie darum, Aufmerksamkeit für die Marke und/oder neue Produkte zu schaffen. Um das zu erreichen, sind Kampagnen-Setups gefragt, die den Fokus auf eine hohe Sichtbarkeit in der Zielgruppe und einen relevanten Share of Voice legen. Der *Share of Voice* gibt in diesem Fall an, wie sichtbar die eigenen Marketingaktivitäten verglichen mit denen der Wettbewerber innerhalb des jeweiligen Segments sind. Es wird daher mit Videos, großformatigen Standard Display Ads und prominenten Platzierungen wie *Above the fold* gearbeitet. Ist die Brand noch nicht im Relevant-Set des Kunden verankert, spielt zudem die Frequenz der

Anzeigen eine wichtige Rolle. Um neue Kunden zu erreichen, erfolgt das Targeting anhand von Lifestyle- und In-Market-Segmenten. User, die bereits Kontakt mit der Marke hatten, werden dagegen ausgeschlossen.

Weiter oben haben wir bereits ausgeführt, dass es nicht ganz einfach ist, den Erfolg von Awareness-Kampagnen zu messen. Sie können unter anderem die Interaktion der User mit den Werbemitteln zur Bewertung heranziehen, also die CTR, VCR oder DPVR. Es besteht zudem die Möglichkeit, den *Brandlift* zu messen. Hierfür erhebt man die Markenbekanntheit innerhalb der Zielgruppe vor und nach den Marketingmaßnahmen. Dies erfolgt unter anderem über Umfragen. Die DSP bietet die Messung des Brandlifts in Zusammenarbeit mit Nielsen an, dem führenden Unternehmen im Bereich Verbrauchermessung.

Praxistipp

Statt den Brandlift über die DSP messen zu lassen, können Sie ihn anhand des Suchvolumens der Brand- und produkteigenen Suchbegriffe erheben. In diesem Fall erfolgt die Messung mithilfe von parallel laufenden Sponsored Ads-Kampagnen. Diese Vorgehensweise stellt eine kostengünstigere Zwischenlösung dar.

Ein klassisches Kampagnenziel ist die *Verringerung der Absprungrate* auf Amazon. Kunden, die sich bestimmte Produktdetailseiten angesehen, aber noch nichts bestellt haben, sollen durch die Werbemittel zum Kauf angeregt werden. Da hier bereits ein sehr konkretes Interesse vorhanden ist, werden im Rahmen von ASIN-Retargeting-Kampagnen DEAs an die wertvolle Zielgruppe ausgeliefert. Alternativ können Sie Ads mit unterschiedlichen Werbebotschaften verwenden, die USPs Ihrer Ware herausstellen. So wird den Usern nicht bei jeder Ausspielung stumpf das Produkt präsentiert. Insbesondere bei budgetstarken Kampagnen mit längerer Laufzeit lohnt sich der zusätzliche Arbeitsaufwand.

Generell gilt es, das Interesse potenzieller Kunden während des Entscheidungsprozesses laufend weiter zu bestärken. Sind die Maßnahmen erfolgreich, äußert sich dies in einer verbesserten Conversion Rate und einem attraktiven ROAS.

Bei der *kurzfristigen Absatzsteigerung* in Kombination mit Neukundengewinnung werden häufig punktuelle Kampagnen in Form von Rabatten oder Gutscheinen beworben. Da DEAs automatisch auf diese Veränderungen reagieren und sie herausstellen, sind sie hier das Werbemittel der Wahl. Darüber hinaus müssen individuelle Ads mit

Preisaussagen und Rabatten in der Regel sehr intensiv mit Amazon abgestimmt werden.

Achten Sie bei diesem Kampagnenziel darauf, neben den Werbekosten auch die Kosten für die Rabattierung einzurechnen. Die Doppelbelastung in Kauf zu nehmen, ist meist nur bei margenstarken Produkten sinnvoll. Marketingtreibende sollten sorgfältig abwägen, ob sich die höhere Anzahl an verkauften Artikeln im Verhältnis zu den dafür aufgebrachten Kosten lohnt. Neben der Umsatzsteigerung ist der ROI folglich wichtig für die Erfolgsmessung.

Amazon bietet seinen Usern zahlreiche Aktionen wie den Prime Day oder die Smart Home Week. In dieser Zeit sind besonders viele Nutzer auf der Plattform unterwegs. Die *Traffic Peaks* können sich Marketingtreibende zunutze machen, indem sie DEAs auf Amazon-eigenem Inventar schalten. Es empfiehlt sich, die Ads mit Rabattierungen zu verbinden, da es im Zuge der Events eine Vielzahl an Angeboten gibt.

Es darf jedoch nicht der Trugschluss entstehen, dass hier ein attraktiver ROI zu holen ist. In der Regel ist genau das Gegenteil der Fall. Viele User, die die Angebote anlocken, stöbern nur und kaufen nicht. Wollen Sie aber Ihren Share of Voice steigern, darauf aufmerksam machen, dass Ihre Produkte auf Amazon verfügbar sind, oder sich Marktanteile sichern, sollten Sie die Aktionen nutzen. Sie können so an diesen Tagen gezielt die Aufmerksamkeit auf Ihre Marke lenken. Da sich der Wettbewerb in diesen Zeiten verschärft, sind höhere CPM-Gebote gefragt.

Praxistipp

Wenn Sie Amazon-Aktionen für Marketingmaßnahmen nutzen möchten, sollten Sie bereits im Vorfeld ASIN-Retargeting-Segmente einrichten. Sie können sie anschließend in dem Zeitraum mit erhöhtem Traffic befüllen lassen. Auf diese Weise erhalten Sie größere Segmente, da mehr User die Produktdetailseiten besuchen. In der günstigeren Zeit nach dem Aktionsfenster können Sie diese User erneut ansprechen.

Es gibt darüber hinaus Kampagnenziele, die erfordern, *Neukunden und Amazon-User auf die eigene Website* zu lenken, zum Beispiel wenn dort eine bessere Marge erzielt wird oder Produkte nicht auf Amazon angeboten werden. Da die Werbemittel in diesem Fall aus dem Amazon-Kosmos herausführen, verwenden Sie Pixel sowie Standard Display Ads mit Platzierungen außerhalb von Amazon. Als Targeting-Segmente kommen im Prinzip alle verfügbaren Varianten infrage. Als effektivste Lösung erweisen sich in der Regel jedoch Lookalike-Segmente. Ihre

Advertiser Audience schließen Sie vom Targeting aus, da Sie nur neue Kunden erreichen möchten.

Haben Kunden ein Produkt schließlich erworben, geht es an das After-Sales-Management. Dies umfasst unter anderem *Cross-Selling* und *Retention*. Durch Ads sollen User dazu bewogen werden, ergänzende Produkte zu erwerben oder Artikel erneut zu kaufen. Voraussetzung ist natürlich, dass die Produkte sich dafür eignen. Jemand, der gerade ein TV-Gerät bestellt hat, wird so schnell kein zweites anschaffen. Anders sieht es allerdings zum Beispiel mit Verbrauchsgütern wie Drogerieartikeln oder auch Druckerpatronen aus. Um konvertierte User zu erreichen, wird das Fan-Segment und bei Bedarf die Advertiser Audience getargetet.

Der sogenannte *Customer Lifetime Value* (*CLV*) gibt Aufschluss darüber, ob es dem Marketingtreibenden gelingt, Kunden langfristig an die Marke zu binden. Er beschreibt, wie viel Geld ein User im Laufe seines Kundenlebens durchschnittlich bei dem Hersteller lässt. Über die DSP ist der CLV allerdings nur schwer messbar. Wenn es sich um Artikel handelt, die als Spar-Abo (*Subscribe&Save*) angeboten werden, können Sie die Anzahl der Abschlüsse erheben. Im Fall von Cross- oder Up-Selling gibt Ihnen zudem die durchschnittliche Warenkorbgröße oder der Warenkorbwert Aufschluss über den Kampagnenerfolg.

Auch *CRM-Kampagnen* sind Bestandteil des After-Sales-Managements. Sie sollen Kunden, die bereits Produkte des Herstellers auf Amazon erworben haben, auf die eigene Website führen, um dort ihre Daten zu hinterlegen. Daher werden die Ads an das Fan-Segment ausgespielt und enthalten meist einen Anreiz, zum Beispiel in Form einer verlängerten Garantielaufzeit oder eines Bonuspunkteprogramms. Diese Werbemittel können nur außerhalb von Amazon erscheinen, da sich die Landingpage nicht innerhalb des Amazon-Kosmos befindet. Der Erfolg der CRM-Kampagnen bemisst sich an der Anzahl der ausgefüllten Datensätze und dem Budget, das für sie aufgebracht wurde.

Ein weiteres Kampagnenziel, das nicht direkt dem Abverkauf dient, ist die *Marktforschung*. Sie wird eingesetzt, um (neue) Zielgruppen für Marketingmaßnahmen zu identifizieren. Wenn Marketingtreibende hier den Weg über DSP-Kampagnen gehen möchten, wählen sie sehr breit aufgestellte bis hin zu gar keinen Targeting-Segmenten sowie ein entsprechendes Testbudget. Erklärungsbedürftige Produkte werden mit Standard Display Ads oder Videos beworben, einfache Produkte mit DEAs. Am Ende der Kampagnenlaufzeit können Sie einen Overlap Report anfordern. Er gibt Ihnen Auskunft darüber, welche Nutzersegmente besonders auf Ihre Ads angesprungen sind. Dabei ist zu beachten, dass Sie diesen Report auch bei normalen Kampagnen anfordern können. Jedoch werden die überlappenden Segmente dann naturgemäß durch die vorgegebenen Segmente beeinflusst.

Diese Alternative bietet sich zum Beispiel für Hersteller an, die nicht dazu bereit sind, Kundendaten hochzuladen oder ein Pixel auf ihrer Website zu integrieren, um eine Advertiser Audience zu generieren. Zudem kann es sein, dass sie kein eigenes Set an Kundendaten haben oder noch nicht genug Sales vorweisen können, um ein Fan-Segment zu erstellen.

DSP-Kampagnen bewerten und optimieren

Ebenso wie bei den Sponsored Ads ist die kontinuierliche Analyse und Optimierung der Schlüssel zum Kampagnenerfolg. Auch wenn über die DSP viele Mechanismen automatisiert ablaufen, gestalten sich diese Prozesse komplexer als bei den Sponsored Ads. Es gibt eine Vielzahl an Stellschrauben, an denen Werbetreibende drehen können, um die bestmögliche Anzeigenleistung im Hinblick auf die eigenen Ziele zu erreichen.

Zur Erfolgsmessung der Marketingmaßnahmen steht eine Bandbreite an Performancemetriken zur Verfügung. Denn im programmatischen Advertising müssen weit mehr Faktoren als zum Beispiel die CTR oder die Conversion Rate berücksichtigt werden. Werte wie Sichtbarkeit und die Optimierung auf definierte Aktionen der User, wie das vollständige Abspielen eines Videoclips, haben ebenfalls eine wichtige Bedeutung für die Bewertung. Marketingtreibende stehen vor der Herausforderung, spezifische Kennzahlen im Hinblick auf die jeweiligen Kampagnenziele zu definieren und zielführend zu interpretieren.

In diesem Kapitel stellen wir Ihnen wichtige Kennzahlen vor und erklären Ihnen, was Sie bei der Auswertung von DSP-Kampagnen beachten sollten, um Fallstricke zu vermeiden. Im Anschluss erhalten Sie Optimierungstipps für verschiedene Anwendungsfälle.

Analyse des Kampagnenerfolgs

Die Metriken, anhand deren der Erfolg einer Kampagne bewertet werden kann, lassen sich in zwei Kategorien unterteilen: Standard-KPIs wie die *CTR* und Amazon-spezifische Kennzahlen wie *Detail Page Views*, *Estimated Cost Per Subscribe And Save* (*eCPSAS*) oder *Add-to-Wishlist*. Damit Sie sich nicht im Dschungel der Kennzahlen und Abkürzungen verlieren, finden Sie hier eine Zusammenstellung der wichtigsten Performancemetriken.

Die wichtigsten Kennzahlen der DSP

Tabelle 7-5: Relevante Kennzahlen für die Optimierung und Auswertung von DSP-Kampagnen im Überblick

KPIs	Definition	Kommentar
Impressions	Anzahl der Ausspielungen	Dies bedeutet noch nicht, dass Ads von Usern auch gesehen wurden.
Delivery Rate	Die Delivery Rate gibt das Verhältnis von bisher ausgegebenem Budget zu Zielbudget und Laufzeit der Kampagne an (Anteil ausgegebenes Budget (%) / Anteil bisherige Laufzeit (%).	Diese Kennzahl spielt eine wichtige Rolle im Optimierungsprozess. Sie zeigt an, ob das geplante Budget über die Kampagnenlaufzeit investiert und vernünftig verteilt werden kann. Bei 100 % verläuft die Verteilung nach Plan. Liegt die Rate höher, wird das Budget zu schnell ausgegeben. Fällt sie unter 100 %, kann der Algorithmus das hinterlegte Budget nicht vollkommen ausschöpfen. In diesen Fällen sollten Stellschrauben nachjustiert werden.
Awareness		Folgende Kennzahlen zeigen an, dass User Ads wahrgenommen haben.
Click Through	Gibt an, wie oft User eine Anzeige angeklickt haben.	
CTR (Click Through Rate)	Das Verhältnis von Anzahl der Klicks zur Anzahl der Ausspielungen.	
eCPM (effective Cost per Thousand Impressions)	Gesamtkosten der Kampagne geteilt durch die Anzahl der Impressions multipliziert mal 1.000.	Durchschnittliche Kosten für 1.000 Impressions; zeigt die Kosteneffizienz der Marketingausgaben.
eCPC (effective Cost-Per-Click)	Gesamtkosten der Kampagne geteilt durch die Anzahl der Klicks.	Durchschnittliche Kosten pro Klick; zeigt die Kosteneffizienz im Hinblick auf User-Interaktionen in Form von Klicks.
Consideration		Kennzahlen, die bereits ein gesteigertes Interesse an den beworbenen Produkten demonstrieren.
DPV (Detail Page View)	Gibt an, wie oft User die Detailseite einer der Kampagne zugeordneten ASIN besucht haben. Hierzu erfasst Amazon Seitenbesuche, die innerhalb von 14 Tagen nach einer Impression oder einem Klick auf die Ad erfolgen.	
DPVR (Detail Page View Rate)	Anzahl der Detail Page Views im Verhältnis zur Gesamtanzahl der Impressions.	

Tabelle 7-5: Relevante Kennzahlen für die Optimierung und Auswertung von DSP-Kampagnen im Überblick *(Fortsetzung)*

KPIs	Definition	Kommentar
eCPDPV (effective Cost per Detail Page View)	Gesamtkosten der Kampagne geteilt durch die Gesamtanzahl der Detail Page Views.	Durchschnittliche Kosten pro Seitenbesuch; zeigt die Kosteneffizienz im Hinblick auf User-Interaktionen in Form von Seitenbesuchen.
Purchase Intent		Folgende Kennzahlen zeigen, dass User ein konkretes Kaufinteresse aufweisen.
PRPV (Product Review Page Views)	Gibt an, wie oft User nach Kontakt mit einer Ad die Kundenrezensionen einer der Kampagne zugeordneten ASIN besucht haben.	
PRPVR (Product Research Page View Rate)	Anzahl der Product Review Page Views im Verhältnis zur Gesamtanzahl der Impressions.	
ATL (Add to List)	Gibt an, wie oft User nach Ad-Kontakt ein beworbenes Produkt zu einer ihrer Amazon-Listen hinzugefügt haben.	
ATLR (Add to List Rate)	Anzahl der Add-to-List-Events im Verhältnis zur Gesamtanzahl der Impressions.	
ATC (Add to Cart)	Gibt an, wie oft User nach Kontakt mit einer Ad ein beworbenes Produkt in den Einkaufswagen gelegt haben.	
ATCR (Add to Cart Rate)	Anzahl der Add-to-Cart-Aktionen im Verhältnis zur Gesamtanzahl der Impressions.	
Purchase Metrics		Kennzahlen, die die Bestellung von beworbenen Produkten betreffen.
Product Units Sold	Gibt die Gesamtstückzahl der beworbenen Produkte an, die nach Kontakt mit den Werbemitteln auf Amazon bestellt wurden.	Wird pro Line Item, Platzierung, Kanal etc. ausgegeben.
Total Purchases	Gibt an, wie viele Bestellungen, die ein beworbenes Produkt enthielten, nach Kontakt mit einer Ad erfolgt sind.	Wird pro Kampagne, Platzierung, Kanal etc. ausgegeben. Eine Bestellung kann mehrere beworbene Produkte enthalten.
Purchase Rate	Gesamtanzahl der Bestellungen im Verhältnis zur Gesamtanzahl der Impressions.	Misst die Wirksamkeit einer Ad im Hinblick auf den Abverkauf. Die KPI kann herangezogen werden, um die Effizienz von Kampagnen zu bewerten und den ROI optimieren.
eCPP (effective Cost per Purchase)	Gesamtkosten der Kampagne geteilt durch die Anzahl der Bestellungen.	Durchschnittliche Kosten pro Bestellung; zeigt die Kosteneffizienz im Hinblick auf Bestellungen.

Tabelle 7-5: Relevante Kennzahlen für die Optimierung und Auswertung von DSP-Kampagnen im Überblick *(Fortsetzung)*

KPIs	Definition	Kommentar
Product Sales	Umsatz, der durch User auf Amazon generiert wurde, die Kontakt mit einer Ad hatten.	Wird pro Line Item, Creative, Plattform etc. ausgegeben. Die KPI kann herangezogen werden, um die Effizienz von Kampagnen zu bewerten und den ROI zu optimieren.
Return on Media Investment Metrics		Kennzahlen, die Hinweise auf die Rentabilität der Werbemaßnahmen geben.
ROAS (Return On Ad Spend)	Product Sales im Verhältnis zum aufgebrachten Marketingbudget (Umsatz / Marketingausgaben).	Wird pro Line Item, Creative, Plattform etc. ausgegeben. Die KPI kann herangezogen werden, um die Effektivität der Marketingmaßnahmen im Hinblick auf den Abverkauf zu bewerten. Für die Berechnung des ROAS werden Sales der Produkte berücksichtigt, die den DSP-Kampagnen gezielt zugeordnet wurden.
Total ROAS	ROAS inklusive Product Sales der Herstellerprodukte, die nicht direkt beworben wurden.	Der Total ROAS bezieht darüber hinaus den Brand-Halo-Effekt mit ein. Hier werden demnach Sales weiterer Produkte des Herstellers inkludiert, die ebenfalls auf die Marketingmaßnahmen zurückgeführt werden können.
RPM (Revenue Per 1K Impressions)	Erzielter Umsatz im Verhältnis zur Anzahl der Impressions multipliziert mit 1.000.	Gibt den Umsatz an, den 1.000 Impressions durchschnittlich erzielen.
Video-KPIs		
First Quartile/Midpoint/Third Quartile Rate	Gibt an, wie lange Videospots im Verhältnis zu Videostarts mindestens liefen.	
Video Complete	Gibt an, wie oft User Video Ads von Anfang bis Ende laufen ließen.	
VCR (Video Completion Rate)	Anzahl der Video Completions im Verhältnis zur Gesamtanzahl der Videostarts.	
eCPVC (effective Cost per Video Completion)	Durchschnittliche Kosten für die Ausspielung der Video Ads im Verhältnis zu Video Completions.	Gibt die Kosten pro Video Completion an.

Sie können diese und weitere Metriken in dem integrierten *Performance-Dashboard* einsehen oder in Form von Excel-Reportings herunterladen. Beachten Sie hierbei, dass Aktionen wie Seitenbesuche oder Verkäufe, die innerhalb von 14 Tagen nach einer Impression bzw. einem

Klick erfolgt sind, auf Ads zurückgerechnet werden. Erst nach diesem Zeitraum erhalten Sie folglich aussagekräftige Ergebnisse.

> **Warnung**
>
> Auch Ihren aktuellen Warenbestand und die Buyboxen sollten Sie kontinuierlich überwachen. Die DSP stoppt Kampagnen nicht automatisch, wenn Artikel zeitweise nicht verfügbar sind oder ein anderer Händler die Buybox besetzt.

Amazons Conversion-Attributionsmodell

Ein Attributionsmodell beschreibt, wie Conversions auf Ads zurückgeführt werden. Damit Marketingtreibende aus den Performancemetriken keine Fehlschlüsse ziehen, ist es wichtig, Amazons Attributionsmodell zu verstehen. Man unterscheidet im Display-Marketing zwischen *Post-View* und *Post-Click Conversions*. Eine Conversion wird von Amazon immer dem letzten Ad-Kontakt zugeschrieben, dabei schlägt ein Klick eine Impression.

Hier ein Beispiel: Sie schalten gleichzeitig DSP- und Sponsored Ads-Kampagnen. Ein User sieht eine DSP-Ad außerhalb von Amazon, klickt diese aber nicht an. Stattdessen sucht er später auf der Plattform nach dem entsprechenden Produkt und klickt auf eines Ihrer Sponsored Products, das oben in den Ergebnissen erscheint. In diesem Fall wird der Sale der Sponsored-Ads-Kampagne zugeschrieben. Hätte der User umgekehrt zuerst die Sponsored-Ads-Anzeige gesehen und später auf die DSP-Ad geklickt, würde der Sale auf ihr Konto gehen.

Beim ersten Szenario kann es passieren, dass der ROAS der DSP-Kampagnen nicht besonders attraktiv aussieht, obwohl die Ads maßgeblichen Einfluss auf den Kaufprozess und die Umsatzsteigerung hatten. Um dies zu evaluieren, können sich Anwender unter anderem das Suchvolumen der über die DSP beworbenen Produkte anschauen: Hat es sich durch die Kampagnen erhöht? Performen Sponsored Ads-Kampagnen seit dem Einsatz der DSP besser? Such- und Display-Marketing arbeiten Hand in Hand und müssen daher auch bei der Erfolgsmessung immer zusammen betrachtet werden.

Ein weiterer Indikator für den Erfolg von DSP-Kampagnen ist der Sales Lift im Vendor Central, vor allem wenn ein Hersteller im Rahmen eines Produkt-Launchs einen bestimmten Artikel pushen möchte. In diesem Fall sollte er prüfen, ob tatsächlich der Abverkauf eben jenes Artikels durch die Marketingmaßnahmen gestiegen ist. Es kann beispielsweise sein, dass sich User nach einem Klick auf die Ad zum Großteil für ein günstigeres, älteres Modell des Herstellers entscheiden. Diese Conversions werden der Ad ebenfalls zugerechnet. Bei einer Fehlinterpretation der Zahlen geht der Hersteller davon aus, dass die Kampagne aufgrund der guten Conversion Rate erfolgreich verläuft, obwohl das Kampagnenziel eigentlich verfehlt wird.

> **Praxistipp**
>
> Bemerken Sie bei der Auswertung, dass Ihre Kampagne wenig bis keine Post-Click Conversions verzeichnet, kann dies ein Indikator dafür sein, dass User Ihre Ads selten sehen oder zu einem falschen Zeitpunkt ansprechen. Je nach Kampagnenziel sollten Sie erwägen, Werbeflächen mit höherer Sichtbarkeit oder besserer Qualität zu buchen.

Insbesondere ROAS-Kampagnen erzielen in der Regel eine schlechtere CTR als auf Awareness optimierte Kampagnen. Dies liegt an dem Konsumentenverhalten: Lesen User zum Beispiel gerade einen Artikel, befinden sie sich gedanklich nicht im Kaufprozess. Sie unterbrechen den Vorgang also eher nicht, um auf eine ausgespielte Ad zu klicken – es sei denn, es handelt sich um aufmerksamkeitsstarke, prominent platzierte Werbemittel. Wie oben bereits beschrieben, bedeutet das Ausbleiben von Klicks jedoch nicht, dass Ads keinen Effekt haben. Im Idealfall stärken sie das Interesse der User, sodass sie das beworbene Produkt nach Beendigung des Artikels auf Amazon bestellen. Zur Bewertung sollten Marketingtreibende daher die Detail Page View Rate hinzuziehen.

Best-Practice-Tipps für die Optimierung

Vor der Optimierung steht die Frage: Was ist das Ziel der Kampagne, und anhand welcher KPIs kann man es messen? Auf Basis dessen gibt es verschiedene Hebel, um ihre Performance zu verbessern. Möchte ein Hersteller möglichst effizient seinen Abverkauf steigern, richtet er seinen Blick auf den ROAS. Ist die Bekanntmachung eines Produkts das Ziel, steht die CTR oder die DPVR im Mittelpunkt. In beiden Fällen schauen Sie sich an, wie die einzelnen Stellschrauben auf das jeweilige Ziel einzahlen, um so viel wie möglich aus Ihrem Marketingbudget herauszuholen.

Neben den KPIs sollten Marketingtreibende zudem *Benchmarks* (Vergleichsmaßstäbe) festlegen, auf die sie hin optimieren möchten. Diese kann man, sofern man selbst noch keine Erfahrungswerte besitzt, bei Amazon oder einer erfahrenen Agentur anfragen. Wichtig bei den Zielen ist es auch, die Kampagnen klar zu trennen. Kampagnen, die versuchen, alle Kennzahlen bestmöglich zu erfüllen, sind in der Regel zum Scheitern verurteilt.

Wie bei den Sponsored Ads sollte man eine Experimentier- und Lernphase einkalkulieren, um zu ermitteln, wie die Steuerungsmöglichkeiten sich auf die Performancemetriken auswirken. Im Fall der DSP ist sie kosten- und arbeitsintensiver. Fundierte Erfahrungswerte, die durch agile Tests gewonnen werden, sind jedoch essenziell für den langfristigen Kampagnenerfolg. Die Erkenntnisse können Sie in zukünftige Kampagnen einfließen lassen und wissen so zum Beispiel bereits im Vorfeld, dass manche Ad-Formate für Ihre Zwecke nicht funktionieren.

> **Hinweis**
>
> Je mehr Impressions man generiert, umso besser kann optimiert werden – zum einen, weil der Amazon-Algorithmus anhand dieser Zahl lernt, zum anderen, weil Sie Gebote, Formate und Targeting-Segmente aufgrund der Erfahrungswerte anpassen können. Es ergibt keinen Sinn, mit wenigen Tausend Euro verschiedene Varianten wie fünf verschiedene Creatives und x-beliebige Zielgruppen parallel zu testen. Stattdessen sind dezidierte Tests auf Basis von klaren Hypothesen gefragt. Je weniger Varianten Sie testen, umso weniger Geld benötigen Sie.

Hier eine Übersicht über mögliche Hebel und allgemeine Optimierungstipps, die sich in der Praxis bereits bewährt haben.

Ausspielorte

- **Publisher und Ad Exchanges:** Ob man mit diesem Hebel arbeitet, hängt davon ab, wie viel Zeit zur Verfügung steht und wie viel Budget schon in die Kampagne geflossen ist. In der Regel können Sie bereits deutlich optimieren, indem Sie bestimmte Publisher abschalten. Es kann sich zudem lohnen, das Amazon-eigene Inventar auszuschließen, etwa wenn gerade Prime Day ist und die Kosten für die Werbeflächen steigen. Falls der Hersteller eigene Deals/CPM-Preise mit Publishern ausgehandelt hat, kann er diese zudem bevorzugen.
- **Websites:** Wenn Sie mehr Zeit zur Verfügung haben und die Optimierung noch granularer angehen möchten, können Sie einzelne Websites exkludieren (Blacklist), die nicht zufriedenstellend performen. Im Idealfall arbeiten Sie mit einer Whitelist, die alle bespielbaren Websites enthält. So erfolgt die Ausspielung sehr zielgerichtet, und es können keine neuen Seiten hinzukommen, die sich gegebenenfalls als wenig effektiv erweisen. Eine solche Vorgehensweise ist zwar sehr arbeitsintensiv, sie kann jedoch über mehrere Kampagnen aufgebaut werden.

- **Geräte:** Je nachdem, wann Sie die Zielgruppe ansprechen wollen, empfiehlt es sich, nur mobile oder nur Desktop-Websites zu targeten – zum Beispiel wenn Sie Kunden in der Bahn oder auf dem Sofa erreichen möchten. Dabei müssen Sie sich allerdings bewusst sein, dass der Kunde nicht mehr über die gesamte Customer Journey angesprochen wird.

Statt Ausspielorte komplett abzuschalten, können auch erst die Gebote reduziert werden. Dabei sollten Sie berücksichtigen, dass sich die Ausspielhäufigkeit reduzieren kann und sich die Platzierungen möglicherweise verschlechtern. Insbesondere bei Websites ist es daher sinnvoller, sie auszuschließen.

Werbemittel

- **Formate:** Bevor Sie Geräte vom Targeting ausschließen, sollten Sie Formate abschalten, die nicht performen. Dies erlaubt eine filigranere Steuerung. Um herauszufinden, welche Werbemittel, Ansprachen und Designs funktionieren, empfehlen sich A/B-Tests. Hierbei ist es wichtig, dass immer nur ein Parameter verändert wird. Dynamic eCommerce Ads werden dabei automatisch optimiert.
- **Produkte:** Auch Ads für Produkte, die nicht performen, sollten aus der Kampagne entfernt werden – vorausgesetzt, es dient Ihrem Ziel. Beim Retargeting von diversen Produkten mit dem Ziel des Abverkaufs ist es sinnvoll, möchten Sie ein bestimmtes Produkt pushen, dagegen nicht.

Budgetverteilung

- **Budget auf Line-Item-Ebene definieren:** Es empfiehlt sich, das Budget immer auf Line-Item-Ebene festzulegen. Der Algorithmus kann so im Hinblick auf das Pacing besser optimieren, und die Kampagnen lassen sich feiner steuern. Definiert man das Budget auf Order-Ebene, wird es nicht nach Effizienz verteilt. Jedes Line Item gibt in diesem Fall so viel Gas, wie es kann.
- **Budget umverteilen:** Hierbei handelt es sich um den wichtigsten Mechanismus, wenn Sie am grundsätzlichen Targeting keine Änderungen vornehmen möchten. Stellen Sie bei der Auswertung fest, dass bestimmte Line Items nicht die gewünschten Ergebnisse liefern, verringern Sie deren Budget. Auf diese Weise muss der Algorithmus nicht mehr so aggressiv bieten, und die Gebote verringern sich automatisch. Das frei gewordene Budget investieren Sie stattdessen in gut performende Line Items.
- **Budgethöhe:** Diese richtet sich generell nach dem Kampagnenziel. Wenn es im effizienten Abverkauf besteht, muss das Budget im

Verhältnis zu den daraus erzielten Einnahmen betrachtet werden. Aus der Masse der Menschen versucht der Marketingtreibende, die User zu erreichen, die dem Kaufabschluss zugeneigter sind. So beschränkt man sich auf einen kleineren Ausschnitt seiner Zielgruppe. Möchte man sich dagegen den Share of Voice in der eigenen Zielgruppe sichern, sind höhere Budgets gefragt. Generell gilt: Je weniger der Fokus auf Reichweite in der Zielgruppe liegt, desto günstiger können Impressions eingekauft werden, und desto besser fallen die ROAS-Werte aus. Dies liegt daran, dass der Wettbewerb hier geringer ist. Im Fall von Awareness- oder Event-Kampagnen sollten Hersteller allerdings stärker präsent sein, damit sie von potenziellen Kunden wahrgenommen werden.

Gebotsanpassung

Bereits wenn Sie Kampagnen aufsetzen, sollten Sie die Gebote im Hinblick auf die Effizienz so zielgerichtet wie möglich definieren. Der automatisch generierte Forecast ist hierzu ein gutes Hilfsmittel. Er ermittelt, wie hoch die Reichweite aufgrund der ausgewählten Segmente, Gebote etc. vermutlich ausfällt. Man kann die Parameter so lange anpassen, bis die gewünschte Reichweite angezeigt wird. Der Forecast zeigt Ihnen so, wie hoch Sie dafür bieten müssen. Nach dem Start versucht der Algorithmus automatisch, die hinterlegten Basisgebote zu erreichen. Generell sollten Sie Gebote immer passend zur Qualität des Inventars und damit zu der zu erwartenden Performance der Line Items setzen.

> **Warnung**
>
> Die Anpassung von Geboten äußert sich drastischer als die Anpassung von Budgets. Gebote sollten daher am besten von vornherein so definiert werden, dass sie anschließend nur leicht justiert werden müssen.

- **Gebote erhöhen:** Wenn Sie im Kampagnenverlauf bemerken, dass Werbemittel nicht häufig genug ausgespielt werden (Delivery Rate), können Sie versuchen, Ihre Gebote zu erhöhen. Dies hat jedoch direkte Auswirkungen auf die Ausspielorte und damit auf den ROAS. Es kann ihn sowohl positiv als auch negativ beeinflussen. Daher sollten Sie überlegen, ob andere Line Items über noch mehr Reichweitenpotenzial verfügen, und das Budget entsprechend verschieben. Verändert sich jedoch das Umfeld im Verlauf der Kampagne (Prime Week, Ostern etc.), kann es nötig sein, die Basebids für den entsprechenden Zeitraum anzupassen, um weiterhin ausgespielt zu werden.

- **Gebote senken:** Gebote können so weit gesenkt werden, bis man noch das benötigte Inventar bekommt. Werden sie allerdings zu niedrig angesetzt, lassen sich keine oder nur wenige Impressions generieren, da man in den Echtzeitauktionen den Kürzeren zieht. Der Algorithmus kann das Budget nicht ausgeben, die Auslieferungsrate (Delivery Rate) sinkt. Bei gut performenden Kampagnen beträgt sie 100 %.

Generell sollte man vorsichtig an die Interpretation der Delivery Rate herangehen. Es kann zahlreiche Gründe geben, warum sie unter 100 % liegt. Ein Einflussfaktor ist beispielsweise die Frequenz. Bevor Sie hier allerdings Änderungen vornehmen, sollten Sie wie oben beschrieben die Gebote anziehen.

Einen weiteren Grund für eine niedrige Delivery Rate können die ausgewählten Segmente darstellen. Diese verfügen eventuell nicht über genügend Reichweite und müssen angepasst werden. Liegt das Problem allerdings nicht bei den Segmenten, kann die Budgetverteilung des Inventars die Ursache sein. Gegebenenfalls muss Budget zwischen Off- und On-Amazon sowie Desktop oder Mobile neu verteilt werden. Oder man hat zu viele Anzeigen gleichzeitig für das hinterlegte Budget geschaltet. In jedem Fall sollten Sie sich stets bewusst sein, dass jede Änderung des Setups ROAS und CTR beeinflussen und sich negativ auf den Erfolg der Kampagne auswirken kann.

Segmentverfeinerung

Es empfiehlt sich, das Segment-Targeting zunächst breit anzulegen und im Laufe der Kampagne – oder besser noch über mehrere Kampagnen hinweg – zu verfeinern. User, die Kaffeekapselautomaten besitzen, kaufen beispielsweise auch oft hochwertige Staubsauger. Über diese oder vergleichbare Erfahrungswerte verfügt der Marketingtreibende unter Umständen nicht von Anfang an.

> **Warnung**
>
> Die Auswahl und Zusammenstellung der passenden Segmente ist der wichtigste Faktor für eine erfolgreiche Kampagne. Selbst wenn alle anderen Stellschrauben richtig justiert sind, kann die Kampagne nicht erfolgreich performen, wenn die falschen Zielgruppen angesprochen werden.
>
> Je spitzer das Targeting, desto höher fällt die Effizienz aus. Dies geht allerdings zulasten der Reichweite. Es besteht die Gefahr, dass nicht länger ausreichend Impressions generiert werden können, um das Marketingbudget zu investieren.

Auch hier gilt: Segmente, die keine zufriedenstellenden Ergebnisse liefern, sollten Sie ausschließen. Behalten Sie zudem immer das Ziel der Kampagne im Auge. Wenn man Neukunden ansprechen möchte, ist es beispielsweise nicht sinnvoll, Fan-Segmente aufzunehmen, nur um die Werte zu verbessern.

Frequenz

Zeigt die Kampagnenauswertung, dass zu wenige Impressions generiert werden oder das Marketingbudget nicht voll ausgeschöpft bzw. zu schnell ausgegeben wird, kann das an der definierten Ausspielfrequenz liegen. Sie ist ein wichtiger Hebel, da die Kontaktdosis maßgeblichen Einfluss auf die gewünschte Werbewirkung hat.

Erfahrungswerte, die mit der Zeit aufgebaut werden, geben Aufschluss darüber, welche Kontaktdosis für die eigenen Ziele am besten geeignet ist. Im Zuge der kontinuierlichen Analyse und Optimierung beobachten Marketingtreibende, wie sich die Kennzahlen verhalten, wenn sie die Frequenz nach oben oder unten anpassen. Eine allgemeingültige Empfehlung lässt sich hier leider nicht geben.

Case Study Wacom: ein Praxisbeispiel für den DSP-Einsatz

Viele Vendoren und Seller stehen häufig vor der Frage, wie sie am effizientesten potenzielle Kunden über verschiedene Kanäle hinweg auf ihre Amazon-Artikel aufmerksam machen können – mit dem Ziel, ihren Abverkauf zu fördern. Das folgende Praxisbeispiel eines unserer Kunden veranschaulicht, wie dies messbar funktionieren kann.

Wacom ist die weltweit führende Marke für interaktive Stift-Tablets und -Displays. Das Ziel des international tätigen Unternehmens war es, den europäischen Umsatz über das gesamte Produktsortiment nachhaltig zu steigern. Im Zuge dessen sollten nicht nur klassische Kundenkreise des Herstellers, wie professionelle Grafikdesigner, angesprochen werden. Es galt, darüber hinaus neue Zielgruppen zu erschließen und erreichen. Die Zuhilfenahme von Amazons Nutzerdaten ermöglichte zum Beispiel die gezielte Ansprache von Segmenten wie Manga-Fans und kreativen Müttern.

Bei der Gestaltung der Werbemittel wurde darauf geachtet, USPs herauszustellen und Anwendungsmöglichkeiten zu beschreiben, die auf die jeweiligen Zielgruppen zugeschnitten waren. Eine wichtige Maßnahme, denn die beworbenen Produkte wiesen für »Laien« einen gewissen Erklärungsbedarf auf. Nur durch das Produktbild hätte sich ihnen nicht sofort erschlossen, wie sie die Tablets für sich nutzen können und welchen Mehrwert sie ihnen bieten.

Innerhalb des Amazon-Kosmos setzte Wacom auf ein »Best-of« sämtlicher verfügbaren Marketingmaßnahmen. Im ersten Schritt schalteten die Werbetreibenden DSP-Ads auf aufmerksamkeitsstarken Platzierungen, und zwar sowohl auf Amazon-Seiten als auch auf externem Inventar. Ziel war es, User abzuholen und auf die Produktdetailseiten zu leiten. Länderübergreifend hoben sich vor allem Video Ads positiv hervor. Im Durchschnitt betrug die DPVR um die 1,5 %. Die CTR bewegte zwischen 1,7 % in Frankreich und 4,2 % in UK. Hierbei beliefen sich die Kosten für eine Video Completion lediglich auf 2 bis 8 Cent.

Zusätzlich wurden Ads in Amazons Christmas Store gebucht. Auf diese Weise wollte man User einsammeln, die auf der Suche nach Weihnachtsgeschenken waren. Allerdings gab Amazon leider keine Daten hierzu aus, die für eine Performanceanalyse hätten verwendet werden können. Ein Problem, das im Amazon-Retail-Bereich häufig auftritt.

Da es sich bei den Kampagnen nicht in erster Linie um Branding-Maßnahmen handelte, sondern sie der direkten Abverkaufssteigerung dienten, wurden die User nach dem Besuch der Produktdetailseiten wiederholt mit DEAs bespielt. Ausgeliefert wurden die Anzeigen im nativen Amazon-Look auf kostengünstigen Platzierungen (ca. 2 Euro TKP) außerhalb von Amazon. Das Targeting von In-Market-Segmenten ermöglichte darüber hinaus, Ads an User auszuliefern, die schon in der Kategorie *Grafiktablets* unterwegs waren oder sich vergleichbare Artikel angeschaut hatten, ohne eine Bestellung aufzugeben.

Durch die beschriebenen Maßnahmen wurde der Sales Funnel von oben befüllt. Um die auf die Produktkategorie aufmerksam gemachten User auf Amazon wieder einzusammeln, kamen schließlich Sponsored Ads zum Einsatz. Die Ads besetzten im großen Stil entscheidende Platzierungen auf den Amazon-Suchergebnisseiten. Mit einem ROAS von 12 trugen sie zusätzlich zum Kampagnenerfolg bei.

Hinweis

Retargeting-Kampagnen sind ein guter Start für DSP-Neulinge. Sie können hier ohne große Risiken die Performance des Kanals testen. Zudem lässt sich in der Regel dauerhaft die Verkaufseffizienz auf Amazon steigern. Wie die Kampagnenperformance in der Praxis ausfällt, bestimmt eine Vielzahl an Faktoren. Als Benchmark für ein gut aufgestelltes Produkt können Sie als Faustregel zum Start den durchschnittlichen Sponsored Ads-ROAS bzw. -ACoS verwenden. Unsere Erfahrung hat gezeigt, dass er sich abhängig von Produktkategorie, Preis und Lebenszyklus zwischen 3 und 1 bewegt.

Durch den kombinierten Einsatz von DSP und Sponsored Ads wurde ein Setup entlang des Kaufentscheidungsprozesses geschaffen, das beachtliche Ergebnisse erzielt hat.

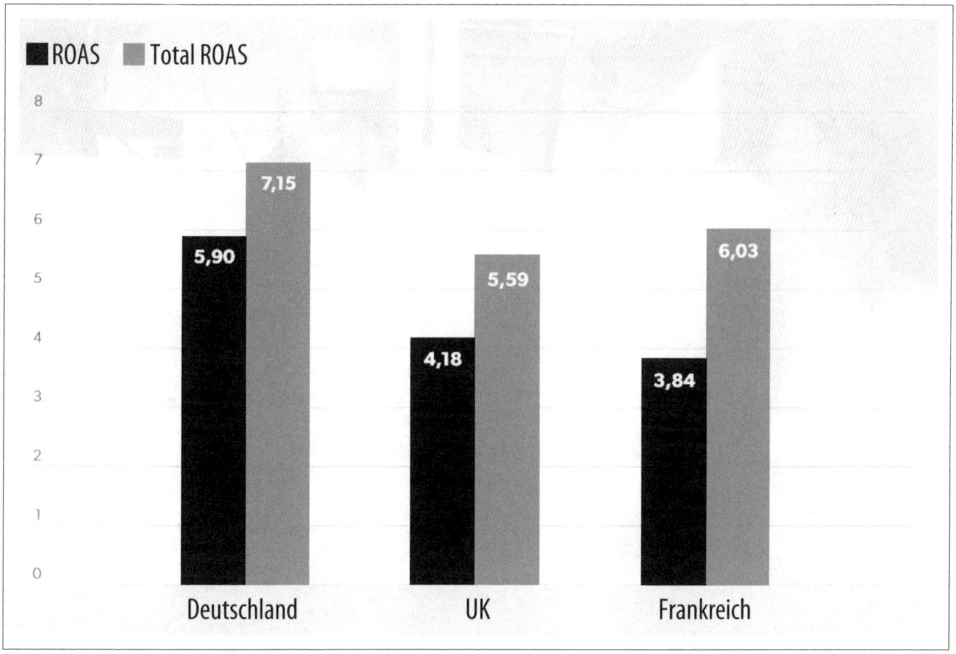

Abbildung 7-13: ROAS-Ergebnisse der Wacom-Kampagnen im Überblick (Quelle: factor-a – part of Dept)

Das Praxisbeispiel demonstriert, wie sich der Absatz signifikant und äußerst effizient durch ein intelligent aufeinander abgestimmtes Setup steigern lässt. Nur wenn Marketingtreibende die verschiedenen Anzeigetypen miteinander kombinieren und ihre jeweiligen Stärken nutzen, können sie das gesamte Potenzial von Amazon ausschöpfen.

Wie bereits angerissen, kamen im Rahmen der Marketingstrategie nicht nur Amazon-Werkzeuge zum Einsatz. Mit Wacoms Tablets lassen sich digitale Kunstwerke schaffen. Daher liegt es in der Natur der Produkte, dass die Marke besonders stark in Social-Media-Kanälen vertreten ist. Genau diese Stärke wollte der Hersteller nutzen. Die Herausforderung bestand dabei darin, den Erfolg der Maßnahmen messbar zu machen. Amazon ist ein *Walled Garden*, der es Plattformen wie YouTube und Facebook nicht erlaubt, Conversion-Pixel auf Produktdetailseiten zu platzieren. Folglich war ein komplexeres Setup gefragt, um die Erfolgsmessung zu ermöglichen (siehe Abbildung 7-14).

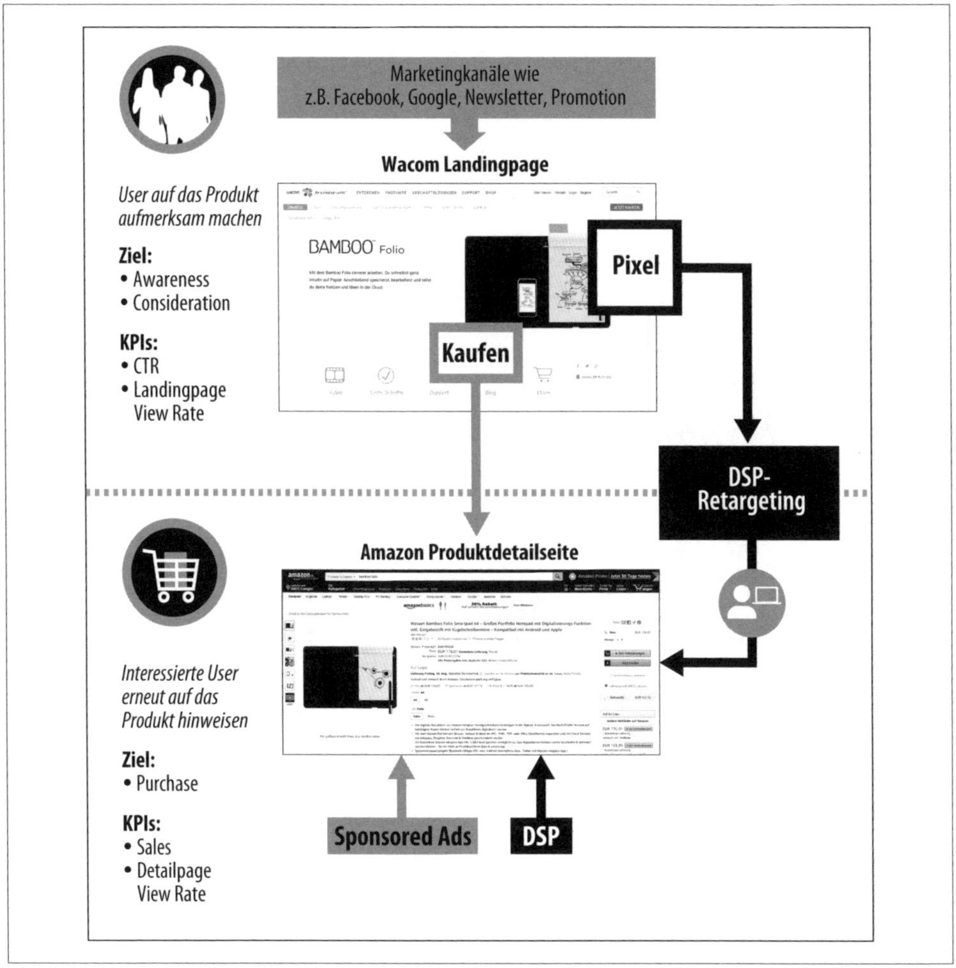

Abbildung 7-14: Setup für Wacom, um den Erfolg von Kampagnen über Social-Media-Kanäle, Newsletter und Suchmaschinen messen zu können (Quelle: factor-a – part of Dept)

Statt User über Facebook-Ads & Co. auf die Amazon-Produktseiten zu führen, leiteten die Anzeigen sie auf eine für diesen Zweck geschaffene Landingpage. Auf der Website stellte Wacom sein neues Produkt vor und wies seine besonderen Stärken aus. Ein integrierter Kaufen-Button ermöglichte den interessierten Usern, den Artikel direkt auf Amazon oder über den eigenen Onlineshop zu bestellen. Folglich wurden alle Kampagnen von externen Kanälen (Facebook, Newsletter, Google etc.) auf die CTR oder den Klick auf den Kaufen-Button hin optimiert.

Der Clou: Nach dem Besuch der Landingpage wurden die User von dem Targeting der externen Kanäle ausgeschlossen. Stattdessen verschoben die Marketingtreibenden sie mithilfe eines weiteren Pixels in Amazons abverkaufsorientierte Retargeting-Kampagnen.

Über Wacom

Wacom ist ein weltweit tätiges Unternehmen mit Sitz in Japan (Tokioter Börse: 6727), das 1983 gegründet wurde. Tochterunternehmen und lokale Büros auf der ganzen Welt sorgen für Vermarktung und Vertrieb in über 150 Ländern. Wacoms Vision, Mensch und Technik durch natürliche Schnittstellentechnologien einander näherzubringen, hat das Unternehmen zum weltweit führenden Hersteller von interaktiven Stift-Tablets und -Displays, digitalen Eingabestiften und Lösungen zum Speichern und Verarbeiten von digitalen Signaturen gemacht. Weitere Informationen finden Sie unter *www.wacom.com*.

Fazit

Die DSP erlaubt Marketingtreibenden, sämtliche relevanten Werbenetzwerke mit Amazons hoch qualitativen Nutzerdaten zu verknüpfen. Auf diese Weise reduzieren sich Streuverluste auf ein Minimum. Ihr Budget wird zielgerichtet dort eingesetzt, wo es den größtmöglichen Effekt erzielt. Das macht die DSP zu einem mächtigen Instrument im programmatischen Display- und Multimedia-Marketing – sei es, um Branding- oder um Umsatzziele zu erreichen.

Vendoren profitieren dabei von der Möglichkeit, potenzielle Kunden über den gesamten Sales Funnel hinweg ansprechen zu können, indem Sie Sponsored Ads mit der DSP verbinden. Hier ist der richtige Marketingmix entscheidend. Bevor Amazon-User nach einem Produkt oder einer Marke suchen, müssen sie erst einmal darauf aufmerksam gemacht werden. Dies gelingt über die DSP, die Werbemittel programmatisch innerhalb und außerhalb von Amazon ausliefert. Über das Suchmaschinenmarketing werden interessierte User weiter fortgeschritten im Funnel (erneut) erreicht. Die Kombination aus DSP und Sponsored Ads ist derzeit wahrscheinlich die beste Möglichkeit, um den Umsatz auf Amazon skalierbar und effektiv zu steigern.

Hinweis

Unsere Erfahrungen zeigen, dass sich DSP-Kampagnen auf Amazon durch einen besonders attraktiven ROAS auszeichnen, obwohl der CPM vergleichsweise hoch ausfällt. Grund ist der kurze Weg zwischen Werbemittel und Kasse. Darüber hinaus befinden sich die Amazon-User bereits im Shopping-Prozess.

Das Marketingbudget sollte entsprechend den Kampagnenzielen allokiert werden. Je weiter unten die Maßnahmen im Sales Funnel ansetzen, umso effizienter sind sie im Hinblick auf den Abverkauf. Erhalten Produkte auf Amazon nicht genügend Traffic, können sie allerdings nicht greifen. In diesem Fall empfiehlt es sich, mehr in Awareness-Kampagnen zu investieren, um den Funnel zu füllen.

Die DSP bietet großes Potenzial, stellt Werbetreibende aber auch vor Herausforderungen. Sie müssen kanalübergreifende Strategien entwickeln und Usern bei jedem Kontaktpunkt relevante Inhalte liefern. Im Rahmen des Programmatic Advertising wird es zunehmend wichtiger, Werbemittel im Hinblick auf das spezifische Segment zu personalisieren und User gemäß ihrer Phase in der Customer Journey anzusprechen. Im Idealfall wird der Inhalt der Werbemittel so gestaltet, dass eine mehrstufige Ansprache entsteht, die potenzielle Kunden vom ersten Kontakt mit der Marke über die Bestellung bis hin zum After-Sales-Management begleitet. Aufgrund ihrer Komplexität entscheiden sich viele Unternehmen gegen die DSP als Self-Service-Lösung und lassen sie entweder über Amazon Advertising oder hierauf spezialisierte Agenturen betreuen.

Zwar automatisiert die DSP einen großen Teil der manuellen Arbeit, doch laufende Kontrolle, Analyse und Optimierung durch fachkundige Köpfe sind essenziell für den Kampagnenerfolg. Kennzahlen müssen in ihrem jeweiligen Kontext interpretiert, Werbeumfelder geprüft und Stellschrauben entsprechend justiert werden. Darüber hinaus ist ein wachsames Auge auf Lagerbestände und die Buybox gefragt. Auf diese Weise behalten Sie die Kontrolle über Ihre Marketingmaßnahmen und verhindern, dass Ihr Budget wirkungslos verpufft.

Der Wettbewerb im programmatischen Display- und Multimedia-Marketing verschärft sich rasant. Aufgrund des großen Potenzials im Hinblick auf Effizienz und Effektivität gilt dies insbesondere für die DSP. Das heißt für Markenhersteller, (noch) vorhandenen Spielraum und daraus resultierende Chancen zu nutzen, bevor Wettbewerber das tun. Indem Sie jetzt in die DSP einsteigen, können Sie wichtige Erfahrungswerte sammeln sowie Know-how aufbauen und sich auf diese Weise einen entscheidenden Vorteil sichern.

KAPITEL 8

Preisbasierte Kampagnen

In diesem Kapitel:

- Angebotstypen
- Einsatzmöglichkeiten von Rabattaktionen
- Kombinierter Einsatz mit Amazon Advertising

Vendoren und Sellern stehen über die Werkzeuge von Amazon Advertising hinaus weitere Möglichkeiten zur Verfügung, um den Abverkauf zu steigern und Aufmerksamkeit für ihre Produkte zu generieren. Dazu zählen beispielsweise Preisreduzierungen in Form von Coupons, zeitlich begrenzten Rabatten und Sonderangeboten.

Die preisbasierten Werbedeals können Sie im Self-Service über das Vendor Central einstellen. Gehen Sie hierzu über die Navigationsleiste ins Register *Marketing* und wählen Sie den gewünschten Werbedeal aus (siehe Abbildung 8-1). Seller finden die entsprechenden Optionen unter dem Punkt *Werbung* sowie *Lagerbestand/Werbeaktionen verwalten*. Ihnen steht hier ein breiteres Spektrum zur Auswahl als Vendoren. So können Seller zum Beispiel kostenlosen Versand oder Kauf-zwei-zahl-eins-Aktionen anbieten.

Im Folgenden stellen wir Ihnen die verschiedenen Werbedeals vor und erläutern im Anschluss ihre Einsatzmöglichkeiten. Darüber hinaus erklären wir Ihnen, was bei dem kombinierten Einsatz mit Amazon-Advertising-Maßnahmen zu beachten ist.

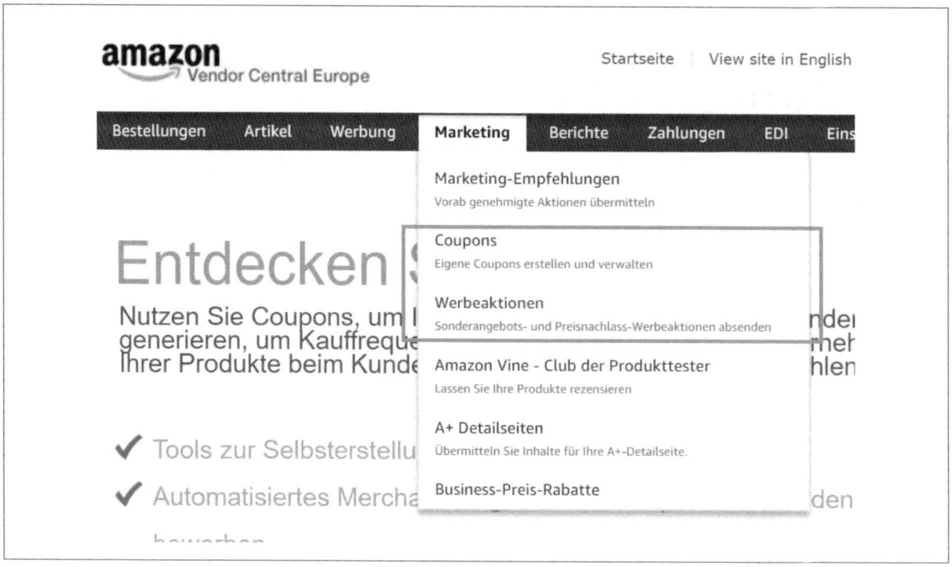

Abbildung 8-1: Über das Vendor Central können Sie selbstständig verschiedene Werbeaktionen erstellen. (Quelle: vendorcentral.amazon.de)

Angebotstypen

Derzeit stehen Vendoren vier Arten von preisbasierten Werbeaktionen über das Vendor Central zur Verfügung:

- Blitzangebote
- Sonderangebote
- Preisnachlässe
- Coupons

Diese bieten Ihnen die Möglichkeit, Endkunden Produkte vorübergehend zu vergünstigten Preisen anzubieten, ohne dass Sie Amazons Einkaufspreis senken müssen. Der Handelsriese nimmt Preissenkungen natürlich immer gern an, doch die Einkaufspreise im Anschluss wieder nach oben zu verhandeln, gestaltet sich in vielen Fällen schwer bis unmöglich. Die hier vorgestellten Werbedeals können daher eine gute Alternative darstellen, um den Verkauf Ihrer Produkte anzukurbeln.

Die diversen Angebotstypen unterscheiden sich unter anderem in Erscheinungsform, Laufzeiten sowie in den Finanzierungs- und Rabattierungsmöglichkeiten. Manche Werbedeals sind darüber hinaus an bestimmte Anforderungen geknüpft.

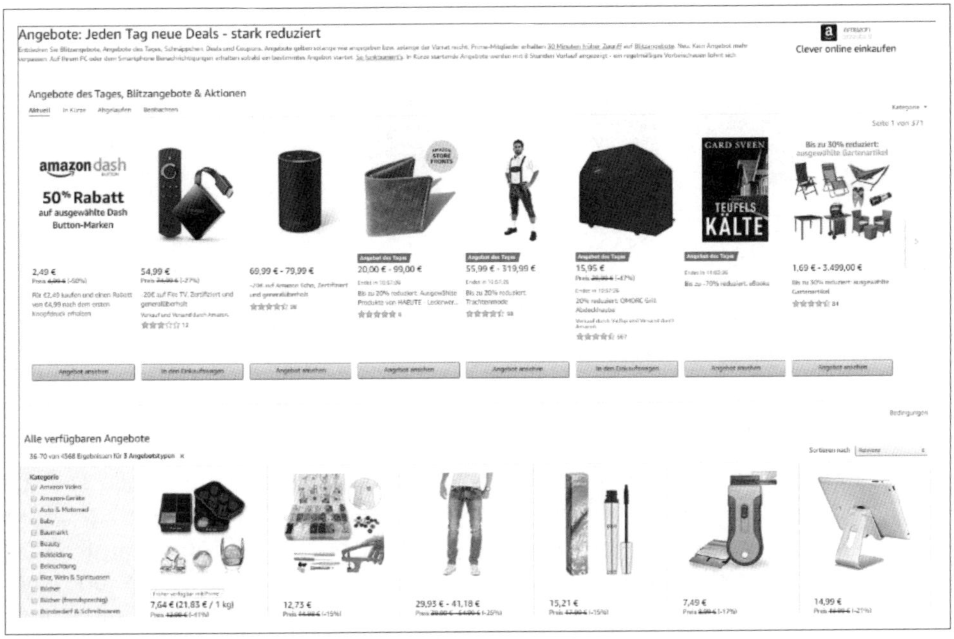

Abbildung 8-2: Promotion-Aktionen werden teilweise auf einer speziellen Angebotsseite ausgespielt. (Quelle: amazon.de)

Fast alle Angebotstypen erscheinen auf einer speziellen Amazon-Seite für Angebote.[1] Laut eigenen Angaben handelt sich um die am zweithäufigsten besuchte Seite innerhalb des Amazon-Ökosystems. Angebote können zudem auf anderen Amazon-Seiten sowie über Newsletter und Partnerkanäle beworben werden.

Blitzangebote (Lightning Deals)

Ein *Blitzangebot* ist eine Werbeaktion, bei der eine limitierte Anzahl an Rabatten auf einen Artikel für einen begrenzten Zeitraum angeboten wird. Die Dauer kann variieren und beträgt derzeit bis zu sechs Stunden. Prime-Teilnehmer erhalten eine halbe Stunde vor anderen Amazon-Usern Zugang zu dem Angebot. Auf der Angebotsseite werden Blitzangebote meist prominenter platziert als zum Beispiel Best Deals.

Blitzangebote können auf zwei Arten finanziert werden: Entweder bezahlen Sie einen Finanzierungsbeitrag pro verkaufte Einheit *(Per-Unit Funding)*, oder Sie gewähren Amazon rabattierte Einkaufspreise für Bestellungen, die im Rahmen der Werbeaktion aufgegeben werden.

1 *https://www.amazon.de/gp/angebote*

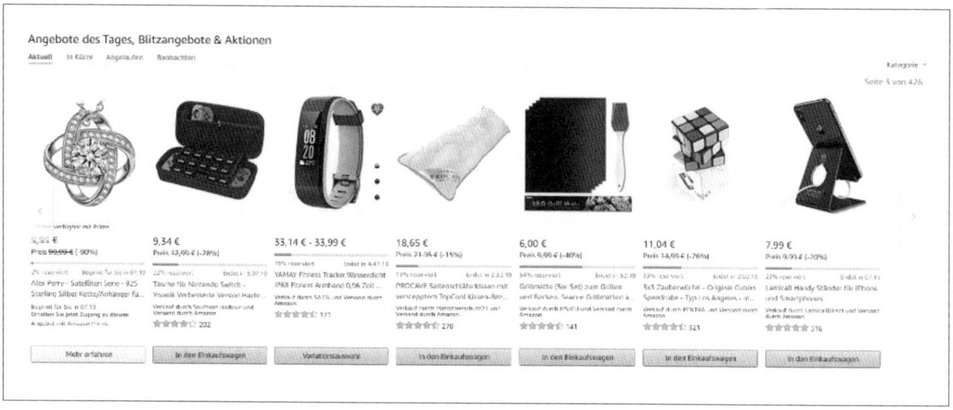

Abbildung 8-3: Blitzangebote auf Amazons Angebotsseite (Quelle: amazon.de)

Zur Erstellung eines Blitzangebots hinterlegen Sie im ersten Fall die maximale Anzahl an Einheiten und Ihren Finanzierungsbeitrag in Euro oder Prozent. Aus diesen Angaben ergibt sich Ihr Budget für die Marketingmaßnahme. Möchten Sie zum Beispiel 100 Produkte mit einer Finanzierung von 5 Euro pro Einheit anbieten, werden 500 Euro fällig – vorausgesetzt, es werden alle bereitgestellten Einheiten im Angebotszeitraum verkauft. Geschieht das bereits vor Zeitablauf oder ist kein Lagerbestand mehr vorhanden, endet das Blitzangebot automatisch.

Hinweis

Wenn Sie mit Amazon für bestimmte Werbedeals zeitlich begrenzte Einkaufskonditionen verhandeln, sollten Sie darauf achten, dass sie tatsächlich nur im Rahmen der Aktion angewandt werden. Sonst kann es passieren, dass Amazon sich eine größere Menge der vergünstigten Waren auf Lager legt und die Produkte auch nach Ablauf des Werbedeals Kunden zu einem niedrigeren Preis anbietet.

Der gewählte Finanzierungsbeitrag hat Einfluss darauf, wie hoch der Rabatt für den Endkunden ausfällt. Amazon versucht, ihn eins zu eins umzulegen. Hier ein Beispiel: Zu dem Zeitpunkt der Erstellung beträgt der Verkaufspreis ohne Umsatzsteuer 200 Euro. Der Vendor gibt eine Finanzierung von 50 Euro pro Einheit an. Im Regelfall sollte der Aktionspreis nun bei 150 Euro zuzüglich Umsatzsteuer liegen. Allerdings liegt die Preishoheit bekanntermaßen in den Händen von Amazon, sodass nicht gewährleistet werden kann, dass der komplette Rabatt tatsächlich in dieser Form an Kunden weitergegeben wird. Aufgrund diverser Faktoren und Amazons Pricing-Modell kann es immer zu Abweichungen kommen.

Unser Rechenbeispiel entspricht einem Preisnachlass von 25 %. Damit ein Werbedeal überhaupt genehmigt wird, muss die Reduzierung mindestens 15 % betragen, empfohlen werden mindestens 20 %. Im Rahmen von Events wie dem Prime Day können die Mindestwerte höher ausfallen. Informationen hierzu erhalten Sie während der Angebotsanlage. Allerdings müssen Sie Usern meist wesentlich attraktivere Rabatte bieten, um sich von der Konkurrenz abzusetzen und sie zum Kauf zu bewegen.

Zuzüglich zur Finanzierung erhebt Amazon eine Grundgebühr für den Werbedeal. Sie beträgt pauschal 35 Euro. In Zeiten mit erhöhten Besucherzahlen (z. B. Weihnachtsgeschäft) sowie zu besonderen Events (z. B. Cyber Monday), erhöht sie sich auf 70 Euro (Stand: März 2019).

Nicht alle Produkte auf der Plattform lässt Amazon zur Teilnahme zu. Sie müssen mindestens eine Bewertung von drei Sternen oder höher aufweisen. Bestimmte Segmente wie beispielsweise alkoholische Getränke und Babynahrung sind zudem von vornherein ausgeschlossen.

Die hinterlegten Konditionen müssen Amazons finanziellen und Bedarfsanforderungen gerecht werden. Blitzdeals werden generell nur angenommen, wenn das Umsatzpotenzial in den Augen des Onlineriesen groß genug ist. Im Fall von Blitzangeboten muss der erwartete Umsatz zum Beispiel in der Regel höher als 200 Euro sein.

Sollte Amazon einen eingereichten Blitzdeal ablehnen, kann man versuchen, die Einheiten und/oder die Finanzierung zu erhöhen. Wenn es sich um einen Twister handelt, hilft eventuell das Hinzufügen weiterer Varianten zu dem Werbedeal. Erfolgt auch dann keine Genehmigung, können Sie stattdessen auf Preisnachlässe ausweichen.

Für jede (Parent-)ASIN muss man eine einzelne Kampagne erstellen. Damit Blitzangebote zum gewünschten Zeitpunkt aktiviert werden, sollten Sie eine Vorlaufzeit von mindestens vier Wochen einplanen, damit Amazon die Werbedeals prüfen kann und Zeit für eventuelle Anpassungen bleibt.

Der Handelsriese benötigt zudem eine gewisse Vorlaufzeit, damit der Bestellalgorithmus den Werbedeal bei seiner Kalkulation berücksichtigt und entsprechende Bestellungen bei dem Lieferanten auslöst. Auf diese Weise soll vermieden werden, dass das Produkt während der Werbeaktion Out of Stock läuft.

Warnung

Sie können lediglich angeben, in welchem Zeitraum der Blitzdeal online gehen soll. Auf das genaue Datum und die Uhrzeit haben Sie jedoch keinen Einfluss. Die Schaltung lässt sich daher nicht besonders präzise aussteuern. Im besten Fall erscheinen Ihre Angebote zum Beispiel nach Feierabend oder in der Mittagspausenzeit, im ungünstigsten Fall erwischen Sie einen Zeitpunkt mit weit weniger Traffic.

Blitzangebote eignen sich gut für den kurzfristigen Abverkauf von Produkten. Zudem lassen sich mit diesem Angebotstyp neue Artikel pushen und Bewertungen sammeln. Aber Achtung: Hier erreicht man meist in erster Linie die Schnäppchenjäger und weniger die anvisierte Zielgruppe.

Sonderangebote (Best Deals)

Auch bei *Sonderangeboten* erhalten Kunden einen Rabatt auf den Verkaufspreis. Im Vergleich zu Blitzangeboten können sie weitaus länger laufen. Die maximale Laufzeit beträgt derzeit zwei Wochen. Erscheinen Sonderangebote auf der Angebotsseite, werden sie allerdings meist weniger prominent platziert als Blitzangebote.

Abbildung 8-4: Best Deals auf der Angebotsseite von Amazon. Werden mehrere Produkte beworben, erscheint die Preisspanne. Besteht die Kampagne aus einer einzelnen ASIN, wird ein Streichpreis angezeigt. (Quelle: amazon.de)

Ebenso wie bei Blitzangeboten erfolgt die Finanzierung über Per-Unit Funding. Sie können jedoch bei Sonderangeboten die Anzahl der verfügbaren Einheiten nicht limitieren. Das Budget für den Werbedeal lässt sich daher nicht spezifizieren. In der Regel fallen bei diesem Angebotstyp darüber hinaus keine zusätzlichen Grundgebühren an.

Der Mindestrabatt beträgt 10%, empfohlen werden 20 bis 30%. Amazon prüft auch hier im Vorhinein, ob die Kampagne den Finanz- und Nachfrageanforderungen entspricht.

Im Gegensatz zu Lightning Deals können Best-Deal-Kampagnen sowohl aus einer ASIN als auch aus mehreren Produkten bestehen. Sie können ihr zum Beispiel mehrere Artikel einer Marke oder Produktgruppe zuordnen. Klicken User auf der Angebotsseite auf eine Kampagne mit mehreren ASINs (siehe Abbildung 8-4, zweites Angebot von links), werden sie zu einer Landingpage geführt, auf der alle rabattierten und der Kampagne zugeteilten Artikel erscheinen.

Preisnachlässe (Price Discounts)

Preisnachlässe funktionieren im Prinzip wie Sonderangebote. Im Gegensatz zu diesen erlauben sie es, Produkte über einen längeren Zeitraum zu vergünstigten. So kann eine Werbeaktion bei Bedarf bis zu zwölf Monate geschaltet werden.

Abbildung 8-5: Preisnachlässe werden als Streichpreis auf der Produktdetailseite angezeigt. (Quelle: amazon.de)

Die Finanzierung geschieht auch hier über Per-Unit Funding. Allerdings sind Sie bei Preisnachlässen weitaus freier in der Gestaltung. So müssen die Aktionen zum Beispiel kein spezifisches Umsatzpotenzial aufweisen, und es gibt keinen vorgegebenen Mindestrabatt. Sollten sich Ihre Werbedeals aufgrund der Anforderungen nicht über Blitzangebote oder Sonderangebote realisieren lassen, können Sie folglich auf Preisnachlässe zurückgreifen. Dafür erscheinen Preisnachlässe in der Regel lediglich als Streichpreise auf den jeweiligen Produktdetailseiten und meist nicht auf Amazons Angebotsseite (siehe Abbildung 8-5).

Preisnachlässe benötigen weit weniger Vorlaufzeit als andere Angebote. Sie können innerhalb von 24 Stunden online gehen. Deshalb ist es umso wichtiger, vor dem Start der Aktion proaktiv den eigenen sowie den Lagerbestand bei Amazon zu prüfen und entsprechende Maßnahmen zu ergreifen. Schließlich möchten Sie während des Deals nicht Out of Stock laufen.

Praxistipp

Gerade bei Werbedeals mit langer Laufzeit sollten Marketingtreibende auf die Marge achten. Zudem kann es in diesem Fall sinnvoll sein, mit dem Vendor Manager zu sprechen, damit Amazon Vendoren größere Produktmengen abnimmt.

Coupons

Eine weitere Möglichkeit, Promotions für Produkte zu erstellen, sind *Coupons*. Hierbei handelt es sich um Gutscheine, die User beim Kauf der Artikel aktivieren können. Sie erscheinen auf der Angebotsseite, einer speziellen Coupon-Seite[2] sowie auf der Produktdetailseite und in den Suchtreffern.

Es stehen zwei verschiedene Formen der Rabattierung zur Auswahl. Sie können festlegen, ob sie als prozentualer Wert (siehe Abbildung 8-6, 2. Bereich von links) oder als absoluter Betrag (siehe Abbildung 8-6, ganz links) angezeigt werden. Liegt der Rabatt unter 10%, empfiehlt sich meist die Anzeige als absoluter Wert.

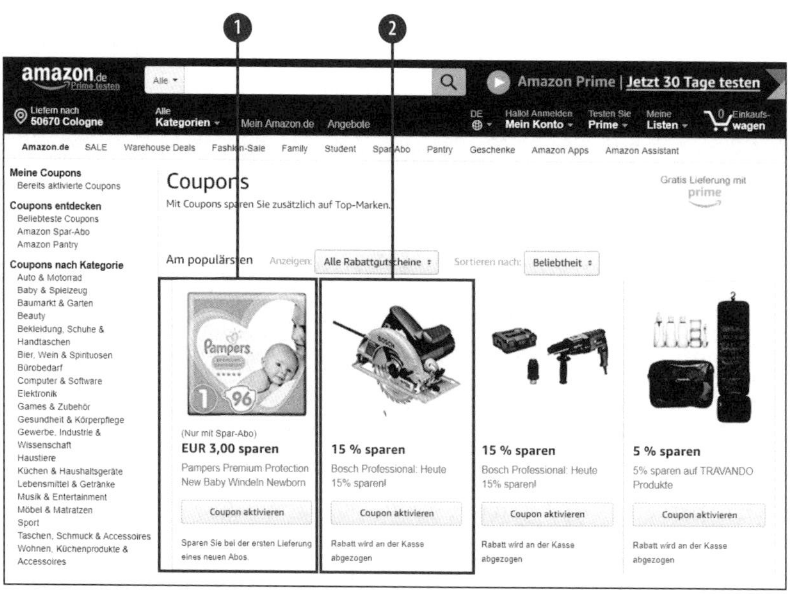

Abbildung 8-6: Coupon-Angebote auf Amazons Coupon-Seite (Quelle: amazon.de)

2 *https://www.amazon.de/gp/coupons*

Vendoren zahlen den gewährten Rabatt und jedes Mal eine kleine Gebühr, wenn ein Coupon eingelöst wird. Finanziert wird die Werbeaktion über ein vom Vendor festgelegtes Budget. Ist das Budget vor Ablauf des definierten Zeitraums aufgebraucht, endet der Deal automatisch. Hier ein Beispiel für die Kostenstruktur einer Coupon-Aktion: Ein Vendor legt eine Kampagne mit einem Rabatt von 5 Euro und 2.000 Euro Budget an. Pro Coupons zahlt er 0,50 Euro für die Aktivierung. Ein Coupon kostet ihn demnach 5,50 Euro. Teilt man das angegebene Budget durch diesen Wert (2.000 Euro/5,50 Euro), ergeben sich daraus insgesamt ca. 363 Coupons für die Kampagne. Coupons zeichnen sich unter anderem dadurch aus, dass sie sich feiner steuern lassen als die anderen Werbedeals:

- Sie können Kampagnen zielgruppenspezifisch ausspielen. Zur Auswahl stehen beispielsweise die Segmente *Prime*, *Student* und *Family*. Es ist zudem möglich, nur Teilnehmern des jeweiligen Spar-Abos den Rabatt zu genehmigen. Voraussetzung ist natürlich, dass das Produkt für das Programm registriert ist. Coupon-Aktionen können so dabei helfen, neue Abonnenten zu gewinnen.
- Die Anzahl der eingelösten Coupons pro Account kann limitiert werden. Vendoren geben bei der Kampagnenanlage an, ob User den Coupon einmalig oder mehrfach verwenden dürfen.

Coupon-Kampagnen sind in der Regel nicht an Mindestanforderungen gebunden. Rabatte sowie Start- und Enddatum können flexibel gewählt werden. Sie eignen sich daher ebenso wie Preisnachlässe für Promotion-Aktionen, die die Anforderungen von Blitzdeals nicht erfüllen.

Die Anlage von Coupons erfolgt ausschließlich über den Upload von Excel-Sheets in Vendor Central. Man kann Kampagnen hierbei einzelne oder mehrere Produkte zuordnen.

Ein weiterer Vorteil von Coupon-Kampagnen ist, dass eine separate Landingpage (siehe Abbildung 8-7) für den Deal erstellt wird. Sie können diese für Off-Site-Marketingmaßnahmen nutzen und potenzielle Kunden zum Beispiel über Newsletter oder Social-Media-Kanäle direkt auf die Seite führen. So lassen sich zusätzliche Sales und darüber hinaus Traffic generieren.

Amazon bietet Kunden für diesen Angebotstyp ein spezielles Event an: die sogenannten *Coupon-Wochen*. Sie dauern in der Regel drei Wochen. Im Rahmen dieser Aktion entfallen die regulären Gebühren für die Durchführung des Werbedeals. Dafür ist es wichtig, Kunden besonders attraktive Reduzierungen anzubieten, um sich im verstärkten Wettbewerb erfolgreich positionieren zu können. Für Events wie die Coupon-

Wochen legt Amazon normalerweise einen Rabatt von 10% als Mindestanforderung fest. Die Aktion bewirbt der Handelsriese automatisch, zum Beispiel durch Platzierungen auf der Startseite, den Kategorieseiten und im Newsletter.

Abbildung 8-7: Beispiel für die Landingpage einer Coupon-Kampagne (Quelle: amazon.de)

Generell sollten Sie bei Coupon-Kampagnen jedoch immer kritisch hinterfragen, in welchen Ländern und Zielgruppen der Einsatz dieses Promotion-Typs tatsächlich sinnvoll ist. In den USA und Großbritannien ist das sogenannte *Couponing* bereits seit vielen Jahren etabliert und stellt ein wirkungsvolles Marketingwerkzeug dar. Auf anderen Ländermarktplätzen kann dies jedoch anders aussehen.

Tabelle 8-1: Promotion-Möglichkeiten über das Vendor Central im Überblick (Stand: Mai 2019)

	Blitzangebot	Sonderangebot	Preisnachlass	Coupons
Laufzeit	bis zu sechs Stunden	bis zu zwei Wochen	bis zu ein Jahr	keine Mindest- oder maximale Laufzeit
Rabatt	mind. 15%	mind. 10%	frei wählbar	• frei wählbar • Events: mind. 10%
Mögliche Platzierungen	Amazon-Angebotsseite	Amazon-Angebotsseite	nur Produktdetailseite	• Amazon-Angebotsseite • Coupon-Seite • spezielle Coupon-Landingpage
Anforderungen	• potenzieller Mindestumsatz • mind. Dreisternebewertung	potenzieller Mindestumsatz	–	–

Tabelle 8-1: Promotion-Möglichkeiten über das Vendor Central im Überblick (Stand: Mai 2019) *(Fortsetzung)*

	Blitzangebot	Sonderangebot	Preisnachlass	Coupons
Erforderliche Vorlaufzeit	mindestens vier Wochen	mindestens vier Wochen	mindestens 24 Stunden	mindestens drei Wochen
Finanzierung	Per-Unit Funding oder Rabatt auf Amazons Bestellungen im Rahmen des Werbedeals	Per-Unit Funding	Per-Unit Funding	definierbares Gesamtbudget
Möglichkeit, Budget zu definieren	ja	nein	nein	ja
Gebühren	35 Euro/70 Euro pro Kampagne	–	–	• 0,50 Euro pro Coupon-Aktivierung

Einsatzmöglichkeiten von Rabattaktionen

Mit den vorgestellten Werbedeals lassen sich verschiedene Ziele realisieren. So werden sie zum Beispiel häufig zur *kurzfristigen Absatzsteigerung* eingesetzt. Durch den erhöhten Traffic und höhere Verkaufszahlen kann bekanntermaßen die bereits mehrfach beschriebene Aufwärtsspirale in Gang gesetzt werden: Da Amazons Suchalgorithmus auf die verbesserten Werte reagiert, lässt sich unter Umständen ein höheres Ranking in den organischen Suchergebnissen erreichen. Die verbesserte Auffindbarkeit wirkt sich in der Regel wiederum positiv auf den Absatz aus. Der konstant über das Jahr verteilte Einsatz von Rabattaktionen kann so zu einer *langfristigen Steigerung von Sichtbarkeit und Absatz* führen.

Praxistipp

Man kann eine Kombination aus verschiedenen Deals einsetzen, um den Umsatz nachhaltig zu steigern. Beachten Sie hierbei, dass ein Produkt nicht gleichzeitig an mehreren papierbasierten Aktionen teilnehmen kann und nach einem Werbedeal für sieben Tage von weiteren Rabattaktionen ausgeschlossen ist.

In der Regel wendet man die Promotion-Aktionen daher nicht auf seine Topseller oder Produkte an, die bereits gut laufen. Schließlich möchten Hersteller und Händler bei diesen Artikeln eine Senkung des Preispunkts verhindern und nicht fördern. Stattdessen nutzt man preisbasierte Kampagnen meist für Produkte aus der zweiten Reihe oder auch

Produktneueinführungen. Sie können effektiv dabei helfen, diese zu pushen und *Bewertungen für ASINs* zu generieren.

Ein weiteres Ziel kann der *Gewinn von Neukunden* sein. Durch attraktive Angebote werden sie auf die Produkte sowie die Marke aufmerksam und konvertieren im Idealfall in den Kauf. Damit ist die Hoffnung verbunden, dass aus ihnen Wiederkäufer werden. Für sich allein gesehen, erhöhen Werbedeals allerdings nicht unbedingt die Kundentreue. Möchten Sie Erstkäufer in Bestandskunden verwandeln und langfristig an Ihre Brand binden, ist ein umfassender Marketingmix gefragt.

Darüber hinaus gilt es bei dem Weg über Preisvergünstigungen, zwei weitere Risikofaktoren zu beachten: Zum einen läuft man Gefahr, hier vor allem User mit Schnäppchenjäger-Mentalität abzuholen. In der Regel neigen diese eher dazu, zwischen verschiedenen Produkten und Marken zu wechseln. Zum anderen kann es passieren, dass Kunden im Anschluss immer den günstigeren Preis erwarten und erst wieder kaufen, wenn erneut ein Angebot zur Verfügung steht. Oder anders ausgedrückt: Preissenkungen können dazu führen, dass insgesamt der Marktpreis sinkt. Hier ist also Vorsicht geboten.

Blitzangebote & Co. stellen mögliche Werkzeuge dar, wenn es darum geht, *Überbestände abzubauen*. Handelt es sich um Überbestand im Amazon-Lager, lässt sich so verhindern, dass Amazon die Waren an den Lieferanten zurückschickt. Möchte man allerdings den eigenen Lagerbestand reduzieren, lauert auch hier ein Stolperstein. Amazon weist auf seinen Hilfeseiten explizit darauf hin, dass Aktionsprodukte nicht zwangsläufig von dem Vendor bezogen werden, der den Werbedeal eingestellt hat – trotzdem wird dieser für die Marketingaktion zur Kasse gebeten. Bietet ein anderer Lieferant dem Handelsriesen attraktivere Konditionen, ordert er die jeweiligen Artikel unter Umständen bei diesem (Stichwort *Cross-Border Sourcing*), und man bleibt auf seinem Überbestand und den Kosten sitzen.

Ein klassisches Anwendungsbeispiel für Werbedeals sind *wiederkehrende Events*, wie der Prime Day oder der Cyber Monday, oder auch *saisonale Aktionen* wie Back-To-School- und Festival-Kampagnen. Entscheiden Sie sich, an einem solchen Event teilzunehmen und die zur Verfügung stehenden Mittel zu nutzen, müssen Sie darauf achten, die richtigen Produkte und Rabatte auszuwählen. Um sich gegen die Konkurrenz durchzusetzen, sind während dieser Zeit äußerst attraktive Angebote gefragt. Darüber hinaus sollten Sie die Fristen vor Events beachten. Die Angebotskonditionen müssen in der Regel eine gewisse Zeit vor dem Start übermittelt werden. Der Vorteil besteht hierbei darin, dass Kunden automatisch auf die Werbedeals aufmerksam gemacht werden.

> **Warnung**
>
> Absatzfördernde Maßnahmen sollten Sie immer bei der Bestandsplanung berücksichtigen. Ausverkaufte Produkte sorgen nicht nur dafür, dass der Ressourceneinsatz umsonst war. Sie können statt zu einer Aufwärtsbewegung sogar zu einer Abwärtsspirale führen, was die nachhaltige Sichtbarkeit und Absatzentwicklung angeht.

Es kann dagegen auch sinnvoll zu sein, sich gegen die Eventteilnahme zu entscheiden und außerhalb der Reihe Rabatte zu gewähren. In diesem Fall müssen Sie Kunden eigenständig auf die Werbedeals hinweisen. Hier kommen die Instrumente des Amazon Advertising ins Spiel.

Kombinierter Einsatz mit Amazon Advertising

In den letzten beiden Abschnitten haben Sie bereits die zahlreichen Möglichkeiten kennengelernt, die Amazon in den Bereichen Search und Programmatic Advertising bietet. Sie können diverse Werbemittel nutzen, um potenzielle Kunden mit Ihren Promotion-Aktionen zu erreichen und maximale Sichtbarkeit für die Angebote zu generieren.

Hierbei ist es entscheidend, auf eine sinnvolle Kombination aus Marketingwerkzeug und Werbedeal zu achten. Im Folgenden geben wir Ihnen hilfreiche Tipps für den Amazon-Advertising-Einsatz an die Hand und weisen auf mögliche Fallstricke hin:

- Blitzdeals, Sonderangebote, Coupons und Preisnachlässe lassen sich gut mit *Dynamic eCommerce Ads* (*DEA*) oder *Sponsored Products* (*SP*) bewerben, da diese Werbemittel den Streichpreis bzw. Coupon anzeigen (siehe Abbildung 8-8).
- Coupons werden zudem automatisch in DEAs integriert (siehe Abbildung 8-8). Dadurch erhöht sich die Interaktionsrate der Ads. Über einen Klick auf die Ad kann der Coupon direkt eingelöst werden.

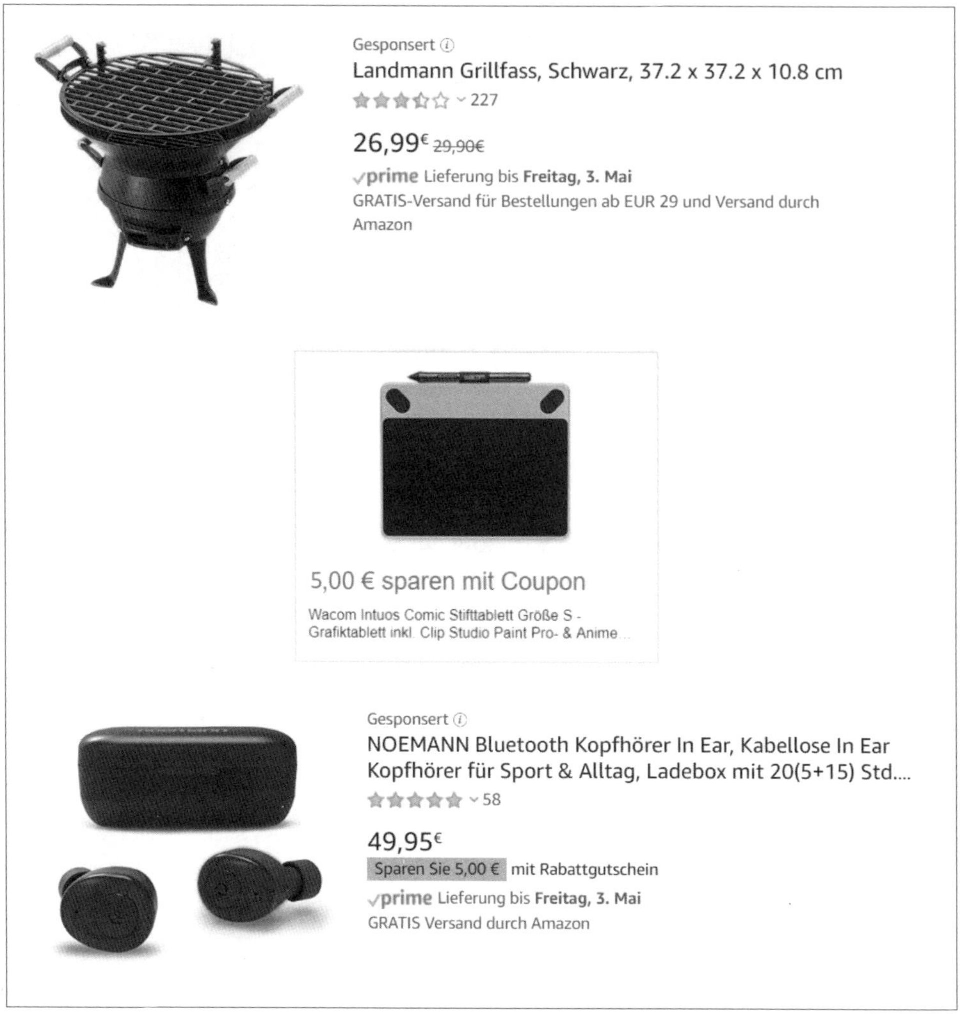

Abbildung 8-8: Oben: eine Sponsored-Product-Anzeige mit Streichpreis für ein rabattiertes Produkt. Mitte und unten: DEA und Sponsored-Product-Anzeige mit Coupon. (Quelle: amazon.de)

- Rabattierte Produkte können in Amazon Stores eingebunden werden. Hier können Sie zum Beispiel manuell eine spezielle Seite für Angebote anlegen. Sollen diese an einem bestimmten Tag erscheinen, empfiehlt es sich, eine gewisse Vorlaufzeit einzuplanen. Die Freigabe der hochgeladenen Seiten durch Amazon kann schon einmal mehrere Tage dauern.
- Insbesondere wenn Sie einen guten Deal haben, ist die zusätzliche Schaltung von DSP-Kampagnen eine spannende Option. Auf diese Weise können Sie User erreichen, die gerade keine Kaufintention haben, und eventuell durch die Rabattaktion überzeugen. Getargetet werden hier Segmente, die auf ein Interesse an dem Produkt hin-

weisen, etwa weil User auf Detailseiten der Marke, ähnlichen Artikeln oder in entsprechenden Kategorien unterwegs waren (Stichwort Retargeting), sowie passende Lifestyle-Segmente. Das Ganze funktioniert besonders gut bei Nice-to-have-Produkten, da der verringerte Preis einen Kaufanreiz bietet – vor allem wenn es sich um preisorientierte Kunden handelt.

Leider sind Amazon-Advertising-Kampagnen in der Regel sehr begrenzt in ihren Werbeaussagen. Daher ist es meist schwer, Creatives durchzukriegen, die Hinweise auf die Angebote enthalten. Oder die Aussagen hören sich schlichtweg nicht besonders toll an, wenn Sie sich innerhalb von Amazons Richtlinien bewegen. Auf viele Keywords wie »Rabatt«, »Coupon« oder »Sonderangebot« lassen sich zudem keine Ads schalten.

Praxistipp

In vielen Fällen ist es sinnvoll, automatisiert ausgespielte Sponsored Products zu schalten. Sie lassen sich mit geringerem Arbeitsaufwand erstellen, da kein Keyword-Set benötigt wird.

Sie sollten sich immer vor Augen führen, dass Angebote zum Teil zeitlich stark beschränkt sind, wie im Fall von Blitzdeals oder Sonderangeboten. Man sollte also stets evaluieren, ob es sich vom Aufwand her tatsächlich lohnt, zu diesem Zweck Amazon-Advertising-Kampagnen aufzusetzen – auch vor dem Hintergrund, dass neben der Rabattierung noch Werbekosten anfallen und die Marge weiter drücken.

KAPITEL 9

Vendor-Account-Handling

In diesem Kapitel:

- Funktionsbereiche von Vendor Central
- Datenanalyse mit Amazon Retail Analytics (ARA)
- Full Management zentraler Einflussfaktoren
- Wechselwirkungen relevanter Einflussfaktoren
- Softwarelösungen
- Internationalisierung

In Kapitel 3 haben wir Ihnen bereits erklärt, wie Sie Ihren Vendor-Central-Zugang aktivieren und den initialen Upload Ihrer Produkte über die Plattform vornehmen. Nun werfen wir einen genaueren Blick auf ihre Funktionen. Aus diesen ergeben sich zahlreiche Aufgaben und Herausforderungen für Vendoren, die es zu meistern gilt.

Was ist das Vendor Central?

Das Vendor Central ist der Dreh- und Angelpunkt für die Zusammenarbeit mit Amazon. Über die Oberfläche steuern Vendoren sämtliche Prozesse wie beispielsweise die Verwaltung von Produkten, die Abwicklung von Bestellungen und die Übermittlung von Rechnungen. Dies lässt bereits erahnen, dass Vendor Central ein hohes Maß an operativem Management erfordert.

Darüber hinaus handelt es sich beim Vendor Central um das Werkzeug zur Kommunikation mit Amazon. Ergeben sich Probleme oder Fragen, können Sie Fälle eröffnen und so mit Ihrem Vendor Manager in Kontakt treten.

Anwender finden hier zudem Amazon-Reporting-Tools, aus denen wertvolle Zahlen und Einsichten über die eigene Verkaufsleistung und deren Optimierung gewonnen werden können. Hierbei ist es wichtig, entscheidende Kennzahlen zu identifizieren, die für die eigenen Aktivitäten als Lieferant notwendig und sinnvoll sind. Relevante KPIs stellen wir Ihnen im Laufe dieses Kapitels vor.

Auf diese Weise bildet das Vendor Central die zentrale Schnittstelle zwischen allen Bereichen, die den langfristigen Erfolg auf Amazon betreffen. So lässt sich anhand der zur Verfügung gestellten Kennzahlen beispielsweise prüfen, welchen Einfluss Marketingmaßnahmen und Content-

Optimierung auf die Performance der Produkte nehmen: Wirken sie sich positiv auf den Abverkauf aus? Oder haben sie gar negative Folgen? Nur durch die regelmäßige Kontrolle der richtigen KPIs erkennen Sie mögliche Probleme und können entsprechende Maßnahmen ergreifen.

Nun sollte man annehmen, dass sich Account-Handling und -Reporting effizient und transparent gestalten lassen. Schließlich liefert das Vendor Central eine Bandbreite an Funktionalitäten und Kennzahlen gebündelt auf einer Plattform. Vendoren werden allerdings schnell feststellen, dass genau das Gegenteil der Fall ist. Im Gegensatz zum Seller Central ist die Handhabung des Vendor Central relativ komplex. Sie erfordert einen geübten Umgang mit der Oberfläche und vor allem tiefgreifende Erfahrung in der Zusammenarbeit mit Amazon sowie im E-Commerce an sich.

Benötigte Kennzahlen für datengetriebene Analysen liefern Ihnen die Amazon-eigenen Reporting-Tools zum Beispiel nicht auf einem Silbertablett. Stattdessen müssen sich Anwender mühevoll durch Excel-Tabellen wühlen. Teilweise arbeitet Amazon zudem mit Index- und Prozentwerten, sodass es schwer ist, an absolute, vergleichbare Werte zu gelangen. Darüber hinaus sind viele Daten nur für bestimmte Zeiträume verfügbar. Um aussagekräftige Kennzahlen und Werte zu erhalten, auf deren Grundlage fundierte Entscheidungen getroffen werden können, sind daher meist externe Softwarelösungen gefragt.

Warnung

Anwender, die zuvor mit Seller Central gearbeitet haben, werden schnell feststellen, dass das Vendor Central im Vergleich weit weniger anwenderfreundlich und intuitiv ist. Allein die Bezeichnungen und Definitionen gestalten sich komplexer. Im Seller Central steht Ihnen ein sehr übersichtliches Dashboard zur Verfügung, das wichtige Daten und Informationen auf einen Blick liefert. Sellern werden darüber hinaus zum Teil andere Kennzahlen ausgespielt. Sie können beispielsweise einsehen, wie viele Einheiten pro Seitenbesuch im Schnitt verkauft wurden – ein nützlicher Indikator für die Conversion Rate. Vendoren erhalten hierzu kaum bis keine Informationen. Sie müssen auf externe Softwarelösungen wie die factor-a suite zurückgreifen, die entsprechende Daten ausgeben können.

Es gibt zahlreiche Fallstricke, die insbesondere Vendor-Neulinge aus verschiedenen Gründen ins Straucheln bringen können. Eine der Ursachen hierfür ist, dass die Zusammenarbeit mit Amazon sich grundlegend von der Vorgehensweise unterscheidet, die große Markenhersteller von der Kooperation mit Großhändlern kennen. Sie müssen zahlreiche Faktoren berücksichtigen, die sich unter anderem aus Amazons Geschäftsmodell und den damit verbundenen Vorgaben an Lieferanten ergeben. Befolgen sie diese nicht, drohen Ausgleichszahlungen, Umsatzverluste und im schlimmsten Fall gar die Auslistung von Produkten.

Exkurs: Das richtige Mindset für Hersteller

Große Markenhersteller arbeiten in den meisten Fällen mit (Zwischen-) Händlern zusammen. Hier liegen folglich ihre Kernkompetenzen und Erfahrungsschwerpunkte. Im Fokus steht bei solchen Distributionsmodellen eher der sogenannte *Sell-in*. Das heißt, Hersteller schauen sich in erster Linie an, wie viel Sie an Händler verkaufen. Als Teilnehmer des Vendor-Programms ist allerdings ein viel weiterer Blickwinkel gefragt, um den eigenen Umsatz zu steigern und sich langfristig Marktanteile zu sichern.

Auf den Sell-out kommt es an

Amazon tickt anders als die meisten Händler. Entscheidungen trifft der Onlineriese nachfrageorientiert und rein auf Basis von Kennzahlen. Oder anders ausgedrückt: Der Lieferant verkauft nur, wenn Amazon verkauft. Gehen kaum Kunden auf Ihre Produktdetailseiten und kaufen Ihre Waren, wird Amazon höchstwahrscheinlich keine Bestellungen (mehr) bei Ihnen aufgeben. Wer versucht, hier zum Beispiel mit dem Prestige der Marke oder innovativen Eigenschaften seiner Produkte zu argumentieren, stößt auf Granit. Amazon will für seine Kunden das bestmögliche Angebot schaffen. Brands und Produkte der Hersteller sind der Kundenzufriedenheit und -nachfrage dabei deutlich untergeordnet.

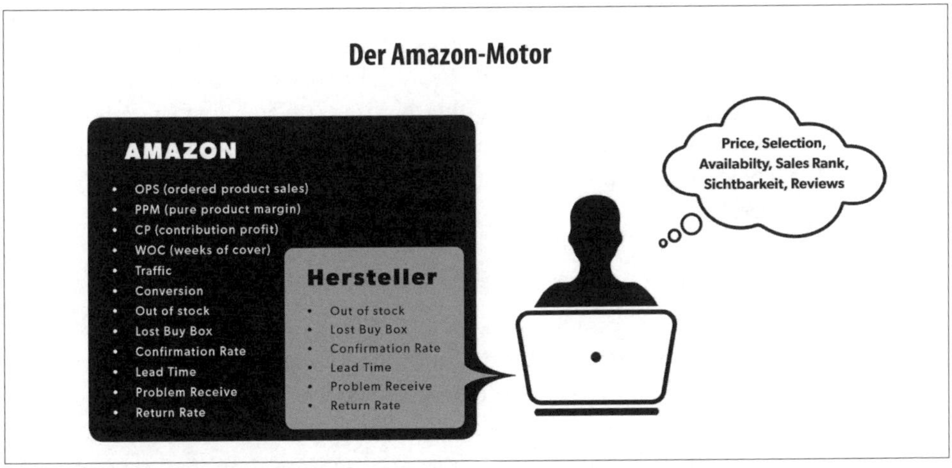

Abbildung 9-1: Amazon wird in erster Linie von Kennzahlen angetrieben – mit dem Ziel, Kunden das bestmögliche Shopping-Erlebnis zu bieten. (Quelle: factor-a – part of Dept)

Hersteller denken demgegenüber oft eher angebotsorientiert und fällen Entscheidungen vor dem Hintergrund ihrer (subjektiven) Erfahrung statt rein auf Grundlage von nackten Zahlen. Daher kommt es häufig zu falschen Erwartungshaltungen und Missverständnissen in der Zusammenarbeit mit Amazon.

> **Hinweis**
>
> Der *Sell-in* zeigt an, wie viel der Lieferant an Amazon verkauft hat. Der *Sell-out* gibt an, wie viel Amazon an Kunden verkauft hat. Beide Werte berechnen sich auf Grundlage der Einkaufspreise, für die Amazon die Waren bei dem jeweiligen Lieferanten bezieht. Steigt der Sell-out, steigt in der Regel auch der Sell-in des Vendors. Um den eigenen Abverkauf zu steigern, sollte folglich Ersterer optimiert werden. Im Zuge dessen gilt es also, den Verkauf der Waren an den Endkunden durch verschiedene Maßnahmen aktiv zu fördern.

Vendoren werden folglich mit zahlreichen marktplatzspezifischen Aufgaben konfrontiert, die sonst in den Bereich von Händlern fallen. Dazu gehören die bereits vorgestellten Maßnahmen, wie zum Beispiel die Durchführung von Marketingkampagnen und die Erstellung von optimierten Produktdetailseiten. Auf diese Weise steigern Sie den Abverkauf und können die bereits in Kapitel 4 beschriebene Aufwärtsspirale in Gang setzen: Produkte, die sich vergleichsweise gut verkaufen, gewinnen dank der Funktionsweise des Suchalgorithmus an Sichtbarkeit, da sie höher in den Ergebnislisten ranken. Dies wirkt sich wiederum positiv auf den Abverkauf und damit den Sell-in des Herstellers aus.

Mehr als bei jedem anderen Handelskanal ist der Hersteller in hohem Maß selbst für den Sell-out seiner Produkte verantwortlich. Oder mit anderen Worten: Es liegt in der Verantwortung des Herstellers, Amazon dazu zu bringen, Produkte bei ihm zu bestellen, indem er seine Produkte optimal präsentiert und für Sichtbarkeit sorgt. Hierfür muss er sich täglich proaktiv mit sämtlichen relevanten Kennzahlen beschäftigen.

Vendor Central ist eine Self-Service-Plattform

Viele Hersteller unterschätzen aus Mangel an Erfahrung mit Self-Service-Lösungen wie Vendor Central den manuellen Aufwand, der damit auf sie zukommt. Es ist zudem noch lange nicht damit getan, einmalig Produktdetailseiten oder Marketingkampagnen aufzusetzen. Sie müssen fortlaufend kontrolliert, gepflegt und optimiert werden. Hier kommt das Vendor Central aufgrund der verfügbaren Informationen und Daten als Kontrollinstanz ins Spiel.

Einen wichtigen Faktor für maximale Kundenzufriedenheit stellen die Lieferkonditionen dar. Zu Amazons Anspruch gehört es, Kunden die gewünschten Produkte möglichst schnell und zum angekündigten Termin liefern zu können. Sie sollten daher sicherstellen, dass Ihre Artikel immer verfügbar sind, und sich für Versandoptionen qualifizieren, die maximal einen Tag benötigen. Voraussetzung hierfür ist, dass Ihre Waren in einem Amazon-Fulfillment-Center auf Lager liegen.

Out-of-Stock-Situationen sind nicht zu unterschätzen. Im Hinblick auf den Umsatz führen sie möglicherweise zu einer regelrechten Abwärtsspirale. Zum einen können Kunden das gewünschte Produkt unter Umständen nicht bestellen, was Umsatzeinbußen für den Hersteller bedeutet, oder die Buybox geht an einen Seller. Darüber hinaus ist es möglich, dass Amazon die jeweiligen Artikel in diesem Fall stattdessen von einem Drittanbieter bezieht statt direkt über den Hersteller. Sind ASINs nicht verfügbar, kann sich das außerdem negativ auf ihre Sichtbarkeit auswirken. Amazons Suchalgorithmus platziert sie meist weiter hinten in den Suchergebnissen, sodass sie weniger Aufmerksamkeit und damit Traffic generieren. Dadurch fallen sie in den Trefferlisten häufig noch weiter ab. Gute Platzierungen anschließend wieder aufzubauen, ist in der Regel zeitaufwendig und kostspielig.

Praxistipp

Stellen Sie sicher, dass Ihre Bestsellerartikel stets bei Amazon auf Lager liegen. Ihre Verfügbarkeit hat wesentlichen Einfluss auf Sichtbarkeit und Umsatz.

Was sich in der Theorie logisch und leicht anhört, erfordert umfassendes operatives Management an mehreren Fronten. Es findet sich eine Vielzahl an Gründen dafür, dass Ihre Produkte nicht den Weg in ein Amazon-Lager finden: Gibt es interne Lieferengpässe? Wurden bei der Anlieferung Amazons strenge Vorgaben missachtet? Ist das Order-Management optimierungsbedürftig? Wurden Bestellungen storniert? Oder löst Amazon erst gar keine Bestellungen beim Hersteller aus? Allein für den letzten Punkt gibt es wiederum vielfältige Ursachen, die von einer zu geringen Nachfrage bis hin zu falsch hinterlegten Bestellcodes reichen. Hierauf gehen wir im Laufe des Kapitels noch genauer ein.

Der erste Schritt des Account-Handlings besteht darin, Probleme sowie Fehlerquellen frühzeitig zu identifizieren – und im zweiten Schritt, sie zu lösen bzw. Impulse an die jeweiligen Abteilungen zu liefern. Gerät ein Produkt zum Beispiel Out of Stock, sollte eine Schnittstelle das Advertising-Team informieren. Je nach Kampagnenziel müssen die

Marketingmaßnahmen pausiert werden, damit das investierte Budget nicht wirkungslos verpufft.

Anforderungen und Arbeitsaufwand werden oft unterschätzt

Sie sollten sich stets bewusst sein, dass es sich bei Amazon um ein äußerst sensibles System handelt. Schon eine nicht akzeptierte Bestellung oder eine negative Rezension kann zu empfindlichen Ranking-Veränderungen führen. Um mögliche Komplikationen müssen sich sowohl Vendoren als auch Seller aktiv kümmern, wenn sie sich in der Wachstumsphase befinden und darüber hinaus die Kontrolle über ihre Amazon-Geschäfte sowie ihren gelisteten Produktkatalog behalten möchten.

Die hohe Sensibilität spiegelt sich ebenso wider, wenn es um logistische Fragen wie die Avisierung und Warenanlieferung geht. Amazon legt sehr viel Wert auf reibungslose Abläufe, um seinen Kunden die Verfügbarkeit der Produkte und die Einhaltung des Lieferversprechens zu gewährleisten. Auf diese Weise sollen zudem Kosten für Lagerung, Versand etc. aufseiten von Amazon minimiert werden. Der Handelsriese konfrontiert Lieferanten dementsprechend mit einem beachtlichen Regelkatalog. Hier finden sich detaillierte Vorschriften, von der ordnungsgemäßen Verpackung über die korrekte Etikettierung bis hin zum Verhalten der Spediteure auf dem Gelände von Amazon-Fulfillment-Centern.

Erfüllen Lieferanten die Anforderungen nicht, erhebt Amazon sogenannte Ausgleichszahlungen (Chargebacks). Diese Strafgebühren können aus zahlreichen Gründen fällig werden: zum Beispiel wenn Sie mehr Produkte liefern, als zuvor bestätigt, oder wenn das Lieferzeitfenster nicht eingehalten wird. Auch bei nicht richtlinienkonformen oder falsch platzierten Barcode-Aufklebern bittet Amazon Sie zur Kasse. Um zusätzliche Kosten zu vermeiden, sollten Sie sich vor der ersten Lieferung daher mit den Amazon-spezifischen Richtlinien vertraut machen. Halten wir also fest: Hersteller und Händler werden mit hohen Anforderungen in sämtlichen Bereichen konfrontiert, die die Zusammenarbeit mit Amazon betreffen.

Warnung

Amazons Bestellprozess sowie die Verpackungs- und Lieferanforderungen können Vendoren im Tagesgeschäft schnell auf die Füße fallen. Das Vendor Central EU Manual enthält essenzielle Informationen hierzu und gehört für Lieferanten daher zur unverzichtbaren Pflichtlektüre. In der Regel erhalten Sie es zu Beginn der Zusammenarbeit. Darüber hinaus können Sie die Anleitung über Vendor Central herunterladen.

In diesem Kapitel beschäftigen wir uns ausführlich mit dem umfassenden Thema Vendor-Account-Handling und erklären Ihnen Schritt für Schritt, was Sie beachten sollten, weisen auf häufige Fallstricke hin und geben Ihnen hilfreiche Tipps an die Hand.

Funktionsbereiche von Vendor Central

Wie bereits beschrieben, wickeln Sie Ihre Geschäfte mit Amazon über das Vendor Central ab. Loggen Sie sich in Ihren Account ein, gelangen Sie zu Ihrem Dashboard (siehe Abbildung 9-2). Hier werden sämtliche Kernbereiche des Vendor Central zusammengefasst. Je nach Produktkategorie und Zugriffsrechten können sich der Aufbau und der verfügbare Funktionsumfang unterscheiden. Darüber hinaus wird das Dashboard von Zeit zu Zeit aktualisiert.

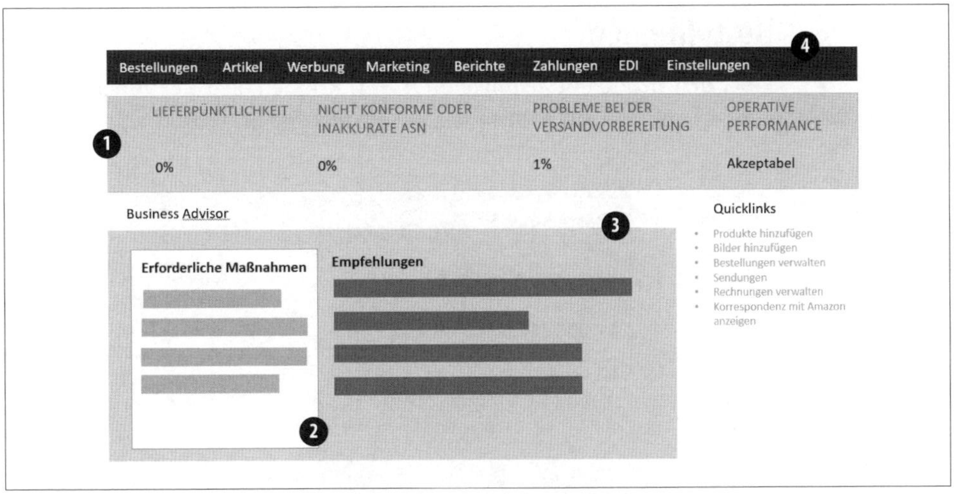

Abbildung 9-2: Beispielhafter Aufbau des Dashboards eines Vendor-Central-Accounts (Quelle: factor-a – part of Dept)

Im Folgenden gehen wir auf die verschiedenen Elemente und Grundfunktionen näher ein. Hierbei beziehen wir uns sowohl auf die deutschsprachige als auch auf die englischsprachige Version der Website, da hier Bezeichnungen und Definitionen teilweise verständlicher und eindeutiger sind als die deutschen Übersetzungen.

Grundbestandteile der Vendor-Central-Startseite

Im oberen Bereich des Dashboards werden auf einen Blick diverse Kennzahlen angezeigt, die die operative Performance des Vendors betreffen (siehe Abbildung 9-2, (❶)). Unter diesem Abschnitt folgt der sogenannte *Business Advisor*. Der Amazon-Service soll Vendoren dabei unterstützen, ihre Produkte erfolgreich auf der Plattform zu verkaufen. Links finden Sie Maßnahmen, die laut Amazon von dem Anwender durchzuführen sind (❷). Hierzu gehören Hinweise zu fehlenden Produkthauptbildern und Profitabilitätsproblemen sowie Fällen, die Aufmerksamkeit erfordern. Rechts werden weitere Vorschläge aufgeführt (❸). Sie betreffen unter anderem Anfragen zu Mengenkäufen und Preisanpassungen. Dem Handelsriesen zufolge beruhen die *Empfehlungen* auf seiner langjährigen Erfahrung und Analyse. Lieferanten sollten sie allerdings stets objektiv betrachten und sorgfältig prüfen. Zwar können die Hinweise als Impulse dienen, sie ersetzen jedoch keinesfalls die regelmäßigen Monitoring- und Analyse-Hausaufgaben des Vendors.

Wirklich interessant ist die Navigationsleiste der Startseite (❹). Über diese gelangen Anwender je nach Aufgabengebiet zu den verschiedenen Funktionsbereichen der Plattform.

Bestellungen

Über den Bereich *Bestellungen* (*Orders*) können Sie Bestellungen, Lieferungen und Retouren einsehen, verwalten und aktualisieren.

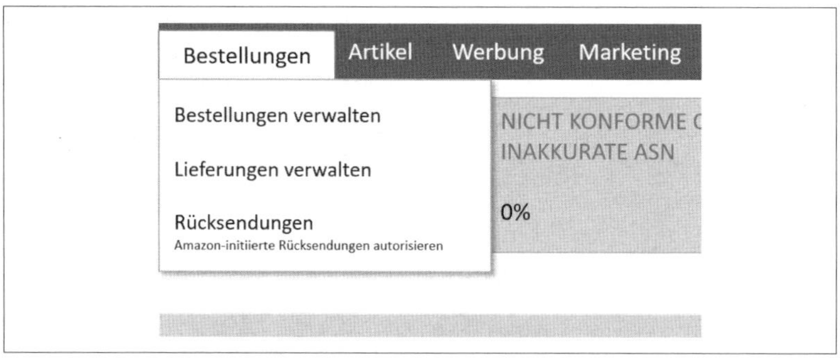

Abbildung 9-3: Unter Bestellungen finden Sie wichtige Funktionen rund um das Order- und Retouren-Management. (Quelle: Amazon/schematische Darstellung factor-a – part of Dept)

Bestellungen verwalten

Auf dieser Seite sehen Hersteller Bestellungen (*Purchase Orders*, kurz *POs*), die Amazon bei ihnen aufgibt. Im Zuge des Order-Managements ist es wichtig, zu verstehen, dass die Bestellungen automatisiert durch einen Algorithmus vorgenommen werden, der unter anderem Nachfrageprognosen, Lagerbestände und Lieferzeiten mit einbezieht. POs enthalten neben Informationen zu Menge und Amazon-Lager eine Vorgabe zum Zeitfenster, in dem die georderten Produkte geliefert werden sollten.

Geht über das Vendor Central eine PO bei Ihnen ein, sollten Sie diese bestätigen oder ablehnen. Das erfolgt über sogenannte Bestätigungscodes, die Amazon Informationen zur Produktverfügbarkeit liefern (siehe Abbildung 9-4). Darüber hinaus müssen die Anzahl der verfügbaren Artikel und der voraussichtliche Liefertermin hinterlegt werden.

Abbildung 9-4: Über die Bestellverwaltung teilen Sie Amazon mit, ob, wann und in welchen Mengen Sie bestellte Produkte liefern können. (Quelle: factor-a – part of Dept)

Je nach Produktverfügbarkeit aufseiten des Herstellers und von Amazon zugewiesenen Lieferdaten ergeben sich folglich verschiedene Szenarien:

- Die Produkte sind verfügbar und können in dem vorgegebenen Zeitraum angeliefert werden. Geben Sie den passenden Bestätigungscode (Beispiel: *Angenommen: Auf Lager*), die lieferbare Artikelanzahl und einen voraussichtlichen Liefertermin an, um die PO zu bestätigen.
- Die bestellten Artikel liegen noch nicht bei Ihnen auf Lager, oder Sie können die Produkte aus anderen Gründen erst zu einem späteren Zeitpunkt als vorgegeben liefern. In diesem Fall haben Sie die Möglichkeit, die Artikel außerhalb des definierten Zeitfensters nachzuliefern. Nutzen Sie hierzu den entsprechenden Bestätigungscode (Beispiel: *Lieferrückstand*). Beachten Sie allerdings, dass *Rückstandsbestellungen* (*Back Orders*) unter Umständen nicht für jede PO zur Verfügung stehen.
- Sie können Produkte weder sofort noch zu einem absehbaren späteren Termin liefern, zum Beispiel weil die Verfügbarkeit der Artikel unbekannt ist oder die Produktion eingestellt wurde: Lehnen Sie die PO mit dem passenden Bestätigungscode wie *Storniert: Nicht vorrätig* oder *Storniert: Dauerhaft nicht lieferbar* ab.

Wenn Sie auf Bestellungen nicht reagieren, werden sie von Amazon nach einer gewissen Zeit automatisch storniert. Dies gilt ebenso, wenn eine bestätigte PO nicht bis zum definierten Termin im Amazon-Lager eintrifft. Daher ist es äußerst wichtig, die von Ihnen hinterlegten Daten stets im Auge zu behalten und bei Bedarf proaktiv zu aktualisieren.

Stellen Sie beispielsweise fest, dass sich die Lieferung einer Rückstandsbestellung verzögert oder weniger Artikel als geplant verfügbar sind, sollten Sie die Angaben zu den POs entsprechend anpassen. Darüber hinaus empfiehlt es sich, einen Fall zu eröffnen und den Vendor Manager so über Lieferschwierigkeiten zu informieren. Auf diese Weise lässt sich Stornierungen seitens Amazon vorbeugen. Allerdings können auch bei dieser Vorgehensweise unter Umständen Ausgleichszahlungen anfallen. Im Vendor Central finden Anwender unter *Bestellungen verwalten/Überfällige Artikel in Bestellungen aktualisieren* Informationen zu bestätigten Artikeln, denen demnächst die Stornierung droht, da das Lieferdatum bereits überschritten wurde.

Praxistipp

Bestätigen Sie POs von verfügbaren Produkten innerhalb von 24 Stunden. Geben Sie hierbei nur die Anzahl an Artikeln an, die Sie tatsächlich in dem zugewiesenen Zeitfenster liefern können.

Bevor Sie eine PO bestätigen, sollten Sie sorgfältig prüfen, wie viele der bestellten Artikel Sie liefern können und ob dies in dem jeweiligen Zeitraum möglich ist. Hierbei handelt es sich um einen wichtigen Faktor für einen erfolgreichen Amazon-Auftritt, da Ihre Angaben unter anderem die Verfügbarkeitsanzeige auf den Produktdetailseiten beeinflussen (siehe Abbildung 9-5).

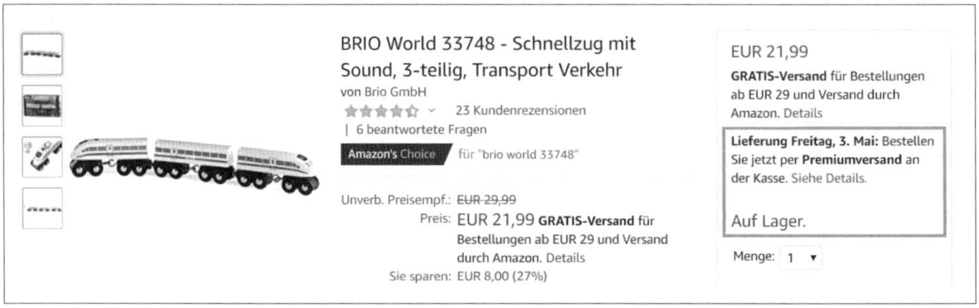

Abbildung 9-5: Auf Produktdetailseiten sowie während des Bestellvorgangs erhalten User Informationen zu Verfügbarkeit und Lieferzeit der jeweiligen Artikel. Damit diese eingehalten werden kann, ist zuverlässiges Order-Management seitens der Vendoren gefragt. (Quelle: amazon.de)

Kommen Waren nicht rechtzeitig an, kann das Lieferversprechen unter Umständen nicht eingehalten werden, was zulasten der Kundenzufriedenheit geht. Im schlimmsten Fall stornieren Verbraucher ihre Bestellung oder retournieren sie, weil sie sie nicht pünktlich erhalten haben.

Oft geht dies zudem mit negativen Kundenrezensionen des Artikels einher. Insbesondere vor zeitsensiblen Terminen wie beispielsweise Weihnachten oder Muttertag kann nachlässiges Order-Management schnell zum Problem werden.

Unplanmäßige Lieferverzögerungen und nicht ausgeführte Bestellungen können ferner dazu führen, dass Produkte Out of Stock geraten. Das heißt, sie liegen nicht mehr bei Amazon auf Lager und werden potenziellen Kunden als nicht verfügbar angezeigt. Folglich können sie die Artikel nicht bestellen, wodurch Hersteller Umsatzeinbußen verzeichnen.

Vendoren, die die Verwaltung sowie Aktualisierung ihrer POs vernachlässigen, riskieren zudem negative Bewertungen ihrer Leistung als Lieferant und damit verbundene Ausgleichszahlungen. Man sollte nicht den Fehler begehen, die möglichen Konsequenzen zu unterschätzen, denn die operative Performance kann Einfluss auf Amazons Kaufentscheidung nehmen. So kann es passieren, dass der Handelsriese die jeweiligen Artikel stattdessen von einer anderen Quelle bezieht. Darüber hinaus kommt eine schwache Lieferantenperformance meist in den jährlichen Verhandlungen mit dem Onlineriesen zur Sprache.

Warnung

Im Zusammenhang mit dem Order-Management können verschiedene Strafgebühren anfallen. Kommt zum Beispiel eine höhere Anzahl an Waren an als bestätigt, kostet das Vendoren derzeit 0,60 Cent pro überlieferten Artikel. Die Ausgleichszahlungen für Produkte, die außerhalb des vorgegebenen Zeitfensters eintreffen, belaufen sich auf 3% des Warenwerts. Die Nichterfüllung von bestätigten POs kann sogar mit 9% zu Buche schlagen. Allerdings kann die Höhe von Ausgleichszahlungen je nach Vendor und Verhandlung unterschiedlich ausfallen.

Auch Rückstandsbestellungen fließen in die Validierung der Performance mit ein. Nutzen Vendoren diese Option zu häufig, kann das nicht nur die Leistungsbewertung negativ beeinflussen, sondern auch zu Ausgleichszahlungen führen. Darüber hinaus entzieht Amazon Herstellern bei Bedarf die Möglichkeit, in den Lieferrückstand zu gehen.

Was passiert, wenn Vendoren Bestellungen ablehnen?

Wie bereits erläutert, können sich die verwendeten Verfügbarkeitscodes auf das automatisierte Order-System auswirken. Dies gilt insbesondere für abgelehnte Bestellungen. Storniert ein Vendor beispielsweise einen Artikel mehrfach innerhalb eines bestimmten Zeitraums, gibt Amazon in der Regel bis auf Weiteres keine Bestellungen mehr für die jeweilige ASIN bei ihm auf.

> **Warnung**
>
> Ist die Bestätigungsrate eines Vendors aus Sicht von Amazon nicht zufriedenstellend, kann es passieren, dass Amazon die Artikel bei anderen Lieferanten bestellt und ihn als Bezugsquelle ausschließt, Cross-Border Sourcing betreibt oder das Feld Sellern überlässt.

Das Ziel der Hersteller sollte daher sein, eine hohe Bestätigungsquote zu erreichen – und die Lieferungen gemäß den Vorgaben in der PO sowie den bestätigten Informationen zu erfüllen. Dies ist nicht nur wichtig, damit Amazon weiterhin Waren von dem jeweiligen Hersteller bezieht. Es trägt zudem dazu bei, Out-of-Stock-Situationen zu vermeiden, und unterstützt, dass Produkte als Prime-fähig markiert werden und sich für schnelle Versandoptionen qualifizieren. Dies hat wiederum positiven Einfluss auf den Sell-out.

Wenn Sie beobachten, dass die eigene Bestätigungsrate niedrig ist oder sinkt, gilt es zu prüfen, an welchen Stellen es hakt bzw. wo Optimierungspotenziale vorhanden sind. Die Ursachen können vielfältig sein und sowohl aufseiten des Vendors wie auch bei Amazon liegen. Es kann beispielsweise sein, dass Produkte beim Hersteller vergriffen sind, da Aspekte wie absatzfördernde Maßnahmen bei der internen Bedarfsplanung unterschätzt wurden. Amazon erwartet von seinen Lieferanten, dass Produkte gemäß der zur Verfügung gestellten Bestellprognose (*Forecast*) lieferbereit auf Lager liegen und bei Bedarf planmäßig geordert werden können.

Auch die logistischen Prozesse des Herstellers können sich auf die Bestätigungsrate und generell die operative Performance auswirken. Amazons Bestellalgorithmus arbeitet mit der sogenannten *Vendor Lead Time* (*VLT*), auf die wir im Abschnitt zu den Reporting-Möglichkeiten noch genauer eingehen. Sie definiert, wie lange es von der Bestellung bis zu dem Zeitpunkt dauert, an dem die Produkte in dem jeweiligen Fulfillment-Center vereinnahmt werden. Für die Berechnung betrachtet der Algorithmus die verschiedenen Prozessschritte, etwa die Dauer der Versandvorbereitung und des Transports. Er lernt aus diesen Zeiten und löst dementsprechend Bestellungen aus. Amazon erwartet darüber hinaus, dass die Auslieferung der Artikel schnell und effizient erfolgt.

Insbesondere wenn bestätigte Bestellungen regelmäßig zu spät eintreffen oder aufgrund von verstrichenen Fristen automatisch storniert werden, sollten Sie die VLT bei Amazon anfragen und die eigene Logistik prüfen: Wie viel Zeit nehmen die erforderlichen Schritte in Anspruch? Ist es für Sie in der Praxis überhaupt möglich, die vorgegebenen Lieferfristen einzuhalten? Stellen Sie fest, dass die VLT unrealistisch hinterlegt ist, kann sie unter Umständen manuell korrigiert werden. Nehmen Sie hierzu Kontakt mit Amazon auf.

Fehler in den hinterlegten Stammdaten können ein weiterer Grund dafür sein, dass Vendoren Bestellungen ablehnen. Sie sollten generell darauf achten, dass Amazon mit dem richtigen Preis und der richtigen EAN bestellt. Vor allem zu Beginn der Zusammenarbeit können hier schnell Probleme auftreten, die meist auf fehlerhafte Stammdaten zurückzuführen sind.

Ebenso kann es passieren, dass Amazon Produkte bestellt, die der jeweilige Vendor gar nicht verkauft. Gründe hierfür sind beispielsweise Informationen von älteren Bezugsquellen oder fehlerhafte Stammdaten von anderen Händlern, die noch nicht aktualisiert wurden. Im Fall solcher POs sollten Vendoren proaktiv Kontakt mit Amazon aufnehmen, um die fehlerhaften Bestellungen sowie die verwendeten Daten korrigieren zu lassen. Werden sie stattdessen einfach ignoriert oder abgelehnt, kann sich das negativ auf die Bestätigungsrate und damit die Leistungsbewertung auswirken.

Hinweis

Sie haben die Möglichkeit, Prozesse wie die Verwaltung von Bestellungen, Lieferungen und Rechnungen über *EDI* (*Electronic Data Interchange*) abzuwickeln statt manuell über Vendor Central. Der elektronische Austausch von Geschäftsdaten bietet verschiedene Vorteile: Zum einen werden Prozesse automatisiert und damit effizienter. Darüber hinaus ist eine solche Schnittstelle weit weniger fehleranfällig. Nehmen Sie über Vendor Central Kontakt mit dem EDI-Team auf, um die Möglichkeit zur Anbindung überprüfen zu lassen.

Lieferungen verwalten

Wurden Bestellungen angenommen und die Artikel gemäß Amazons Richtlinien für den Versand vorbereitet, kündigt man im nächsten Schritt über EDI oder Vendor Central eine Lieferung an. Zu diesem Zweck erstellen und übermitteln Vendoren eine sogenannte *Versandvorabmitteilung* (*Advance Shipping Notice*, kurz *ASN*). Der elektronische Lieferschein enthält Angaben zum Inhalt der Kartons und zeigt an, welche Artikel in welcher Menge einer PO zuzuordnen sind. Er dient dazu, Ihre Sendungen bei der Ankunft im Lager effizient zu vereinnahmen und Fehlbuchungen zu vermeiden. Gleichzeitig informiert er Amazon darüber, dass die Waren bald eintreffen.

Handelt es sich um palettierte Lieferungen, muss der beauftragte Transportdienstleister zudem die Anlieferung unter Angabe der ASN bei dem jeweiligen Amazon-Lager anmelden. Dies erfolgt über die Onlineplattform *Carrier Central*[1], die Amazon zur Avisierung nutzt. Hierbei gilt es, verschiedene Dinge zu beachten: Stellen Sie sicher, dass Ihr Spediteur Zugriff auf das Portal hat, und informieren Sie ihn darüber, bis wann die Ware spätestens im Lager eintreffen muss. Die Anlieferung sollte innerhalb des vorgegebenen bzw. bestätigten Zeitfensters erfolgen. Im Anschluss an die Buchung wird dem Transportdienstleister ein präziser Anlieferungstermin zugeteilt, der eingehalten werden sollte, da sonst auch hier Ausgleichszahlungen drohen. Entscheiden Sie sich für einen Spediteur, der bei Amazon registriert ist, kann die Buchungsanfrage über Carrier Central eventuell entfallen, da er je nach Lager über einen festen Zeitslot für die Anlieferung verfügt.

> **Hinweis**
>
> Es gibt verschiedene Möglichkeiten, wie Artikel ihren Weg in ein Amazon-Lager finden können: Entweder der Hersteller liefert die Bestellung an (*Prepaid*; *TheyPay*), oder Amazon holt sie bei ihm ab (*Collect*; *WePay*). Darüber hinaus können Waren direkt an den Kunden gesendet werden. Für die Direktbelieferung (*Dropshipping*) müssen sich Lieferanten allerdings erst qualifizieren und diverse Anforderungen erfüllen. Je nach Option fallen unterschiedliche To-Dos und Richtlinien an, die es zu beachten gilt.

Es lässt sich in diesem Zusammenhang nicht oft genug betonen, dass es sich bei Amazon generell um ein sensibles System handelt. Davon sind nicht nur Themen wie der Bestellalgorithmus oder die Sichtbarkeit der ASINs betroffen, sondern auch grundlegende Bereiche wie die Logistik. Der Handelsriese ist darauf angewiesen, dass sämtliche Prozesse fehlerfrei, schnell und effizient vonstattengehen. Durch Störungen, die vermeintlich auf Lieferanten oder Spediteure zurückzuführen sind, entstehen für Amazon Kosten und negative Kundenerlebnisse – etwa wenn Produkte durch eine verlangsamte Lieferung zu spät bei ihnen eintreffen.

In Bezug auf Versandvorbereitung und Lieferung lauern folglich zahlreiche Stolpersteine, die die Performancebewertung beeinträchtigen und

1 Auch als CARP (*Carrier Appointment Request Portal*) bekannt, *https://carriercentral.amazon.de/*.

zu Ausgleichszahlungen führen können. Im schlimmsten Fall verweigert Amazon die Annahme der Waren, und sie landen wieder beim Hersteller, worunter möglicherweise die Produktverfügbarkeit und damit der Sell-out leiden. Strafgebühren erhebt Amazon bei Bedarf unter anderem in folgenden Fällen:

- Warenlieferungen wurden nicht gemäß den Amazon-Richtlinien verpackt oder etikettiert.
- Die ASN wurde fehlerhaft, zu spät oder überhaupt nicht an Amazon gesendet. Sie sollte vorliegen, bevor die Ware in dem jeweiligen Lager eintrifft.
- Der Transportdienstleister hält den über Carrier Central gebuchten Liefertermin nicht ein, ohne Amazon über die Verzögerung zu informieren.
- Die bestätigte Produktanzahl weicht von der tatsächlich eingetroffenen Menge ab. Es wurden zu viele (*Überlieferung*) bzw. zu wenige (*Unterlieferung*) Einheiten geliefert.
- Es treffen Bestellungen ein, die zuvor nicht bestätigt oder bereits storniert wurden.

Beachten Sie außerdem, dass bei Importlieferungen spezielle Fristen gelten sowie zusätzliche Anforderungen und Richtlinien erfüllt werden müssen.

Praxistipp

Erstellen Sie vor jeder Anlieferung eine ASN und übermitteln Sie diese spätestens, wenn Ihre Waren das Lager verlassen. Auf diese Weise lässt sich Fehlvereinnahmungen vorbeugen.

Rücksendungen

Unter dem Punkt *Rücksendungen* erhalten Vendoren Informationen zu Artikeln, die Amazon an den Hersteller zurückschicken möchte. Man kann Retouren entweder genehmigen, ablehnen oder ihrer Vernichtung zustimmen.

Für Retouren gibt es unterschiedliche Gründe. Sie variieren je nach den Vereinbarungen, die zu Beginn der Zusammenarbeit verhandelt wurden (siehe hierzu auch Kapitel 3). So lässt sich beispielsweise zwischen Produkten unterscheiden, die bereits beschädigt im Amazon-Lager eintreffen (DoA), und Artikeln, die Kunden reklamieren (RoR). Zu Reklamationen kommt es unter anderem, wenn die Verpackung mangelhaft oder das Produkt defekt bzw. fehlerhaft ist. Oder Kunden hat das Produkt aus anderen Gründen wie zum Beispiel der Farbe schlicht und einfach nicht gefallen.

Auch unbeschädigten Überbestand drückt Amazon bei Bedarf wieder dem Hersteller aufs Auge. Er entsteht, wenn sich Waren nicht innerhalb einer gewissen Zeit weiterverkaufen. Als unverkäuflich gelten in dem Zusammenhang häufig Artikel, die länger als 90 Tage auf Lager liegen. Vor diesem Retourengrund haben Hersteller in der Regel den meisten Respekt. Rücksendungen solcher Art lassen sich jedoch durch Verhandlungen eindämmen. So können Sie mit Amazon vereinbaren, dass nur ein bestimmter Anteil an Überbeständen retourniert werden darf.

Praxistipp

Wenn Sie Retourenanfragen erhalten, sollten Sie immer prüfen, ob sie überhaupt mit den von Ihnen verhandelten vertragsrechtlichen Vereinbarungen übereinstimmen.

Es lohnt sich generell, Retourengründe im Blick zu behalten. Beobachten Sie dabei, dass sich bestimmte Fälle häufen, lassen sich rechtzeitig korrigierende Maßnahmen ergreifen. Hier ein Beispiel: Kunden schicken Füllerpatronen vermehrt zurück, weil sie nicht ordentlich verpackt sind und aus ihrem Päckchen fallen. Die Unzufriedenheit spiegelt sich nicht nur in Form der Retouren wider, sondern auch in neuen Rezensionen. Um eine Abwärtsspirale zu verhindern, sollte der Hersteller so schnell wie möglich eingreifen und die Verpackung optimieren.

Gerade solche Probleme lassen sich in der Regel schnell und effizient lösen. Zwar bedeuten Rücksendungen durch Kunden nicht unbedingt negative Rezensionen, doch wenn sie in Kombination auftreten, kann das verheerende Auswirkungen auf Umsatz und Sichtbarkeit der ASIN haben.

Ob man einer Rücksendung zustimmt, sollte immer sorgfältig evaluiert werden, denn die Kosten für die Rücksendung gehen in der Regel zulasten des Vendors. Gerade bei extrem niedrigpreisigen Produkten können die Logistikkosten schnell den eigentlichen Warenwert überschreiten. Darüber hinaus bedeuten Retouren zusätzlichen Verwaltungsaufwand.

Bei Ablehnung von Retouren müssen sich Hersteller auch der möglichen Risiken bewusst sein. Im Fall von Überbeständen testet Amazon bei Bedarf die Preiselastizität. Das heißt, der Handelsriese senkt die Preise, um zu prüfen, ob dadurch Nachfrage und Absatz steigen. Preisveränderungen dieser Art wirken sich unter Umständen negativ auf die Marktpreise der Produkte aus. Hier kann es folglich Sinn ergeben, Überbestände zurückzunehmen.

Kommen Retouren von Amazon in Ihrem Lager an, sollten sie immer einer eingehenden Kontrolle unterzogen werden: In welchem Zustand befindet sich die Ware? Kann sie wieder in den Verkauf aufgenommen werden, oder ist sie beschädigt? Handelt es sich um eine aktiv genehmigte Rücksendung? Wenn das nicht der Fall ist, kann man die Annahme durchaus auch mal verweigern. Darüber hinaus besteht die Möglichkeit, dass Waren von Fremdquellen als Retouren bei Herstellern eingehen. Auch hier sollten Sie achtsam sein und die Verweigerung der Annahme in Betracht ziehen. Schließlich zieht Amazon ansonsten den entsprechenden Warenwert von seiner nächsten Zahlung an den Vendor ab, obwohl die Artikel ursprünglich gar nicht von ihm bezogen wurden. Der Hersteller würde in diesem Szenario also draufzahlen.

Artikel

Unter *Artikel* managen Sie Ihren gesamten Produktkatalog. Sie können hier beispielsweise Produkte hochladen und bearbeiten, die Verfügbarkeit der Waren aktualisieren sowie Produktbilder hinterlegen bzw. austauschen.

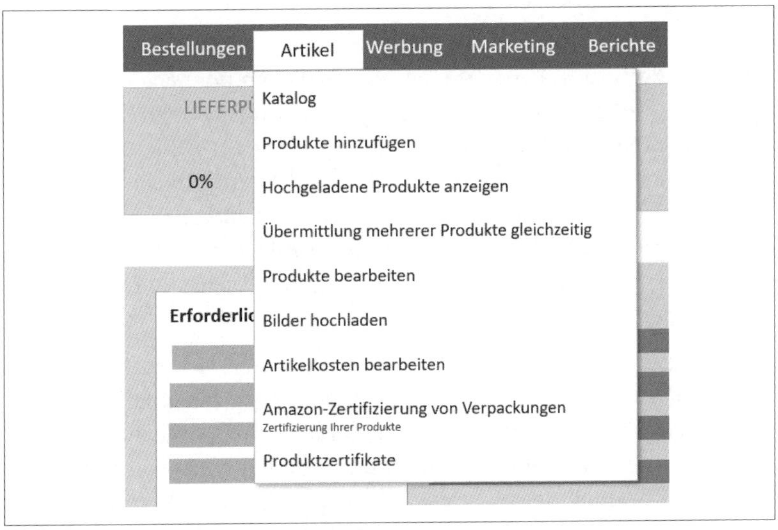

Abbildung 9-6: Mithilfe der Registerkarte Artikel verwalten Sie Ihre Produkte. (Quelle: Amazon/schematische Darstellung factor-a – part of Dept)

Die Einkaufspreise an Amazon lassen sich ebenfalls über diesen Bereich des Vendor Central anpassen. Allerdings kann man sie hier lediglich reduzieren, nicht nachträglich erhöhen. Um die Kosten nachträglich nach oben zu korrigieren, müssen diese erneut mit Amazon verhandelt und genehmigt werden – es sei denn, es handelt sich um einen Fehler, der im Zuge des initialen Uploads entstanden ist. Die Preiskorrektur kann dann durch die Eröffnung eines Falls vorgenommen werden.

Beim Upload der Produkte stehen Ihnen zwei Optionen zur Verfügung: Sie können Listings entweder einzeln über das Vendor Central erstellen oder den Upload mehrerer Produkte über Excel-Sheets vornehmen. Dies gilt ebenso für die Aktualisierung bereits vorhandener ASINs. Variante Nummer zwei empfiehlt sich insbesondere bei einer hohen Anzahl an Artikeln. Die jeweiligen Excel-Sheets können im Vendor Central unter *Artikel* generiert und heruntergeladen werden.

Wie Sie beim initialen Upload sowie bei der Anpassung des Contents vorgehen und was es zu beachten gilt, haben wir Ihnen bereits in Kapitel 3 in Abschnitt »Einstieg als Vendor« auf Seite 35 und in Kapitel 5, »Produktdaten und Content« erklärt.

Für bestimmte Produkte und Segmente müssen außerdem Zertifikate vorgelegt werden, damit man sie auf der Plattform anbieten kann. Dazu zählen zum Beispiel Sicherheitsdatenblätter und Informationen zu Batterien. Der Upload der Dokumente erfolgt ebenfalls in diesem Bereich des Vendor Central.

Katalogpflege

Eine wichtige Aufgabe, der Sie hier nachkommen können, ist die kontinuierliche Pflege Ihres Produktkatalogs. Unter dem Punkt *Katalog* werden alle ASINs aufgeführt, die Sie auf der Plattform anbieten, inklusive Informationen zu SKUs, Einkaufspreisen und Verfügbarkeit. Wählen Sie einen Artikel zum Bearbeiten aus, können Sie sämtliche Informationen einsehen, die zu ihm hinterlegt sind. Dazu zählen auch Informationen, die nur für interne Zwecke interessant sind und nicht auf der Produktdetailseite erscheinen.

Im Zuge der Katalogpflege gilt es unter anderem zu überprüfen, ob die Daten korrekt bzw. noch aktuell sind, und sie gegebenenfalls anzupassen. Auch sollten Vendoren ein Auge darauf haben, ob Amazon eigenmächtig neue ASINs erstellt hat, zum Beispiel in Form von Bundlings. Der Lieferant muss das wissen, da eventuell eine neue Verpackung mit einer neuen EAN benötigt wird. Auf diese Weise trägt die Katalogpflege dazu bei, Fehlern bei der Auslösung von POs und der Warenvereinnahmung vorzubeugen.

Zahlungen

Über diese Registerkarte können Sie im Vendor Central Rechnungen erstellen und verwalten. Sie können zudem Rechnungen für nachgelagerte Konditionen wie Werbekostenzuschüsse und Amazon-Vendor-Services abrufen. Darüber hinaus besteht hier die Möglichkeit, gegen vermeintlich ungerechtfertigte Abzüge Widerspruch einzulegen.

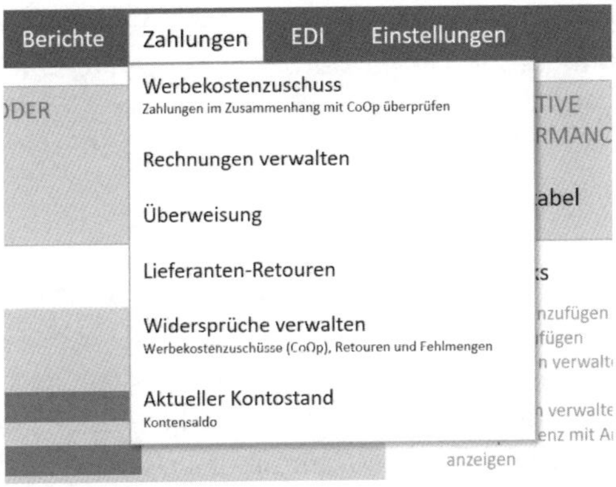

Abbildung 9-7: Über Zahlungen managen Sie die finanziellen Geschäftsbereiche der Zusammenarbeit. (Quelle: Amazon/schematische Darstellung factor-a – part of Dept)

Rechnungen verwalten

Damit Amazon für die gelieferten Waren bezahlt, müssen Sie dem Handelsriesen eine Rechnung zukommen lassen. Die Übermittlung sollte immer elektronisch über Vendor Central oder EDI erfolgen, da Rechnungen in Papier- oder PDF-Form mit Ausgleichszahlungen quittiert und unter Umständen nicht bearbeitet werden.

Wann die Zahlung einer Rechnung fällig wird, hängt von den jeweiligen Vertragsbedingungen ab. In der Regel werden sie per Überweisung beglichen. Das Zahlungsziel beträgt meist zwischen 30 und 90 Tagen. Es besteht jedoch die Möglichkeit, mit Amazon sogenannte Schnellzahlerrabatte zu verhandeln, um das Zahlungsziel zu verkürzen. Hier ein Beispiel: Wenn die Zahlung innerhalb von 60 Tagen erfolgt, gewähren Sie 3% Skonto. Wird erst nach 90 Tagen bezahlt, muss der volle Betrag überwiesen werden.

Praxistipp

Sie sollten regelmäßig kontrollieren, ob von Ihren in Rechnung gestellten Beträgen das Skonto abgezogen wurde, obwohl das Zahlungsziel zum Zeitpunkt der Überweisung bereits überschritten war.

Nur weil Sie eine Rechnung an Amazon senden, heißt das noch nicht, dass der Handelsriese sie auch bezahlt. Er prüft jede Rechnung und lehnt sie bei Bedarf ab. Dies kann verschiedene Gründe haben. Eventuell liegt für die Rechnung keine gültige PO-Nummer vor, sie enthält unvollständige oder falsche Informationen oder wurde doppelt übermittelt.

Da Amazon nicht in jedem Fall proaktiv Kontakt mit dem Vendor hierzu aufnimmt, gilt es, abgelehnte Rechnungen regelmäßig zu kontrollieren und bei Bedarf den Vendor Manager anzusprechen, um das Problem zu klären.

Überweisung

Unter dem Punkt *Überweisung* finden Sie eine Übersicht über alle Zahlungen, die Amazon an Sie veranlasst hat. Wie alle anderen Bereiche sollten Sie auch Zahlungseingänge und genehmigte Rechnungen laufend überwachen. Abgesehen vom Schnellzahlerrabatt gibt es verschiedene Gründe, warum die in Rechnungen gestellten Beträge nicht in voller Höhe beglichen werden. Informationen zu Abzügen erhalten Sie in der Detailansicht zur jeweiligen Rechnung.

Wodurch entstehen Abzüge von Zahlungen?

Amazon verrechnet standardmäßig eigene Forderungen mit denen des Herstellers. Offene Zahlungen aufseiten des Vendors werden folglich von den in Rechnung gestellten Beträgen einbehalten (*Deduct from Payment*). Solche Abzüge entstehen beispielsweise durch Ausgleichszahlungen, Werbekostenzuschüsse und Retouren. Kosten, die durch Retouren entstanden sind, können Sie unter *Zahlungen* im Bereich *Lieferanten-Retouren* einsehen. Ist Amazon der Meinung, dass darüber hinaus ein Betrag offen ist, wird der Vendor dazu aufgefordert, eine Gutschrift zu übermitteln. Eine Gesamtübersicht Ihres Saldos finden Sie unter *Aktueller Kontostand.*

Zum Start der Zusammenarbeit schätzt Ihr Vendor Manager die Höhe der Rückstellungen für eventuelle Forderungen. Im Laufe der Zeit werden sie auf Grundlage von historischen Daten angepasst. Rückstellungen zieht Amazon zunächst von fälligen Überweisungen ab und gibt sie erst nach einer gewissen Zeit frei – natürlich nur unter der Voraussetzung, dass die tatsächlich entstandenen Kosten beglichen sind. Auf diese Weise möchte Amazon verhindern, dass Ihr Saldo ins Minus rutscht.

Generell sollten Vendoren in jedem Fall prüfen, ob die tatsächlichen Abzüge korrekt und mit den verhandelten Konditionen konform sind. Gerade wenn sie individuell verhandelt wurden, kann es zu Abweichungen kommen. Hier ein Beispiel aus dem Bereich Werbekostenzuschüsse: Amazon zieht bei einem Hersteller Rechnungen für A+ Content ab, obwohl er über die Jahresvereinbarung abgegolten wurde. Da die Abzüge also nicht den Vereinbarungen entsprechen, sollte der Vendor aktiv werden.

Ein weiterer Posten, der unter Umständen von gestellten Rechnungen abgezogen wird, sind Fehlmengen. Sie entstehen beispielsweise, wenn Sie 30 Artikel bestätigen und verschicken, in Amazon aber nur 25 Stück verbucht werden. Häufig liegt der Fehler jedoch nicht beim Lieferanten, sondern tritt im Laufe des Vereinnahmungsprozesses auf. Die interne Qualitätssicherung des Herstellers beim Warenausgang lässt in der Regel die Lieferung von Fehlmengen gar nicht zu. Auch diesen Abzügen sollten Sie folglich mit gesunder Skepsis begegnen und bei Bedarf Widerspruch einlegen.

Widersprüche verwalten

Fehlerhaften Belastungen können Sie unter anderem über die Unterseite *Widersprüche verwalten* widersprechen. Sie bietet zudem eine Übersicht über alle Widersprüche, die Sie eingereicht haben, sowie ihren Status.

Egal um welche Art von Abzug es sich handelt: Man muss immer nachweisen, dass eine Zahlung ungerechtfertigt zurückgehalten wird. So können Sie beispielsweise auf schriftlich festgehaltene Vereinbarungen verweisen, wenn Amazon fälschlicherweise offene Rechnungsbeträge für Werbekostenzuschüsse einbehält.

Das wahrscheinlich wichtigste Dokument im Zusammenhang mit Widersprüchen ist Ihr Abliefernachweis (*Proof of Deliverance*, kurz *PoD*). Er spielt eine entscheidende Rolle, wenn es darum geht, vermeintlichen Fehlmengen zu widersprechen. Die Herausforderung bei diesem Prozess besteht darin, alle Informationen korrekt und vollständig auf dem Dokument abzubilden.

Wie bereits angedeutet, läuft die Warenannahme in Amazon-Lagern nicht immer reibungslos. Besonders in neuen Lagern mit noch unerfahrenen Mitarbeitern kann es schnell zu Fehlbuchungen kommen. Ein weiteres Beispiel: Ihre Lieferung enthält verschiedene POs. Der verantwortliche Lagermitarbeiter ordnet einen Teil der gelieferten Artikel versehentlich einer falschen Buchungsnummer aus der Lieferung zu. Dies führt dazu, dass bei der einen PO eine Überlieferung verzeichnet wird, während es bei einer anderen zu einer Unterlieferung kommt. Teilweise finden sich die fehlenden Waren später im Lager wieder, sodass der Bestand dann glatt ist, allerdings kommt Amazon in dem Fall nicht immer proaktiv auf Vendoren zu und zahlt den entsprechenden Betrag nach.

> **Praxistipp**
>
> Hersteller sollten immer nachweisen können, welche Artikel wann und in welcher Menge angeliefert wurden. Auf diese Weise lässt sich vermeiden, dass Abzüge durch vermeintliche Fehlmengen entstehen und man auf der Kostendifferenz sitzen bleibt.

Es kommt häufig vor, dass Abliefernachweise aufgrund fehlender Informationen abgelehnt werden. Sie können versuchen, mit jedem Amazon-Lager, das Sie beliefern, in Kontakt zu treten und einen exemplarischen Abliefernachweis des Spediteurs vorzulegen. Wenn Sie sich schriftlich bestätigen lassen, dass dieser alle erforderlichen Informationen enthält, besitzen Sie für das jeweilige Lager den bestmöglichen Widerspruchsnachweis in Bezug auf Fehlmengen.

Werbung und Marketing

Die Bezeichnungen dieser beiden Navigationselemente sind für Anwender etwas verwirrend. Hinter dem Punkt *Werbung* verbirgt sich nichts anderes als eine Landingpage, über die Sie zu Ihrem Amazon-Advertising-Account gelangen. Unter *Marketing* lassen sich verschiedene preisbasierte Kampagnen erstellen, wie Blitzangebote, Coupons oder Preisnachlässe. Eine detaillierte Beschreibung der Werbedeals sowie Tipps und Einsatzmöglichkeiten entnehmen Sie Kapitel 8, »Preisbasierte Kampagnen«. Inhalte für A+ Content übermitteln Sie ebenfalls an dieser Stelle im Vendor Central. Auf die erweiterten Produktdetailseiten sind wir bereits in Kapitel 5, »Produktdaten und Content«, eingegangen.

Amazon Vine

Ein weiteres interessantes Werkzeug, das Sie unter *Marketing* finden, ist Amazon Vine. Die Möglichkeit, über Amazon Rezensionen zu generieren, wurde in verschiedenen Kapiteln bereits angerissen. An dieser Stelle werfen wir einen genaueren Blick auf die Option und ihre Vorteile.

Anreizbasierte Rezensionen sind auf Amazon bekanntermaßen seit geraumer Zeit untersagt. Wie kommen neue Produkte nun schnell zu Bewertungen? Ein Weg führt über Amazon Vine. Allerdings stehen Lieferanten dem Angebot oft kritisch gegenüber. Sie zweifeln an der Authentizität und Effektivität der Bewertungen. Zu Unrecht, denn sie sind weit besser als ihr Ruf. In gewisser Weise handelt es sich sogar um den nachhaltigsten Rezensionstyp.

Wenn Sie an dem Programm teilnehmen möchten, registrieren Sie die Produkte über das Vendor Central, wählen Ihre gewünschte Zielgruppe aus und schicken die Artikel an Amazon. Anschließend werden sie geeigneten Testern vorgeschlagen. In der Regel geschieht das in Form eines Newsletters, der an einen sehr großen Pool von potenziellen Rezensenten geschickt wird. Hier zeigt sich bereits der erste Pluspunkt: Klicken die Empfänger auf die ASINs des Vendors, erhalten diese zusätzlichen Traffic.

Vine-Tester können auswählen, welche Produkte sie erhalten möchten. Suchen sie Ihren Artikel aus, zeugt das von einem Grundinteresse an Ihrem Produkt. Auf Grundlage dieses Interesses prüfen die Rezensenten es auf Herz und Nieren. In ihren Bewertungen geben sie Kunden so ausführliche, umfassende Informationen an die Hand.

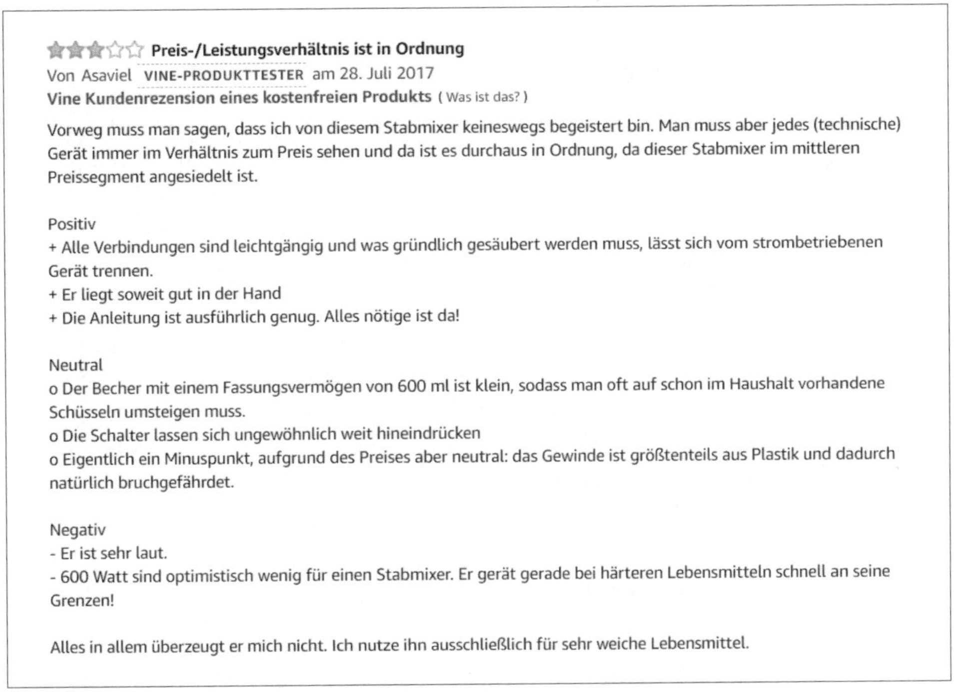

Preis-/Leistungsverhältnis ist in Ordnung

Von Asaviel VINE-PRODUKTTESTER am 28. Juli 2017

Vine Kundenrezension eines kostenfreien Produkts (Was ist das?)

Vorweg muss man sagen, dass ich von diesem Stabmixer keineswegs begeistert bin. Man muss aber jedes (technische) Gerät immer im Verhältnis zum Preis sehen und da ist es durchaus in Ordnung, da dieser Stabmixer im mittleren Preissegment angesiedelt ist.

Positiv
+ Alle Verbindungen sind leichtgängig und was gründlich gesäubert werden muss, lässt sich vom strombetriebenen Gerät trennen.
+ Er liegt soweit gut in der Hand
+ Die Anleitung ist ausführlich genug. Alles nötige ist da!

Neutral
o Der Becher mit einem Fassungsvermögen von 600 ml ist klein, sodass man oft auf schon im Haushalt vorhandene Schüsseln umsteigen muss.
o Die Schalter lassen sich ungewöhnlich weit hineindrücken
o Eigentlich ein Minuspunkt, aufgrund des Preises aber neutral: das Gewinde ist größtenteils aus Plastik und dadurch natürlich bruchgefährdet.

Negativ
- Er ist sehr laut.
- 600 Watt sind optimistisch wenig für einen Stabmixer. Er gerät gerade bei härteren Lebensmitteln schnell an seine Grenzen!

Alles in allem überzeugt er mich nicht. Ich nutze ihn ausschließlich für sehr weiche Lebensmittel.

Abbildung 9-8: Vine-Rezensenten geben Ihnen ehrliches Feedback. Bewertungen können daher durchaus negativ oder durchwachsen ausfallen. (Quelle: amazon.de)

Da es sich nicht um Jubelschreiber handelt, erhält man in der Regel sehr ehrliches Feedback zu seiner Ware. Dies spiegelt sich auch in der Wahrnehmung der Amazon-User wider. Weil Amazon Vine-Rezensionen offen kennzeichnet und sie die Erfahrung gemacht haben, dass die Tester ihren Job ernst nehmen, schenken sie Vine-Bewertungen Vertrauen. Zweifel an der Glaubwürdigkeit sind daher meist unbegründet.

Praxistipp

Es ist verführerisch, eine große Anzahl an Produkten an Amazon zu schicken, um möglichst viele Bewertungen zu generieren. Allerdings sollte man hierbei darauf achten, dass sich Vine- und generische Rezensionen vermischen können und sich kein unrealistisches Missverhältnis ergibt.

Natürlich kann das Feedback auch negativ ausfallen – ein Grund dafür, dass sich Hersteller gegen die Vine-Teilnahme entscheiden. Allerdings handelt es sich lediglich um vorgezogene Negativbewertungen. Auch reguläre Kunden werden das Produkt nicht mit Sternen und Lob überschütten. Negative Vine-Bewertungen sind gerade deswegen für Vendoren überaus wertvoll. Sie können frühzeitig korrigierende Maßnahmen ergreifen und diese in ihre Produktentwicklung einfließen lassen.

Einstellungen

Dieses Register spielt besonders zum Verkaufsstart eine bedeutende Rolle. Hier hinterlegen Sie unter anderem Lager- und Retourenadressen, Kontaktinformationen sowie Zugriffsberechtigungen (siehe hierzu in Kapitel 3 »Einstieg in den E-Commerce mit Amazon«). Achten Sie darauf, alle Angaben auch im Lauf der Zusammenarbeit immer aktuell zu halten.

Besonders nützlich für Vendoren dürfte der Punkt *Vereinbarungen* sein. Hier können Sie Vereinbarungen einsehen, die Sie während der initialen Verhandlungen oder im Jahresgespräch mit Amazon getroffen haben. Dazu zählen beispielsweise die allgemeinen Kaufbedingungen sowie Regelungen in Bezug auf Boni, Werbekostenzuschüsse und Pauschalen (Damage/Return Allowances).

Fälle eröffnen

Entspricht Content auf der Detailseite nicht mehr dem gewünschten Umfang? Werbedeals hängen zu lange in der Freigabe? Sie möchten einen Twister erstellen? Jetzt ist es Zeit, den Vendor-Support zu kontaktieren. Dies geschieht über die Eröffnung von sogenannten *Fällen.* Im Laufe des Buchs sind sie Ihnen bereits ein paar Mal begegnet.

Fälle können Sie im Vendor Central an verschiedenen Stellen eröffnen. Der gängige Weg führt über den Link *Hilfe* (*Support*) ganz oben über Navigationsleiste. Auf der Hilfeseite finden Sie ganz unten einen Button mit der Aufschrift *Kontaktieren Sie uns* (*Contact us*). Alternativ nutzen Sie den Link *Korrespondenz mit Amazon anzeigen* auf der Vendor-Central-Startseite ganz rechts. Hier erhalten Sie auch einen Überblick über alle offenen und geschlossenen Fälle.

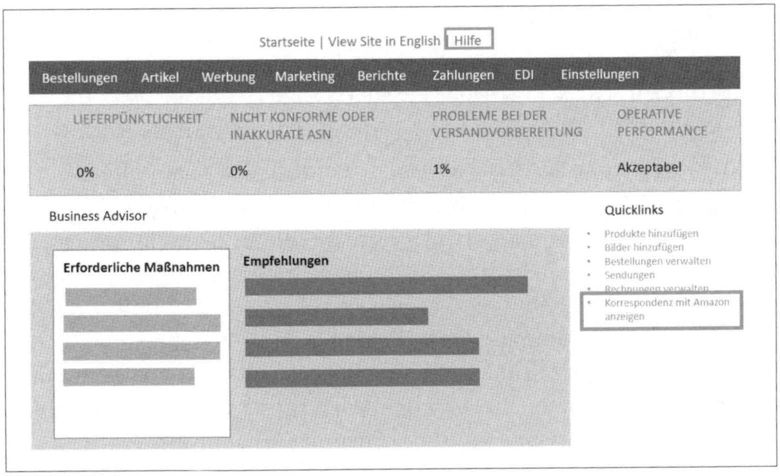

Abbildung 9-9: Über die Startseite führen verschiedene Wege zum Vendor-Support. (Quelle: Amazon/schematische Darstellung factor-a – part of Dept)

Das Fallmanagement kann viel Zeit und Nerven rauben. Hier ein paar nützliche Tipps:

Fünf goldene Regeln für das Fallmanagement

1. *Kommunizieren Sie kein Problem ohne Lösungsansatz!*

   Wenn Sie in der Nachricht einfach nur darauf hinweisen, dass etwas nicht funktioniert, wird Ihr Problem unter Umständen nach hinten geschoben oder gar nicht beachtet. Der jeweilige Vendor-Support sieht das Ticket, folgt seinem Entscheidungsbaum nach dem Motto »Geht nicht, kommuniziere ich nicht« und beschäftigt sich eher mit Fällen, die sich schneller lösen lassen.

   Hier ein Beispiel: Ein Hersteller stellt fest, dass ein Produkt seit vier Wochen nicht mehr von Amazon bestellt wird. Anstatt einfach einen Fall zu eröffnen und darauf hinzuweisen, betreibt der Vendor zunächst selbst Ursachenforschung. Er stellt fest, dass ein falscher Replenishment-Code hinterlegt ist, und bittet den Support, ihn umzustellen. Wenn Sie sich selbst Gedanken machen, sparen Sie Amazon Zeit und erhöhen die Wahrscheinlichkeit, dass sich ein Amazon-Mitarbeiter mit Ihrem Fall beschäftigt.

2. *Eröffnen Sie für jedes Problem einen separaten Fall!*

   Vendor-Supporter werden danach beurteilt, wie viele Fälle sie in einer bestimmten Zeit lösen können. Eröffnen Sie einen Sammelfall, der verschiedenen Probleme behandelt, braucht der jeweilige

Mitarbeiter länger für die Lösung und schiebt ihn eher nach hinten. Außerdem kann es passieren, dass er ihn als gelöst kennzeichnet, obwohl nur ein Teil der Probleme behoben wurde.

3. *Bleiben Sie hartnäckig!*

   Haken Sie jeden Tag in dem offenen Fall selbst nach, bis eine Lösung gefunden wurde. Mit jedem weiteren Eintrag erhöht sich aufgrund des internen Bewertungssystems die Dringlichkeit Ihres Falls.

4. *Öffnen Sie ungelöste Fälle wieder, statt neue Fälle zu eröffnen!*

   Häufig werden Fälle nach 14 Tagen geschlossen und als gelöst kommuniziert, ohne dass etwas getan wurde. In dem Fall bittet man Sie, einen neuen Fall zu eröffnen. Stattdessen sollten Sie einen anderen Weg gehen: Sie können von Amazon geschlossene Fälle, die nicht zur Lösung des Problems beigetragen haben, wieder öffnen. Hierfür steht Ihnen nur eine kurze Zeitspanne zur Verfügung. Das Wiederöffnen eines geschlossenen Falls setzt eine interne Eskalationsroutine in Gang und beschleunigt seine Lösung.

5. *Lassen Sie sich anrufen!*

   Je nach Fallkategorie haben Sie die Möglichkeit, sich vom Vendor-Support anrufen zu lassen, statt schriftlich einen Fall zu eröffnen. Häufig lassen sich Probleme auf diese Weise weitaus schneller lösen. Im Anschluss an das Gespräch fasst der Vendor-Support Ihr Anliegen schriftlich zusammen und erstellt automatisch einen Fall.

Datenanalyse mit Amazon Retail Analytics (ARA)

Datenanalysen gehören zu den durchgängigen Hausaufgaben, um den Umsatz auf Amazon langfristig zu steigern, sich Marktanteile zu sichern und stets die Kontrolle über sämtliche Prozesse zu behalten.

Bis hierher dürfte bereits klar geworden sein, dass zahlreiche Faktoren Einfluss auf den Absatz von Produkten nehmen. Die kontinuierliche Analyse der verfügbaren Daten ist notwendig und wichtig, um diesbezüglich richtige Einschätzungen treffen zu können und entsprechende Maßnahmen abzuleiten.

Geht ein Vendor zum Beispiel davon aus, dass seine Geschäfte auf Amazon gut laufen, weil seine ASINs hohe Verkaufsränge belegen, kann dies einen folgenschweren Fehlschluss darstellen. Ein hoher Verkaufsrang allein bedeutet für ihn schließlich noch nicht automatisch hohe Umsatz- und Verkaufszahlen. In unserem Beispiel belegen überwiegend Seller die Buybox, da die Produkte zeitweise nicht bei Amazon auf Lager lagen oder die Verkaufspreise des Handelsriesen im Vergleich zu hoch waren. Die Verkäufe verzeichneten in diesem Fall also nicht Amazon und damit der Vendor, sondern Seller. Hätte der Hersteller durch eine eingehende Datenanalyse frühzeitig erkannt, dass die entsprechenden KPIs negativ auffallen, hätte er korrigierend eingreifen können.

Es gilt, Problemen zweifelsfrei auf den Grund zu gehen und Potenziale aufzudecken. Gerade in Bezug auf die Zusammenarbeit mit Amazon spielt die Devise »Retail is Detail« eine nicht zu unterschätzende Rolle. Nur wer seine Daten im Griff hat, wird sich langfristig auf Amazon positionieren können.

Nach einem erfolgreichen Verkaufsstart stellen Reportings und datengetriebene Analysen die entscheidenden Werkzeuge der Wachstumsphase dar. Daten erhalten Vendoren unter anderem über *Amazon Retail Analytics* (*ARA*) und externe Softwarelösungen. Die Kunst besteht hierbei darin, wichtige KPIs zu identifizieren sowie richtig zu interpretieren und zu verknüpfen.

Die ARA-Reporting-Tools liefern zwar eine regelrechte Datenflut, allerdings verlieren sich Anwender häufig zwischen Amazon-spezifischen Kennzahlen und unverständlichen Bezeichnungen. Darüber hinaus gibt der Handelsriese in vielen Fällen lediglich relative Werte aus und keine absoluten Zahlen. Die folgenden Seiten sollen Ihnen dabei helfen, relevante operative Kennzahlen der ARA-Reporting-Tools herauszufiltern und zielgerichtet auszuwerten. Wir beziehen uns hierbei primär auf die englischsprachigen Versionen, da diese in der Regel verständlicher sind als die deutschsprachigen Übersetzungen.

ARA Basic und ARA Premium

Bei *Amazon Retail Analytics* (*ARA*) handelt es sich um eine in das Vendor Central integrierte Auswertungsschnittstelle, die alle Transaktionen, Daten und Zahlen rund um den eigenen Produktkatalog erfasst. Sie finden sie in der Navigationsleiste unter dem Punkt *Berichte*.

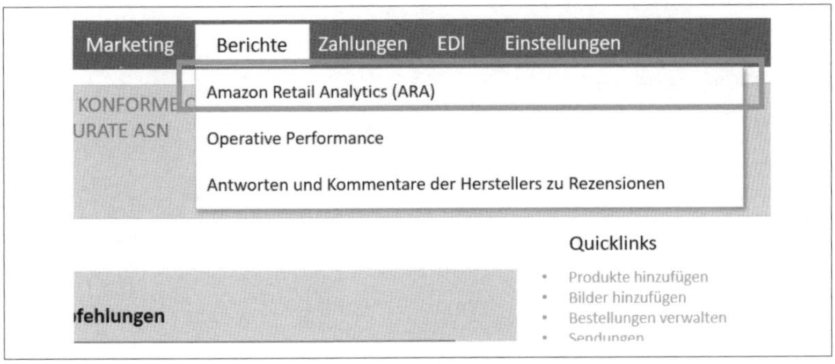

Abbildung 9-10: Über das Vendor Central gelangen Sie zu Amazons Reporting-Tools. (Quelle: Amazon/schematische Darstellung factor-a – part of Dept)

Das Amazon-eigene Reporting-Tool ist in zwei Versionen verfügbar: *ARA Basic* und *ARA Premium*. Während die Basisversion allen Vendoren kostenfrei zur Verfügung steht, wird für die Premium-Variante in der Regel 1 % des jährlichen Umsatzes fällig.

Praxistipp

Sie können versuchen, ARA Premium als Trade-off bei den initialen Vertragsverhandlungen oder im Jahresgespräch zu verhandeln (siehe hierzu auch in Kapitel 3 den Abschnitt »Einstieg als Vendor« auf Seite 35).

Vom Aufbau her unterscheiden sich die beiden Versionen mittlerweile kaum noch. Der wesentliche Unterschied liegt vielmehr in Umfang und Qualität der bereitgestellten Daten (siehe Tabelle 9-1). ARA Basic bietet Ihnen in erster Linie Verkaufs- und Lagerbestandsberichte. Über ARA Premium können Sie darüber hinaus das Kundenverhalten verfolgen.

Besonders spannend sind die Insights zu Keywords. Vendoren können über ARA Premium ihr Suchvolumen auf Amazon in Form eines Rankings abrufen. Darüber hinaus erhalten sie Angaben dazu, welche Produkte User zu den Suchanfragen angeklickt und gekauft haben. Hierbei handelt es sich um äußerst nützliche Daten für die Content-Optimierung sowie für Marketingmaßnahmen. Wer also tiefer in datengetriebene Analysen eintauchen möchte, kann auf ARA Premium kaum verzichten.

Tabelle 9-1: Überblick über verfügbare Reports in ARA Basic und ARA Premium im Vergleich

Report	ARA Basic	ARA Premium
Sales und Traffic Dashboards		
Sales Diagnostic	✓	✓
Sales Performance Trends	×	✓
Geographic Sales Insights	×	✓
Net PPM	×	✓
Pre-Orders	×	✓
Traffic Diagnostic	✓	✓
Real Time Sales	×	✓
Operations Dashboards		
Forecast and Inventory Planning	✓	✓
Inventory Health	✓	✓

Tabelle 9-1: Überblick über verfügbare Reports in ARA Basic und ARA Premium im Vergleich *(Fortsetzung)*

Report	ARA Basic	ARA Premium
Consumer Behavior Dashboards		
Amazon Search Terms	×	✓
Repeat Purchase Behavior	×	✓
Market Basket Analysis	×	✓
Item Comparison and Alternate Purchase Behavior	×	✓
Customer Reviews	×	✓
Catalogue		
Product Catalogue	✓	✓
Data Availability	✓	✓

Grundlegende Auswahlmöglichkeiten

In den verschiedenen Berichten finden Sie diverse Auswahlmöglichkeiten und Filteroptionen. Zur besseren Orientierung stellen wir die grundlegenden Funktionalitäten im Folgenden kurz vor.

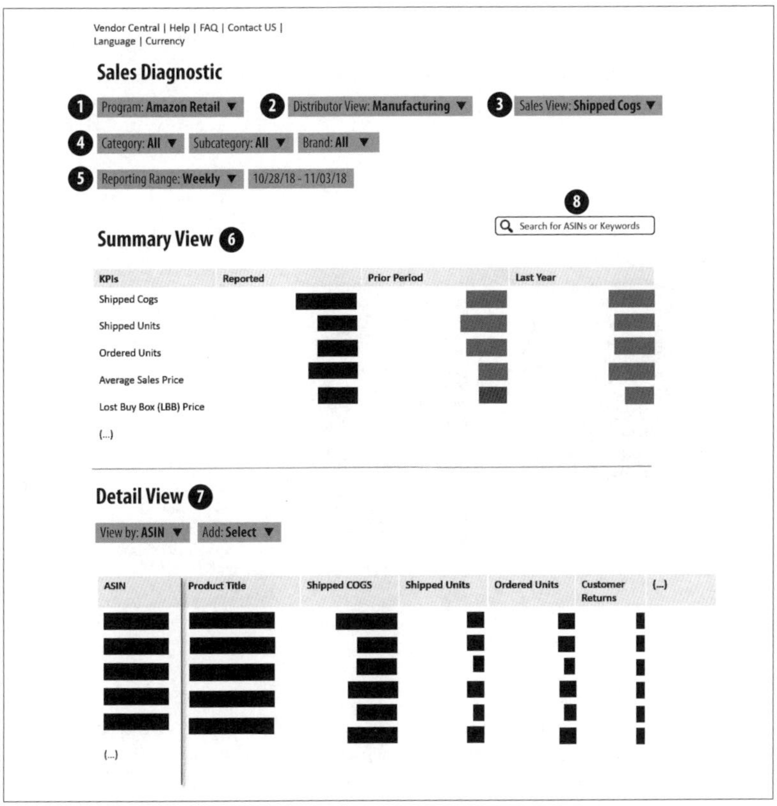

Abbildung 9-11: Beispielhafter Aufbau eines Berichts in ARA Premium (Quelle: factor-a – part of Dept)

Amazon-Programm (❶)

Hier können Sie auswählen, für welches Amazon-Programm die Daten angezeigt werden sollen. Zur Auswahl stehen derzeit beispielsweise *Retail*, *Fresh*, *Prime Now* und *Business*.

Distributor View (❷)

An dieser Stelle können Sie festlegen, welche Artikel bei der Betrachtung berücksichtigt werden sollen. Sie haben die Wahl zwischen den Optionen *Manufacturing* und *Sourcing*.

Die *Sourcing*-Ansicht erfasst Verkäufe von Artikeln, die Amazon tatsächlich über den jeweiligen Vendor bezogen hat. Produkte können dabei sowohl *Owned* als auch *Supplied Brands* sein. Die Zuordnung erfolgt über die Vendor-Codes.

Manufacturing berücksichtigt darüber hinaus alle von Amazon bezogenen Artikel, bei denen der Vendor als Markeninhaber registriert ist, also auch Produkte, die nicht direkt über ihn bezogen wurden.

Die *Manufacturing*-Ansicht ist vor allem für Hersteller interessant, sobald Eigenmarken von verschiedenen Vendoren angeboten werden. Dies ist zum Beispiel der Fall, wenn ein Vertriebsmodell gewählt wurde, bei dem ebenfalls über Drittanbieter an Amazon verkauft wird. ARA erfasst hier Owned-Brand-Umsätze, die sowohl intern über den eigenen Vendor-Code als auch über die Vendor-Codes von Drittanbietern erwirtschaftet wurden.

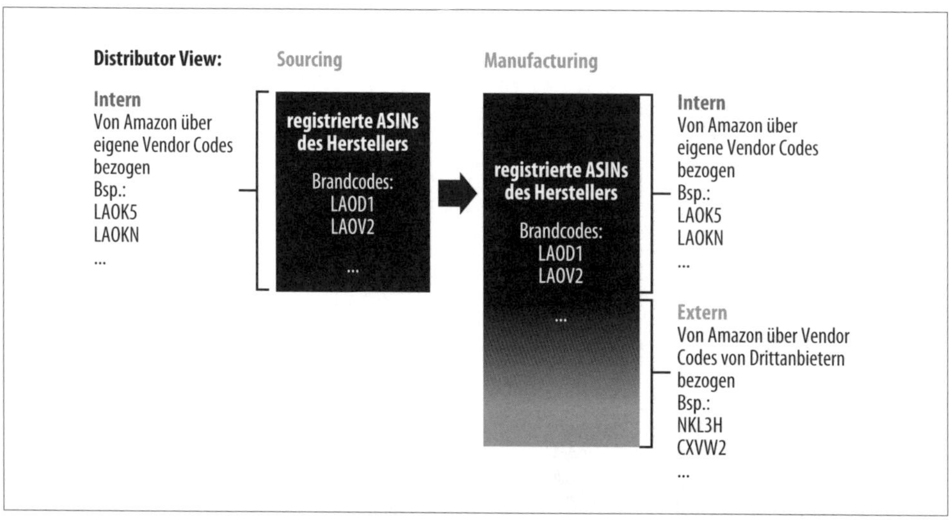

Abbildung 9-12: Bei Berichten wie *Sales Diagnostic* können Vendoren zwischen verschiedenen Lieferantenansichten wählen. (Quelle: factor-a – part of Dept)

Exkurs: Vendor- und Brand-Codes

Zum Verkaufsstart erhält jeder Vendor einen oder mehrere einzigartige *Vendor-Codes*, je nach Produktkategorien, Brands und Shipping. Es handelt sich meist um eine Kombination aus Zahlen und Buchstaben. Über diese Lieferantencodes lassen sich den jeweiligen Vendoren sämtliche Transaktionen eindeutig zuordnen.

Darüber hinaus gibt es sogenannte *Brand-Codes*. Jede registrierte Marke erhält einen Brand-Code, unter dem alle zugehörigen ASINs und Umsätze erfasst werden. Diese Markencodes werden zum Beispiel im NIS Sheet aufgeführt.

Die *Manufacturing*-Zuordnung orientiert sich an Brand-Codes, die *Sourcing*-Ansicht filtert die erfassten ASINs und Umsätze zusätzlich über die Vendor-Codes des jeweiligen Anwenders (siehe Abbildung 9-12).

> **Warnung**
>
> Damit Sie über ARA konsistente Daten erhalten, ist es sehr wichtig, dass Vendor-Codes, Brand-Codes und ASINs korrekt zugeordnet sind. Prüfen Sie dies rechtzeitig zum Verkaufsstart und eröffnen Sie gegebenenfalls Fälle, um die Zuordnung glattzuziehen.

Sind in ARA zum Beispiel veraltete Vendor-Codes oder Vendor-Codes von anderen Lieferanten hinterlegt, sind nicht nur verfälschte Daten die Folge. Falsche Zuweisungen können sich auch zu einem erheblichen Kostenfaktor entwickeln, wenn Retouren beispielsweise an den Hersteller zurückgeschickt werden, obwohl sie originär von einem anderen Vendoren bezogen wurden.

Häufiger treten Probleme mit veralteten oder falschen Brand-Codes auf. Nur wenn sie sauber zugeordnet sind, können sie einen Hinweis auf die Umsatzdaten anderer Vendoren und den Markttrend liefern.

Sales View (❸)

Sie können zwischen verschiedenen Verkaufsansichten wählen. Zur Auswahl stehen: *Ordered Revenue*, *Shipped Revenue* und *Shipped COGS* (siehe Tabelle 9-2 auf Seite 341).

Kategorien und Marken (❹)

Berichte können nach bestimmten Produktkategorien und Unterkategorien sowie nach Brands des Herstellers gefiltert werden.

Reporting-Zeitraum (❺)

Sie können festlegen, welche Zeiträume erfasst werden sollen. Daten lassen sich unter anderem auf Wochen-, Monats- und Jahresebene betrachten.

Nutzer der Premium-Version können zudem individuelle Zeitintervalle definieren. Ihnen steht außerdem eine größere Spannbreite an historischen Daten zur Verfügung. In ARA Basic können Sie in den meisten Reports lediglich aktuelle Zeiträume und festgelegte Intervalle davor (in der Regel auf Wochenbasis) einsehen. Auf Monatsebene werden Ihnen zum Beispiel lediglich der laufende sowie der vorherige Monat angezeigt. Dies macht es so gut wie unmöglich, Daten im historischen Verlauf zu analysieren, sofern sie nicht regelmäßig aus ARA Basic exportiert wurden.

> **Praxistipp**
>
> ARA-Basic-Nutzer sollten regelmäßig Berichte herunterladen, um einen lückenlosen historischen Datenverlauf zu erhalten.

ARA Premium erfasst demgegenüber Daten, die bis zu zwei Jahre zurückliegen. Zudem sind die Werte in der Regel zuverlässiger, wenn es um die Erfassung von aktuellen Zeiträumen geht. In ARA Basic kann es zu einer Verzögerung von drei bis vier Tagen kommen, bis alle Daten vollständig erfasst wurden.

Zusammenfassung und Detailansicht (❻ + ❼)

In einigen Berichten finden Sie eine Übersicht, in der sämtliche Werte für die definierten Produkte zusammengefasst sind (*Summary View*). Meist enthält der Überblick zudem Vergleichswerte zum Vormonat und -jahr.

Unter diesem Bereich werden die jeweiligen Kennzahlen auf ASIN-Levels aufgeführt (*Detail View*). Auch die Filterung nach Produktkategorien und Unterkategorien ist meist möglich.

Mithilfe eines Suchfelds können Sie sich außerdem anhand von Keywords oder ASINs Daten zu einzelnen oder einer spezifischen Auswahl an Artikeln anzeigen lassen (❽).

Beachten Sie bei der Anwendung, dass nicht alle Funktionalitäten in allen Berichten vorhanden sind. Für einige Reports gibt es außerdem spezifische Einstellungsoptionen. Darüber hinaus stehen manche Funktionen nur ARA-Premium-Nutzern zur Verfügung.

Generell gilt wie bei allen Bereichen, die Amazon betreffen: Da Amazon kontinuierlich an seinen Reporting-Tools arbeitet, sind laufend

Anpassungen möglich. Neue Berichte, Funktionen und Kennzahlen werden hinzugefügt, während andere aus der Auswertungsschnittstelle verschwinden. Auch die Konsistenz der Daten versucht der Handelsriese kontinuierlich zu verbessern.

Übersicht über zentrale ARA-Berichte

In diesem Kapitel lernen Sie die wesentlichen Berichte kennen, die über ARA Basic und ARA Premium verfügbar sind. Im Rahmen dessen stellen wir Ihnen wichtige Kennzahlen vor und gehen darauf ein, für welche Fragestellungen sich die verschiedenen Report-Arten eignen.

> **Hinweis**
>
> Einige Kennzahlen finden sich in verschiedenen Reports. Wo genau welche KPIs vertreten sind, können Sie folgender Matrix entnehmen: *https://arap.amazon.de/metriclocator.*

Sales Diagnostic (Verkaufsdiagnose)

Sales Diagnostic ist derzeit der umfassendste Bericht des ARA-Portfolios. Er beinhaltet die meisten Metriken, darunter diverse Verkaufsdaten. So liefert er über die *Manufacturing-* und *Sourcing-*Ansicht nicht nur die eigenen Vendor-Verkaufszahlen, sondern auch Verkaufszahlen von anderen Vendoren auf dem Marktplatz, die Produkte des Herstellers im Sortiment führen.

Des Weiteren enthält der Bericht Erkenntnisse zu Trends und Entwicklungen der Verkaufsmetriken zum Vorjahr und vergangenen Auswertungszeiträumen.

Indem er Informationen zu Verfügbarkeit und Buybox-Situation bereitstellt, lassen sich mit seiner Hilfe außerdem Probleme aufdecken, die sich auf die Umsatzleistung auswirken.

Tabelle 9-2: Übersicht der wichtigsten Kennzahlen aus dem Bericht Sales Diagnostic (Quelle: factor-a – part of Dept)

KPI	Definition	Hinweis
Sales Views		In Ara Premium können Sie zwischen verschiedenen Sales Views wechseln (siehe Abbildung 9-11, Punkt 3).
• Shipped COGS (Shipped Costs Of Goods Sold)	• Verkaufte Einheiten x Einkaufspreis. • Umsatz der versandten Einheiten an Endkunden abzüglich Retouren.	• Hierbei handelt es sich um eine äußerst wichtige Kennzahl, da sie den Sell-out wiedergibt. • Berechnung des Umsatzes erfolgt auf Basis der Netto-Einkaufspreise an Amazon.

Tabelle 9-2: Übersicht der wichtigsten Kennzahlen aus dem Bericht Sales Diagnostic (Quelle: factor-a – part of Dept) *(Fortsetzung)*

KPI	Definition	Hinweis
Ordered Revenue (1)	Von Kunden bestellte Einheiten x Verkaufspreis.	• Berechnung des Umsatzes erfolgt auf Basis der durchschnittlichen Verkaufspreise an den Endkunden (Average Sales Price). • Retouren werden abgezogen.
Shipped Revenue (1)	An Kunden versandte Einheiten x Verkaufspreis.	
Ordered Units (2)	Anzahl der von Endkunden bestellten Einheiten.	Gehen Ordered Units und Shipped Units weit auseinander, sollten Sie der Sache auf den Grund gehen: Wurden Bestellungen storniert? Wenn ja, warum? Gab es Verfügbarkeits- oder Lieferschwierigkeiten?
Shipped Units	Anzahl der an Endkunden versandten Einheiten.	Absatzzahlen können u. a. für die Lagerbestandsplanung und Verbrauchsmengenanalysen genutzt werden.
Customer Returns	Anzahl der retournierten Artikel von Endkunden an Amazon.	Mithilfe der Daten können Sie ermitteln, wie hoch der Anteil an Artikeln ist, die von Endkunden retourniert wurden. Stellen Sie auf ASIN-Ebene fest, dass der Anteil vergleichsweise hoch ist, kann dies ein Indikator dafür sein, dass es Probleme mit dem Artikel an sich oder dem Content der Detailseite gibt.
Negative Glance Views		
Rep OOS % (2) (Replenishable Out of Stock)	• Seitenaufrufe einer ASIN, die zum Zeitpunkt des Aufrufs nicht verfügbar war, aber im automatischen Bestellalgorithmus als nachbestellbar hinterlegt ist. • Dargestellt als prozentualer Anteil der Gesamtanzahl an Seitenaufrufen.	• Eine sehr wichtige Kennzahl, da sie die Verfügbarkeit der ASINs wiedergibt. • Idealerweise sollten die Werte bei Ihren Top-Produkten immer unter 5 % liegen. • Ist das nicht der Fall oder fallen die Werte bei anderen Artikeln vergleichsweise hoch aus, gilt es Ursachenforschung zu betreiben (siehe »Verfügbarkeit« unter »Full Management zentraler Einflussfaktoren« weiter unten in diesem Kapitel).
LBB (Price) % (2) (Lost Buy Box Due To Price)	• Seitenaufrufe, bei denen der Artikel vorrätig war, aber das Einkaufswagenfeld aufgrund des Preises verloren wurde. • Dargestellt als prozentualer Anteil der Gesamtanzahl an Seitenaufrufen.	• Verliert Amazon die Buybox, gehen die Sales an Seller. Dies wirkt sich negativ auf den Sell-out der Vendoren aus. • Fallen die Werte vergleichsweise hoch aus, kann dies auf Probleme bei der Preispolitik des Herstellers hinweisen. • Idealerweise sollten die Werte bei Ihren Top-Produkten immer unter 5 % liegen.
Average Sales Price (2)	Durchschnittlicher Verkaufspreis an den Endkunden pro versandte Einheit.	
(1) nur in ARA Premium verfügbar (2) nur über Manufacturing-Ansicht verfügbar		

Anwendungsbeispiele

1. Umsatzanalysen

Die Datensätze zu den Verkaufszahlen können in Umsatzkategorien eingeordnet und für eine Priorisierung genutzt werden. Auf Basis dessen lassen sich strategische Fragen beantworten und Entscheidungen treffen. Dazu gehören unter anderem:

- Welche Artikel sind in Bezug auf Umsatz und Absatz die Top-Produkte des Vendors?
- Wie viel Umsatz erwirtschaftet der Vendor mit seinen Top-Produkten bzw. seinem Gesamtportfolio?
- Welche Produkte zeichnen sich durch einen geringen Umsatzanteil aus und sollten selektiert oder durch geeignete Marketingmaßnahmen gefördert werden?
- Wie viele Produkte aus dem Portfolio erwirtschaften 80% des Gesamtumsatzes?
- Welche Produkte tragen zur Kostendeckung und zum Gewinn des Unternehmens bei?

Mithilfe der bereitgestellten Daten können Sie Ihre Produkte zum Beispiel nach Umsatzanteil sowie Deckungsbeitragsanteil klassifizieren und hinsichtlich ihrer Zielerreichung analysieren (ABC-Analyse). Auf diese Weise lassen sich aus einer Menge an Produkten die umsatzstärksten Produkte herausfiltern.

Die gewonnenen Erkenntnisse helfen Vendoren dabei, sich auf ihre Umsatztreiber zu fokussieren und Ressourcen auf dem Marktplatz zielgerichtet einzusetzen. Außerdem lassen sich bisher schwache Produkt mit Potenzial identifizieren, die durch die verfügbaren Amazon-Instrumente gepusht werden können.

2. Hinweise auf Cross-Border und Fremd-Sourcing identifizieren

Der Abgleich von Verkaufszahlen in der *Sourcing*- und der *Manufacturing*-Ansicht kann Hinweise dazu liefern, ob Amazon Produkte des Herstellers von anderen Quellen bezieht.

Sind die Werte in der *Manufacturing*-Ansicht höher als in der *Sourcing*-Ansicht, bezieht der Handelsriese Produkte mit den Brand-Codes des Herstellers nicht nur über die eigenen Vendor-Codes, sondern auch über externe Vendor-Codes. Hierbei handelt es sich um den Regelfall. Um die Verfügbarkeit zu gewährleisten und sich die bestmöglichen Konditionen zu sichern, verlässt sich der Handelsriese meist nicht auf einen einzigen Lieferanten.

Bei den anderen Lieferanten kann es sich beispielsweise um Großhändler oder um Zweigstellen des Herstellers in anderen Ländern handeln, auf deren Amazon-Marktplätzen er ebenfalls vertreten ist. Hier ein Beispiel: Ein Hersteller verkauft auf Amazon.de, Amazon.fr und Amazon.co.uk. Da die UK-Abteilung die Produkte des Herstellers zu einem günstigeren Konditionsgefüge liefert, importiert Amazon die Artikel von dort und bietet sie auf dem deutschen Marktplatz an. Dies kann passieren, wenn Vendor-Verträge auf Länderebene verhandelt wurden statt auf internationaler (siehe hierzu auch in Kapitel 3, »Einstieg als Vendor« auf Seite 35).

Ein Indiz hierfür ist beispielsweise, wenn die Sell-out-Daten in DE vergleichsweise hoch und die in UK weitaus niedriger ausfallen, dort allerdings der Sell-in in Relation dazu auffällig hoch ist. Um herauszufinden, welche Landesgesellschaft die meisten grenzüberschreitenden Produkte an DE liefert, sollte der Hersteller die Daten aller EU-Länder vergleichen.

Praxistipp

Analysieren Sie im Fall von Cross-Border Sourcing Daten zu Sell-out, POs und Net Received aller (EU-)Länder, um aufzudecken, welcher Markt den größten Vorteil aus der aktuellen Situation zieht.

Bei welchem Lieferanten der automatisierte Bestellalgorithmus schließlich Produkte ordert, wird von einer Vielzahl an Faktoren bestimmt. Hierzu gehören unter anderem Lieferzeiten, Einkaufspreise, Mindestbestellmengen und Backend-Konditionen.

Traffic Diagnostic (Traffic-Diagnose)

Wie der Name schon sagt, liefert dieser Bericht Informationen zu Aktivitäten der Seitenbesucher auf den Produktdetailseiten des Vendors. Allerdings werden die Kennzahlen teilweise nur in prozentualer Veränderung zu vergangenen Zeitperioden ausgegeben.

Tabelle 9-3: Übersicht der zentralen Kennzahlen aus dem Bericht Traffic Diagnostic (Quelle: factor-a – part of Dept)

KPI	Definition	Hinweis
% of total Glance View (GV)	Seitenaufrufe einer ASIN bzw. Kategorie im Verhältnis zur Gesamtanzahl aller Seitenaufrufe von ASINs, die dem Vendor zugeordnet sind.	• Glance Views (auch Impressions genannt) meinen im Amazon-Kosmos Seitenaufrufe. • Anhand dieser Metrik können Vendoren analysieren, welche ASINs aus dem eigenen Portfolio sich User im Vergleich am häufigsten anschauen.

Tabelle 9-3: Übersicht der zentralen Kennzahlen aus dem Bericht Traffic Diagnostic (Quelle: factor-a – part of Dept) *(Fortsetzung)*

KPI	Definition	Hinweis
Conversion Percentile (1)	• Prozentsatz-Ranking einer ASIN, basierend auf der Conversion Rate. • Die Berechnung erfolgt innerhalb der spezifischen Produktgruppe der ASIN in einem bestimmten Zeitraum. • ASINs mit der höchsten Conversion Rate erreichen 100 %, ASINs mit der niedrigsten 0 %.	• Als Conversion bezeichnet man in diesem Kontext, wenn User eine Produktseite aufrufen und eine Bestellung aufgeben. • Diese Metrik kann als Indikator dafür dienen, wie die eigenen Produkte innerhalb der jeweiligen Produktgruppe performen, um so Optimierungspotenziale aufzudecken und Top-Performer zu identifizieren. • Wie gut erfüllen die ASINs Conversion-Faktoren?
Change in Glance View %	Prozentuale Veränderung der Seitenaufrufe im Vergleich zum vorherigen Zeitintervall bzw. Vorjahr.	• Beispielformel: ((aktuelles Jahr – Vorjahr) / Vorjahr) x 100 • KPIs zu Unique Visitors drücken aus, wie viele Personen eine Detailseite in der definierten Zeitspanne besucht haben. Glance-View-KPIs differenzieren demgegenüber nicht nach einzelnen Usern. Hier werden also auch wiederholte Seitenaufrufe von denselben Usern erfasst. • Conversion- und Glance-View-Trends sind unter der *Manufacturing*-Ansicht in ARA Premium ebenfalls im Bericht Sales Diagnostic aufgeführt.
Change in Unique Visitors %	Prozentuale Veränderung der Seitenaufrufe von einzeln erfassten Usern im Vergleich zum vorherigen Zeitintervall bzw. Vorjahr.	
Change in Conversion %	Prozentuale Veränderung der Conversions im Vergleich zum vorherigen Zeitintervall bzw. Vorjahr.	
Fast Track Glance View %	Prozentualer Anteil der Seitenaufrufe, bei denen das Angebot in der Buybox als *Fast Track* angezeigt wurde, im Vergleich zur Gesamtzahl der Seitenaufrufe.	• Als Fast Track definiert Amazon, dass Produkte innerhalb von 24 Stunden an den Endkunden lieferbar sind, wenn die Bestellung innerhalb eines definierten Zeitfensters erfolgt. • Voraussetzung für die Prime-Fähigkeit.
*(1) nur in ARA Premium verfügbar		

Anwendungsbeispiele

1. Performanceanalyse der eigenen Produkt-Listings

Mithilfe der verfügbaren Traffic-Kennzahlen können Sie im Rahmen der Möglichkeiten analysieren, wie Ihre Listings auf dem Marktplatz performen. Sie liefern Ihnen Hinweise dazu, ob in Bezug auf den Traffic Optimierungsbedarf besteht – sowohl im Hinblick auf die Quantität als auch auf die Qualität. Haben Sie Optimierungsmaßnahmen vorgenommen, können Sie hier Ihren Erfolg überprüfen.

Der Report kann unter anderem zur Beantwortung der folgenden Fragestellungen herangezogen werden:

- Sind Marketingkampagnen und Content-Optimierungsmaßnahmen zielführend und erfolgreich?
- Werden die inhaltlichen Botschaften über die Produktdetailseite transportiert?
- Wo liegen in der Customer Journey Schwachstellen?
- Ist der Traffic des Herstellers im Jahresvergleich gesunken aufgrund von 3P- bzw. Drittanbieter-Wettbewerbs- und Marketingaktivitäten?

Im Laufe des Kapitels sind wir bereits mehrfach darauf eingegangen, dass einige Werte nur in relativer Form ausgegeben werden. Dies betrifft insbesondere den Bericht Traffic Diagnostic. Nehmen wir zum Beispiel *Change in Glance View* oder *Change in Conversion*. Sie geben lediglich die Entwicklung zum vorherigen Zeitraum aus, nicht aber absolute Zahlen oder gar die *Conversion Rate*.

Informationen zur Anzahl der Seitenaufrufe suchen Vendoren in ARA vergeblich. Hierbei würde es sich allerdings um wertvolle Daten handeln, da man anhand dessen die Conversion Rate berechnen könnte. Sie drückt aus, wie gut es Ihnen tatsächlich gelingt, potenzielle Kunden in Käufer zu verwandeln. Wo Vendoren selbst mit ARA Premium an ihre Grenzen stoßen, können externe Softwarelösungen weiterhelfen.

Aufgrund ihrer Relativität ist Vorsicht geboten, wenn Sie die über ARA verfügbaren KPIs zur Analyse heranziehen. Es können sich bei oberflächlicher Betrachtung Fehlschlüsse einschleichen, die zum Beispiel dazu führen, dass Optimierungspotenziale unerkannt bleiben.

Hier ein Beispiel: Ein Vendor schaut sich den Change in Conversion für den vergangenen Monat an. Für ASIN A werden 95% angezeigt und für ASIN B -10%. Nun geht der Vendor davon aus, dass ASIN A besser performt als ASIN B. Dies muss jedoch überhaupt nicht der Fall sein. Es kann durchaus sein, dass ASIN B gegenüber ASIN A eine deutlich höhere Conversion Rate aufweist. Schließlich sagt die KPI Change in Conversion lediglich aus, dass sich die Anzahl der Conversions im Vergleich zum Vormonat um 95% gesteigert hat bzw. um 10% gesunken ist.

Um die Metriken zur Erfolgsmessung verwenden zu können, ist es wichtig, sie im historischen Verlauf zu betrachten: Verändert sie sich von Monat zu Monat zum Positiven oder zum Negativen?

2. Fast Track Glance View: eine wichtige Metrik für die Prime-Fähigkeit

Ob sich Produkte für eine Fast-Track-Lieferung an den Endkunden eignen, hat maßgeblichen Einfluss auf ihre Gesamtperformance, denn in der Regel müssen Produkte diese Anforderung erfüllen, um als

Prime-fähig angezeigt zu werden. Ausnahmen hiervon können bestehen, wenn mit Amazon spezielle Konditionen verhandelt wurden.

Die Prime-Fähigkeit von Artikeln kann sich bekanntermaßen stark auf die Kaufentscheidung auswirken. Insbesondere Prime-User werden sich in den meisten Fällen verständlicherweise eher für das Produkt entscheiden, das Ihnen innerhalb von kurzer Zeit kostenfrei zugestellt wird. Aber auch für User ohne den Premium-Account stellt der Prime-Batch eine Art Gütesiegel dar, dem sie Vertrauen schenken.

> **Hinweis**
>
> Egal wie viel Marketingbudget Sie in Maßnahmen investieren, um Traffic auf Ihre ASINs zu leiten: Es wird sich nur dann auszahlen, wenn potenzielle Kunden schließlich auch in den Kauf konvertieren. Fakt ist, dass dies durch die Prime-Fähigkeit begünstigt wird. Je höher die Fast Track Glance View Rate ist, umso mehr Usern werden ASINs als Prime-fähig angezeigt. Die Benchmark liegt bei 75%.

Abbildung 9-13: Auf Produktdetailseiten erscheint das Fast-Track-Lieferversprechen meist in dieser Form. (Quelle: amazon.de)

Damit das Lieferversprechen eingehalten werden kann, müssen verschiedene Voraussetzungen erfüllt werden. Die Metrik Fast Track bezieht unter anderem mit ein,

- ob Artikel im Fulfillment-Center vorrätig sind,
- ob Amazon die Buybox gewinnt,

- in welchem Zustand Warenanlieferungen im Fulfillment-Center eintreffen (müssen die Produkte dort noch für den Versand an den Endkunden vorbereitet werden, oder können sie sofort ausgeliefert werden),
- wie die operative Leistung der Vendoren in der Vergangenheit ausfiel.

Um die Fast Track Glance View Rate zu optimieren, können Lieferanten folglich an den entsprechenden Stellschrauben drehen.

Forecast and Inventory Planning (Prognose und Bestandsplanung)

Der folgende Bericht bietet Einblick in Nachfrageprognosen und soll Vendoren bei der Planung des eigenen Warenbestands unterstützen. Er ist ausschließlich in der *Manufacturing*-Ansicht verfügbar. Die Prognosen beziehen sich folglich auf die voraussichtliche Kundennachfrage für alle registrierten Marken des Herstellers und werden unabhängig von Lieferanten kalkuliert.

Für die Berechnung berücksichtigt der Handelsriese verschiedene Faktoren. Hierzu gehören Traffic, historische Verkaufszahlen und eventuelle Marketingmaßnahmen über Amazon.

Tabelle 9-4: Übersicht der wichtigsten Kennzahlen aus dem Bericht Forecast and Inventory Planning (Quelle: factor-a – part of Dept)

KPI	Definition	Hinweis
Unfilled Customer Ordered Units	Von Endkunden bestellte Einheiten, die (noch) nicht an sie versandt wurden.	
Available Inventory	Anzahl der vorrätigen Einheiten, die auf der Produktdetailseite erfasst wird, sofern Amazon die Buybox gewinnt.	Ab einer bestimmten Anzahl erscheint nur der Hinweis *Auf Lager*, keine spezifische Mengenangabe.
Weeks on Hand	Anzahl der abgedeckten Wochen auf Basis der prognostizierten Nachfrage und dem vorrätigen Lagerbestand.	Gibt Amazons derzeitige Lagerreichweite wieder.
Open Purchase Orders Quantity	Anzahl der bestellten Einheiten, die derzeit nicht von Amazon vereinnahmt worden sind.	Liefert Informationen dazu, dass Amazon bei Artikeln auf eine Lieferung von Vendoren wartet.
Receive Fill Rate %	Von Amazon vereinnahmte Einheiten im Verhältnis zur Anzahl der Einheiten, die von Vendoren bestätigt wurden.	Kann Hinweise auf mangelndes PO-Management oder Lieferprobleme geben.
Overall Vendor Lead Time (days) (VLT)	Vorlaufzeit zur Erfüllung einer Bestellung in Tagen.	Sie wird vom Zeitpunkt, an dem Amazon eine Bestellung einbucht, bis zum Zeitpunkt, an dem die Ware im Amazon-Lager eintrifft, gemessen.

Tabelle 9-4: Übersicht der wichtigsten Kennzahlen aus dem Bericht Forecast and Inventory Planning (Quelle: factor-a – part of Dept) *(Fortsetzung)*

KPI	Definition	Hinweis
Week - X Ordered Units	Von Endkunden bestellte Einheiten in den letzten 13 Wochen.	Gibt die tatsächliche Nachfrage wieder.
Week - X Forecast	Anzahl der Einheiten, die Endkunden in den kommenden Wochen voraussichtlich bestellen.	Die Nachfrageprognose erfolgt bis zu 26 Wochen im Voraus.

Anwendungsbeispiele

1. Produktions- und Lagerbestandsplanung

Vendoren können für ihre Bestandsplanung vier verschiedene Forecasts heranziehen, die sich durch ihr sogenanntes *Probability-Level (P-Level)* unterscheiden. Es drückt aus, wie hoch die Wahrscheinlichkeit ist, dass der prognostizierte Bedarf mit der Anzahl der angezeigten Einheiten gedeckt werden kann.

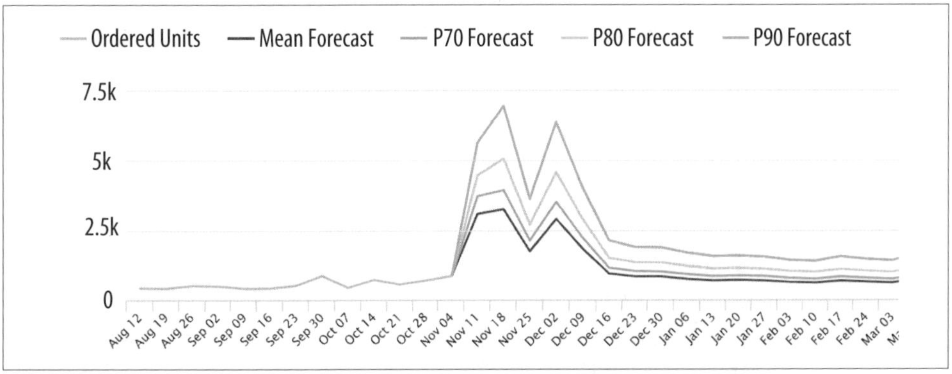

Abbildung 9-14: Amazon gibt Nachfrageprognosen anhand unterschiedlicher Wahrscheinlichkeitslevels (P-Levels) aus. (Quelle: vendorcentral.amazon.de)

Je höher das Probability-Level, umso mehr Warenbestand benötigen Lieferanten, um der erwarteten Kundennachfrage gerecht zu werden. Sicherheitsbestände seitens Amazon werden bei der Kalkulation nicht berücksichtigt. Folgende Levels stehen zur Auswahl:

- *P70*: Die Wahrscheinlichkeit liegt bei 70 %, dass die Anzahl der angezeigten Einheiten oder weniger bestellt wird. Es besteht eine Wahrscheinlichkeit von 30 %, dass die Nachfrage höher ist.
- *P80*: Die Wahrscheinlichkeit liegt bei 80 %, dass die Anzahl der angezeigten Einheiten oder weniger bestellt wird. Es besteht eine Wahrscheinlichkeit von 20 %, dass die Nachfrage höher ist.

- *P90*: Die Wahrscheinlichkeit liegt bei 90 %, dass die Anzahl der angezeigten Einheiten oder weniger bestellt wird. Es besteht eine Wahrscheinlichkeit von 10 %, dass die Nachfrage höher ist.
- *Mean*: Die Mittelwertprognose empfiehlt sich für Vendoren, die mehr Zeit benötigen (sechs Wochen und länger), um ihren Warenbestand anzuliefern.

Für welches Level sich Vendoren entscheiden, nimmt entscheidenden Einfluss auf den Warenbestand, den sie für ihr Amazon-Business einkalkulieren. Die Entscheidung stellt daher eine große Herausforderung dar. Schließlich sollten vor allem umsatzstarke Produkte aus dem eigenen Sortiment nicht Out of Stock geraten.

Die Anforderungen an die interne Bestandsplanung und Logistik werden dadurch verstärkt, dass Amazon sehr bedarfsgesteuert bestellt. Beispiel: Es kann passieren, dass Amazon ad hoc nur eine einzelne Unit bestellt, weil ein Kunde ein Produkt bestellt, das nicht auf Lager liegt. Amazon tendiert immer weniger dazu, Großbestellungen aufzugeben. Stattdessen verlässt sich der Handelsriese zunehmend darauf, dass Vendoren genau dann liefern, wenn er die Waren benötigt.

Hinweis

Amazon bewertet Lieferanten positiv, die ihre Artikel immer auf Lager haben und kleine Bestellungen akzeptieren.

Um die Verfügbarkeit nicht zu gefährden, sollten Sie Daten auf Ihre Konsistenz prüfen. Hierzu vergleichen Sie die Prognosewerte mit den tatsächlichen Kunden- und Amazon-Bestellungen. Auf diese Weise können Sie ermitteln, welches P-Level den tatsächlichen Bestellmengen von Amazon am nächsten kommt.

Die entsprechenden Werte sollten kontinuierlich getrackt und gegenübergestellt werden. Spätestens im August empfiehlt es sich für viele Hersteller, den Forecast für das vierte Quartal genau zu prüfen und mit den Daten aus dem Vorjahr zu vergleichen. In zahlreichen Kategorien machen sie hier 50 % ihres Jahresumsatzes.

Allerdings sind die Kapazitäten in Amazon-Fulfillment-Centern häufig nicht so konstruiert, dass sie dem erhöhten Warenansturm gerecht werden können. Oft kommt es zu Chaos beim Wareneingang. Dies führt dazu, dass die Time Slots bei der Avisierung immer weiter in der Zukunft liegen, was sich wiederum auf die Vendor Lead Time auswirkt. Gerade wenn Sie große Mengen anliefern möchten, sollten Sie versuchen, für das vierte Quartal einen festen Anlieferslot in den jeweiligen Fulfillment-Centern zu bekommen.

Praxistipp

Marketingmaßnahmen außerhalb von Amazon werden bei der Prognose nicht berücksichtigt. Auch fließen über Amazon Advertising geschaltete Kampagnen nicht mit Sicherheit in die Kalkulation mit ein. Daher kann es Sinn ergeben, ihren Vendor Manager im Vorhinein über geplante Aktionen zu informieren und größere Abnahmemengen zu verhandeln, um währenddessen nicht Out of Stock zu laufen.

Ziehen Sie die Forecasts für Ihre Produktions- und Lagerbestandsplanung heran, sollten Sie sich außerdem immer darüber bewusst sein, dass es sich lediglich um Richtwerte handelt und es keine Garantie gibt, dass Amazon tatsächlich POs bei Ihnen auslöst. In der Regel sind Sie schließlich nicht die einzige Quelle, von der Amazon seine Waren bezieht. Womit wir bereits bei einem weiteren Punkt wären, der wesentlichen Einfluss auf Ihre Geschäfte mit Amazon nimmt und über den Sie wichtige Erkenntnisse aus dem Report ziehen können.

2. Analyse der Lieferantenperformance

Bei vergleichbaren Konditionen, wie Einkaufspreise und Verfügbarkeit, zieht Amazon in der Regel die *Vendor Lead Time* (*VLT*) heran, um zu entscheiden, bei welchem Vendor Produkte geordert werden. Der Vendor mit der kürzesten VLT erhält in diesem Fall den Zuschlag. Sie stellt neben anderen Faktoren folglich eine wichtige Metrik für die Lieferantenperformance dar und sollte laufend im Auge behalten werden.

Des Weiteren spielt für die Lieferantenzuverlässigkeit die Receive Fill Rate eine entscheidende Rolle. Sie gibt an, wie gut es Vendoren gelingt, bestätigte POs auch zu erfüllen. Amazon erwartet von seinen Lieferanten bekanntermaßen, dass sie alle eingehenden POs bestätigen und die Waren im vorgegebenen Zeitfenster liefern. Ist dies aufgrund mangelnder Verfügbarkeit der eigenen Bestände nicht möglich, drohen unter anderem Ausgleichszahlungen und schlechte Bewertungen der Lieferantenleistung. Auch deshalb ist es wichtig, ausreichend Bestand für Amazon einzukalkulieren.

Warnung

Reichen Ihre Warenbestände nicht aus, um Amazons POs zu erfüllen, kann sich dies nicht nur negativ auf die Verfügbarkeit auf dem Marktplatz auswirken, sondern auch auf die Bewertung ihrer allgemeinen Lieferantenperformance und damit auf Amazons Kaufentscheidung.

Gelingt das nicht, zeigt sich dies in den beschriebenen Kennzahlen. Sobald sie sich verschlechtern, sollten Vendoren den Ursachen hierfür auf den Grund gehen. Weitere Hinweise auf eine mangelnde operative Performance finden Sie zudem im gleichnamigen Bericht im Vendor Central.

Inventory Health (Zustand des Lagerbestands)

Dieser Bericht liefert Ihnen Informationen zu Bestelleinheiten und der Verfügbarkeit Ihres Sortiments auf Amazon. Die Kennzahlen geben zudem Hinweise zu dem Zustand und der Entwicklung Ihres Inventars in Amazon-Fulfillment-Centern.

Tabelle 9-5: Übersicht der wichtigsten Kennzahlen aus dem Bericht Inventory Health (Quelle: factor-a – part of Dept)

KPI	Definition	Hinweis
• Net Received • Net Received Units	Von Amazon bestellter Nettobetrag bzw. Einheiten abzüglich Retouren von Amazon an die Lieferanten.	• Diese KPIs geben den Sell-in wieder. • Berechnung des Umsatzes erfolgt auf Basis der Nettoeinkaufspreise an Amazon. • Da Retouren in die Berechnung einfließen, sind die Werte volatil.
Sell-Through Rate %	• Abverkaufsrate. • Anzahl der an Endkunden versandten Einheiten im Verhältnis zur Anzahl der Einheiten, die zu Beginn des gewählten Zeitfensters bei Amazon auf Lager lagen und die Amazon im gleichen Zeitraum erhalten hat.	• Formelbeispiel: Versandte Einheiten / (Einheiten im Amazon-Lager + von Amazon erhaltene Einheiten) * 100 • Gibt die Lagerumschlagsgeschwindigkeit wieder. • Kann zur Identifikation von Schnell- und Langsamdrehern (»Renner und Penner«) herangezogen werden.
Sellable On Hand Inventory/ Units	Verkaufsfähiger Bestand in Amazon-Lagern in Form von Warenwert bzw. Einheiten.	Erfasst am letzten Tag des ausgewählten Zeitraums.
Sellable On Hand Inventory Trailing 30-day Average	• Durchschnittlicher Warenwert des verkaufsfähigen Lagerbestands der letzten 30 Tage.	
Aged 90+ Days Sellable Inventory/Units	• Verkaufsfähiger Bestand in Amazon-Lagern, der älter als 90 Tage ist. • In Form von Warenwert bzw. Einheiten.	Erfasst am letzten Tag des ausgewählten Zeitraums.

Tabelle 9-5: Übersicht der wichtigsten Kennzahlen aus dem Bericht Inventory Health (Quelle: factor-a – part of Dept) *(Fortsetzung)*

KPI	Definition	Hinweis
Unsellable Inventory/Units	• Vorrätiger Bestand, der aufgrund seines Zustands unverkäuflich ist. • In Form von Warenwert bzw. Einheiten.	Erfasst am letzten Tag des ausgewählten Zeitraums.
Unhealthy Inventory/Units (1)	Nicht marktfähiger Lagerbestand in Form von Warenwert bzw. Einheiten.	Überbestand basierend auf der prognostizierten Kundennachfrage.
Replenishment Category	Auffüllcode	Jede ASIN verfügt über einen Replenishment-Code, der Informationen zum Bestellstatus liefert, der bei Amazon hinterlegt ist.
* (1) nur über Manufacturing-Ansicht verfügbar		

Anwendungsbeispiele

1. Replenishment-Codes: Welche Produkte bestellt Amazon nicht (mehr)?

Anhand der sogenannten *Replenishment-Codes* können Vendoren erkennen, ob Amazon plant, ein Produkt weiterhin zu bestellen oder nicht. Daher ist es äußerst wichtig, sie laufend im Blick zu behalten, um rechtzeitig korrigierend eingreifen zu können. Sie finden die Codes nicht nur im Bericht Inventory Health, sondern zum Beispiel auch unter den Informationen zu Ihrem Katalog im Vendor Central.

Produkte können unter anderem die folgenden Codes aufweisen:

Tabelle 9-6: Übersicht über die Replenishment-Codes (Quelle: factor-a – part of Dept)

Replenishment-Code	Definition
Planned Replenishment (PR)	Amazon plant, das Produkt regulär zu bestellen.
New Product (NP)	Produkt ist als neu registriert.
Non-Replenishable (NR)	Produkt wird von Amazon aufgrund von Problemen bei POs als nicht lieferbar eingestuft.
Obsolete (OB)	Produkt nicht mehr lieferbar.
Out Of Season (OS)	Produkt derzeit nicht verfügbar.
Dropship	PO erfolgt erst nach der Kundenbestellung.
Basic Replenishment (BR)	Amazon gibt POs nur manuell auf.

Spätestens wenn Sie merken, dass Produkte, die eigentlich weiter geordert werden sollten, auf *Obsolete* oder *Non-Replenishable* stehen, sollten die Alarmglocken schrillen. Der Statuswechsel kann ganz unterschiedliche Gründe haben. Sie reichen von simplen Fehlern im Amazon-System über Profitabilitätsprobleme bis hin zu Schwierigkeiten in der Lieferkette.

2. Potenziellen Überbestand identifizieren

Anhand der verfügbaren Metriken können Sie erkennen, bei welchen Artikeln ein Überbestand im Amazon-Lager vorhanden ist. Auch größere Mengen an Artikeln, die bereits seit über 90 Tagen in Fulfillment-Centern vorrätig sind, sollten Vendoren nicht ignorieren. Sie können verschiedene Aktionen seitens Amazon auslösen.

Zum einen kann es passieren, dass der Handelsriese versucht, die überschüssigen Waren an Lieferanten zu retournieren. Zum anderen stellt Amazon bei Bedarf Finanzierungsanfragen für Promotions, um den Lagerbestand zu tilgen. Verschließen sich Vendoren vor diesen Anfragen, senkt Amazon unter Umständen die Verkaufspreise, um zu testen, ob dadurch die Nachfrage steigt.

Solchen Entwicklungen können Vendoren begegnen, indem sie proaktiv absatzfördernde Maßnahmen schalten. Hier bieten sich beispielsweise die Möglichkeiten des Amazon Advertising oder preisbasierte Promotions wie Blitzangebote an.

3. Lagerreichweite prüfen

In Kombination mit den Daten aus dem Bericht Forecast and Inventory Planning können Sie Ihre eigene sowie die Lagerreichweite im Amazon-Lager kalkulieren. Negative Trends hinsichtlich Verfügbarkeit und Bestellungen lassen sich so schnell erkennen, um besser vorbeugen zu können.

Consumer Behaviour Dashboards (Dashboards zum Kundenverhalten)

Hierbei dürfte es sich wohl um die spannendsten Berichte aus dem ARA-Premium-Portfolio handeln, denn sie gewähren kostbare Einblicke in das Such- und Kaufverhalten der Amazon-User. Richtig eingesetzt, stellen sie ein mächtiges und vielseitiges Werkzeug dar.

Amazon Search Terms (Amazon-Suchbegriffe)

Im Gegensatz zu Google gestaltet es sich bei Amazon schwieriger, an handfeste Informationen zum Suchverhalten der User zu kommen. Eine umso wertvollere Quelle stellt der folgende Bericht dar. Er hält verschiedene Informationen und Antworten parat:

- Welche Suchbegriffe verwenden Amazon-User, und wie oft wurden sie im Vergleich genutzt? In dem Bericht finden Sie die am häufigsten verwendeten Suchbegriffe in dem angegeben Zeitraum in Form eines Rankings (*Search Frequency Rank*).

- Welche ASINs erhielten für Suchbegriffe die meisten Klicks?
- Wie hoch war der Anteil an Conversions und Klicks dieser ASINs im Verhältnis zu allen Conversions bzw. Klicks, die Produkte für den Suchbegriff generierten?

In erster Linie dient der Bericht folglich dazu, die Suchhäufigkeit von Keywords auf dem Marktplatz zu analysieren. Vendoren können zudem nach wichtigen strategischen Keywords suchen, um zu prüfen, welche Produkte für sie am besten performen. Hieraus ergeben sich verschiedene Anwendungsmöglichkeiten:

1. **Recherche und Bewertung von Keywords**
   Geben Sie ein Major Keyword ein, erhalten Sie einige Vorschläge für Longtail Keywords. Das Suchvolumen, das hier in Form eines Indexwerts ausgegeben wird, kann Ihnen außerdem dabei helfen, recherchierte Keywords zu bewerten, auszuwählen und zu priorisieren (Stichwort Qualitätsfaktor). Erhalten Sie für einen Suchbegriff keine Daten, bedeutet dies allerdings nicht, dass User nicht nach ihm suchen. Schließlich ist es aufgrund der schieren Masse gar nicht möglich, sämtliche Suchanfragen in dem Bericht abzubilden.
2. **Targeting über die Advertising Console**
   Marketingtreibenden kann der Report dabei helfen, leistungsstarke Keywords und ASINs für das Targeting von Sponsored Ads zu identifizieren.
3. **Identifikation von (saisonalen) Trends**
   Wenn Sie den Search Frequency Rank über die Zeit hinweg beobachten, werden Sie schnell feststellen, wie sich das Suchverhalten der User verändert. Dazu gehören naturgemäß saisonal bedingte Trends. So dürfte es kaum verwundern, dass im Sommer Keywords wie »Ventilator«, »Gasgrill« und »Pool« auf den oberen Plätzen rangieren, während im Winter »Adventskalender« und Spielzeug jeder Art zu den Top-Rennern zählen.

Wer strategische Keywords laufend im Blick behält, kann außerdem Entwicklungen ausmachen, die nicht so offensichtlich sind. Durch Anpassungen des Contents und die Schaltung von Ads gelingt es eventuell, sich frühzeitig für die heißen Newcomer unter den Suchbegriffen zu positionieren – vorausgesetzt natürlich, die jeweiligen Produkte sind für die Suchanfragen tatsächlich relevant.

Hier ein fiktives Beispiel: Ein Hersteller bietet auf Amazon hochwertige Taschen aus Lederimitat an, die sich durch eine nachhaltige Produktion auszeichnen. Aufgrund regelmäßiger Keyword-Analysen stellt der Hersteller fest, dass die Nachfrage nach veganen Produkten auf Amazon steigt. Nun schaltet er Anzeigen auf »veganes Leder« und integriert das Keyword prominent in seinen Content. Da der Wettbewerb noch gering ist, steigt er schnell im organischen Ranking nach oben und kann aufgrund niedriger CPC-Preise einen sehr attraktiven ACOS erzielen.

Zwar lässt sich ebenfalls nach ASINs und Produkten suchen, doch wenn Sie den Bericht beispielsweise nutzen möchten, um die Performance Ihrer ASINs zu analysieren, stößt er sehr schnell an seine Grenzen. Da nur die Top-Produkte zu den jeweiligen Suchbegriffen angezeigt werden, erhalten Sie hierzu lediglich Informationen, wenn sich Ihre Artikel unter eben jenen befinden.

Weitere Insights zum Kaufverhalten

Das Dashboard umfasst drei weitere Berichte, die zusätzliche Daten zum Kaufverhalten liefern. Sie geben Antworten auf die folgenden Fragen:

Repeat Purchase Behavior (Wiederholungskäufe)

- Welche Produkte haben Kunden in einem bestimmten Zeitraum wiederholt bestellt?
- Wie hoch ist der Anteil an Kunden, die das gleiche Produkt wiederholt bestellt haben? Retouren werden hierbei allerdings nicht berücksichtigt.

Die Anwendungsmöglichkeiten dieses Berichts beschränken sich demnach auf Produkte, die sich für Wiederholungskäufe eignen, also in erster Linie Verbrauchsgüter. Er kann Ihnen dabei helfen, Marketingmaßnahmen strategisch darauf auszurichten, Erstkäufer in Bestandskunden zu verwandeln und Wiederholungskäufe zu pushen. Hierzu können Sie zum Beispiel über die DSP Dynamic eCommerce Ads für entsprechende ASINs schalten und User targeten, die das Produkt bereits erworben haben (Stichwort Retargeting).

Market Basket Analysis (Warenkorbanalyse)

- Welche Produkte haben Kunden (häufig) zusammen mit ihren Artikeln gekauft? Hierbei werden sowohl Produkte der eigenen Marke als auch die von Fremdmarken erfasst.

Item Comparison and Alternate Purchase Behavior (Artikelvergleichs- und Alternativkaufverhalten)

- Welche Produkte haben sich Kunden angeschaut, nachdem oder bevor sie auf einer Ihrer ASINs waren?
- Welche anderen Produkte haben Kunden gekauft, nachdem sie sich Ihre Produkte angeschaut, aber nicht bestellt haben?

Anwendungsbeispiele

1. Potenzielle *Bundles* identifizieren: Kaufen Kunden Produkte des Herstellers häufig zusammen, kann es sinnvoll sein, sie als Bundle anzubieten, um das Umsatzpotenzial zu steigern, Profitabilitätsprobleme zu lösen oder sich die Buybox zu sichern.
2. Mithilfe der Reports lassen sich ASINs identifizieren, die Sie über Amazon Advertising targeten können, um *Cross- und Up-Selling* zu betreiben.
3. Auf Artikel von Wettbewerben, die statt Ihrer Produkte erworben oder ebenfalls besucht wurden, können Sie *Sponsored Ads* ausspielen, um Kunden abzuwerben oder zurück auf Ihre Detailseiten zu führen.

Customer Reviews (Kundenrezensionen)

Dieser Bericht bietet Ihnen auf ASIN-Ebene eine Übersicht zu den Kundenrezensionen Ihrer Artikel. Zu den enthaltenen Informationen gehören die Anzahl der Bewertungen und die durchschnittliche Sternebewertung. Sie können dem Report zudem entnehmen, wie sich Kundenrezensionen im Vergleich zu vergangenen Zeiträumen entwickelt haben.

Ordnen Sie den Report anhand der durchschnittlichen Sternebewertungen, erkennen Sie, welche Artikel Ihrer Aufmerksamkeit bedürfen. Niedrigere Ratings stellen bekanntermaßen einen der größten Conversion-Killer dar.

Sie können außerdem Artikel ermitteln, die bisher (noch) über weniger Bewertungen verfügen. Eventuell handelt es sich um geeignete Kandidaten für das Vine-Programm, um neue Rezensionen zu generieren.

Weitere ARA-Premium-Berichte

Über die bereits vorgestellten Reportings hinaus stehen ARA-Premium-Nutzern weitere Berichte zur Verfügung, die sie für datengetriebene Analysen heranziehen können. Im Folgenden stellen wir sie kurz vor.

Sales Performance Trends (Trends zur Verkaufsleistung)

Alle Kennzahlen aus diesem Bericht haben Sie bereits kennengelernt. Sie finden sie ebenfalls in Reports wie Sales und Traffic Diagnostic:

- Ordered Revenue
- Ordered Units
- Shipped COGS
- Shipped Revenue
- Shipped Units
- Average Sales Price
- Change in Glance View
- Change in Conversion

Die Stärke des Berichts liegt darin, dass er die jeweiligen Kennzahlen im zeitlichen Verlauf darstellt sowie in Korrelation zueinander. So können Sie sich zum Beispiel die Umsatzentwicklung im Verhältnis zur Entwicklung der durchschnittlichen Verkaufspreise anzeigen lassen:

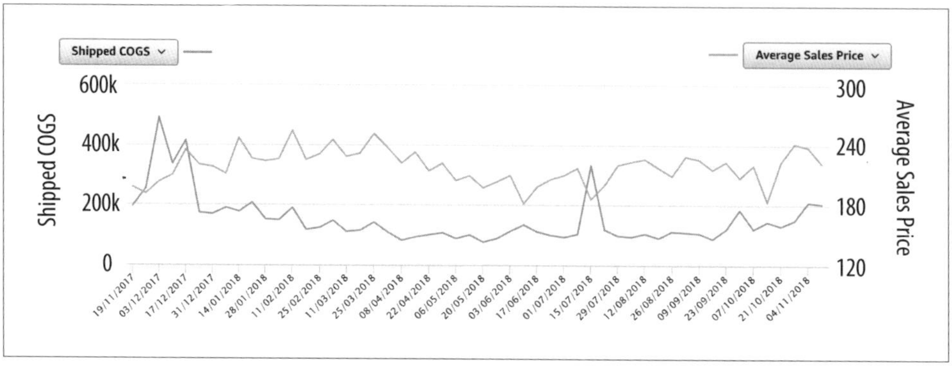

Abbildung 9-15: Der Bericht Sales Performance Trends gibt Umsätze, Verkaufspreise und Traffic-Veränderungen im Zeitverlauf aus. (Quelle: vendorcentral.amazon.de)

Natürlich ersetzt dies keinesfalls eigene, tiefergreifende Reportings mit historischen Daten, es kann Ihnen jedoch dabei helfen, schnell positive oder negative Trends zu erkennen und Faktoren zu identifizieren, die sich auf Ihre Verkaufsleistung auswirken.

Net PPM (Netto PPM)

Im Laufe der Zusammenarbeit haben Vendoren immer wieder mit Profitabilitätsproblemen (Stichwort CRaP) zu kämpfen. Ist der Verkauf von Produkten in den Augen des Handelsriesen nicht rentabel, kann das verschiedene Folgen haben. So wirkt es sich unter anderem negativ auf Amazons Kaufentscheidung und die Advertising-Möglichkeiten aus. Anhand dieses Berichts erhalten Vendoren Hinweise dazu, wie es um die Profitabilität ihrer ASINs steht und wie sie sich im Vergleich zum vorherigen Zeitraum entwickelt hat.

Die hier ausgegebene *Net Pure Product Margin* (*Net PPM*) definiert Amazon folgendermaßen: »Nettoreingewinn des Produkts, nachdem die Kosten der verkauften Produkte und der verschiedenen vereinbarten Dienste wie Retourenpauschale abgezogen wurden. Verkaufsrabatte werden nicht berücksichtigt.«[2]

Sie können dem Report außerdem entnehmen, welche Produkte zur Gesamtprofitabilität beitragen und wie hoch der Anteil der jeweiligen

2 *https://ara.amazon.de/dashboard/netPPM*

ASINs im Verhältnis zu Ihrem gesamten Portfolio ausfällt (*Net PPM – % of Total*).

Die Werte sollten Vendoren allerdings mit Vorsicht genießen, denn sie geben noch lange nicht die tatsächliche Marge Amazons wieder, wie sie intern kalkuliert wird. Ob und welche Backend-Konditionen (z.B. Boni, CoOp, Skonti etc.) in diesem Bericht verrechnet werden, ist unklar. Darüber hinaus können in die Kalkulation der Profitabilität weitere Abzüge einfließen, die sich unter anderem aus logistischen Themen ergeben, wie zum Beispiel Versandkosten und Kosten für die Versandvorbereitung.

Zu Amazons internen Profitabilitäts-Benchmarks lassen sich zudem generell nur schwer konkrete Aussagen treffen. Es kann daher passieren, dass ein Produkt mit vergleichsweise niedriger Marge weiterhin geordert wird, während für ein Produkt mit höherer Marge keine Bestellungen mehr bei dem Vendor eingehen.

Praxistipp

Betrachten Sie Net-PPM-Werte im Zeitverlauf, können sie als Frühwarnsystem für Profitabilitätsprobleme dienen. Sinken sie, während die Einkaufspreise von Amazon konstant bleiben, weist dies unter Umständen auf den Verfall der Verkaufspreise hin.

Geographic Sales Insights (Einblicke in geografische Verkäufe)

Wie der Name schon sagt, erhalten Sie über diesen Bericht Einblicke in Verkaufszahlen auf geografischer Ebene. Er gibt Sell-out-Daten für Bundesländer, Städte und Postleitzahlen aus und zeigt die Entwicklung gegenüber vergangenen Zeiträumen.

Mit seiner Hilfe lassen sich unter anderem folgende Frage beantworten:

- Wo leben Ihre Amazon-Kunden?
- In welchen Gebieten machen Sie über Amazon den meisten Umsatz?
- Wie sehen Ihre Verkaufszahlen in verschiedenen Regionen im Vergleich zu anderen Verkaufskanälen aus?

Solche Informationen können Marketingtreibende beispielsweise nutzen, um programmatische Kampagnen lokal auszusteuern. Der Report kann zudem herangezogen werden, um den Erfolg von geografischen Marketingmaßnahmen zu messen.

Pre-Orders (Vorbestellungen)

Hier finden Sie Verkaufszahlen zu Vorbestellungen, die Ihnen dabei helfen sollen, Produktneueinführungen zu managen. Dieser Bericht ist daher für Vendoren nur interessant, wenn Produkte bereits auf Amazon gelistet sind und das Veröffentlichungsdatum in der Zukunft liegt. Davon betroffen sind beispielsweise Medienprodukte wie Filme, Bücher und Musik.

Real Time Sales (Echtzeitverkäufe)

Dieser Report zeigt Vendoren die Verkaufszahlen der letzten 24 Stunden auf stündlicher Basis und für einzelne ASINs. Anhand deren können Sie beispielsweise ermitteln, zu welchen Uhrzeiten spezifische Produkte die meisten Sales generieren, und diese Informationen für das Targeting von DSP Ads verwenden. Zudem lässt sich der Report heranziehen, um zu analysieren, wie zeitlich stark begrenzte Promotions (z.B. Blitzangebote) performt haben.

Erstellung ganzheitlicher Reportings

Für datengetriebene Analysen ist es unverzichtbar, relevante Kennzahlen nicht isoliert zu betrachten, sondern richtig zu verknüpfen. Nur so können Sie Ursachen für negative wie auch positive Entwicklungen zweifelsfrei auf den Grund gehen und eine fundierte Entscheidungsgrundlage schaffen. Voraussetzung hierfür ist, sämtliche Datenquellen zielführend zu vereinen.

Woher bekommen Sie also noch analysefähige Daten außer aus ARA? Wenn Sie Amazon Advertising nutzen, erhalten Sie diverse Kennzahlen und Berichte über die jeweiligen Dashboards (siehe hierzu auch die Kapitel 6 und 7). Für eine ganzheitliche Betrachtung müssen die anhand dessen erstellten Reportings in regelmäßige Analysen mit einfließen.

Ein nicht unerheblicher Teil an wichtigen Informationen, die Sie benötigen, um Ihr Amazon-Business zu steuern, wird darüber hinaus weder über die Werkzeuge des Amazon Advertising noch über ARA abgebildet: Wo landen Ihre ASINs in den Suchergebnissen zu relevanten Keywords? Welchen Sales Rank belegen sie in ihren Kategorien? Mit welchen Verkaufspreisen stehlen Ihnen Seller die Buybox? Wie steht es um Ihren Share of Voice? Werden Ihre ASINs als Prime-fähig angezeigt? Oder gar als Plus-Produkte?

Daten, die Ihnen Antworten zu diesen sowie weiteren Fragen liefern können, erhalten Sie derzeit nur über externe Tools und Softwarelösungen.

Last, but not least wären da natürlich die Daten, die unternehmensintern generiert werden, wie die eigenen Verkaufszahlen. Sie sollten zum Beispiel prüfen, ob Sie intern eine Schnittstelle zu Ihrem Vertrieb herstellen können, um die Verkäufe an andere Onlinehändler und Amazon-Seller zu tracken. So können sie beliebten Fehlschlüssen vorbeugen.

Hier ein Beispiel: Ein Hersteller optimiert seinen Content und führt diverse Marketingmaßnahmen auf dem Marktplatz durch, um den Umsatz zu steigern. Allerdings steigt über Amazon weder Sell-in noch Sell-out – im Gegenteil, sie entwickeln sich sogar rückläufig. Er geht daher davon aus, dass die Maßnahmen nicht den gewünschten Erfolg bringen, und beschließt, eine andere Strategie zu fahren.

Was aber tatsächlich passiert ist: Die Umsätze haben sich verlagert und sind nicht wie befürchtet weggebrochen. Statt Vendoren generieren nun Händler, die auf dem Marktplatz agieren und die er beliefert, mehr Umsatz. Schließlich profitieren Seller ebenfalls von Content-Optimierung und Marketingaktionen. Allerdings sollte der Hersteller in diesem Fall unter anderem die Verfügbarkeit seiner Waren und seine Buybox-Situation analysieren.

Generell sollten sämtliche Maßnahmen immer abteilungsübergreifend kommuniziert werden, das heißt auch außerhalb des Amazon-Kosmos. Planen Vendoren zum Beispiel TV- oder Printkampagnen, empfiehlt es sich, Warenbestand als Backup für das Amazon-Geschäft einzukalkulieren, um die Verfügbarkeit bei erhöhter Nachfrage zu gewährleisten.

Hinweis

Nur wer über den ARA-Tellerrand schaut und alle relevanten Quellen sowie Faktoren berücksichtigt, kann nachvollziehbare Daten schaffen, die frei von Mutmaßungen und Interpretationsspielräumen sind.

Full Management zentraler Einflussfaktoren

Nachdem wir Sie mit relevanten Kennzahlen vertraut gemacht haben, stellen wir Ihnen in diesem Abschnitt Faktoren vor, die Einfluss auf diese Kennzahlen und damit auf Ihren Umsatz nehmen. Im Zuge dessen sehen sich Vendoren insbesondere in der Wachstumsphase mit folgenden Fragen konfrontiert:

- Sind KPIs »defekt«?
- Was sind mögliche Ursachen und Auswirkungen?
- Wie lässt sich das Problem lösen?

Im Wesentlichen wirken sich folgende Aspekte auf Ihre Performance auf dem Marktplatz aus:

- Content
- Marketing
- Kundenrezensionen
- Verfügbarkeit
- Profitabilität/Preis
- Buybox
- Sichtbarkeit
- Marketingaktivitäten der Wettbewerber

Einige der Punkte wurden im Laufe des Buchs bereits ausführlich beleuchtet, wie die Bereiche Marketing und Content. Andere wurden dagegen bisher nur angerissen. Diese Aspekte wollen wir nun genauer unter die Lupe nehmen.

Rezensionsmanagement

Für einen Großteil der Verbraucher stellen positive Kundenbewertungen das ausschlaggebende Kriterium für den Besuch einer Produktdetailseite und die Kaufentscheidung dar. Rezensionen üben daher sehr großen Einfluss auf die Click Through Rate sowie die Conversion Rate und damit die Performance einer ASIN aus.

Aus diesem Grund ist es äußerst wichtig, Kundenbewertungen laufend im Auge zu behalten und bei Bedarf auf sie zu reagieren. An dieser Stelle sowie in den Kundenfragen und -antworten bietet sich Vendoren die einzige Möglichkeit, mit ihren Kunden in Kontakt zu treten. Insbesondere im Fall von negativen Bewertungen sollten Sie diese Chance nutzen, um sie im besten Fall in positive Rezensionen umzuwandeln oder zu relativieren.

> **Hinweis**
>
> Seller müssen nicht nur ihre Rezensionen verfolgen, sondern sich ebenfalls um eingehende Kundenanfragen kümmern. Sie sollten innerhalb von 24 Stunden bearbeitet werden, da sie bei der Verkäuferbewertung berücksichtigt werden, die wiederum Einfluss auf das Ranking und die Belegung der Buybox nimmt.

Indem Hersteller auf kritische Rezensionen reagieren, können sie das Vertrauen der Käufer in die Marke zurückgewinnen. Darüber hinaus können offizielle Kommentare des Herstellers potenziellen Neukunden die Skepsis gegenüber dem jeweiligen Produkt nehmen. Professionelles Review-Management trägt auf diese Weise nicht nur zur Absatzsteigerung bei, es dient ebenso dem Markenschutz sowie dem Auf- und Ausbau einer Corporate Identity auf der Plattform.

Das Rezensionsmanagement lässt sich zudem als Bestandteil des Kundenservice betrachten – ein Punkt, der bei Amazon bekanntlich großgeschrieben wird und für User bei der Kaufentscheidung ebenfalls eine wesentliche Rolle spielt. Antworten Hersteller auf Rezensionen, demonstrieren sie, dass sie ihre Kunden sowie deren Sorgen und Bedürfnisse ernst nehmen. Im Idealfall steigt dadurch die Zufriedenheit der Kunden.

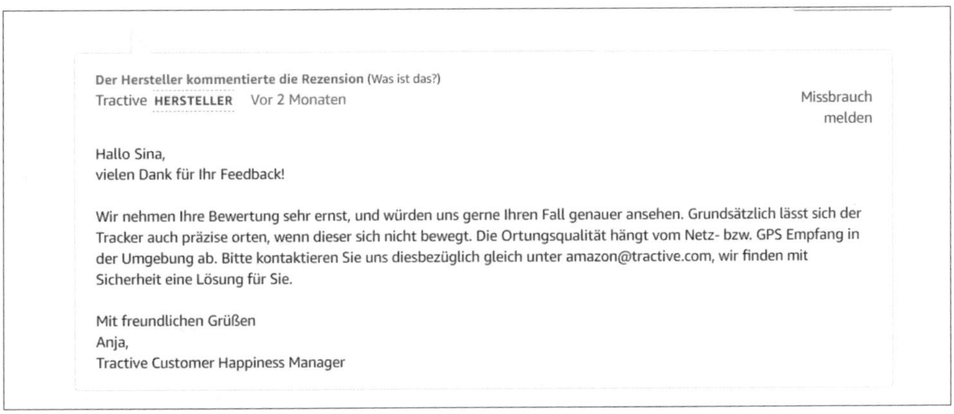
Der Hersteller kommentierte die Rezension (Was ist das?)
Tractive **HERSTELLER** Vor 2 Monaten
Missbrauch melden

Hallo Sina,
vielen Dank für Ihr Feedback!

Wir nehmen Ihre Bewertung sehr ernst, und würden uns gerne Ihren Fall genauer ansehen. Grundsätzlich lässt sich der Tracker auch präzise orten, wenn dieser sich nicht bewegt. Die Ortungsqualität hängt vom Netz- bzw. GPS Empfang in der Umgebung ab. Bitte kontaktieren Sie uns diesbezüglich gleich unter amazon@tractive.com, wir finden mit Sicherheit eine Lösung für Sie.

Mit freundlichen Grüßen
Anja,
Tractive Customer Happiness Manager

Abbildung 9-16: Offizieller Kommentar eines Herstellers zu einer negativen Kundenbewertung (Quelle: amazon.de)

Die Krux an der Sache: Weder im Vendor noch im Seller Central werden neue (Negativ-)Bewertungen explizit ausgewiesen. Sie sind ausschließlich auf den Produktdetailseiten ersichtlich. Selbst ARA-Premium-Nutzern stehen lediglich Berichte zur Verfügung, die unter anderem die Gesamtanzahl der Reviews und die durchschnittlichen Sternebewertungen der Artikel aufführen.

Natürlich kann man gerade bei großen Sortimenten nicht täglich alle ASINs einzeln prüfen. Die Lösung stellen auch hier externe Tools dar, die sämtliche eingehenden Rezensionen identifizieren und dokumentieren. Der Einsatz einer entsprechenden Software ist für ein effizientes Rezensionsmanagement unabdingbar.

Der offizielle Kommentar

Im Prinzip kann jeder eingeloggte Amazon-User Rezensionen kommentieren. Im Unterschied zu diesen Kommentaren wird der offizielle Kommentar des Herstellers als solcher ausgewiesen (siehe Abbildung 9-16) und erscheint in der Regel als Erstes unter einer Rezension. Daher ist er dafür prädestiniert, negative Rezensionen »abzufangen« oder für kaufinteressierte Kunden abzuschwächen.

Um als Hersteller auf eine Rezension reagieren zu können, müssen Sie mit Ihrem Vendor-Central-Zugang auf Amazon eingeloggt sein. Die Beantwortung erfolgt dann direkt über die jeweilige Produktdetailseite. Aktivieren Sie hierzu das folgende Kästchen:

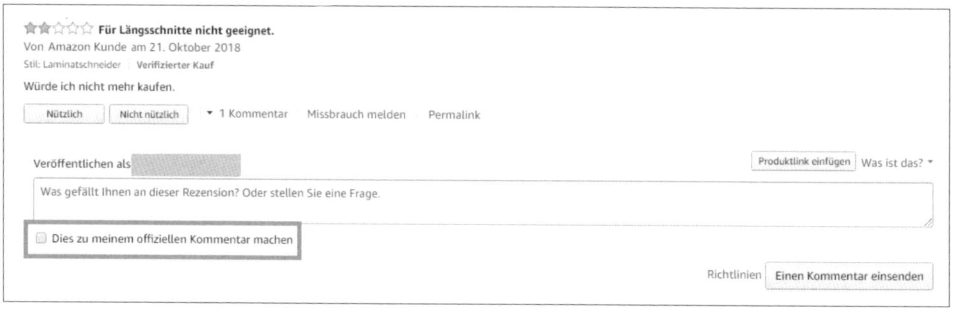

Abbildung 9-17: Hersteller können offiziell unter ihrem Markennamen auf Rezensionen antworten. (Quelle: amazon.de)

Falls das nicht möglich ist, gibt es hierfür zwei Ursachen. Erstens kann es sein, dass Ihnen die erforderliche Berechtigung fehlt. Sie lässt sich im Vendor Central unter *Einstellungen/Berechtigungen verwalten/Interaktion mit Kunden* erteilen.

Ist die Berechtigung vorhanden, funktioniert eventuell die Schnittstelle zwischen Vendor Central und ASIN nicht optimal. Um dieses Problem zu lösen, müssen Sie einen Fall über das Vendor Central eröffnen.

Hinweis

Statt einen offiziellen Kommentar zu hinterlassen, können Seller zunächst versuchen, direkt mit dem Kunden in Kontakt zu treten und eine Einigung zu finden. Im Gegensatz zu Vendoren verfügen sie über die Kontaktdaten der Käufer.

Natürlich dürfen Lieferanten ihren literarischen Ergüssen nicht freien Lauf lassen. Ebenso wie in allen anderen Bereichen gilt es, bei offiziellen Kommentaren Amazon-Richtlinien[3] zu befolgen, die eine positive Kundenerfahrung sicherstellen sollen. Dass man höflich und respektvoll bleibt, dürfte sich von selbst verstehen. Zu den weiteren Vorgaben gehören:

- Kommentare und Antworten des Herstellers dürfen die Meinung der Kunden nicht infrage stellen. Sie sollten nicht versuchen, sie als falsch darzustellen oder zu beweisen, dass Aussagen in der Rezension nicht korrekt sind.
- Werbebotschaften jeglicher Art sind verboten.
- Eventuell verwendete Links dürfen nur auf Seiten führen, die der Beantwortung der Kundenfrage dienen.
- Kundendaten dürfen nicht erfragt werden. Stattdessen können Hersteller ihre eigenen Kontaktdaten hinterlegen, damit Kunden sich bei ihnen melden können.

Halten sich Hersteller und Markeninhaber nicht an die Spielregeln, kann es passieren, dass sie in Zukunft nicht mehr offiziell kommentieren dürfen.

Um Ihr Rezensionsmanagement zu gestalten, sollten Sie ein Set von standardisierten Antworten erstellen. Hierfür betrachtet man zunächst alle kritischen Rezensionen (1 bis 4 Sterne) der eigenen Produkte und kategorisiert sie nach Art der Beschwerde. Mögliche Grundprobleme sind zum Beispiel:

- unzureichende Qualität
- defektes Produkt
- grundsätzliche Unzufriedenheit mit dem Produkt
- Produkt ist nicht für die gewünschte Anwendung geeignet
- unzureichende Funktionalität
- fehlende Informationen im Content

Je nach Produkt und Hersteller können die Kategorien allerdings sehr unterschiedlich ausfallen. Anschließend entwerfen Sie für jede Kategorie eine Musterantwort.

Praxistipp

Die Analyse der Grundprobleme anhand von Kundenbewertungen kann Herstellern wertvolle Insights für die Produktentwicklung liefern.

---

3 *https://vendorcentral.amazon.de/hz/vendor/members/official_contributions_report*

Rezensionen melden

Nichte alle negativen Rezensionen müssen Lieferanten dulden. Bewertungen, die nichts mit dem Produkt an sich zu tun haben, können Sie melden und auf diese Weise löschen. Dazu gehören Rezensionen, die

- sich auf Lieferung, Versanddauer, abweichende Produktmengen oder die Verpackung beziehen,
- nicht das Produkt auf der Detailseite bewerten,
- Beschwerden dazu enthalten, dass das Produkt teurer ist als im stationären Handel (Achtung, das umfasst nicht Aussagen zum Preis-Leistungs-Verhältnis),
- Produkte von Wettbewerbern bewerben.

Kundenfragen und -antworten

Auch Kundenfragen auf den Detailseiten ihrer Produkte können Hersteller offiziell beantworten. Dies läuft nach dem gleichen Prinzip ab wie das Kommentieren von Rezensionen. Allerdings sollten Antworten immer kurz und präzise sein. Darüber hinaus empfiehlt sich eine schnellere Reaktionszeit. Laut Amazon steigt die Kaufwahrscheinlichkeit, wenn Sie innerhalb von zwei Stunden auf Fragen reagieren.

> **Praxistipp**
>
> Kundenfragen zeigen Ihnen, welche Informationen potenziellen Kunden für die Kaufentscheidung fehlen. Es lohnt sich in der Regel, sie in den Content zu integrieren bzw. stärker herauszustellen – vor allem wenn sie gehäuft auftreten.

Profitabilität

Wenn Sie Amazon als Vendor beliefern, besteht die Möglichkeit, dass Sie im Laufe der Zusammenarbeit mit *CRaP* konfrontiert werden. Die wenig schmeichelhafte Abkürzung steht für *Can't Realize any Profit* und beschreibt ASINs, deren Verkauf für Amazon strukturell unprofitabel ist.

Hierzu ist es wichtig, zu verstehen, dass Amazon auf Artikelebene und unter Berücksichtigung des gesamten Kosten- und Konditionsgefüges kalkuliert, ob sich der Verkauf rentiert. In der Regel betrachtet Amazon also nicht das gesamte Portfolio eines Anbieters und nimmt Verluste bei einigen Waren zugunsten margenstarker Produkte in Kauf.

Leidet Amazons Profitabilität, kann das verheerende Folgen für den Umsatz des Artikels auf dem Marktplatz haben. Im schlimmsten Fall ordert der Handelsriese Produkte nicht mehr und listet sie sogar aus. Daher ist es wichtig, frühzeitig zu erkennen, ob Produkte CRaP-gefährdet sind.

CRaP: Indikatoren und Auswirkungen

- Die automatisierte Bewerbung der Produkte über Amazon wird eingestellt. Das heißt, sie erscheinen nicht mehr in durch Algorithmen ausgespielten Marketingformaten wie *Kunden kauften auch* und personalisierten Kaufempfehlungen.
- Marketingtreibende können keine Sponsored Ads für Produkte mit Profitabilitätsproblemen schalten.
- Produkte verlieren Ihre Prime-Fähigkeit und/oder werden sogar zu Plus-Produkten degradiert. User können sie dann nur kaufen, wenn sie Waren im Gesamtwert von mindestens 20 Euro bestellen.
- Artikel können nicht (mehr) am Spar-Abo-Programm teilnehmen.
- Der Replenishment-Code ändert sich zu Non-Replenishable, Obsolete oder Out Of Season, ohne dass die Statusänderung durch den Vendor durchgeführt wurde.
- Amazon stellt bei Vendoren für die entsprechenden Artikel Finanzierungsanfragen und empfiehlt über das VC die Senkung der Einkaufspreise.
- Die Lost-Buybox-Rate (*LBB due to Price %*) steigt, da Amazon die Preissenkungen der Seller nicht mitgehen kann. Für Amazon ist es in diesem Fall profitabler, ihnen das Einkaufswagenfeld zu überlassen.

> **Praxistipp**
>
> Produkte, die von CRaP bedroht sind, werden automatisch von Amazon Advertising ausgeschlossen. Sie können allerdings versuchen, Sie von Amazon manuell auf eine sogenannte Whitelist setzen zu lassen, damit die Bewerbung trotzdem möglich ist.

Ursachen für Profitabilitätsprobleme

Profitabilitätsprobleme können aus ganz verschiedenen Gründen entstehen und sind je nach Lieferanten und Produkt sehr individuell. Hier einige Beispiele:

Hoher Preisdruck

Amazon passt seine Verkaufspreise bekanntermaßen automatisiert an den Onlinemarktpreis an *(Dynamic Price Matching)*. Sinken die Verkaufspreise, während die Einkaufspreise des Handelsriesen konstant bleiben, schmälert sich seine Gewinnmarge.

Hohe Versand- und Lagerkosten

Von dieser Ursache sind insbesondere niedrigpreisige Produkte betroffen, die sich durch hohes Gewicht und/oder große Dimensionen auszeichnen. Aufgrund der im Verhältnis zum Warenwert hohen Kosten für Versand und Lagerung sinkt hier schnell die Gewinnmarge. Klassische Beispiele sind alkoholfreie Getränke in Glasflaschen und Katzenstreu.

Überbestand

Ein weiterer Punkt, der zu hohen Lagerkosten führt und so die Marge drückt, ist Überbestand im Amazon-Lager. Zudem kann es passieren, dass Amazon die Verkaufspreise senkt, um den Überbestand abzubauen, wodurch nicht nur die Profitabilität weiter leidet, sondern auch der Preisdruck über andere Onlinedistributionskanäle hinweg verstärkt werden kann. Sie sollten insbesondere Amazons Lagerbestand und die Sell Through Rate für CRaP-gefährdete Produkte über ARA im Blick behalten.

Mögliche Lösungsansätze

Je nach Ursache bieten sich unterschiedliche Wege an, um zu verhindern, dass Produkte auf Amazons CRaP-Liste landen:

Produkt-Bundles erstellen

Wenn der Verkauf aufgrund des Verhältnisses von Warenwert und Versandkosten für Amazon unprofitabel ist, sollten Vendoren überlegen, Produkte als Bundle auf dem Marktplatz anzubieten. Je nach Kategorie und Produkt gibt es verschiedene Möglichkeiten, Artikel zu bundlen.

Zum einen kann die Anzahl der Einheiten optimiert werden. Dieser Ansatz ist natürlich nur sinnvoll, wenn Verbraucher tatsächlich mehrere Einheiten des Artikels benötigen, also unter anderem bei Fast Moving Consumer Goods. Hier ein Beispiel: Der Versand einer Packung Baby-Feuchttücher ist aus ökonomischer Sicht nicht rentabel. Stattdessen werden sie im 7er- oder 9er-Pack angeboten. Der Warenkorbwert pro Bestellung steigt und damit Amazons Gewinnmarge.

Bei dieser Vorgehensweise sollte immer die Frage im Vordergrund stehen, welche Packungsgröße sowohl im Hinblick auf Amazons Gewinnmarge funktioniert als auch für Verbraucher ein attraktives Angebot darstellt.

Hinweis

Alternativ können Fast Moving Consumer Goods als Amazon-Pantry-Produkte gelistet werden. Prime-User haben über Amazon Pantry die Möglichkeit, eine Box mit diversen Gütern des täglichen Bedarfs zu füllen und zu bestellen.

Eine weitere Bundle-Möglichkeit besteht darin, unterschiedliche ASINs als Set anzubieten, also zum Beispiel eine Handyhülle zusammen mit einem Ladekabel für das gleiche Smartphone-Modell. Nach welchen Kriterien lassen sich Produkte generell sinnvoll bundeln? Hier einige Optionen:

- häufig zusammengekauft
- sich ergänzende Nutzung
- zeitlich aneinandergereihte Nutzung
- normales Produkt + Plus-Produkt
- Zugpferd + schwächeres Produkt

Haben Sie ein Konzept erstellt, können Sie damit an Ihren Vendor Manager herantreten, um Umsetzung und Konditionen auszuhandeln.

Hierbei gibt es zwei Möglichkeiten, Bundles operativ umzusetzen. Entweder Sie liefern die Waren weiterhin in den gewohnten Verpackungseinheiten an, und die Zusammenstellung erfolgt dann im Amazon-Fulfillment-Center, oder Lieferanten fügen die Produkte inhouse zusammen und liefern sie als fertiges Bundle an.

Hierbei ist es wichtig, zu beachten, dass Amazon das Bundling nur inhouse vornimmt, wenn sich dadurch tatsächlich ein Margenvorteil ergibt. Möchten Sie zum Beispiel zwei verschiedene Produkte bundlen, die sich in unterschiedlichen Fulfillment-Centern befinden, erhöht das die Versandkosten, und das Bundling lohnt sich eventuell nicht. Bundling-Probleme können zudem auftreten, wenn Produkte nicht zeitgleich verfügbar sind, sodass sie entweder separat verschickt werden müssen oder es zu einer Lieferverzögerung der gesamten Bestellung kommt. Die Optimierung der neuen Produktdetailseite liegt natürlich in beiden Fällen in den Händen des Vendors.

Praxistipp

Bundles erhalten neue SKUs, ASINs und Detailseiten. Dies bringt zwei weitere Vorteile mit sich: 1. Da Sie (zumindest vorerst) der einzige Anbieter auf dem Marktplatz sind, müssen Sie nicht mit Sellern um die Buybox konkurrieren. 2. Es erschwert die Vergleichbarkeit von Verkaufspreisen und damit Amazon das dynamische Price Matching.

Amazon erstellt Bundles nicht nur auf Anfrage, sondern testet auch selbstständig, mit welchen Zusammenstellungen sich die besten Ergebnisse erzielen lassen. So kann es passieren, dass Ihre Produkte ohne Ihr Zutun mal als 3er-, als 5er- oder mal als 10er-Pack auf dem Marktplatz auftauchen.

Dabei wird gern mal die ASIN überschrieben, statt eine neue zu generieren. Als Folge existiert die ursprüngliche Liefereinheit nicht mehr. Seller bekommen das nicht immer mit und versenden die Ware im alten Lieferumfang. Das kann zu unzufriedenen Kunden und negativen Bewertungen führen.

Um als Lieferant die Kontrolle zu behalten und die damit verbundenen erforderlichen Maßnahmen zu ergreifen, wie beispielsweise die Erstellung neuer EAN-Codes oder die Anpassung der Produktdetailseite, ist eine kontinuierliche Überwachung und Pflege des eigenen Produktkatalogs unerlässlich.

Entwicklung von Produktvariationen für Amazon

Eine weitere Möglichkeit, Preisdruck zu umgehen, besteht darin, Produkte für den Markplatz leicht abwandeln. So können zum Beispiel Designs oder Funktionalitäten variiert werden.

Wichtig bei dieser Vorgehensweise ist, dass die neuen Produkte (ebenso wie im Fall der Bundles) eine eigene SKU bzw. ASIN erhalten und nur auf Amazon gelistet sind.

Harmonisierung der Handelspreise und -konditionen

Damit erst gar kein Preisdruck über die verschiedenen Onlinedistributionskanäle hinweg entsteht, sollte bei neuen Produkten von Anfang an eine einheitliche Preispolitik verfolgt werden. Unharmonische Konditionsmodelle können dazu führen, dass andere Handelspartner die Waren des Herstellers günstiger als Amazon anbieten können. Es kommt zur Spreizung der Verkaufspreise. Den jeweiligen Produkten droht der CRaP-Status.

Optimierung von Lagerbestand und Umschlagsgeschwindigkeit

Um Amazons Lagerkosten zu senken, können Sie einen optimalen Lagerbestand und eine schnelle Warenumschlagsgeschwindigkeit (Sell Through Rate) aktiv unterstützen. So führen zum Beispiel hohe Mindestabnahmemengen unter Umständen zu einem Ungleichgewicht zwischen Wareneingang und -ausgang und damit zu Überbeständen. Der Abverkauf von (drohenden) Überbeständen lässt sich durch absatzfördernde Maßnahmen unterstützen.

> **Hinweis**
>
> Amazon bestellt äußerst bedarfsgesteuert und fokussiert einen schnellen Warenumschlag. Die Verhandlung von zu hohen Mindestbestellmengen sollte bei Top-Produkten vermieden werden.

Hybridmodell aus Vendor und Seller Central

Vendoren, die laufend mit Profitabilitätsproblemen zu kämpfen haben, sollten ein Hybridmodell aus Seller- und Vendor-Dasein in Erwägung ziehen. CRaP-Produkte können auf diese Weise über den Seller-Account weiterhin auf dem Marktplatz angeboten werden.

Natürlich können Sie dem Problem auch begegnen, indem Sie die Einkaufspreise für Amazon senken. Allerdings sollte das wirklich der allerletzte Ausweg sein. Schließlich lassen sich die Preise nur in Ausnahmefällen später wieder nach oben verhandeln.

Wenn alle anderen Lösungsansätze scheitern und sich der Verkauf auf dem Marktplatz durch die Preissenkung nicht mehr für Lieferanten rentiert, sollten Sie überlegen, sich zurückzuziehen und das Feld anderen Sellern zu überlassen. Eine weitere Möglichkeit besteht darin, direkt intensiv mit Sellern zusammenarbeiten.

Verfügbarkeit

Mangelnde Verfügbarkeit in Amazon-Fulfillment-Centern nimmt bekanntermaßen großen Einfluss auf Sichtbarkeit, Lieferzeit und Buybox-Situation der ASINs – und damit auf den Umsatz von Vendoren.

Im schlimmsten Fall können Kunden eine ASIN überhaupt nicht bestellen oder nur, wenn sie vergleichsweise lange Lieferzeiten in Kauf nehmen würden. Verständlicherweise sinkt dadurch die Performance des Listings beträchtlich. Alle Ressourcen, die in die Verbesserung des organischen Rankings investiert wurden, waren vergeblich, denn entsprechende ASINs rangieren in der Regel eher auf den hinteren Plätzen der Suchergebnisse.

> **Hinweis**
>
> Wie hoch der Anteil an Seitenaufrufen war, bei denen Amazon die Buybox belegt hat und der Artikel als nicht verfügbar angezeigt wurde, obwohl er Amazon-intern als nachbestellbar hinterlegt ist, erkennen Sie an der Kennzahl *Rep OOS %*.

Hat Amazon derzeit keinen Lagerbestand für ein Produkt, heißt das allerdings noch nicht, dass es Usern automatisch als nicht verfügbar angezeigt wird. Schließlich ist es möglich, dass gerade eine neue Lieferung auf dem Weg ist. User können es also trotzdem bestellen.

Allerdings wird der Artikel dann unter Umständen nicht als Prime-fähig angezeigt, da die Lieferung an den Endkunden länger als der Fast-

Track-Zeitraum dauert. Auch deshalb ist es wichtig, bei Top-Produkten stets Warenbestand in Fulfillment-Centern zu haben.

Das Thema Verfügbarkeit umfasst nicht nur Amazons Lagerbestand, sondern auch den des Vendors. Müssen Sie POs aufgrund mangelnder Bestände im eigenen Lager ablehnen oder verzögert sich dadurch die Lieferung, besteht zum einen die Gefahr, dass die Artikel Out of Stock laufen. Wahrscheinlicher ist jedoch, dass Amazon auf andere Bezugsquellen zurückgreift. Zeigen sich Vendoren wiederholt als unzuverlässige Lieferanten, stellt Amazon Bestellungen gänzlich ein.

> **Hinweis**
>
> Bestellungen werden bei Amazon nicht manuell aufgegeben, sondern automatisiert durch einen Algorithmus vorgenommen. Daher ist es wichtig, Lagerbestände selbstständig im Blick zu behalten und herauszufinden, warum keine Bestellungen eingehen.

Im Laufe des Buchs haben Sie immer wieder Gründe kennengelernt, warum Amazon keine Bestellungen (mehr) aufgibt. Die Ursachen sind zahlreich und vielfältig. Die folgende Checkliste kann Ihnen dabei helfen, sie zu identifizieren.

Warum bestellt Amazon nicht?

- Ein *falscher Replenishment-Code* wurde im System hinterlegt: Der Artikel steht auf *Obsolete* oder *Non-Replenishable.* Neben den für Vendoren sichtbaren Auffüllcodes existieren Amazon-interne Produktstatus. Sie müssen nicht zwangsläufig mit dem Replenishment-Code übereinstimmen. Um diese einzusehen, können Sie entsprechende Reports über Ihren Vendor Manager anfragen. Wichtig ist vor allem, dass die Bestellung in Amazons internen Liste als geplant hinterlegt ist. Eröffnen Sie einen Fall, um den Replenishment-Code korrigieren zu lassen.
- Das Produkt wurde bereits vor einiger Zeit gelistet, der Replenishment-Code steht allerdings noch auf *New Product.* Normalerweise sollte sich dies nach einer gewissen Zeit automatisch umstellen.
- *Fehlerhafte Angaben in den Stammdaten* verhindern den Bestellprozess. Achten Sie beim initialen Artikel-Upload immer darauf, dass alle Daten richtig hinterlegt sind, und prüfen Sie im Anschluss nach, ob sie korrekt übernommen wurden.
- Vendoren können erhaltene POs nicht bestätigen, weil Amazon *mit falschen Artikeldaten bestellt.* Lehnen Sie POs in diesem Fall nicht einfach ab, sondern kontaktieren Sie Ihren Vendor Manager, um die

Daten bereinigen zu lassen. Sonst leidet Ihre Vendor-Performance, was sich in Zukunft durch ausbleibende POs bemerkbar machen kann.

- Das Produkt ist auf Amazons *CRaP-Liste* (siehe hierzu den Abschnitt »Profitabilität«).
- Mit Amazon verhandelte *Bundles* wurden noch *nicht umgesetzt.*
- Das Produkt erhält *zu wenig Traffic*, sodass Amazons Algorithmus kein Kaufinteresse auf Konsumentenseite registriert und folglich keine Bestellung auslöst. Dies kann zum Beispiel bei Produktneueinführungen und intensivem Wettbewerb in der Kategorie passieren. Es kann helfen, Amazon-Advertising-Kampagnen sowie Promotions für die jeweiligen ASINs zu schalten.
- *Probleme beim PO- und/oder Logistikmanagement* aufseiten des Vendors können dazu führen, dass Amazon aufgrund ineffizienter Prozesse und unzuverlässigen Warenzulaufs nicht mehr bei einem Vendor bestellt.
- Es handelt sich um ein Produkt, dass *saisonalen Schwankungen* unterliegt und für das derzeit keine Nachfrage besteht.
- Amazon *verkauft vorrätigen Lagerbestand* ab.
- Amazon *bezieht die Produkte von alternativen Quellen.* Dazu können andere Vendoren, Großhändler und Standorte des Herstellers in anderen Ländern gehören (Stichwort *Cross-Border Sourcing*).

Die Softwarelösung factor-a suite ermöglicht es Vendoren, alle relevanten Kennzahlen und Faktoren laufend zu überwachen und gibt wertvolle Handlungsepmfehlungen aus. Sie werden auf Grundlage langjähriger Erfahrung ausgewählt.

Mögliche Lösungsansätze

PO-Management und Logistik optimieren

Geraten Ihre Produkte regelmäßig Out of Stock, sollten Vendoren das interne PO-Management sowie die logistische Abwicklung prüfen:

- Sind im vergangenen Zeitraum POs eingegangen?
- Wurden sie bestätigt und erfüllt?
- Sind die Waren im Amazon-Lager korrekt vereinnahmt worden?
- Ist die Lieferung der Waren fristgerecht und gemäß Amazons Anforderungen erfolgt?
- Sind bestätigte Bestellungen noch offen bzw. unterwegs?

Hinweise hierzu erhalten Sie im Vendor Central über den Bericht *Operative Performance*, unter *Orders* sowie über die folgenden ARA-Reportings: *Forecast and Inventory Planning* und *Inventory Health.*

Haben Sie Ihr PO-Management im Griff, sollten Sie im nächsten Schritt versuchen, Ihre Vendor Lead Time zu optimieren. Je kürzer Ihre Lieferantenvorlaufzeit ist, desto geringer fällt die Wahrscheinlichkeit aus, dass Ihre Waren aufgrund von Lieferverzögerungen Out of Stock laufen.

> **Hinweis**
>
> Der Content von ASINs, die Out of Stock sind, lässt sich eventuell nicht aktualisieren. Die Anpassung erfolgt erst dann, wenn der Artikel wieder verfügbar ist.

Anpassung des Forecasts

Amazons POs erfolgen automatisiert unter anderem anhand der ermittelten Forecast-Daten. Reicht Amazons Lagerreichweite des Öfteren nicht aus, sollte sie eventuell justiert werden. Kontaktieren Sie hierzu Ihren Vendor Manager und bitten Sie um eine Korrektur.

Allerdings müssen sich Lieferanten hierbei bewusst sein, dass die Möglichkeiten des Vendor Managers unter Umständen eingeschränkt sind. Die fortschreitende Automatisierung der Prozesse führt dazu, dass manuelle Eingriffe in das Forecast- sowie das Bestellsystem immer schwieriger bis unmöglich werden bzw. sind.

Trotzdem sollten Sie Ihren Vendor Manager immer im Voraus informieren, wenn Sie (groß angelegte) Marketingkampagnen planen – auf und außerhalb von Amazon. Auf diese Weise geben Sie ihm bzw. dem Algorithmus die Chance, Bestellmengen an die höheren Verkaufszahlen anzupassen, und minimieren so die Out-of-Stock-Gefahr.

Bestellanreize schaffen

Letztendlich liegt es in der Entscheidungsgewalt des Handelsriesen, ob er Bestellungen aufgibt bzw. die Abnahmemengen erhöht. Sie können allerdings versuchen, Ihrem Vendor Manager verschiedene Trade-offs anzubieten, um einen Bestellanreiz zu schaffen:

- uneingeschränktes Rückgaberecht für die Produkte dieser Bestellung
- Marketingbudget für dieses Produkt in Aussicht stellen
- einmalige Cost Reduction für die nächste Bulk Order

Buybox

In Kapitel 3 haben wir Ihnen bereits erklärt, worum es sich bei der Buybox handelt und wie sie funktioniert. Für die Optimierung des Sellouts ist es entscheidend, dass Amazon die Buybox belegt. Ansonsten verkaufen nicht Vendoren, sondern Seller.

Hinweis

Warum überlässt Amazon Sellern die Buybox? Ziel ist, dass der Kunde auf jeder Produktdetailseite das beste Angebot findet. Bietet ein Händler bessere Konditionen als Amazon selbst, überlässt Amazon ihm die Buybox, um die bestmögliche Customer Experience sicherzustellen.

Das bedeutet zwar für den Hersteller nicht unbedingt Umsatzverluste, allerdings sind indirekt über Drittanbieter erzielte Umsätze in der Regel viel schwieriger zu tracken und messen. Darüber hinaus geht der Verlust der Buybox meist mit einem Margenverlust einher, der sich durch die zusätzlich zwischengeschalteten Handelsstufen ergibt.

Welche Fragen müssen sich Vendoren also im Rahmen einer Buybox-Analyse stellen?

- Wie hoch ist die Lost-Buybox-Rate?
- Wie hoch wäre der Umsatz mit einer Gewinnrate von 100 %?
- Bieten Seller Ihre Artikel günstiger als Amazon an?
- Wie viel Umsatz ist an Seller durch den Verlust der Buybox verloren gegangen?
- Wie sieht der Trend der Buybox-Rate von letzter Woche und dieser Woche aus?
- Wie viel mehr oder weniger Umsatz wurde diese Woche aufgrund der Entwicklung im Vergleich zur letzten Woche generiert?
- Aus welchen Gründen verlieren Sie die Buybox?

Einflussfaktoren für die Buybox-Situation

Nach Amazons Geschäftsmodell liegt es im Verantwortungsbereich der Vendoren, die Bedingungen dafür zu schaffen, dass der Handelsriese die Buybox belegen kann. Zur Erinnerung: Unter anderem nehmen folgende Faktoren aller Wahrscheinlichkeit nach direkt und indirekt Einfluss auf den Verlust bzw. Gewinn der Buybox, wobei die beiden ersten beiden Punkte für Vendoren die Hauptkriterien darstellen:

- Verkaufspreis
- Verfügbarkeit
- Lieferzeit
- Lieferantenperformance bzw. Verkäuferbewertung
- Prime-Fähigkeit/Versandkonditionen[4]
- Profitabilität für Amazon

4 Für Seller ohne FBA.

Allerdings handelt es sich lediglich um Erfahrungswerte. Wie genau der Algorithmus die Buybox-Gewinner auswählt, verrät Amazon natürlich nicht. Stellen Sie fest, dass Amazon die Buybox regelmäßig abgeben muss, sollten Sie folglich die oben aufgeführten Themen in Augenschein nehmen.

Allein mit ARA gestaltet sich eine Analyse der Buybox-Situation allerdings schwierig. Die Berichte geben zum Beispiel nicht aus, welche Seller häufig die Buybox belegen und zu welchen Preisen sie Ihr Produkt auf dem Marktplatz verkauft haben. Der über ARA verfügbare Average Sales Price berechnet sich schließlich nur auf Grundlage von Vendor-Produkten.

Außerdem bieten die Berichte keine allgemeine Buybox-Rate, die wiedergibt, wie hoch die Gewinn- bzw. Verlustrate insgesamt war. Die KPI *Lost Buybox due to Price %* gibt lediglich an, wie häufig die Buybox verloren wurde, weil der Verkaufspreis nicht marktfähig war – und nicht, wie hoch die Buybox-Verlustquote insgesamt ausfiel, beispielsweise aufgrund mangelnder Verfügbarkeit. Auch hier kommen Softwarelösungen ins Spiel.

> **Praxistipp**
>
> Stellen Sie fest, dass Ihre Produkte Out of Stock sind, Amazon aber trotzdem die Buybox gewinnt, ist dies ein Indikator für Fremd-Sourcing.

Mögliche Lösungsansätze für Lost Buybox due to Price

Buybox-Verlust aufgrund von Amazons Verkaufspreisen resultiert in der Regel aus Profitabilitätsproblemen und hohem Preisdruck. Amazon überlässt Sellern die Buybox, da sie die Preissenkungen nicht mitgehen können. Der Verkauf der Produkte wäre für den Handelsriesen sonst nicht mehr rentabel.

In diesem Fall greifen folglich die bereits zum Thema Profitabilität vorgestellten Lösungsansätze (siehe den Abschnitt »Profitabilität« weiter oben in diesem Kapitel), wie die Erstellung exklusiver Produkt-Bundles und -variationen. So können Sie den Wettbewerb um die Buybox umgehen, da Sie der einzige Anbieter einer ASIN sind.

Auch ist es wichtig, zu ermitteln, aus welchen Gründen Seller Ihre Produkte günstiger vertreiben können. Häufig liegt die Ursache in einer inkonsistenten Preispolitik der Lieferanten. Hier kann langfristig nur eine Harmonisierung der Handelspreise und -konditionen über sämtliche Vertriebsstufen hinweg Abhilfe schaffen.

Amazon zu ermöglichen, Preissenkungen mitzugehen, indem Sie beispielsweise Finanzierungsbeiträge zahlen oder Subventionierungen anderer Art anbieten, stellt demgegenüber lediglich eine kurzfristige Lösung dar.

Lieferkette und Vertriebsnetz prüfen

Weitere Lösungsansätze ergeben sich aus der Frage, woher Seller die Produkte beziehen. Dies zu klären, ist nicht immer einfach und erfordert eine sorgfältige Prüfung des eigenen Vertriebsnetzes.

Es ist zum Beispiel möglich, dass Handelspartner im Zuge einer Promotion große Mengen der Artikel zu vergünstigten Preisen erworben haben und nun als Seller auf dem Marktplatz anbieten.

Besonders ärgerlich für Hersteller sind schwarze Schafe unter den Sellern, die Diebesgut oder gar gefälschte Markenwaren vertreiben. Sobald der Verdacht besteht, sollten Sie Testkäufe durchführen. Können Sie anhand von Seriennummern oder anderweitig nachweisen, dass es sich um Plagiate oder illegal erworbene Waren handelt, muss Amazon den Anbieter sperren.

ASIN-Duplikate

Auch Seller werden kreativ, wenn es darum geht, Buybox-Konkurrenz zu vermeiden. So listen sie zum Beispiel Produkte neu, anstatt sich mit ihrem Angebot an die bereits vorhandene Detailseite zu heften.

Auf dem Marktplatz tauchen daher immer wieder sogenannte *Duplikate* auf. In diesem Zusammenhang ist gemeint, dass für ein Produkt verschiedene ASINs existieren. Nach Amazon-Spielregeln gilt jedoch: ein Produkt = eine ASIN. Ziel des Handelsriesen ist es, den Marktplatz für Kunden übersichtlich zu gestalten. Duplikate ausfindig zu machen und nach Möglichkeit zu bereinigen, ist Bestandteil der kontinuierlichen Katalogpflege.

Bereinigung von doppelten ASINs

Man kann zwischen verschiedenen Duplikaten unterscheiden:

- **EAN-Duplikat:** im Initial-Upload durch fehlerhafte EAN generiertes Duplikat
- **Ländermarktplatz-Duplikat:** ASIN eines anderen Marktplatzes (UK, FR, DE etc.) wird genutzt, um dasselbe Produkt zu verkaufen
- **Veraltetes Duplikat:** über alte Verpackung oder überholte Versionen generiertes Duplikat, das legitime, aber nicht mehr gültige Daten benutzt, um ein anderes Produkt vorzutäuschen

Wurden illegitime ASINs identifiziert, können Sie einen Fall eröffnen, um die Seiten zusammenlegen zu lassen. Der Traffic des Duplikats wird dann auf die Originalseite umgeleitet, und es gibt nur noch eine Detailseite.

Diese Methode funktioniert am besten bei durch falsche EANs oder veraltete Informationen generierte ASINs, da diese für den Vendor-Support leicht als Verstoß gegen Amazon Guidelines zu erkennen sind.

In manchen Fällen funktioniert simples Zusammenlegen allerdings nicht. Wenn zum Beispiel legitime ASINs missbraucht werden, um schon existierende Produktdetailseiten zu umgehen, oder legitime ASINs anderer Ländermarktplätze involviert sind, ist der Prozess langwieriger. Er erfordert die Kommunikation zwischen verschiedenen Bereichen des Amazon-Vendor-Supports.

Praxistipp

Verfügt das Duplikat über Rezensionen, sollten Sie darauf hinweisen, sie auf der Originalseite zusammenzulegen.

Die Bereinigung von Duplikaten kann allerdings sehr ressourcenaufwendig und mühsam sein. Nicht in jedes Duplikat sollte und muss daher Energie gesteckt werden. Oft sind die Doppelgänger für Kunden zum Beispiel kaum sichtbar, da sie sich aufgrund der Flut an Artikeln in organischen Suchergebnissen auf den hinteren Plätzen bewegen.

Wichtiger sind jene Kandidaten, die sich in direkter Nähe zu den Listings der Hersteller bewegen und ihnen den Umsatz streitig machen. Auch gegen ASINs, hinter denen sich Produktfälschungen verbergen, gilt es stets vorzugehen, da sie der Brand schaden können.

Warnung

Lässt man ASINs zusammenlegen, muss man dabei immer bedenken, dass dadurch neuer Wettbewerb auf die ASIN kommt, weil nun weitere Seller über dieselbe Detailseite verkaufen. Sie sollten daher zuvor stets abwägen, wie stark diese Seller sind.

Organische Sichtbarkeit

Immer wieder sprechen wir von Sichtbarkeit bzw. Auffindbarkeit, wenn es um Amazon geht. Warum dieses Thema ein besonders relevanter Einflussfaktor ist, dürfte an diesem Punkt auf der Hand liegen: Nur wenn Kunden auf Ihre Produkte aufmerksam werden, können sie sie auch kaufen.

Doch wie kann man Sichtbarkeit in den organischen Suchergebnissen überhaupt messen? Schließlich lässt sich nur steuern bzw. optimieren, was auch messbar ist.

Bei der Analyse der organischen Sichtbarkeit stehen folgende Fragen im Fokus:

- Wo landen relevante ASINs in den organischen Suchergebnissen zu relevanten Suchbegriffen?
- Wie hoch ist die Qualität dieser Suchbegriffe?

Anhand dieser Informationen kann zum Beispiel ein sogenannter *Sichtbarkeitsindex* (*Visibility Index*) erstellt werden. Einige Leser kennen das Werkzeug wahrscheinlich im Zusammenhang mit Google. Je höher der Indexwert ausfällt, umso sichtbarer ist das Produkt bzw. die Marke. Dabei wird ein Sichtbarkeitsindex je nach Anbieter auf Grundlage unterschiedlicher Regeln und Daten ermittelt.

Amazon-spezifische Softwarelösungen, die dieses Instrument umfassen und auf fundierte Datenquellen zurückgreifen, sind auf dem deutschen Markt bisher allerdings noch sehr rar gesät bis nicht vorhanden (Stand: März 2019). Eine Ausnahme bildet die factor-a suite. An dieser Stelle können daher nur Aussagen zur Funktionsweise des Visibility Index dieser Softwarelösung gemacht werden.

Wie funktioniert der Visibility Index?

Der Visibility Index misst, wie gut einzelne Produkte oder ganze Marken in der organischen Suche von Amazon zu finden sind. Dabei betrachtet er sowohl die Qualität jedes einzelnen gesuchten Keywords als auch die Suchergebnisposition jedes Produkts für das jeweilige Keyword. Der Indexwert berechnet sich, indem alle Keywords überprüft werden, für die ein Produkt auffindbar ist. Anschließend werden die Ergebniswerte sämtlicher Keywords zu einem Produktwert summiert. Je häufiger User einen Suchbegriff verwenden und je höher die Suchergebnisposition eines Produkts ist, desto stärker wächst der Visibility Index für dieses Produkt bzw. die Marke.

Mithilfe des Visibility Index lassen sich sowohl die aktuelle Sichtbarkeit als auch Veränderungen für Shorttail und Longtail Keywords messen. Eine Ausnahme können allerdings Produkte darstellen, die nur zu extrem nischigen Suchbegriffen gefunden werden. Sie weisen meist ein äußerst geringes Suchvolumen auf. Hier besteht die Gefahr, dass der Datensatz diese nicht berücksichtigt.

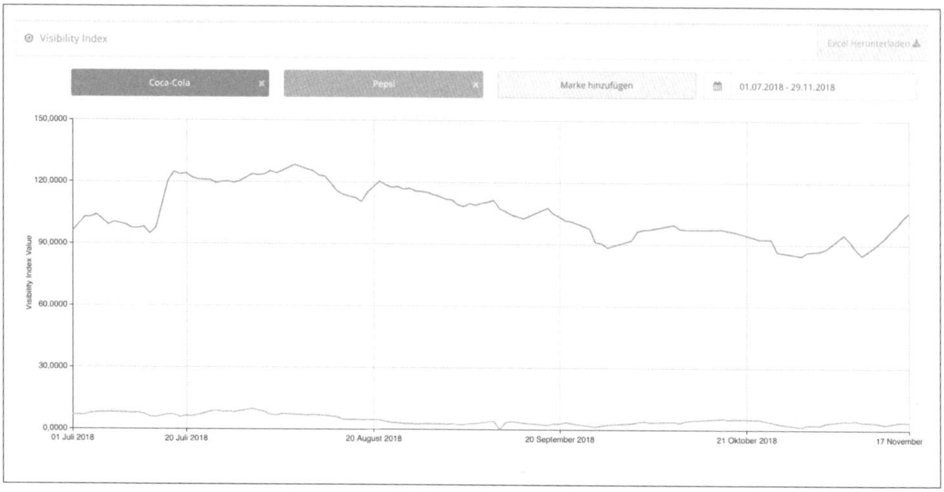

Abbildung 9-18: Visibility Index der factor-a suite, der die Sichtbarkeit auf Amazon von zwei großen Getränkeherstellern im Vergleich zeigt (Quelle: factor-a – part of Dept)

Eine weitere Möglichkeit, Sichtbarkeit zu messen, besteht in der Analyse des Rankings-Verlaufs der Produkte zu spezifischen Keywords. ARA spielt diese Informationen nicht aus. Aber es gibt verschiedene Softwareanbieter, die das übernehmen. Hierzu gehören und anderem Amalyze, Sellics und die factor-s suite.

Ein Wachstum an Sichtbarkeit allein bedeutet jedoch noch nicht automatisch, dass der Traffic in Form von Glance Views und Conversions steigt. Sie sollten die Indexwerte daher immer in Korrelation mit diesen Metriken betrachten, um zum Beispiel Aussagen zum Erfolg von Content-Optimierungsmaßnahmen treffen zu können.

Praxistipp

Wenn Sie eine ASIN im Hinblick auf Keywords optimiert haben, sollten Sie im Anschluss immer überprüfen, ob diese tatsächlich von Amazon indexiert wurden. Übersteigen die Backend-Keywords beispielsweise die maximal erlaubte Byte-Zahl, erfasst Amazon keinen der dort hinterlegten Suchbegriffe. Um das zu prüfen, können Sie die ASIN und das Keyword in das Suchfeld eintragen. Wird kein Suchtreffer angezeigt, wurde das Keyword nicht indexiert. Allerdings gibt es auch andere Gründe dafür, dass die jeweilige ASIN nicht erscheint, wie zum Beispiel Profitabilitätsprobleme oder Parent-ASINs.

Marketingaktivitäten der Wettbewerber

Vendoren und Seller sollten nicht nur ihre eigenen Marketingaktivitäten beobachten, sondern auch die der Wettbewerber. Umsatzrückgängen können starke Marketingmaßnahmen der Wettbewerber zugrunde liegen. Die Frage, die Sie sich hier stellen sollten, lautet:

- Wie groß ist der Anteil Ihrer ausgespielten Ads auf Amazon im Vergleich zu denen Ihrer Wettbewerber?

So wie es den Sichtbarkeitsindex gibt, um die organische Sichtbarkeit zu messen, gibt es ebenfalls ein Instrument, um die eigene Sichtbarkeit in Form von bezahlten Werbeanzeigen zu erfassen. Hierbei handelt es sich um den *Share of Voice*.

Wie funktioniert der Share of Voice?

Um den Share of Voice zu messen, wird für ein zuvor definiertes Keyword-Set geprüft, wessen Ads Amazon jeweils ausspielt. Die erhobenen Informationen werden zueinander ins Verhältnis gesetzt. Sie lassen sich zum Beispiel in Form eines Kreisdiagramms aufbereiten (siehe Abbildung 9-19). Auf diese Weise können Marketingtreibende schnell erkennen, an welche Wettbewerber sie große Marktanteile verlieren, und Kampagnenstrategien zielgerichtet anpassen.

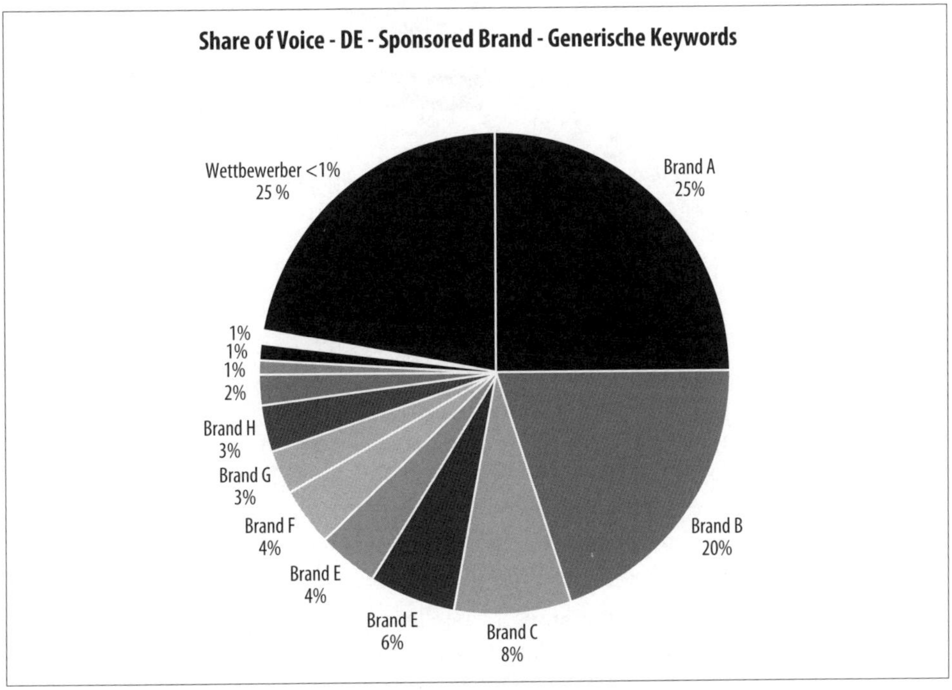

Abbildung 9-19: Beispiel für eine Share-of-Voice-Analyse (Quelle: factor-a – part of Dept)

Den Share of Voice manuell zu erstellen, ist so gut wie unmöglich. Es wird eine riesige Datenbasis benötigt, um ein aussagekräftiges Ergebnis zu erhalten. Auf datengetriebene Analysen spezialisierte Agenturen haben entsprechende Services im Angebot.

Wechselwirkungen relevanter Einflussfaktoren

Im Laufe des Buchs sind wir immer wieder auf mögliche Wechselwirkungen eingegangen. Zu verstehen, dass sämtliche Faktoren aufeinander einwirken und sich bedingen, ist essenziell, um sich Marktanteile zu sichern und Umsätze auf Amazon langfristig zu steigern. Daher kann dieser Umstand nicht oft genug betont werden.

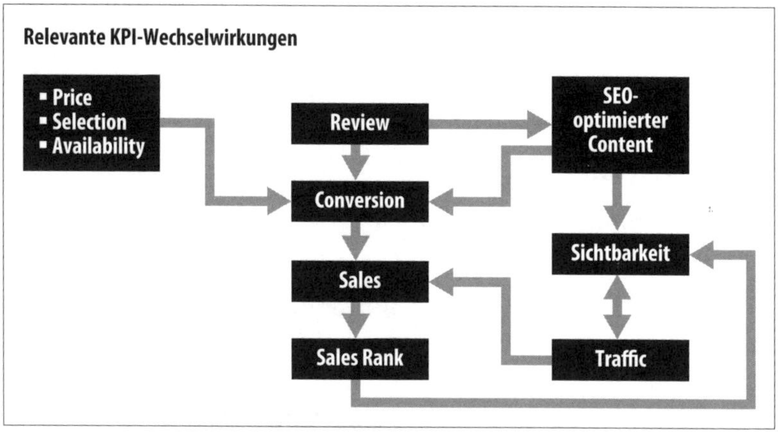

Abbildung 9-20: Vereinfachte Darstellung möglicher Wechselwirkungen von Faktoren, die den Umsatz von Vendoren auf Amazon beeinflussen (Quelle: factor-a part – of Dept)

Hier zwei vereinfachte Extrembeispiele, um mögliche Wechselwirkungen zu veranschaulichen:

- Ein Hersteller listet ein neues Produkt, optimiert den Content und schaltet SA- und DSP-Kampagnen, um den Absatz zu fördern. Das Produkt erlangt Aufmerksamkeit und verkauft sich innerhalb seiner Kategorie gut, es gewinnt an positiven Rezensionen und Sichtbarkeit. Dadurch steigen Traffic- und Umsatzzahlen. Es rankt noch höher in den organischen Suchergebnissen zu relevanten Keywords. Die höhere Sichtbarkeit wirkt sich wiederum positiv auf Traffic und Umsatz aus. Das Produkt befindet sich in der Aufwärtsspirale.
- Top-Produkte eines Herstellers landen aufgrund von Preisdruck auf der CRaP-Liste. Amazon gibt keine neuen POs auf, wodurch die Verfügbarkeit leidet. User können das Produkt nicht mehr

bestellen. Performance und Umsatz sinken. Hierunter leidet die Sichtbarkeit. Die Artikel befinden sich im Sinkflug.

Die Wechselwirkungen führen dazu, dass Einflussfaktoren die Spirale sowohl abwärts als auch aufwärts in Gang setzen können. Die gute Nachricht: Die Faktoren sind durchaus steuerbar und keine Naturgewalt, der Vendoren ausgesetzt sind.

Voraussetzung hierfür ist, sie laufend zu überwachen und ganzheitlich zu betrachten. Am besten entwickeln Sie eine tägliche Routine – gerade die wichtigsten Produkte wie Ihr Brot- und Buttergeschäft gilt es immer im Blick zu behalten: Warum performen sie gut oder schlecht? So kann auf zerschossenen Content, Preisverfälle, Lieferengpässe & Co. schnell reagiert werden.

Softwarelösungen

Sämtliche Faktoren, Reports und Kennzahlen regelmäßig zu überprüfen, ist überaus aufwendig und bei größeren Produktportfolios so gut wie unmöglich. Hierzu benötigen Vendoren eine Softwarelösung, die alle Rohdaten – sowohl die über Amazon verfügbaren als auch externe – in für den Vendor optimaler Form und lösungsorientiert aufbereitet. Nur so sind langfristige Analysen und eine fundierte Erfolgsauswertung möglich.

Der Onlinehandel stellt für viele Hersteller darüber hinaus immer noch eine Blackbox dar. Dies gilt insbesondere für Amazon, da sich der Handelsriese, was Daten und Informationen angeht, bekanntermaßen recht bedeckt hält.

Um tatsächlich mit Amazon mitwachsen zu können und keine Marktanteile an den Wettbewerb zu verlieren, sind datengetriebene Analysen des Markts für Vendoren allerdings unerlässlich. Beispiele hierfür sind unter anderem Share-of-Voice-Analysen und Sichtbarkeitsindexe.

An die hierfür erforderlichen Daten kommen Vendoren und Seller allerdings ohne Unterstützung kaum heran. Anbieter von Softwarelösungen sollten daher in der Lage sein, diese Informationen für Anwender transparent zu machen.

Nicht nur im täglichen operativen Geschäft profitieren Vendoren von Softwarelösungen und Agenturleistungen, auch im Jahresgespräch stärken sie die eigene Position. Vendor Manager argumentieren auf Grundlage nackter Zahlen und haben Zugriff auf einen Berg von Daten, von denen Vendoren im Laufe der Zusammenarbeit nur einen Bruchteil zu Gesicht zu bekommen. Um auf Augenhöhe verhandeln zu können, ist eine umfassende Dokumentation und Aufbereitung der eigenen Daten erforderlich.

Auf dem Markt tummelt sich mittlerweile eine Vielzahl an Anbietern, die Amazon-spezifische Tools und Softwarelösungen anbieten. Allerdings liegt der Schwerpunkt bei einem Großteil auf dem Seller-Modell. Softwarelösungen für Vendoren sind dagegen bisher rar gesät. Im Folgenden stellen wir Ihnen einige Anbieter davon kurz vor (Stand: Dezember 2018):

Sellics

Sellics bietet ein breites Feld an Funktionalitäten für Seller und Vendoren an. Ursprünglich handelte es sich um ein reines Seller-Tool, das vor allem zum Marketplace-Management genutzt wurde. Seit Kurzem hat der Anbieter ebenfalls eine *Vendor Edition* im Programm.

Laut Website gehören folgende Module zum Funktionsumfang:[5]

Features

- Content und SEO
  - Content-Check und Identifizierung von Optimierungspotenzial
  - Keyword-Recherche
  - Erstellung von Backend-Keyword-Sets
  - Content-Optimierung
  - Monitoring von Keyword-Rankings
  - Content-Monitoring
- Kunden-Feedback
  - Monitoring und Management von Rezensionen und Kundenfragen
  - Feedback-Historie
- Buybox-Monitoring
  - Monitoring von Sellern
  - Lost Buybox
  - Out of Stock
- Retail Analytics
  - Vergleich von Sell-in und Sell-out über das Plug-in Vendor Central Chrome
  - Visualisierung der Sales-Performance

5 *https://sellics.com/vendor-edition*

- Verkaufszahlen einzelner Amazon-Ländermarkplätze, Filterung u. a. nach ASIN, Land, Marken und Kategorien möglich
- Sponsored Ads
  - Bid-Management: vordefinierte und individuelle Automatisierungsregeln
  - Überblick über PPC-Performance inklusive Visualisierung
  - historische Daten
  - Kampagnen-Management

Amalyze

Das *Amalyze Recherche Tool* kann sowohl von Sellern als auch von Vendoren genutzt werden. Es bietet eine sehr große Menge an Daten und Informationen, die es aufbereitet und zur Verfügung stellt.

Die Informationen zu dem Tool auf der Website des Anbieters weisen darauf hin, dass es sich dabei überwiegend um Daten handelt, die aus externen Quellen gewonnen werden. Kennzahlen aus dem Vendor Central scheint es nicht zu berücksichtigen.

Den Angaben auf der Website des Anbieters zufolge gehören zum Funktionsumfang folgende Features:[6]

Features

- Detailinformationen zu den eigenen ASINs
  - Content
  - aktueller Angebotspreis und UVP
  - Anzahl und durchschnittliche Bewertungen der Rezensionen
  - Kategorien
  - Abmaße und Gewicht
- Historische Entwicklung
  - Verfügbarkeit
  - Preis
  - Bestsellerrang
  - Veränderung im SEO-Wert/Optimierung
  - Veränderung in der Buybox
  - neue Seller auf der ASIN
  - Ranking-Position des Produkts zu Keywords

6 *https://www.amalyze.com/recherche-modul/*

- Lagerbestand, Verkaufszahlen und Umsatz
- Übersicht über sämtliche Anbieter einer ASIN, hierzu gehören auch Angaben zu
  - Verkaufspreisen
  - aktuellen Inhabern der Buybox
  - Verkaufs- und Umsatzzahlen der Vergangenheit
  - der Durchschnittsbewertung
  - dem Lagerbestand
- Händlerrecherche und -analyse
- Rezensionsanalyse
- SEO-Hinweise anhand von Amazons Style Guides
- Recherche, Analyse und Monitoring von Keywords
- AMASCORE: Sichtbarkeit von ASINs innerhalb der Amazon-Suche
- Nischenanalyse
- Kategorienanalyse
- Sponsored-Products-Analyse
  - Anzahl SPs zum Keyword innerhalb der Top-100-Suchergebnisse
  - Anzahl der SP-Impressions pro Produkt
- Amazon Advertising Tool
  - automatische Bid-Optimierung anhand der Conversion Rate

Kenshoo

Kenshoo hat sich auf den Bereich Paid Advertising spezialisiert und ist Experte darin, Marketingkampagnen auszusteuern. Besonders aktiv ist der Anbieter in den Bereichen Google und Social Media.

Er bietet verschiedene Dienstleistungen, darunter eine E-Commerce-Lösung für Amazon Advertising. Auf der Plattform lassen sich Sponsored-Ads-Kampagnen automatisieren und optimieren.

Features

- Erstellung, Verwaltung und Optimierung von produktbezogenen Kampagnen
- Prognosen und Budgetplanung
- Automatisiertes Bid-Management
- Funktionen, um Anpassungen im Bulk vorzunehmen
- Product Manager: Insights zu den eigenen ASINs, wie Daten, Attribute und Performance

factor-a suite

Die *factor-a suite* unterstützt Vendoren in sämtlichen operativen Aufgabenbereichen. Dies umfasst unter anderem die Themen Content-, Amazon-Advertising- und Account-Handling.

Es handelt es sich um eine Softwarelösung, die auf die Bedürfnisse von Vendoren zugeschnitten ist. Sie verfolgt daher einen holistischen Ansatz, bezieht alle verfügbaren Datenquellen sowie Faktoren mit ein und verknüpft sie zielführend.

Auf diese Weise schafft sie einen entscheidenden Überblick und damit die Grundlage für proaktives und performanceorientiertes Handeln. Werden Probleme dagegen isoliert betrachtet, lassen sich immer nur Symptome bekämpfen – nicht jedoch die Ursachen korrigieren.

Dank permanenter Analyse der KPIs können Probleme schnell identifiziert werden. Zusatzinformationen und konkrete Handlungsempfehlungen ermöglichen es, einen direkten Einfluss auf Sales nehmen zu können.

Mithilfe der factor-a suite gewinnt man zudem eine komplette Übersicht über die Performance der einzelnen Artikel. Vendoren haben beispielsweise die Möglichkeit, Sichtbarkeiten, Preisentwicklungen, Stock-Situationen und Bestellzyklen zu tracken. So erlangen sie die Kontrolle über das eigene Sortiment zurück.

Dass die Softwarelösung und ihre Features aus dem Problemverständnis der Vendoren heraus entwickelt wird, zeigt sich unter anderem an den integrierten Datenprodukten, wie dem *Visibility Index* oder dem *Keyword Quality Score*.

Ein weiteres Beispiel ist die optionale Amazon-Advertising-Lösung: Als Teil der factor-a suite ermöglicht *amabid* das regelbasierte und automatisierte Kampagnen- und Bid-Management für die Amazon Sponsored Ads. Hierbei berücksichtigt sie operative Metriken, Erfolgskennzahlen und Wettbewerbsdaten. Dazu gehören zum Beispiel Informationen aus dem Vendor Central sowie Out-of-Stock-Situationen und der Verlust der Buybox.

Features

- Tiefgehende Auswertung und Analyse aller Amazon-Kennzahlen
- Dashboard mit relevanten Kennzahlen aus sämtlichen Bereichen
- Aufbereitung von ARA-Premium-Daten: Traffic und Conversion
- Schnittstelle zu Vendor Central

- Wettbewerbs- und Marktanalyse in Kategorien: Wettbewerber, Marktanteile, Absatz- und Umsatzpotenziale (auf Anfrage)
- Content-Monitoring: Bereitstellung von Upload Sheets und Soll-Ist-Vergleich
- Hinweise zu Amazon-SEO und Content-Optimierung (Agenturleistung)
- Monitoring des Sortiments und dessen Verfügbarkeit
- Monitoring von Rezensionen und Bewertungen, Rezensionsmanagement
- Buybox-Monitoring
- Bereitstellung von historischen Preis-, Verkaufs- und Performancezahlen
- Identifikation der am besten performenden ASINs
- Identifikation von Problemen und Wechselwirkungen:
  - Out of Stock
  - Lost Buybox
  - hohe Retourenquote
  - falscher Replenishment-Code
  - zu geringe Bestellmengen
  - u.m.
- Reporting: Vendor Central und Amazon Advertising
- Visibility Index: Vergleich zu Wettbewerb/Keyword Quality Score
- amabid: Sponsored-Ads-Management
  - Bid-Management, bis ins Detail definierbare Automatisierungsregeln
  - Management von Sponsored Ads via API
  - Kampagnen-Management und -Monitoring
  - Budget-Monitoring
  - tiefgehende Analyse von Kampagnen, ASINs und Keywords
  - Share-of-Voice-Analysen (auf Anfrage)

> **Hinweis**
>
> Die Softwarelösung factor-a suite ermöglicht es Vendoren, alle relevanten Kennzahlen und Faktoren laufend zu überwachen, und gibt wertvolle Handlungsempfehlungen aus. Sie werden auf Grundlage langjähriger Erfahrung ausgewählt.

Internationalisierung

Möchten Vendoren ihr Amazon-Business innerhalb von Europa expandieren, stehen Ihnen mehrere Optionen zur Verfügung.

> **Hinweis**
>
> Länder-Accounts fokussieren sich von der Verhandlung bis zum Verkauf auf lediglich ein Land: ein Vertrag pro Land. PAN-EU-Accounts umfassen von der Verhandlung bis zum Verkauf alle EU-Länder: ein Vertrag für mehrere Länder. Dies bedeutet zentralisierte Handlungsmacht.

Wird jeder Ländermarktplatz separat gesteuert und werden die Konditionen auf Länderebene verhandelt, besteht immer die Gefahr des Cross-Border Sourcing (siehe hierzu in Kapitel 3 »Einstieg als Vendor« auf Seite 35). Amazon kauft bekanntermaßen länderübergreifend ein und nutzt Preisvorteile für sich.

Hier ein Beispiel: Die spanische Ländergesellschaft eines Herstellers möchte den Abverkauf eines Produkts fördern und gewährt daher einen Discount von 30 % auf den EK. Amazons System registriert, dass der Preis dort niedriger ist als bei der deutschen Ländergesellschaft. Statt bei ihr zu ordern, bestellt der E-Commerce-Riese in Spanien und exportiert die Waren in deutsche Fulfillment-Center. Die möglichen Folgen sollten Vendoren nicht unterschätzen:

- **Endkundenpreise geraten unter Druck:** Amazon kann die Waren zu günstigeren Konditionen von anderen Ländergesellschaften beziehen. Dadurch sinkt die Profitabilitätsgrenze des Handelsriesen, und er kann Preissenkungen weiter mitgehen.
- **Umsatzverlagerung ins europäische Ausland:** Als Folge können einzelne Ländergesellschaften ihre Umsatzziele eventuell nicht erreichen.
- **Verwerfungen im Bereich Bestände und Verfügbarkeit:** In den einen EU-Ländern minimieren sich die Bestände in den Lagern der Hersteller schnell, während zeitgleich in Fulfillment-Centern in anderen Ländern ein Überbestand droht. Testet Amazon die Preiselastizität, um diesen abzubauen, kann sich das ebenfalls negativ auf Verkaufspreise auswirken.

Um diesen Entwicklungen vorzubeugen, sollten Lieferanten versuchen, Preise und Konditionen auf EU-Ebene nach Möglichkeit zu harmonisieren. Dies ist vor allem vor dem Hintergrund wichtig, dass die Transparenz von Preisen und der Wettbewerb über die Ländergrenzen hinweg laufend zunehmen. Mit Länder-Accounts gestaltet sich dies weitaus komplexer als mit einem EU-Account.

Je nach Unternehmen ist die Steuerung auf EU-Ebene allerdings kaum möglich. Das beruht meist auf internen Konkurrenzsituationen zwischen den verschiedenen Ländergesellschaften.

> **Hinweis**
>
> Eine länderübergreifende europäische Strategie ist das A und O, um die Potenziale und Skaleneffekte auszuschöpfen, die der internationale Verkauf an Amazon bietet. Bei allen nationalen Entscheidungen und Maßnahmen, wie der Preisgestaltung oder der Sortimentspolitik, sollten Hersteller immer die möglichen Folgen berücksichtigen, die sich dadurch auf internationaler Ebene ergeben können.

International verkaufen mit einem Länder-Account

Verfügen Hersteller bisher nur über Standorte in einem Land, können sie trotzdem Amazons globale Reichweite für sich nutzen, um ihr Geschäft international auszubauen – unabhängig davon, wo es physisch angesiedelt ist.

Der Handelsriese exportiert ausgewählte Vendor-Produkte weltweit und bietet sie auf verschiedenen Amazon-Ländermarktplätzen an. In diesem Fall profitieren Vendoren von Amazons internationalen Logistiklösungen.

Der Nachteil bei dieser Variante ist, dass Sie weniger Kontrolle über verschiedene Bereiche wie Content, Marketing und Promotions in den jeweiligen Ländern haben, als wenn Sie dort einen eigenen Vendor-Account hätten und Amazon direkt beliefern würden. Trotzdem können Produkte natürlich zum Beispiel über die DSP in den jeweiligen Märkten gepusht werden.

Es kommt immer wieder vor, dass Amazon eigenständig Artikel der Hersteller auf anderen Ländermarktplätzen anbietet, also die ASIN einfach dupliziert. Dies wird nicht immer proaktiv an den Vendor kommuniziert.

Meist handelt es sich dabei um eine Art Testlauf. Amazon schaut, wie gut sich das Produkt auf dem jeweiligen Marktplatz verkauft. Daher verfügen die Artikel meist nicht über einen Lagerbestand in den Fulfillment-Centern vor Ort. Die Artikel werden erst auf Bestellung von Kunden hin exportiert.

Die Krux für Vendoren und Markenhersteller dabei: Meist wird der Content automatisiert und damit in mangelhafter Qualität übersetzt. Dies kann negativ auf die Brand zurückfallen und verschenkt wertvolles Optimierungspotenzial.

Hinweise für den internationalen Verkauf

Auswahl der Produkte

Analysieren Sie vor dem Markteintritt, welche Produkte aus Ihrem Portfolio sich tatsächlich für den jeweiligen Markt eignen und ob sie den rechtlichen Vorgaben des Gesetzgebers entsprechen. Nur weil sich ein Produkt in Deutschland gut verkauft, heißt das noch lange nicht, dass dies ebenfalls für andere Länder gilt.

Länderspezifische Keyword-Recherche und Content-Erstellung

Keywords und Produktdetailseiten sollten im Rahmen der Internationalisierung nicht einfach nur übersetzt werden. Dies würde viel zu kurz greifen. Das Such- und Kaufverhalten unterscheidet sich je nach Land und den damit verbundenen Lebensumständen und Kulturen.

Hier ein Beispiel: In Spanien suchen Amazon-User nach Wasserfiltern, um Chlor aus dem Leitungswasser zu filtern, damit es trink- und genießbar ist. In Deutschland liegt der Fokus dagegen auf der Schonung von Elektrogeräten. Diese Erkenntnisse spiegeln sich in der unterschiedlichen Auswahl von Bildern und Keywords wider. Im Content werden die jeweiligen Anwendungsziele priorisiert und hervorgehoben.

Nur wenn Sie jeden Marktplatz individuell betrachten und analysieren und den Content im Idealfall durch Muttersprachler erstellen lassen, lässt sich das gebotene Potenzial vollkommen ausschöpfen.

Tracking von Seriennummern

International agierende Vendoren stehen vor der großen Herausforderung, Warenströme länderübergreifend nachzuvollziehen. Sie sollten frühzeitig eine funktionierende Seriennummernverfolgung über sämtliche Handelsstufen hinweg etablieren. Hierbei handelt es sich um eine langwierige und aufwendige Aufgabe, die sich allerdings auszahlt. Sie gestaltet die Zusammenarbeit mit Amazon wesentlich transparenter und liefert Vendoren zuverlässige Datengrundlagen.

> **Hinweis**
>
> Auch Seller haben die Möglichkeit, ihre Geschäfte über Amazon weltweit auszubauen. Auf kontinentaler Ebene können sie ein europäisches Verkäuferkonto einrichten oder einzelne Seller-Accounts für jedes Land. Ihnen stehen über FBA verschiedene Logistiklösungen zur Auswahl.

Index

1st Party Data, Definition 226

A

A+ Content 24, 145
- Amazons Vorgaben 149
- Module 148
- Template 147

Abliefernachweis 329
Above the fold 235
Absatzsteigerung, kurzfristige 274
Absprungrate verringern 274
Abverkaufsförderung 269
ACoS 178
Ads
- Above the fold 235
- außerhalb des Amazon-Ökosystems 221
- Basisgebot 231
- Below the fold 235
- in Apps von Drittanbietern 236
- Sichtbarkeit 265

Advertiser-Audience-Segmente 256
After-Sales-Management 276
Alexa 14
- Schnittstelle zum Onlinestore 15

Allgemeine Geschäftsbedingungen 36
Amalyze 385
Amazon
- Aktionäre 12
- als Händler 22
- als Marktplatz 20
- B2B-Bereich 8
- Datenschatz X
- Distributionskanal vs. Wettbewerber 10
- dynamische Preisfindung 28
- eigene Filme und Serien 16
- eigener E-Book-Reader 7
- Eigenmarke 9
- Entwicklung 8
- Expansions- und Innovationsdrang 12
- Funktionsweise 1, 10
- Handel mit Büchern 7
- Innovationskraft im E-Commerce 14
- Investoren 13
- IT-Infrastruktur 16
- Kooperationsformen 19
- Kundenzufriedenheit 10
- Lebensmittellieferdienst 9
- Lieferung per Drohne 15
- Marktmacht X
- Ökosystem 13
- Onlinemarktplatz 4
- physischer Buchladen in den USA 7
- Produkte des täglichen Bedarfs, Lebensmittel 9
- Produktsuchmaschine 6, 69
- Tipps zu Vertragsverhandlungen 45
- umfassende Wertschöpfungskette 15
- unabhängige Lieferdienste (USA) 15
- Wachstum 10
- Wachstum statt Gewinnmaximierung 12
- Wachstumsraten 6
- Wettbewerb auf der Plattform 33

Amazon Demand Side Platform (DSP) 25, 221
Anzeigengrößen 233
CPM-Auktionen 231
Cross Device Targeting 228
dynamische Preisfindung 231
Funktionsweise und Aufbau 227
Kampagnen optimieren 277
Kampagnenstrategien 272
Managed Service 223
Marketingbudget 223
maßgeschneiderte Zielgruppensegmente 256
Optimierung von Kampagnen 282
relevante Kennzahlen 278
Segmente 226
Setup und Steuerungsmöglichkeiten 252
Standard Display Ad 232
Stärken 221, 226
Strategien 272
strategische Einsatzmöglichkeiten 268
Targeting-Optionen 254
Video Ads 247
Werbemittel 232
Zielgruppensegmente 256
Amazon Echo 14
Amazon Fresh 9
Amazon Marketing Services *siehe auch* Sponsored Ads
Amazon Mobile-SEO 92
A+ Content 150
Bullet Points 127
Titel 125
Amazon Reporting Tools 309
Amazon Retail Analytics (ARA) 334
Premium 113
Amazon Search Terms (Amazon-Suchbegriffe) 354
Amazon Standard-Identifikationsnummer 25
Amazon Store 215
als Landingpage 218
Anwendungsmöglichkeiten 218
Aufbau 216
Kachelarten 216
Landingpage 162
markenspezifischer Link 218
Produktraster 217
Amazon Store Builder 162
Amazon Style Guides 119
Amazon Vine 26, 330
Amazon Web Services (AWS) 16
Amazon-Fulfillment-Center 66
Amazons 1st Party Data 225
Amazons Suchalgorithmus 74, 83
Amazon-SEO 73, 87, 88
Amazon-Vertragswerk 36
Angebot des Tages 243
Anlieferrichtlinien (Vendor Manual) 36, 42
ARA Basic 335
ARA Premium 46, 114, 335
ARA-Berichte, zentrale 341
ARA-Premium-Berichte 357
Artikel
Lieferbarkeit 350
Prime-fähige 347
ASIN Retargeting 270
ASIN-Duplikate 377
ASIN-Retargeting-Segmente 275
ASINs 25, 63, 75, 171
Bewertungen generieren 304
Child-ASIN 143
doppelte 377
Duplikate 377
zusammenlegen 378
ASN 323
Attributionsmodell, Amazon 281
Ausgleichszahlungen (Chargebacks) 43, 314
Auto Suggest 116
Longtail Keywords 111
Auto-Mailings 46
Auto-Suggest-Funktion, Google 112
AVS-Support 46
Awareness 278

B

Backend-Keywords 76, 133
Base Supply Bid 231
Below the fold 235
Best Deals *siehe* Sonderangebote
Bestellanreize 374
Bestellungen (Orders) 316
Bestsellerartikel 313
Bestsellerprodukte 144
Bestsellerrang 77
Bezos, Jeff 10
Geschäftsmodell Amazon 11

Bilder, ergänzende 138
Billboard Ads 234
Blitzangebote 243, 294, 295
Blitzdeals 305
Bonuszahlungen 42
Born to run 25
Brand 3
präsentieren 215
Brand Editorials 46
Brand-Codes 339
Branding-Kampagnen 273
Broader Keyword Targeting 270
Broker-Modell 67
Bullet Points 92, 125
Amazons Richtlinie 127
Buybox 58, 90, 158, 313, 374, 375
Bedeutung der Kundenrezensionen 362
Verlust der 376

C
camelcamelcamel 57
Carrier Central 322
Chargebacks 43, 314
Click Through Rate (CTR) 80
Collect 322
Consideration 278
Consumer Behaviour Dashboards (Dashboards zum Kundenverhalten) 354
Content 87, 94
optimaler 118
Content Monitoring 150
Content-Optimierung 117
Content-Relevanz-Analyse 94, 100
Conversion Rate 72, 79
Conversion-Attributionsmodell 281
Conversion-Optimierung 150
Conversion-Wahrscheinlichkeit 115
Cost per Click (CPC) 159
Cost-per-Mille (CPM) 231
Costs of Goods Sold, COGS 41
Couponing 302
Coupons 243, 294, 300, 305
Coupon-Wochen 301
Formen der Rabattierung 300
CPM-Auktionen 231
CRaP (Can't Realize any Profit) 68
CRM-Kampagnen 276
Cross Device Targeting 226, 228
Cross-Border Sourcing 37, 373
Cross-Selling 149, 158, 259, 276
Customer Journey 225
Retargeting 259
Customer Lifetime Value (CLV) 276
Customer Reviews 357

D
Damage Allowance (DA) 44
Data Management Platform (DMP) 256
Dead on Arrival (DoA) 40
Direktbelieferung 322
Direktvertrieb 2
Vertriebs- und Logistikstrukturen 3
Display Ads
Amazon-Branding-Elemente 239
Landingpage 236
Richtlinien für Inhalt und Gestaltung 238
Sonderregeln für die Platzierung auf Amazon 239
wichtige Vorgaben 238
Display-Kampagnen 221
Display-Marketing 221
Dropshipping 322
DSP-Kampagnen
attraktiver ROAS 291
Ausspielorte 283
Budgetverteilung 284
Frequenz 287
Gebotsanpassung 285
Praxisbeispiel 287
Retargeting-Kampagnen 288
Segmentverfeinerung 286
Werbemittel 284
DSP-Strategien 272
Dynamic eCommerce Ads (DEAs) 241, 305
Einsatzmöglichkeiten 246
Funktionen 242
individuelles Anzeigenbild 244
Platzierungen und Formate 242

E
EAN 63
eBay 4
Echo Look 15
E-Commerce-Strategie 5
Onlinedistributionskanäle 5

EDI (Electronic Data Interchange) 321
Endkundenpreise 40
Enhanced Brand Content (EBC) 20
Events, wiederkehrende 304
Exact Match 134

F

factor-a suite 387
Fast Moving Consumer Goods 368
Fast-Track-Lieferung 346
FBA-Artikel 31
Frontend-&-Backend-Konditionen 36
Fulfillment by Amazon (FBA) 20, 56
Fulfillment by Merchant (FBM) 66

G

Geographic Sales Insights (Einblicke in geografische Verkäufe) 359
Google Ads-Anzeigen 104
Google Keyword-Planer 104, 114
Google vs. Amazon
  Geschäftsmodelle 73

H

Handel, stationärer 3
Hands off the wheel 38
Hero Products 46
Hersteller
  Hauptnachteile 27
  neue Vertriebsmöglichkeiten 2
  offizieller Kommentar 364
Hybridmodell 30

I

Impressions 231, 283
In den Einkaufswagen 242
In-Market Targeting 270
Internationalisierung 389
Inventar 227, 263
  Blacklist 263
  Kosten 232
Inventory Health (Zustand des Lagerbestands) 352
Inventory Planning (Prognose und Bestandsplanung) 348

J

Jahresgespräch 49
Jetzt kaufen 243

K

Kampagnen
  Coupon-Kampagnen 301
  Erfolg analysieren 277
  Optimierungstipps 282
  preisbasierte 293
Katalogpflege 326
Kategorie-Targeting 171
Kategoriewachstum 37
Käufersicht 94
Kaufverhalten 356
Kaufverhalten verstehen 94
Keepa 57
Kennzahlen 311
Kenshoo 386
Keyword Conquesting 270
Keyword-Recherche 100
Keywords 72, 74, 80, 155
  Backend-Keywords 151, 380
  Brainstorming 101
  Breitgefasst 164
  Conversion-Wahrscheinlichkeit 101
  Exakt 164
  Google Keyword-Planer 104
  in Bullet Points 151
  Keyword-Historie 81
  Kniffe 133
  Komposita 107
  länderspezifische 391
  Longtail Keywords 107
  Major Keywords 109
  offensive vs. defensive 118
  Phrase 164
  Produktsuche 101
  recherchieren und bewerten 355
  Reichweite 113
  Schreibvarianten 105
  Short Tail 109
  Strategie 134
  Synonyme 102
  Targeted 269
  typische Fehler 105
Keyword-Set 100
  produktspezifisches 113
  Share of Voice 381
Kommentar, offizieller 364
Konditionsbestandteile 40
Konditionsvereinbarungen (Frontend-&-Backend-Konditionen) 36

Kooperationsmodell, die richtige Wahl 33
KPIs 278
Kunden
  als Dreh- und Angelpunkt 10
  konvertierte 260
Kundenbewertungen 90
Kundenerlebnisse, negative 322
Kundenfragen 98, 366
Kundennachfrage 349
Kundenrezensionen 81, 243, 357
  analysieren 94
  zu Wettbewerberprodukten 96
Kundensicht 94
Kundenzufriedenheit, Amazons Geschäftsmodell 12

L

Lagerbestand optimieren 370
Lagerbestandsplanung 349
Lagergebühr 65
Lagerreichweite prüfen 354
Landingpage 162
  gefilterte Suchergebnisseite 162
  Produktseite 163
Large Rectangle 234
Leaderboards 234
Lieferantenperformance 351
Lieferanten-Retouren 328
Lieferfähigkeit 37
Lieferkonditionen 313
Lifestyle-Produkte 148
Lightning Deals *siehe* Blitzangebote
Location Targeting 262
Logo Farm Placements 46
Logos einbinden 139
Longtail Keywords 107, 109, 110, 135
  Auto Suggest 111
Lookalike-Segmente 256

M

Major Keyword 109
Manufacturer-Account 32
Markenhersteller 23, 32, 33, 311
  Brand 4
  Manufacturer-Account 32
  Sponsored Ads 156
  Vorteile Vendor Central 24
Market Basket Analysis (Warenkorbanalyse) 356
Marketingbudget
  und Sales Funnel 269
Marketingkampagnen 84
Marktforschung 276
Marktneueinführungen 273
Marktpreise, Verfall 27
Media-Marketing 221
Medium Rectangle 234
Mobile Commerce 91
Mobile Display Ads 236
Mobile Leaderboard 235
Mood-Bilder 138
Multimedia-Kampagnen 221

N

Net PPM *siehe* Net Pure Product Margin
Net Pure Product Margin (Net PPM) 358
Neukunden gewinnen 304
New Customer Acquisition Strategies 270
New Item Setup Sheets (NIS) 120
Nischenprodukte 223
  Amazon SEO 151

O

Onlinedistributionskanäle 5
Onlinehandel, Bedeutung und Entwicklung 2
Onlinehändler 4
  Präsentation der Produkte 4
  Verkaufspreis 4
Onlinemarktplatz
  Richtlinien 5
Onlineproduktsuche 69
Onlineshop
  Branding-Werkzeug 3
  eigener 3
Order-Management 319

P

Pay-per-Click-Modell 159
Pixel
  Definition 256
  Impressions 257
Preisfindung, dynamische 28, 231
Preis-Follower 45

Preisgestaltung 39
Preisnachlass 294, 296, 299, 305
Preispolitik, einheitliche 370
Preissenkungen 294
Preisstrategie 28
Premium A+ Content 152
Premium Catalog/Content Services (PCS) 44
Pre-Orders (Vorbestellungen) 360
Prepaid 322
Price Discounts *siehe* Preisnachlässe
Prime Air 15
Prime Day 12
Prime Deals 12
Prime Music 11
Prime Reading 11
Prime Video 11
Prime-Programm 11, 22, 31
Probability-Level 349
Product Display Ads (PDA) 157, 158
Product Setup Service (PSS) 44
Produkt
  auf CRaP-Liste 373
  Backend-Keywords 76
  Bestellanreize 374
  Bestsellerrang 77
  Content 87
  CRaP 367
  Cross-Border Sourcing 373
  Cross-Selling 149
  falscher Replenishment-Code 372
  fehlerhafte Angaben in Stammdaten 372
  hochladen 54
  hohe Kaufwahrscheinlichkeit 74
  international verkaufen 391
  Keyword-Set 113
  Kundenrezensionen 81
  Listing optimieren 87
  mit falschen Artikeldaten bestellt 372
  mit niedriger Marge 31
  Motivation des Käufers 102
  Performancefaktoren 76
  präsentieren 215
  Probleme beim Logistikmanagement 373
  Produktbilder 83
  Produktdarstellung und -konditionen 82
  Produktdaten 87
  Produktdetailseite 88
  Ranking-Faktoren 75
  Relevanzfaktoren 75
  Retourenquote 81
  saisonale Schwankungen 373
  Schreibrechte 93
  Twister 143
  Up-Selling 149
  Variationen entwickeln 370
  Verfügbarkeit 82, 371
  verschiedene Ausführungen 141
  zu wenig Traffic 373
Produktauswahl 11
Produktbeschreibung 128
  HTML-Formatierung 130
Produktbilder 83, 136
  Amazons Anforderungen 137
  Bildqualität 136
Produkt-Bundles 368
Produktdaten 87
  strukturierte 131
Produktdatenfelder 121
Produktdetailseiten 88
  Amazons Anforderungen 119
  Keywords 104
  mobile Ansicht 91
  Sponsored Products 168
  Suchergebnisse 90
Produktkategorie
  Amazon Style Guides 120
Produktkategorien 78
Produkt-Listing optimieren 87
Produktsuche 6
  Keywords 101
Produktsuchmaschine 69
  Folgen für Hersteller und Händler 71
Produkttitel 122
  Amazons Richtlinien 124
Profitabilitätsprobleme, Ursachen für 367
Promotion-Aktionen 295
Proof of Deliverance 329
Provision (Seller-Modell) 21
Prozesse, Automatisierung 38
Purchase Intent 279
Purchase Metrics 279
Purchase Order 316

R

Rabattaktionen, Einsatzmöglichkeiten 303
Rabatte
  limitierte Anzahl 295
Ranking, organisches 73, 84
  Optimierungsmaßnahmen 85
Real Time Sales (Echtzeitverkäufe) 360
Rechnungen verwalten 327
Remarketing 256
Repeat Purchase Behavior (Wiederholungskäufe) 356
Replenishment-Code 353
  falscher 372
Reportings, umfassende 360
Retail-Profitabilität 37
Retargeting 306
Retargeting-Kampagnen 288
  Kontaktdosis 266
Retargeting-Segmente 257
  Einsatzmöglichkeiten 259
  pixelbasierte 259
Retention 276
Retouren 40
Retourengründe 324
Retourenpauschale (Return Allowance) 41
Retourenquote 81
Return on Media Investment Metrics 280
Rezensionen
  kritische 96
  melden 366
  negativen vorbeugen 97
Rezensionsmanagement 362
Right of Return (RoR) 40

S

Saisonale Schwankungen 373
Saisonale Trends 355
Sales Diagnostic (Verkaufsdiagnose) 341
Sales Funnel
  Abverkaufsförderung 269
  KPIs 271
  Produktneueinführungen 271
Sales Funnel, gesamter 268
Sales Performance Trends (Trends zur Verkaufsleistung) 357
Search Frequency Rank 354
Segmente 255
  aussteuern 260
Seller 18
  Amazon Demand Side Platform (DSP) 222
  Amazon Style Guides 120
  Arbeitsaufwand 27
  Buybox 58
  eigene Marke 147
  Eigenversand inklusive Prime 67
  Einstieg 55
  Enhanced Brand Content (EBC) 20, 152
  Kontoeinrichtung 60
  Logistikoptionen 65
  Markenregistrierung (optional) 62
  Preis und Verfügbarkeit 90
  Produktauswahl 58
  Produktdetailseite 89
  Produktseite erstellen 64
  Sponsored Ads 157
  Stores 215
  Tarife 60
  Versand 66
Seller Central 20, 310
  Account 21
  Fulfillment by Amazon (FBA) 31
  Teilnahmebedingungen und Konditionen 21
Seller Central vs. Vendor Central 29
Seller Fulfilled Prime (SFP) 67
Seller vs. Vendor, Hybridmodelle 30
Seller-Account 55
Seller-Central-Account, Informationen und Einstellungen 60
Seller-Modell 19
  Provision 21
Seller-Programm
  Einzelanbieter 60
  Professionell 56, 60
Seller-Tarife 60
Sellics 384
Sell-in vs. Sell-out 311
Sell-out 312
Share of Voice 381
Short Head Keywords 109
Short Tail 109
Sichtbarkeit, organische 378
Sichtbarkeitsindex 379

Sonderangebote 294, 298, 305
Sponsored Ads 117
Anzeigentypen 158
Anzeigentypen im Überblick 160
automatisierte Gebote 166
Chancen 155
Kaufbereitschaft der Kunden 156
Landingpage 162
Markenhersteller 156
optimierte Produktdetailseiten 159
Pay-per-Click-Modell 159
Seller 157
Vendoren 157
vs. Google Ads 156
Sponsored Brands (SB) 20, 63, 157, 158, 160
Anwendungsmöglichkeiten 166
Gestaltungsmöglichkeiten 161
Mindestgebot 166
Sponsored Products (SP) 20, 117, 157, 159, 167, 305
Anwendungsmöglichkeiten 171
Ausspielung 170
automatisches Targeting 168
manuelles Targeting 169
organische Suchergebnisse 167
Produktdetailseiten 168
Rabattierung 306
Twister 171
Sponsored-Ads-Kampagnen 117
Planung 159
Sprachassistentin Alexa 14
Stammdaten, fehlerhafte Angaben 372
Standard Display Ads 232, 240
kontextuelles Targeting 261
Stiftung-Warentest-Siegel 139
Store Builder 217, 219
Strafgebühren 323
Strategic/Amazon Vendor Services (SVS/AVS) 44
Strategie, europaweite 390
Suchalgorithmus von Amazon 74
Suchanfragen, Google vs. Amazon 70
Suchergebnisliste 72
Suchergebnisse
ausspielen 91
mobile Ansicht 91
Produktdetailseite 90
Suchmaschinenoptimierung 150
Suchvolumen 113
Supply Chain Management 38
SVS-Support 46

T

Targeted Keywords 269
Targeting
Definition 225
in Echtzeit 224
kontextuelles 261
lokales 262
Optionen 254
Segmente 226
Tausenderkontaktpreis (TKP) 231
TheyPay 322
Titel 122
Top Search Banner 46
Traffic Diagnostic (Traffic-Diagnose) 344
Trends, saisonale identifizieren 355
Twister 141, 143
anlegen oder aktualisieren 145

U

Überbestand 40
abbauen 304
identifizieren 354
Umschlagsgeschwindigkeit optimieren 370
Up-Selling 149, 158

V

VAST *siehe* Video Ad Serving Template
Vendor 17, 18
A+ Content 24, 152
Amazon Demand Side Platform (DSP) 222
Amazon Vine 26
Amazon-Serviceleistungen 44
ARA Premium 114
Bonuszahlungen 42
Can't Realize any Profit (CRaP) 366
Coupons 301
Display Ads 237
Einstieg 35
Internationalisierung 389
Jahresgespräch 49

Kontrollverlust 27
KPIs 361
länderübergreifende Warenströme 391
New Item Setup Sheets (NIS) 120
Order-Management 319
Preisgestaltung 39
Premium A+ Content 153
Produktdetailseite 89
Produktkategorie mit Potenzial 23
Qualifikation als 23
Rücksendungen 323
Schreibrechte für ASINs 93
Self-Service-Lösungen 39
Softwarelösungen für 387
Sponsored Ads 117, 157
Stores 215
Verhandlungen mit Amazon 23
Vertragsverhandlungen 35
Werbeaktionen 294
Vendor Central 22
absatzfördernde Maßnahmen 22
als Self-Service-Plattform 312
Ansprechpartner 52
ARA-Berichte 341
Artikel 325
Bestellungen (Orders) 316
eingeschränkter Kundenkontakt 28
Forecast 348
Funktion 309
Funktionsbereiche 315
Inventory Health (Zustand des Lagerbestands) 352
Inventory Planning (Prognose und Bestandsplanung) 348
Katalogpflege 326
Promotion-Möglichkeiten 302
Rechnungen verwalten 327
Reporting-Tools 309
Startseite 315
Überweisung 328
Vor- und Nachteile 24
Werbeaktionen 294
Werbung 330
Widersprüche verwalten 329
Zahlungen 326
Vendor Central EU Manual 314
Vendor Lead Time (VLT) 320, 351
Vendor Manager 351
Vendor Manual 36
Vendor vs. Seller 19
Vendor-Account-Handling, Softwarelösungen 383
Vendor-Central-Account 50
einrichten 50
Produkte hochladen 54
Produktkatalog 53
Vendor-Codes 339
Vendor-Manager 35, 36, 37, 38
Verhandlungsprotokoll 48
Verhandlungsschwerpunkte 39
Vendor-Modell 19
Vendor-Produkte 22
Vendor-Seller-Hybridmodell 371
Vendor-Support 39, 332
Vendor-Verträge 23, 50
Strafzahlungen 24
Verfügbarkeit 82, 371
Verfügbarkeit von Produkten 26
Verkauf, internationaler 391
Verkaufspreise (Product Costs) 39
Versandgebühr 65
Versandvorabmitteilung (Advance Shipping Notice) 321
Vertragsverhandlungen 35
Video Ad Serving Template 250
Video Ads 247
Einsatzmöglichkeiten 251
Praxistipp 250
vs. TV-Werbung 249
Video Completion Rate (VCR) 248
Video, Encodierung 250
Video-Ad-Formate 248
Video-KPIs 280
Viewability 264
Vine Flatrate 46
Visibility Index 379
Volumenbonus (Volume Incentive Rebate, VIR) 42

W

Warenannahme 323
Warenkorbanalyse 356
WePay 322
Werbedeals
Kosten 297
preisbasierte 293
Werbekostenzuschuss (WKZ) 29, 36, 41

Werbemittel
Auslieferung steuern 263
Auto-Optimierung der Ausspielung 267
Platzierung 264
Sichtbarkeit 264, 265
Viewability 264
Wettbewerber, Marketingaktivitäten der 381
Wide Skyscraper 234
Wiederholungskäufe 356
WKZ *siehe auch* Werbekostenzuschuss (WKZ)

Z

Zahlungsbedingungen 40
Zahlungsfristen 40

Über die Autoren

Marc Aufzug ist Geschäftsführer der Dept Marketplaces GmbH und berät mit factor-a – part of Dept Hersteller und Marken zum operativen Marktplatzmanagement auf Amazon. Er verfügt über langjährige unternehmerische Erfahrung und Expertise im E-Commerce sowie im Aufbau von Digitalagenturen. Durch mehr als 150 erfolgreiche Beratungsprojekte konnte er factor-a zusammen mit Dominik Bors als Vorreiter und führenden Dienstleister in der Marken- und Herstellerbetreuung auf Amazon etablieren.

Dominik Bors ist Diplom-Informatiker, Unternehmer und E-Commerce-Experte. Er bietet mit factor-a Herstellern und Marken durch die Kombination aus intelligenter Software und Agenturleistung den entscheidenden Vorsprung für mehr Umsatz auf Amazon. Vor seiner Tätigkeit als Geschäftsführer der Dept Marketplaces GmbH bzw. factor-a – part of Dept war Dominik Gründer eines Softwareunternehmens und einer E-Commerce-Beratung. Er sammelte Erfahrung als CTO bei einem E-Commerce Startup, im Data Science beim Fraunhofer Institut und als Software Engineer bei einem australischen Corporate.

Kolophon

Das Tier auf dem Cover von »E-Commerce mit Amazon« ist eine Rotrücken-Zimtelfe (*Selasphorus rufus*). Dieser kleine Vogel aus der Familie der Kolibris lebt an der Westküste Nordamerikas bis hinauf nach Alaska. Damit ist sie die am weitesten im Norden brütende Kolibri-Art.

Diese kleinen Vögel nimmt man zuallererst durch ihre Fluggeräusche wahr. Mit bis zu 200 Flügelschlägen pro Sekunde schwirren sie von Blüte zu Blüte durch die Luft und saugen mit ihrer langen Zunge den Nektar auf. Dabei entsteht ein brummendes Geräusch wie von einem Insekt. Zu diesem Eindruck passt auch die geringe Größe von sieben bis neun Zentimetern und ein Gewicht von nur zwei bis fünf Gramm. Die Männchen sind sehr auffällig gezeichnet. Ihren Namen verdanken sie der rostroten Farbe an Kopf und Rücken. Die Kehle ist schillernd rot gefärbt und setzt sich von der weißlichen Brust stark ab. Die Weibchen haben einen grünlichen Rücken, sind auf der Unterseite orange und haben nur einige wenige schillernde Halsfedern.

Um genug Energie für ihren kraftraubenden Flugstil zu haben, sind sie tagsüber permanent auf Nahrungssuche. In der Nacht fallen sie in einen Erstarrungsschlaf (Torpor), bei dem sie ihren Stoffwechsel auf ein Minimum herunterregulieren.

Ausschließlich die Weibchen kümmern sich um die Brutpflege. In ihrem becherförmigen Nest aus Moosen, Flechten und Spinnweben bebrüten sie zwei Eier, aus denen nach 14 Tagen die Jungen schlüpfen, die bereits wenige Tage später flügge sind.

Trotz ihrer geringen Größe wandern Rotrücken-Zimtelfen im Herbst Tausende von Kilometern in ihre Winterquartiere in Nordmexiko und an der Golfküste. Durch die Zerstörung ihres Lebensraums in den Bergen Nordamerikas wird die Art auf der »Roten Liste« als potenziell gefährdet eingestuft.